中国监狱史

从待审待刑羁押到行刑监禁的蜕变

王志亮 著

中国政法大学出版社

2020·北京

声　明　1. 版权所有，侵权必究。
　　　　2. 如有缺页、倒装问题，由出版社负责退换。

图书在版编目（CIP）数据

中国监狱史：从待审待刑羁押到行刑监禁的蜕变/王志亮著. —北京：中国政法大学出版社，2020.9（2024.6重印）
ISBN 978-7-5620-9265-0

Ⅰ.①中… Ⅱ.①王… Ⅲ.①监狱－历史－中国 Ⅳ.①D929

中国版本图书馆CIP数据核字（2019）第229653号

书　名	中国监狱史 从待审待刑羁押到行刑监禁的蜕变 ZHONGGUO JIANYUSHI CONG DAISHEN DAIXING JIYA DAO XINGXING JIANJIN DE TUIBIAN
出版者	中国政法大学出版社
地　址	北京市海淀区西土城路25号
邮　箱	fadapress@163.com
网　址	http://www.cuplpress.com（网络实名：中国政法大学出版社）
电　话	010-58908466(第七编辑部) 010-58908334(邮购部)
承　印	固安华明印业有限公司
开　本	720mm×960mm　1/16
印　张	26
字　数	425千字
版　次	2020年9月第1版
印　次	2024年6月第3次印刷
定　价	98.00元

校庆筹备工作领导小组

组　　长：夏小和　　刘晓红
副组长：潘牧天　　刘　刚　　关保英　　胡继灵　　姚建龙
成　　员：高志刚　　韩同兰　　石其宝　　张　军　　郭玉生
　　　　　欧阳美和　王晓宇　　周　毅　　赵运锋　　王明华
　　　　　赵　俊　　叶　玮　　祝耀明　　蒋存耀

总序 GENERAL PREFACE

三十五年的峥嵘岁月,三十五载的春华秋实,转眼间,上海政法学院已经走过三十五个年头。三十五载年华,寒来暑往,风雨阳光。三十五年征程,不忘初心,砥砺前行。三十五年中,上海政法学院坚持"立足政法、服务上海、面向全国、放眼世界",秉承"刻苦求实、开拓创新"的校训精神,走"以需育特、以特促强"的创新发展之路,努力培养德法兼修、全面发展,具有宽厚基础、实践能力、创新思维和全球视野的高素质复合型应用型人才,在中国特色社会主义法治建设征程中留下了浓墨重彩的一笔。

学校主动对接国家和社会发展重大需求,积极服务国家战略。2013年9月13日,习近平主席在上海合作组织比什凯克峰会上宣布,中方将在上海政法学院设立"中国-上海合作组织国际司法交流合作培训基地",愿意利用这一平台为其他成员国培养司法人才。此后,2014年、2015年和2018年,习近平总书记又分别在上合组织杜尚别峰会、乌法峰会、青岛峰会上强调了中方要依托中国-上合基地,为成员国培训司法人才。2017年,中国-上合基地被上海市人民政府列入《上海服务国家"一带一路"建设、发挥桥头堡作用行动方案》。五年来,学校充分发挥中国-上合基地的培训、智库和论坛三大功能,取得了一系列成果。

入选校庆系列丛书的三十五部作品印证了上海政法学院三十五周年的发展历程,也是中国-上海合作组织国际司法交流合作培训基地五周年的内涵提升。儒家经典《大学》开篇即倡导:"大学之道,在明明德,在亲民,在止于至善。"三十五年的刻苦,在有良田美池桑竹之属的野马浜,学校历经上海法律高等专科学校、上海政法管理干部学院、上海大学法学院和上海政法学院等办学阶段。三十五年的求实，上政人孜孜不倦地奋斗在中国法治建设的道路上，为推动中国的法治文明、政治进步、经济发展、文化繁荣与社会和谐而不懈努力。三十五年的开拓，上海政法学院学科门类经历了从单一性向多元性发展的过程，形成了以法学为主干，多学科协调发展的学科体系，学科布局日臻合理，学科交叉日趋完善。三十五年的创新，在我国社会主义法治建设进程中，上海政法学院学科建设与时俱进，为国家发展、社会进步、人民福祉献上累累硕果和片片赤诚之心！

所谓大学者，非谓有大楼之谓也，有大师之谓也。三十五部作品，是上海政法学院学术实力的一次整体亮相，是对上海政法学院学术成就的一次重要盘点，是上政方家指点江山、激扬文字的历史见证，也是上海政法学院学科发展的厚重回声和历史积淀。上海政法学院教师展示学术风采、呈现学术思想，如一川清流、一缕阳光，为我国法治事业发展注入新时代的理想与精神。三十五部校庆系列丛书，藏诸名山，传之其人，体现了上海政法学院教师学术思想的精粹、气魄和境界。

红日初升，其道大光。迎着佘山日出的朝阳，莘莘学子承载着上政的学术灵魂和创新精神，走向社会、扎根司法、面向政法、服务社会国家。在佘山脚下这座美丽的花园学府，他们一起看情人坡上夕阳抹上夜色，一起欣赏天鹅一家漫步在上合基地河畔，一起奋斗在落日余晖下的图书馆。这里记录着他们拼搏的青春，放飞着他们心中的梦想。

《礼记·大学》曰："古之欲明明德于天下者，先治其国。"怀着修身、齐家、治国、平天下理想的上政师生，对国家和社会始终怀着强烈的责任心和使命感。他们积极践行，敢为人先，坚持奔走在法治实践第一线；他们秉持正义，传播法义，为社会进步摇旗呐喊。上政人有着同一份情怀，那就是校国情怀。无论岁月流逝，无论天南海北，他们情系母校，矢志不渝、和衷共济、奋力拼搏。"刻苦、求实、开拓、创新"的校训，既是办学理念的集中体现，也是学术精神的象征。

路漫漫其修远兮，吾将上下而求索。回顾三十五年的建校历程，我们有过成功，也经历过挫折；我们积累了宝贵的办学经验，也总结了深刻的教训。展望未来，学校在新的发展阶段，如何把握机会，实现新的跨越，将上海政法学院建设成一流的法学强校,是我们应当思考的问题,也是我们努力的方向。不断推进中国的法治建设,为国家的繁荣富强做出贡献,是上政人的光荣使命。我们有经世济民、福泽万邦的志向与情怀,未来我们依旧任重而道远。

  天行健,君子以自强不息。著书立说,为往圣继绝学,推动学术传统的发展,是上政群英在学术发展上谱写的华丽篇章。

上海政法学院党委书记 夏小和 教授

上海政法学院校长 刘晓红 教授

2019 年 7 月 23 日

目 录 CONTENTS

总　序 …………………………………………………………… 001

第一编　中国监狱的孕育与诞生

第一章　监狱的孕育 …………………………………………… 003
第一节　原始习俗 ………………………………………… 003
第二节　监狱雏形 ………………………………………… 009

第二章　监狱的诞生 …………………………………………… 018
第一节　夏朝的监狱 ……………………………………… 018
第二节　商朝的监狱 ……………………………………… 026
第三节　西周的监狱 ……………………………………… 032
第四节　春秋时期的监狱 ………………………………… 046

第二编　中国监狱的成长与成型

第三章　监狱的成长 …………………………………………… 057
第一节　战国时期的监狱 ………………………………… 057

第二节　秦朝的监狱 …………………………………………… 064

第三节　汉朝的监狱 …………………………………………… 079

第四节　三国两晋南北朝的监狱 ……………………………… 101

第四章　监狱的成型 ……………………………………………… 121

第一节　隋朝的监狱 …………………………………………… 121

第二节　唐朝的监狱 …………………………………………… 128

第三节　五代的监狱 …………………………………………… 149

第四节　宋朝的监狱 …………………………………………… 154

第三编　中国监狱的停滞与倒退

第五章　监狱的停滞 ……………………………………………… 179

第一节　辽金的监狱 …………………………………………… 179

第二节　元朝的监狱 …………………………………………… 185

第六章　监狱的倒退 ……………………………………………… 198

第一节　明朝的监狱 …………………………………………… 198

第二节　清朝前期的监狱 ……………………………………… 218

第四编　中国监狱的现代转型与发展

第七章　中国监狱的现代转型肇始 …………………………… 239

第一节　晚晴监狱半殖民地化 ………………………………… 239

第二节　清朝末期的监狱改良 ………………………………… 251

第八章　中国监狱的现代转型接续 …………………………… 265

第一节　武昌军政府、南京临时政府的监狱 ………………… 265

第二节　民国北京政府的监狱 …………………………………… 269

　　第三节　南京国民政府的监狱 …………………………………… 284

第九章　中国监狱的现代转型发展 ……………………………………… 308

　　第一节　新中国监狱的孕育 ……………………………………… 308

　　第二节　新中国监狱的创建 ……………………………………… 325

　　第三节　新中国监狱的发展 ……………………………………… 336

第十章　中国监狱的现代转型成就 ……………………………………… 351

　　第一节　教育刑理论的发展 ……………………………………… 351

　　第二节　独立综合监狱立法 ……………………………………… 357

　　第三节　规范监狱建筑构造 ……………………………………… 362

　　第四节　架构监狱管理体制 ……………………………………… 367

　　第五节　中国监狱走向国际 ……………………………………… 371

　　第六节　监狱学理论发展繁荣 …………………………………… 381

参考文献 ………………………………………………………………… 400

第一编
DI YI BIAN
中国监狱的孕育与诞生

　　原始社会末期之前，没有阶级压迫，也没有法律和国家，但仍然是有序的。马克思主义经典作家恩格斯也认为："这种十分单纯质朴的氏族制度是一种多么美妙的制度呵！没有军队、宪兵和警察，没有贵族、国王、总督、地方官和法官，没有监狱，没有诉讼，而一切都是有条理的……一切问题，都由当事人自己解决，在大多数情况下，历来的习俗就把一切调整好了。"到了原始社会末期，法律、监狱的胚胎出现了。在国家与法律的起源上，马克思主义经典作家认为法律与国家并非同时产生，甚或先有国家后有法律。恩格斯说："在社会发展某个很早的阶段，产生了这样的一种需要：把每天重复着的生产、分配和交换产品的行为用一个共同规则概括起来，设法使个人服从生产和交换的一般条件。这个规则首先表现为习惯，后来便成了法律。随着法律的产生，就必然产生出以维护法律为职责的机关——公共权力，即国家。"显然，按照恩格斯的说法，在国家与法律的起源上是先有法律后有国家，法律产生于氏族社会末期。而监狱是落实法律的具体组织与实体场所，是国家的实质、核心机关组织，国家就是以此类管理机关组织为内核不断发展形成的。从整体与个体的关系角度而言，在国家整体与组成成分之间，应该是先有零部件后有整体，因而就实际存在的先后而言，应该是先有监狱后有国家。国家形成之后，监狱就在国家的名义下发展壮大并运行起来。

第一章 监狱的孕育

在中国，大约二百万年以前就有人类居住，中华民族有着悠久的历史，向源头方向追溯，经历了大约五十万年的原始社会。在原始社会里，基于生活所需，中华民族的先民有诸多发明和发现。这些发明和发现，经历了一个累进发展的过程，形成了原始社会的行为规范，孕育了监狱的胚胎。

第一节 原始习俗

一、"中国"的来源

在历史文献中，常看到"中国""中华"的表述，二者实为通用。"中"字，在构造上是象形字，甲骨文像旗帜形、上下为飘带、方框为立中之处，本义是氏族社会的一种徽帜。在古代，遇有大事，先在旷地立中，群众望见则从四方会聚于中周围，故引申为：中央、内部、两端之间的位置、等级在中间的、不偏不倚、中人、成、合适、正对着、居中的等含义。"国"字，在构造上是会意字，甲骨文表示以戈守卫城池，本义为邦国，引申义为：都城、地区、国家等。"中国"一词，始见于1963年在陕西省宝鸡市贾村出土的西周铜器何尊铭文："……唯武王既克邑商，则廷告于天，曰：余其宅兹中国，自之辟民……"而文献中最早见于《尚书·梓材》，记载周成王所语："皇天既付中国民越厥疆土于先王。"意指皇天将"中国"的人民与土地交给周武王治理。这两段史料可相互印证，周初时的中国仅指原商人统治的中心区域——黄河中下游一带。"华"字，在构造上是象形字，甲骨文像草木生土上、花叶下垂之形，本义指花朵艳丽，用于族名，蕴含文化发达之意，特指中华民族。元人王元亮说:"中华者,中国也。亲被王教,自属中国,衣冠威仪,习俗孝悌,居身礼仪,故谓之中华。"[1]中国是中华民族的摇篮,中华民族是现今中国境内由华夏族演衍而来的汉族及55个少数民族的总称。

先秦时期,"中国"一词,只是一个地域性和文化性概念,不具有统一国家的实体含义。其一,指天子所居京师,相应地将西周版图以外称为四方、四国。《诗经·大雅·民劳》:"惠此中国,以绥四方";"惠此京师,以绥四国"。郑玄《笺》:"中国,京师也。"在这里,"国"与"邑""都"是同义词,均是"城"的意思。其二,指"天下之中"的地域。商朝时,殷人自称其地域为"中土",而殷都又地处中央,故又称"中商"。"中土"是相对东南西北"土"的制度与地理划分。例如,《左传·昭公九年》载周景王使詹桓伯对晋国云:"及武王克商,蒲姑、商、奄,吾东土也;巴、濮、楚、邓,吾南土也;肃慎、燕毫,吾北土也。"后世又将"中国""中土"称为"中原"。其三,指诸夏所居的城与地区。《孟子·梁惠王上》:"欲辟土地,朝秦、楚,莅中国而抚四夷也。"《庄子·秋水》:"计中国之在海内……""中国"是指诸夏各诸侯国。先秦文献中,以"中国"统称诸夏列邦者,近一百五十次,突出列邦同一族群、同一文化体系,不仅血缘一致,而且语言文字、观念形态、风俗习惯乃至社会、政治结构也都相近或相同。

秦汉统一全国后,"中国"一词经常用于代表大一统国家,从此具有了相当稳定的政治含义。在地域、族类、文化范围上也逐渐扩大,原先所谓"东夷、南蛮、西戎、北狄"先后陆续成为"中国"的一部分,"中国"一词的文化意义更为突出。西汉董仲舒《春秋繁露·三代改制质文》曰:"天始废始施,地必待中,是故三代必居中国,法天奉本,执端要以统天下,朝诸侯也。"扬雄《法言·问道》谓:"或曰孰为中国?曰,王政之所加,七赋之所养,中于天地者为中国。"明太祖朱元璋曾下诏谕曰:"自古帝王临御天下,中国居内以制夷狄,夷狄居外以奉中国。"[2]

明朝晚期以后,西方来华传教士称明清帝国为"中华帝国",又简称为"中国"。南怀仁、利玛窦等传教士为了便利传教,迎合明清官民固有的中国乃世界中央帝国的传统文化心理,将中国绘制于世界舆图的中央位置。1689

---

[1] 曹漫之主编:《唐律疏议译文》,吉林人民出版社1989年版。
[2] 《明太祖实录》卷二六。

年,清朝康熙皇帝委派钦差大臣索额图同沙俄政府签订《尼布楚条约》,当时,索额图的全衔是"中国大圣皇帝钦差大臣分界大臣议政大臣领侍卫大臣",这是"中国"作为主权国家专称正式用于外交事务的开端。"中国"作为一个地理名词和主权国家的政治名词,已涵盖清王朝统治的整个区域,包含汉、满、蒙、回、藏等生活在这片土地上的各个民族。

虽然古代中国没有一个朝代以"中国"为国名,但是,自西周以后的各朝代,无论哪一个民族政权入主中原,皆以"中国"自居;只有"入主中原"、继承华夏文化方为"正统"王朝。这实际就是以"中国"为政治与礼仪文化上的正统、正宗。现在看来,"中国"这个概念已从一种礼制文化的秩序和范畴,演变为一种确定的政治范畴、地理范畴乃至种族范畴,成了中华民族的徽帜和象征。

二、原始社会的地理环境

中华民族是现今中国境内由华夏族演衍而来的汉族及55个少数民族的总称。"中",意指居四方之中;"华",本意为光辉、文采、精粹,用于族名,蕴含文化发达之意。元人王元亮说:"中华者,中国也。亲被王教,自属中国,衣冠威仪,习俗孝悌,居身礼仪,故谓之中华。"[1]中国的地形西高东低,就像三级巨大的台阶一样。第一级台阶在东南沿海和近海地区,包括东北平原、华北平原、长江中下游平原、江南丘陵和珠江三角洲平原等,大部分海拔在200米以下,丘陵部分也多在500米以下;第二级台阶包括云贵高原、四川盆地、黄土高原、新疆和内蒙古高原等,平均海拔1000米~2000米;第三级台阶就是号称"世界屋脊"的青藏高原,平均海拔在4000米以上,边境还有世界最高的山脉——喜马拉雅山脉。因此,整个中国地形的态势是背靠亚洲腹地而面向浩瀚的太平洋。可见,中国不但是一个有着广阔腹地的大陆国家,同时也是一个面向海洋并且拥有广大海疆的海洋国家。

由于地域辽阔,南北纬度相差甚大,最南是北纬4度的曾母暗沙,最北是漠河以北黑龙江主航道中心线上北纬53度,跨越49个纬度,气温有很大的变化,从北往南跨越了寒温带、温带、暖温带、北亚热带、中亚热带、南亚热带和热带。降水量因为距离海洋的远近也有很大差别,从东南往西北可

---

[1] 曹漫之主编:《唐律疏议译文》,吉林人民出版社1989年版。

以分为湿润、半湿润、半干旱和干旱等区。加之地形复杂,各地的自然环境很不相同。

根据自然环境最主要因素的差异,可将全国划分为三个大自然区,即东部季风区、西北干旱区和青藏高寒区。自然环境虽然经常变化,但相对于人类社会的发展来说是比较稳定的。在史前时期,对于整个社会经济文化的发展具有决定性影响的应当首推农业的发明,而最有利于农业产生和发展的,事实上只有华北和华中两个地区,它们是农业产生与发展的两大温床。这两大温床紧相毗连,各有特色而又相互补充,这在世界上是独一无二的。它们的发展对于中华文明的起源、文明特点的形成以及往后的发展道路都具有十分深远的影响,是伟大的中华文明的摇篮。

在中国地理环境中还有一个特点是不能忽视的,即在国境的周围有明显的天然屏障。最西部有帕米尔高原,从那里往东北走有天山、阿尔泰山、蒙古戈壁沙漠、大小兴安岭和黑龙江,往南有长白山等;从帕米尔高原往东南走有喜马拉雅山、横断山脉和与中南半岛交界的一系列山脉;东部和东南部则是广阔的海洋。在史前或上古时期,这些屏障都是难以逾越的。加之世界上几个最古老的文明发祥地离中国都很远,同距离最近的古印度文明中间恰巧又隔着世界最高的喜马拉雅山和青藏高原,同中华文明的核心区仍然很远而难以沟通。因此,中华文明是发源于本地,且在早期的发展中很少与外界文化发生关系,是世界上少有的原生性文明之一。

中国位于亚洲的东部,西起帕米尔高原,东临太平洋,北抵黑龙江边的漠河,南达南沙群岛南端的曾母暗沙,陆地面积约960万平方公里。雄踞东亚的神州大地,依托大陆、面向海洋,具有相对独立的地理单元与内部复杂的自然环境,典型的季风气候。黄河与长江流域成了农业的温床和文明的摇篮,伟大的中华文明就诞生在这一片神州大地上。

三、神州大地的古代居民

大约在两三千万年前,在亚洲、非洲广大地区茂密的热带和亚热带森林里,成群地生活着高度发展的古代类人猿,简称古猿,它们是现代类人猿和现代人类共同的祖先。长期的树上生活,使它们的躯体各部分在漫长的岁月里不断发生着缓慢的变化,为手脚的进一步分化和下地直立行走准备了条件。

后来，由于地球上气候条件的变化，森林地区减少，出现了林间空地和成片的草原。环境的变化为动植物新种的产生创造了条件，有些古猿群体脱离森林，到林间草地上生活，在同自然界的斗争中，经过觅食活动，逐步向人类的方向发展变化。这种正在形成中的人就是人类的远古祖先，受地面生活的影响，它们的上肢使用越来越频繁，而后肢则更多地用于行走，手和脚有了进一步的分工，手脚的机能和构造的差异也随之加强。久而久之，双脚能够直立行走，"这就完成了从猿转变到人的具有决定意义的一步"。[1]直立行走，使前肢得到解放，使正在形成中的人能够使用石块、木棒等天然工具觅食和狩猎，后来终于发展到能够制造工具。工具的创造是从猿到人发展过程中的质变，从"还在形成中的人"变成了"完全形成的人"，人类就诞生了。

200万年以前就有人类居住在现在中国的大地上。中国古人类的演化呈现出以地区连续性为主、与周围地区的基因交流为辅的模式，他们的发展具有明显的承袭性和连续性。从最早的元谋人，经过北京人、金牛村人、丁村人到山顶洞人，都是一脉相承的，具有重要的相同体质特征，从考古学上将其称为中国的早期智人。人类进化到晚期智人，就进化到了现代人，而现代人是有人种区别的。人种的区别主要是根据肤色、发色、眼睛、发型、脸型、头型和身高界定的，世界上有三大人种，即蒙古人种、欧罗巴人种、尼格鲁人种。从人类学研究的成果来看，中国是蒙古人种的故乡，从古至今，中国的居民都是以东亚和南亚蒙古人种为主，兼有少量北亚蒙古人种，相互之间有不少混血的情况。在人种的问题上，中国从来就是采取"四海之内皆兄弟"的态度，而不是相互排斥。

如果说人种主要是依据人类体质特征来划分，那么，民族则主要是依据语言和文化等特征来划分，与种族不是一个概念。中国现在是以汉族为主体，结合55个少数民族的统一多民族国家。费孝通曾经把这种关系形成的格局称为"多元一体格局"[2]。它是长期历史发展的结果，其始原可以追溯到远古时期。"中国的古代文明是在同其他人种成分相对隔离的基础上产生的，它对尔后中国古代文化长期持续稳定的发展起了重大的作用。"

---

[1] 参见《马克思恩格斯选集》(第3卷)，人民出版社1972年版，第508页。
[2] 参见严文明："中国史前文化的统一性与多样性"，载严文明：《史前考古论集》，科学出版社1998年版，第1~17页。

四、原始社会的生活习俗

原始社会是一个无政府而有秩序的社会。原始社会是人类发展史上的早期阶段，生产工具简陋，在绝大部分的时间段上使用石器，采集和渔猎是获得生活资料的最主要方式。只是到了原始社会晚期，人类才"学会靠人类的活动来增加天然产物"[1]，即学会经营畜牧业和农业。在原始条件下，一个人的劳动所得在用于消费后没有剩余，剥削他人劳动是不可能的。而且，个人的生产能力和生存能力不足以独立应付自然和外族的压力，只有依靠集体，才能谋求生存与发展。由此，共同占有、共同劳动、平均分配的原始共产制就成了唯一可能的经济形态。"大道之行也天下为公，选贤与能，讲信修睦，人不独亲其亲，不独子其子，使老有所终，壮有所用，幼有所长，鳏寡孤独废疾者皆有所养，男有分，女有归，货恶其弃于地也不必藏于己，力恶其不出于身也不必为己，是故谋闭而不兴，盗窃乱贼而不作，故外户而不闭，是谓大同。"[2]

与原始社会的生产方式相适应，原始社会没有阶级的划分，也没有与阶级划分相联系的各种政治、经济组织，唯一的社会组织就是原始公社。原始公社在经历了漫长的原始群和血缘家庭阶段后，在后期出现了氏族公社。氏族公社的产生虽然较晚，但它却是原始社会最典型的社会组织形式。氏族是原始人以血缘关系为纽带而形成的内部禁止通婚的亲属集团。氏族组织和氏族习惯构成了调整社会关系、建立社会秩序的两种基本力量。氏族习惯是氏族成员在长期的共同生活中自发形成的、世代相袭为全社会公认的、神圣不可侵犯的行为规范。根据摩尔根《古代社会》一书的资料，易洛魁人的氏族习惯包含着十分广泛的内容。

第一，关于共同劳动、平均分配的习惯。在生产力水平低下的条件下，氏族成员把共同劳动、分工协作和平均分配食物看作是极其自然的事情。每个有劳动能力的人都会自觉地参加劳动，懒惰则被视为是非常可耻的行为。

第二，关于婚姻、家庭和亲属制度的习惯。氏族内部成员禁止通婚，婚

---

[1] 参见《马克思恩格斯选集》（第4卷），人民出版社1972年版，第23页。
[2] 参见（西汉）戴圣：《礼记·礼运》。（注：以下脚注涉及古代作者所处的朝代，只在第一次出现时添加注明，特作说明）

姻家庭形式从最初的群婚家庭发展到对偶婚家庭。在婚姻家庭制度的基础上，也形成了相应的亲属制度，对亲属关系的亲疏远近是通过不同的称谓来标明的。

第三，关于处理公共事务的习惯。氏族内部没有阶级和等级之分，重大事务由氏族成员的全体大会讨论表决，氏族首领经选举产生，可随时被撤换，任何人都必须服从集体的决定。

第四，关于财产继承的习惯。氏族成员的个人财产一般仅限于个人制造和使用的工具及少量的生活用品。

第五，关于解决纠纷的习惯。氏族内的纠纷绝大多数都由当事人自行和解或由氏族首领出面调解。如果有人严重违反氏族习惯，最重的制裁是驱逐出本氏族，而这往往意味着死亡。

第六，关于维护共同利益的习惯。维护氏族和部落的共同利益，是氏族社会最基本的道德原则，对此，每个氏族成员都必须自觉遵行。

第七，关于宗教方面的习惯。原始的图腾崇拜、大量的禁忌和神秘的宗教仪式在氏族成员中具有极大的约束力，这种宗教性质的习惯规范与其他方面的习惯又有着千丝万缕的联系，增强了氏族习惯的力量。

原始社会的人类处于渔猎文化阶段，部落、氏族内部生活即是如此。各部落、氏族之间几乎不交往，每个部落"总是在自己清楚的领域内活动，他们的结合是平等的，是以亲属关系和领域同盟为根据的"，因此，社会纠纷很少。需要指出的是，不同部落、氏族间的伤害事件主要通过血亲复仇的办法解决，难以解决时才用格斗的形式"来平衡和解决他们之间的纠纷"，不过，格斗与血亲复仇具有本质区别，其目的已"不是力求惩罚干坏事的人，而是阻止复仇"[1]的无限发展。

第二节　监狱雏形

一、原始社会的战争

原始社会后期，由渔猎进入了农耕时期。随着石器被金属器所取代，生

---

[1] [美]霍贝尔：《原始人的法：法律的动态比较研究》，严存生等译，法律出版社2006年版，前言第6页。

产工具和生产技术得到了极大的发展，使当时的社会发生了深刻的变化。这是一个充满创造发明、神话传说的时期；也是一个社会剧烈动荡，冲突不断，英雄辈出的时期。传说时代的创造发明，最集中地见于《世本·作篇》。大致有伯余作衣裳、史皇作图、诅诵仓颉作书、大桡作甲子、鲧作城郭、尧作宫室、伯益作井、祝融作市、仪狄作酒、夔作乐、昆吾作陶、芒氏作罗、棣首作算数、容成作调历、伶伦造磬作律、蚩尤以金作兵、巫咸作筮、巫彭作医、奚仲作车、共鼓货狄作舟、垂作规矩准绳、咎繇作耒耜、挥作弓、夷牟作矢、雍父作杵臼、胲作服牛、相土作乘马、宿沙煮盐，等等。在传说时代，涉及人们的衣食住行、社会生活、文物典章制度等各个方面都已略具雏形，从而为文明社会的形成发展奠定了充分的基础。

农耕的生活方式建立在土地这个固定基础上，定居是农耕社会经济发展的前提。通过迁徙、聚合、战争、互市等中介，促进了经济文化的互补和民族的融合。由于生产工具和生产技术的发展，物质财富有了一定的增加和剩余。氏族、部落的人员逐渐增多，根据神话传说和后人研究，主要有四大部落。炎帝族又称神农氏，以渭水流域为根据地，活动范围南到湖北北部，北到山西南部的中原地区。黄帝族主要活动在陕西、河北一带的山地，东夷族分布在黄河下游和淮河流域，苗（古音为 mao）蛮族主要活动在长江南北地区。随着财富的增加，人们逐渐产生了私有观念，于是，带有掠夺性的战争便发生了。为了发展壮大本部落，维护部落利益，争夺地盘、物质资源和妇女，四大部落之间经常爆发战争。

我国的古文献中，记载了许多有关部落或部落联盟之间发生大规模战争的传说。例如，炎帝和黄帝两个部落联盟曾"战于阪泉之野"，[1]黄帝取得胜利。黄帝部落又和东夷部落"战于涿鹿之野"，[2]黄帝亦取得胜利，蚩尤被杀。黄帝部落成了黄河流域最强大的部落联盟。东夷族、炎帝族和黄帝族之间的循环战争进行了很长时间，而战争的结果则是黄帝族进入中原，与炎帝族和东夷族之大部结盟，成了部落联盟的首领，建立了"万部和"的新秩序。战争促进了各个部族的融合，华夏族也由此产生。随着华夏族的逐步形成和地域性部落联盟的日益稳固，地处南方的苗蛮各族又成了他们的主要敌

---

〔1〕 参见（西汉）司马迁：《史记·五帝本纪》，阪泉在今河北省涿鹿县东南。
〔2〕 参见司马迁：《史记·五帝本纪》，涿鹿在今涿鹿县南。

人。华夏族与苗蛮族的战争主要发生在尧、舜、禹时代,尧曾在丹水一带打败过三苗,"尧战于丹水之浦,以服南蛮"[1]。经过尧、舜、禹时代的战争,苗蛮族大部退向更南的地区,而其中的一部分也融入了华夏族。

二、监狱的雏形

(一) 刑始于兵

上古的氏族战争与刑的起源有着极为密切的关系,中国自古以来就有"兵刑同一"和"刑始于兵"的说法。所谓兵刑同一,在古人看来,是说战争与刑罚或刑法是一回事,二者在本质上相同。所谓刑始于兵,则是说刑罚即杀戮起源于远古的氏族战争。"刑也者,始于兵而终于礼者也。"[2]

第一,有关文献明确记载了"兵刑同一"与"刑始于兵"。春秋时期鲁国的臧文仲说:"大刑用甲兵,其次斧钺,中刑用刀锯,其次用钻笮;薄刑用鞭扑,以威民也。故大者陈之原野,小者致之市朝。"[3]这里,"甲兵"指披坚执锐的士卒,"斧钺"既是兵器又是斩杀俘虏的工具,而"刀锯""钻笮""鞭扑"都是施以各种刑罚的工具。臧文仲把用于战争的兵器和惩罚犯罪者的各种刑具相提并论,并以大刑、中刑和薄刑划分其等级,显然是说"兵刑同一"。晋国的范宣子则更加明确地指出:"夫战,刑也。"[4]战争是杀戮,刑罚也是杀戮,这样就把刑与战争等同起来了。

上古时代大规模的氏族战争始于炎黄时代,终于夏代。传说中最早的法律产生于这一时期,据《汉书·胡建传》,黄帝时有《李法》,尧舜时有苗民制五刑[5],还有"皋陶作刑"[6],"伯夷降典,折民惟刑"[7]等一系列记载。后人也认识到了上古"兵刑同一"和"刑始于兵"的事实。汉代的王充进一步阐述了兵与刑的关系:"夫刑人用刀,伐人用兵,罪人用法,诛人用武。武法不殊,兵刀不异,巧论之人,不能别也。夫德劣故用兵,犯法故施

---

[1] 参见(战国)吕不韦等:《吕氏春秋·召类》。
[2] 参见(元)脱脱等:《辽史·刑法志》。
[3] 参见(东周)左丘明:《国语·鲁语上》。
[4] 参见左丘明:《国语·晋书六》。
[5] 参见《尚书·吕刑》。
[6] 参见《世本·作篇》。
[7] 参见《尚书·吕刑》。

刑。刑与兵，犹足与翼也，走用足，飞用翼，形体虽异，其行身同。刑之与兵，全众禁邪，其实一也。"[1]

第二，上古三代和秦汉的司法官名称都带有"兵刑同一"和"刑始于兵"的痕迹。上古的士或士师，既是司法长官，又是军事长官。舜命皋陶说："皋陶，蛮夷猾夏，寇贼奸宄，汝作士，五刑有服……"郑康成注云："猾夏，侵乱中国也。强取为寇，杀人为贼，由内为奸，起外为轨。"未加入华夏联盟的苗蛮族和东夷族侵乱华夏，这本是氏族间的战争，应采取军事行动征讨之，而舜却命皋陶作士，运用五刑，讨伐外族，并惩罚内部犯罪。在这里，军事长官与司法长官合二为一，由皋陶担任，既反映了上古时代的"兵刑同一"，又反映了"刑始于兵"的事实。后人甚至以皋陶为最高司法长官，"皋陶为大理"[2]；"士，察也，主察狱讼之事"[3]。据《周礼·司寇》，周代有士师、乡士、遂士、县士、方士、讶士、朝士，等等。

商代和周代的最高司法官为司寇。司为执掌，寇指寇贼，《说文》解作"暴也"，指外族的劫掠侵犯。战国秦汉时期的最高司法官为廷尉。廷指朝廷或官府，尉指军事长官。《汉书·百官公卿表》注引应劭曰："听狱必质诸朝廷，与众共之，兵狱同制，故称廷尉。"作为最高司法长官的司寇或廷尉，其名称或与外族的劫掠侵犯有关，或与军事长官有关，其职责在于打击外族的劫掠侵犯行径，故也表明了上古社会"兵刑同一"和"刑始于兵"的事实。

第三，"刑以威四夷"。上古的氏族战争是一氏族对另一氏族，或一部族对另一部族的战争，是一氏族对另一氏族的杀戮。同样，起源于氏族战争的刑，也是针对异族而非本族的。"大刑用甲兵""大者陈之原野"，称为"大刑""陈之原野"的战争是针对异族的。舜命皋陶作士，运用五刑，主要原因就是"蛮夷猾夏"，外族入侵骚扰，这也说明刑是针对外族的。具体的上古五刑即"劓（yi）、刵（er）、椓（chuan）、黥（qing）、大辟"，就是在上古氏族战争中产生的。近代人吕思勉先生也说："刑之始，盖所以待异族。"[4]

根据文献记载，上古时代针对异族的刑主要有死刑和肉刑。关于死刑，

---

[1] 参见（东汉）王充：《论衡·儒增》。
[2] 参见（西汉）刘向：《说苑·修文》。
[3] 参见《尚书·尧典》。
[4] 参见吕思勉：《先秦史》，上海古籍出版社1982年版，第425页。

"大刑用甲兵，其次用斧钺"[1]。斧钺，"斩刑也"。斧钺是执行斩刑的工具。关于肉刑，"中刑用刀锯，其次用钻凿"[2]。"刀，割刑也。锯，刖刑也。钻，膑刑也。凿，黥刑也。"即刀、锯、钻、凿分别是适用劓刑、刖刑、膑刑和黥刑的行刑工具。另外，根据《尚书·吕刑》，苗民制五刑，有劓、刖、椓、黥。其中，劓为割鼻，刖为割耳，椓为宫刑，破坏男女的生殖器，黥为墨刑。总结起来，上古针对异族的刑有大辟、劓、耵、刖、膑、宫、墨七种。《慎子》说："斩人肢体，凿人肌肤谓之刑。"[3]近代人吕思勉先生认为，"古人言刑与今异。汉人恒言：'刑者不可复属'，亦曰'断者不可复属'，则必殊其体乃谓之刑，拘禁罚作等，不称刑也"。[4]

（二）原始社会的族内刑

传说，我国原始社会的尧舜时代是一个美好的时代。尧是黄帝后裔，他部落的名字叫陶唐氏，所以，他也叫"唐尧"。尧虽然是个部落联盟首长，但他的生活很朴素，这个时代风调雨顺，人们的生活过得很舒服。他能团结九族，重用有才德的人，"克明俊德，以亲九族"[5]。他在自己"办公室"的门前设了"敢谏之鼓"[6]，人们如果有意见，只要敲敲他门前的鼓，他就会赶快出来接待，并善于采纳别人的意见。因此，人们非常爱戴尧。尧到了70岁那年说："我老了，应当选一个人作联盟长。"大家推选了舜。传说舜是东方人，名叫重华，他在历山种过地，又在雷泽捕过鱼。他还会烧制陶器。尧经过考验，发现舜也是个有才德的人。大家推戴舜作联盟长时，他正好是30岁，尧就叫舜帮助处理事务，作预备联盟长。舜凭借着自己的威望公断人民的诉讼，"好生恶杀"，人们就像爱戴自己的父母一样爱戴舜。舜学习尧的作风，在他住的门外设立了"诽谤之木"[7]，竖立木牌，让人们在上面写谏言，称"诽谤木"，叫人们给他提意见，批评他。

---

[1] 参见（东汉）班固：《汉书·刑法志》。
[2] 参见班固：《汉书·刑法志》。
[3] 参见《太平御览》卷六四五引《慎子》佚文。
[4] 参见吕思勉：《先秦史》，上海古籍出版社1982年版，第425页。
[5] 参见《尚书·尧典》。
[6] 参见（西汉）刘安：《淮南子·主术训》。
[7] 参见班固：《汉书·文帝纪》。

氏族成员犯了罪，舜不用暴力，也不用残害人们肢体的肉刑，而是利用象征性的刑罚去处罚。"象以典刑，流宥五刑，鞭作官刑，扑作教刑，金作赎刑，眚灾肆赦，怙终贼刑，钦哉钦哉，唯刑之恤哉。"[1]这是说画象作为制裁，犯五刑罪的人，从宽处以流放，轻罪处以鞭笞；杖打作为教刑，黄金可以赎罪，过失犯罪要赦免，故意犯罪要处罚，处罚都用象刑，用刑极为慎重。针对本族犯罪者的刑主要有以下几种：

第一，象刑。象刑，即本族人如果犯了应处墨、劓、剕、宫、辟的罪，并不真正施刑，而是以画衣冠、异章服的方式视其已经受刑。"有虞氏之诛，以幪巾当墨，以草缨为劓，以菲履当剕，以艾韦当宫，布衣无领当大辟。"[2]给犯罪人穿上画有图形或染有颜色的特殊衣服和帽子，以示制裁惩罚。穿上没有领子的赭石颜色衣服，象征大辟；身上插上稻草，象征劓刑；穿上特殊的草鞋，象征剕刑；用黑色头巾蒙头，象征墨刑；穿上艾虎皮，象征宫刑。"象刑"让犯罪的人仍然居住在他原来住的地方，仍然和亲人们共同生活，和邻居们继续来往。这样，犯罪的人感到很羞耻，精神上感到很痛苦，就不敢再犯罪了。

第二，流刑。上古时期，个人要想活命必须依靠氏族并生活于氏族之中，一旦离开了氏族必死无疑。因此，把本族的犯罪者逐出氏族就是最严厉的惩处。"流宥五刑"是说，本族人犯了大罪，本应处以五刑，但五刑是针对异族的，故而宽宥，改为流刑。根据记载，在尧舜时代，"流共工于幽州，放驩兜于崇山，窜三苗于三危，殛鲧于羽山，四罪而天下咸服"[3]。流、放、窜、殛都属于流放的处罚方法，其区别只是流放处所的远近，因此，有着"治古无肉刑"[4]的说法。

这是我国处罚犯罪最早的案例。炎帝部落内有一个氏族叫共工氏，他们住在黄河转折的地方。由于连年发生水患，尧让酋长共工氏治水，共工氏用筑土围子堵水的办法治水。结果水患更泛滥，给人民带来了更大的灾难，大家认为共工氏犯了罪，要求处罚他。尧不用肉刑，而是把他流放到边远的地方幽陵（现在的北京市密云区）。后来，鲧在治水时，由于沿用共工氏的办法

---

[1] 参见《尚书·舜典》。
[2] 参见（战国）慎到：《慎子》。
[3] 参见《尚书·舜典》。
[4] 参见班固：《白虎通·德论》。

治水，治了 9 年不成，也犯了同样的罪，被逐远出。后死在其被放逐的地方——羽山。驩兜的外号叫"浑沌"，性情凶恶，表面说得好听，背后老干坏事，于是，他被放逐到崇山。三苗是古代的一个氏族的首领，住在我国的南方，因为他常常贪吃，抢劫财物，所以把他迁徙到三危（山名，今甘肃省敦煌市东）。这 4 个案例说明当时存在着流放的刑罚，并且，处罚的都是当时还没有特权的氏族领袖，罪状是为民办事不力和道德败坏，这种刑罚就是把犯罪的人驱逐到部落之外，以致有的漂流致死，因此，这是当时最重的处分制裁。

第三，体刑。体刑也就是体罚，不残害犯罪人的肉体，而要打罚犯罪人，体刑有两种：一为鞭刑，以鞭子笞打犯罪者，"为办治官事者为刑"；二为扑刑，以荆条笞打犯罪者，"扑为教官为刑者"。

第四，赎刑。以金赎罪，"意善功恶，使出金赎罪，坐不戒慎者"。

"象以典刑"和"流宥五刑"反映了起源于氏族战争的刑对于本族制度的影响。原先，氏族内部的犯罪者大抵只处以流、鞭、扑、赎等处罚，但后来，由于针对异族的五刑对各种犯罪都具有很大的威慑力，因而逐渐也适用于本族人。随着时间的推移和氏族界限的泯灭，五刑的对象就是所有人了。

(三) 原始社会的纠纷解决

原始社会没有法律，但有纠纷和解决纠纷的诉讼。部落、氏族内部人们发生了纠纷，要求公断，于是，设立了专门管理诉讼的人来"审判"各种案件。我国流传着关于原始社会"神判"的有趣传说。传说早在尧舜时代，就有了管理诉讼的职务。这种职务叫"士"，也叫"士师"。这就是我国最早"法官"的名称。舜让一个名叫皋陶（古音：gao yao 高摇）的人主持纠纷的公断。传说，皋陶办案的本领非常大，无论什么疑难的案子，只要一到他的手里，马上就会弄得一清二楚。

他养着一个神兽，这神兽叫獬豸（古音：xie zhi 谢志），它全身长着青色的长毛，身躯庞大，四足像熊掌，头上长着一个犄角。这神兽夏天住在水泽边，冬天住在松柏林里，性情既忠诚又耿直。当它看见人们打架的时候，常常帮助有理的人，用它的犄角触那无理的人。当它看见人们争论的时候，常常高声大叫，去斥责没理的人。所以，《异物志》说：神兽"见人斗则触不直者，见人论则咋（音乍，咬）不正者"。皋陶对神兽很爱护，人们都尊重它，把它当作神的化身。皋陶请神兽参加审判。公堂是和一般住房一样的茅草屋，原告、被告都坐地上，皋陶穿的也是和一般人一样的兽皮，坐在石凳上。审判时，皋陶把神兽请到堂前，然后把被告带上"堂"来，叫争论的双方当着神兽的面辩论起来。神兽在他们辩论的时候，就会向着没理的一方高叫起来，并用犄角去触没理的一方，如果神兽安然不动，说明被告是无罪的人，皋陶就根据神兽的意志去判刑。[1]这种原始的审判方法，叫"神意裁判"。在原始社会，神羊曾作为忠诚、耿直、公正的象征。

（四）原始社会的监狱雏形

原始社会时期，人类的生活极其艰难。"昔者先王未有宫室，冬则居营窟，夏则居橧巢。未有火化，食草木之实，鸟兽之肉，饮其血，茹其毛。未有麻丝，衣其羽皮。后圣有作，然后修火之利。"[2]过去，氏族、部落首领及其下属没有宫殿居室可住，冬天住洞穴，夏天住树巢，还不会使用火，只能吃杂草、杂树的果实，为了吃飞鸟走兽的肉，只好连毛带血地吃禽兽。没有麻线织衣，就披挂禽兽的羽皮和毛皮。后来，由于人类智慧的发展，知道并开始使用火。可见，原始社会"初民被发卉服，蔽前而不蔽后"，巢穴是他们的居所。饮食为人类生存竞争之要素，故无之则争且乱，有之则足以平争而止乱。定居居所的出现和使用意义重大，逐渐演化为了监狱的雏形——关押人的处所。

第一，驯养家畜。原始社会的人们多取天然物充当食物，禽兽属于天然物的一种。狩猎时期，获取猎物不可必得，得之则不胜勤劳，而且，猎物的食用受时间的限制。于是，人们积累狩猎经验，开始知道牛、羊、犬、鸡、猪等易于驯服，遂定为家畜之种，常畜之于家。遇狩猎不足之时，取而用之。

第二，储放物品。游牧时期，民随水草迁徙，绝少定居。到了神农时期，人们开始知道播植五谷，则行居变为定居，且畜牧必择善地，而农耕随地皆宜。畜牧成效易睹，农耕之收获必历三时。中国以农立国，必须定居周围历经三时来经营农耕，于是安土重迁，渐渐酿成仁让之俗。五谷之丰储放于仓，五谷之食依赖至今，绝不是偶然的。

第三，关押人员。过去，战争俘获的异族人统统都要杀掉。定居以后，

---

[1] 参见王充：《论衡·是应篇》。
[2] 参见戴圣：《礼记·礼运》。

随着生产力的发展，产品有所剩余，足以满足俘获的异族人食用。这样一来，就需要有一定的居所关押俘获的异族人。以后，随着氏族、部落的融合，当刑被适用于所有的犯罪人时，在审判前、行刑前，都需要有一定的处所关押这些犯罪人。关押仅是一种防止逃脱的看管措施，而不是刑罚。

第四，关于皋陶造狱的传说。中国历史上曾经广泛地、长期地流传着原始社会末期皋陶造狱的传说。据传说，皋陶是东夷族少昊之后，偃姓。传说皋陶被舜任命为掌管刑法的官，大禹继位后按禅让制举荐皋陶为他的继承人，但皋陶先于大禹去世了。皋陶大概是中国历史上第一位公正的法官和狱官，据说他长了一张青绿色的脸，嘴像鸟喙，他还养了一只独角羊，名叫獬豸。并且皋陶还"画地为牢"。《急就章》说，"皋陶造狱法律存"；《广韵》曰，"狱，皋陶所造"[1]。从西汉以来，直至明清时期，各地监狱普遍尊奉皋陶为狱神，建庙设像以示崇敬。把造狱与法律联系起来，是对司法实践的一种自然而通俗的认识，古代的人们很可能是想以此来解释监狱起源的历史现象。皋陶造狱的传说，虽不能作为信史，但在一定程度上反映了历史的某些侧面。

---

[1]《急就章》又名《急就篇》，系西汉元帝时黄门令史游所作，是一种文字雅深的童蒙识字读物；《广韵》是一本古代韵书，原本为隋朝陆法言所撰，后又经唐、宋两代加以增补和修订。

第二章 监狱的诞生

从公元前21世纪开始,中国社会完成了由氏族制向奴隶制的过渡,进入了国家形成的历史新阶段,夏禹传位于夏启,标志着我国第一个奴隶制国家的形成。此后,又有商、周两代相继承接,延至公元前476年东周结束,前后共经历了1600多年。据史籍记载,"三王始有狱",三王即指夏禹、商汤、周文王,这时期的"狱"就是我国奴隶制社会的监狱。

第一节 夏朝的监狱

一、国家的形成

原始社会末期,由于农业和手工业的发展,引起了所有制关系、交换关系和分配关系的发展,导致了社会的进步,促进了从村落到国家的演变历程。禹传位于其子启,确立了家天下——夏朝。"今大道既隐,天下为家。各亲其亲,各子其子,货力为己。大人世及以为礼,城郭沟池以为固,礼义以为纪。以正君臣,以笃父子,以睦兄弟,以和夫妇,以设制度,以立田里。以贤勇知,以功为己。"[1]从"启"于约公元前21世纪建立,至"桀"于约公元前16世纪灭亡,夏共传14世、17王,共471年。夏朝是中国历史上的第一个奴隶制国家,也是中国奴隶制社会的开端,是中国历史上第一个国家形态的王朝,虽然还带有部落社会的残迹。

第一,夏朝按地区来划分疆域及其所属国民。恩格斯在《家庭、私有制

---

[1] 参见戴圣:《礼记·礼运》。

和国家的起源》中提出:"国家和旧的氏族组织不同的地方,第一点就是它按地区来划分它的国民。"据记载,夏人活动的范围,西起今河南西部和山西南部,东至今河南、河北、山东三省交界之处,南接湖北,北入河北。夏朝的统治中心在今河南西部,其势力及影响曾达到黄河南北,直至长江流域。"芒芒禹迹,划为九州,经启九道"[1],"铸九鼎,象九州"[2]。这表明,禹时氏族血缘纽带已经松弛,开始按地域将居民划分为九个区域(冀州、兖州、青州、徐州、扬州、荆州、豫州、梁州、雍州),并铸造了"九鼎"作为国家权力的象征。

第二,夏朝设置了公共权力及其物质附属物。按照恩格斯所言,国家不同于旧时氏族的第二个不同点,是公共权力的设立,"这种公共权力在每一个国家都存在。构成这种权力的,不仅有武装的人,而且还有物质的附属物,例如,监狱和各种强制机关,这些东西都是以前的氏族社会所没有的"。从文献记载来看,国家的"公共权力"在夏朝也已经具备了,"夏后氏官百"[3]。例如,夏朝中央有"牧正"掌管畜牧,有"车正"掌管造车,有"大理"主掌审判。"公共权力"的运行及依托,都以物质附属物的存在为标志,城郭沟池以为固,"筑城以卫君,造郭以守民"[4]。"公共权力"——国家管理制度的运行及依托——依靠城郭沟池来巩固,以确保国君的安全和守护国民为使命。

第三,夏朝规制了公共权力的经济基础。恩格斯说:"为了维持这种公共权力,就需要公民缴纳费用——捐税。捐税是以前的氏族社会完全没有的。"据记载:"自虞、夏时,贡赋备矣。"[5]《左传·宣公三年》记载:"昔夏之方有德也,远方图物,贡金九牧,铸鼎象物,百物而为之备,使民知神奸。"杜预注:"使九州之牧贡金。"为了维持国家机器的运转,夏朝已经有了贡赋制度,向地方侯、伯征收贡品,主要是铜。就连一般平民,也要交纳贡赋。《孟子·滕文公上》曰:"夏后氏五十而贡,殷人七十而助,周人百亩而彻。其实皆十一也。"即耕田五十亩,其中,五亩土地上的收获物要作为贡赋上交。

---

[1] 参见左丘明:《左传·襄公四年》引述周太史辛甲《虞人之箴》。
[2] 参见班固:《汉书·郊祀志》。
[3] 参见戴圣:《礼记·明堂位》。
[4] 参见(东汉)赵晔:《吴越春秋》。
[5] 参见司马迁:《史记·夏本纪》。

二、监狱的产生

(一) 刑罚产生

作为对付犯罪的方式方法,刑罚的产生绝非一日之事,而是经历了极其漫长的孕育过程,是由原始社会的复仇习俗演化而来的。当然,刑罚的产生绝非自然而然的事情,而必须具备一定的条件。

1. 刑罚源起的经济条件

原始社会时期,生产力极其低下,生产方式极端原始,靠狩猎采集为生,实行产品平均分配,人们团结一致共同与大自然进行奋争,才能勉强维持最基本的生活需求。因而,原始社会没有国家,也没有法律,当然也没有以国家强制力为后盾的刑罚,世代相袭的习惯就足以调整人与人之间的关系了。

随着生产工具的不断改善,生产力有所提高,引发了原始社会畜牧业、农业、商业三次社会大分工,劳动产品除满足人们的基本生活所需外有了剩余。剩余劳动产品为氏族首领占有。逐渐地,氏族首领蜕变为氏族贵族,剩余劳动产品变为个人财富并迅速聚积起来,私有制终于降临了人世。这就需要动用一切手段来维护私有财产的安全,由此,阶级、国家、法律就出现了。从此,人类社会进入了阶级社会。刑罚作为保护私有财产最强有力的工具,孕育于原始公有制解体的原始社会末期。

2. 刑罚源起的阶级条件

原始社会末期,剩余劳动产品的出现,引发了对剩余劳动产品进行激烈争夺的血腥斗争。氏族、部落的首领们,凭借其地位,把公有财产占为私有,最终形成了剥削阶级——奴隶主阶级;其他氏族成员,由于各种原因沦为穷人,最终形成了被剥削阶级——奴隶阶级。阶级的出现,加速了原始社会的崩溃。

奴隶主阶级凭借其经济上的优势,获取了政治上的统治权力。而奴隶阶级不甘心于经济上受剥削、政治上受压迫的被统治地位,就通过各种方式进行反抗。这种反抗以对抗统治关系为本质特征,因而,被统治阶级以国家法律的形式规定为犯罪,并以国家强制力为后盾予以残酷镇压。刑罚则是进行阶级镇压的法律手段,刑罚作为维护统治关系的法律手段,催化于阶级的出现。

3. 刑罚源起的社会条件

原始社会里，单个的个人无法生存，人们形成了以血缘为天然纽带的氏族组织，氏族是个人生存的安全保护伞。伤害个人就等于伤害了整个氏族，氏族为全体成员承担着血亲复仇的义务，受害的氏族对加害的氏族基于报仇进行集体杀戮。随着私有制的产生发展，氏族制度逐渐解体，血缘关系纽带日益松弛、缩小，直至缩小到家庭范围，报仇的对象由侵害人所在氏族的全体成员缩小为侵害者个人，报仇的主体由被害者所在氏族的全体成员，缩小到被害人的家庭成员，氏族血亲复仇演变为私人血亲复仇。氏族已不能为其所有成员提供保护了，因而退出了历史舞台，为国家所取代。

对人人自危的情况，设立公共权力进行地缘管理是国家区别于氏族的重要特征之一，刑罚则是这种公共权力法律强制力最严厉的内容之一。刑罚作为国家对犯罪人的法律惩罚，不是统治者主观臆想出来的，而是脱胎于原始社会的复仇习俗。我们今日的死刑，只是这种复仇的文明形式。当然，所有刑罚都是复仇的文明形式。

（二）夏朝监狱的萌芽及发展

如同人类社会、阶级、国家的产生一样，监狱的产生也经历了一个极其漫长的孕育过程。据史料记载，中国在原始社会末期就有了刑罚和监狱的雏形。随着夏朝的建立，这种雏形就顺理成章地成为监狱了。

1. 监狱产生的逻辑前提

我国现代著名法学家蔡枢衡先生在他的《中国刑法史》一书中认为，唐虞之世，中国就已进入了原始社会末期，当时已有了对异族帮民的"五虐之刑"和对同族帮人违反原始氏族习惯和行为规则的有罪者的鞭、扑、金、流、贼等刑罚。既然出现了"罪"和"刑""罚"，那么，就必然要求有定罪前、行刑前拘押犯罪人的措施，这种原始拘禁方式和设施如同对付野兽一样，应当被看作是中国监狱——国家监狱的雏形，但作为实际存在的原始社会时期的监狱，只发挥临时拘押的功能。

皋陶造狱的传说具有一定的可信性。据传，皋陶为舜时掌理刑法之官，"他善理狱讼，遇疑案能使神兽獬豸以角触不直者，以知人善恶，剖析是非"[1]。

---

[1] 参见薛梅卿主编：《中国监狱史》，群众出版社1986年版，第2页。

《广韵》彭氏注："皋陶作狱，其制为圜，象斗，墙曰圜墙，扉曰圜扉，名曰圜土。"后人奉皋陶为狱神，监狱中也设有皋陶的画像。由于当时已出现了犯罪和刑罚，皋陶造狱以关押犯罪人，这个传说表明，中国原始社会末期的舜禹时代，监狱的雏形已随着"罪"和"刑""罚"的确立而出现了。

2. 监狱产生的社会背景和阶级基础

按照马克思主义国家学说的观点，监狱是国家机器的重要组成部分，是社会发展到一定阶段，随着国家的产生而产生的。列宁在《国家与革命》一文中指出："国家是在社会发展到一定阶段上，当社会划分为对立阶级时产生的，国家是阶级矛盾不可调和的产物，是一个阶级压迫另一个阶级的工具，构成国家实质的东西，是武装部队、监狱及其他强迫他人意志服从的暴力的手段。"根据中国古代文献和考古学家的考证，法学界、史学界已公认夏朝具备了国家的基本特征，是中国历史上第一个奴隶制国家。

国家和法律是密不可分的，法律是统治阶级意志的集中体现。史书中"夏有乱政，而作禹刑"的记载说明夏朝就有了犯罪和刑罚，而要处罚犯罪就必有拘罪和执行刑罚的场所，从而可推论出夏朝设置有监狱。东汉人应劭在其《风俗通》中所说"三王始有狱"，即中国监狱始于夏朝是合乎历史的发展和史实的。例如，《竹书纪年》："夏帝芬三十六年作圜土。""圜土"是集中关押犯罪人的场所，亦监狱。《史记·夏本纪》："乃召汤而囚之夏台。""夏台"则是夏桀拘押商汤的地方，作为惩罚和囚禁罪人商汤的场所，"夏台"已具备了监狱的性质。

3. 监狱的产生是一个缓慢的孕育过程

如同阶级、国家的产生一样，监狱的产生也有一个极其缓慢的孕育过程。监狱的产生，是历史长期发展的结果，把它作为某个人一朝一夕的创造并不完全可信，但这丝毫不影响监狱的进步意义。监狱的产生是社会进步的标志，是社会走向文明的一个标志，是刑罚执行科学化、法制化的标志。

原始野蛮时期，对于部落之间战争中的战俘的处理主要是杀戮。随着生产力的发展，人们认识到把战俘作为劳动力对生产更为有利时，便用圈禁野兽的办法来对付战俘和氏族内部侵犯公共利益的成员，将其驯服为奴隶。这样，便出现了用于囚禁、限制战俘和罪人人身自由的场所和设施，即带有拘押和防逃意味的监狱。监狱的出现无疑比大肆屠杀具有无可比拟的进步性、文明性，使人类从野蛮的杀人食人习俗中摆脱出来，在人类的文明大道上大大迈进了一步。

三、夏朝监狱

(一) 夏朝立法

1. 夏朝的《禹刑》

从文献记载来看,《尚书·召诰》说"有夏服天命"。《礼记·表记》说:"夏道尊命,事鬼敬神而远之。"据《论语·泰伯》记载,夏禹"菲饮食而致孝乎鬼神,恶衣服而致美乎黻(fu)冕"。可见,夏人对鬼神之虔诚敬重。夏朝的立法指导思想是"恭行天罚"的神权法思想。夏朝的统治者利用宗教鬼神进行统治,将其掌握的国家政权及其权力说成是神授的,把法律说成是神意的体现,而法律的实施则是"恭行天罚"。据载,尧在位的时候,皋陶想制定两部法律,一部是惩治犯罪之法,一部是保护民权之法。尧敲定了第一个,却否定了第二个。他说:"可定刑法,但不要创民法。刑律定了,人民畏敬,天下就能安宁;你要定民法,凡事不侵民权,以民为重,那么,王者之威放在哪里呢?"皋陶听了,很是失望。后来尧死了,皋陶再提创民法一事,问舜。舜说:"圣人不改变现状就能教育他的子民,智者不改变法统就能治理天下。如今天下太平,如果无缘无故地变法,恐怕人心会混乱,民众会倚恃新法来闹事。"从此,皋陶再也不提此事了。大禹上台后,奉行严刑峻法,令皋陶修改,皋陶不愿意,二人产生了摩擦,大禹于是让儿子启修订刑法,参与政事。

"夏有乱政,而作禹刑。"[1]杜预注:"乱政为民有犯政令者。"所谓禹刑可能是夏朝法律的总称。一般认为,《禹刑》的具体内容已经无法考定,流传下来的《夏书》有"昏、墨、贼、杀"。"昏"罪,即自己做了坏事而窃取他人的美名;"墨"罪,即贪得无厌,败坏官纪;"贼"罪,即肆无忌惮地杀人;这三种罪都要处以死刑。可见,死刑是夏朝的主要刑罚。此外,《汉书·刑法志》还记载:"禹承尧舜之后,自以德衰,而作肉刑。"这说明,夏朝已经有了肉刑。所谓"夏刑三千余"[2],按东汉郑玄的解释是"大辟二百,膑

---

[1] 参见左丘明:《左传·昭公六年》。
[2] 参见《唐律疏议》引《尚书大传》。

辟三百,宫辟五百,劓、墨各千"[1]。这个说法未必完全可信,但夏的刑罚除死刑外,全面实行肉刑是符合历史真实的。夏朝的刑罚制度,由于当时还处于奴隶制国家的初级阶段,受到野蛮的原始习惯的影响,主要以残杀生命和残害身体作为惩罚犯罪的手段。

2. 夏朝的司法体制

夏朝设地方与中央两级司法机关,实行军政官兼理狱讼的制度。夏朝的最高统治者称"王",例如,《尚书·汤誓》有"夏王率遏众力,率割夏邑,有众率怠弗协"的记载。有时也称"后",按照《国语·周语上》记载,夏书有之曰:"众非王、后,何戴?"这里的王、后都是指君主。夏王是全国的最高统治者,一切事情都由他主宰,从现有文献资料来看,当时夏王的主要职责有两项,即国之大事戎与主持祭祀。戎,即军事行动的征伐,多是为了掠夺土地、谷物和奴隶、讨伐反对者,军事行动一个重要内容是平定反对者和保护王位;主持祭祀,即祭祀对后世有功的祖先神。

夏王是全国最高司法官,掌握生杀予夺的大权。夏王发布的命令就是法,因此享有立法权。公元前21世纪,启继位为夏王,夷族首领有扈氏作乱,启率军战于甘(地名,有扈之郊,今陕西户县西南)。战前,启发布军令曰:"用命,赏于祖;弗用命,戮于社。予则孥戮汝。"遂灭杀有扈氏。这是夏王行使司法权的例证。大理为中央司法长官,掌管全国性重大案件的审判。在地方司法体制中,司法官称为士或理。士既理军政又理狱讼,士或理为地方司法官,掌管辖区内刑事、民事案件的审判。

(二) 夏朝狱制

1. 夏制初期的牢

古代的牢是圈关牛、猪等牲畜的场所。《诗经》曰:"执豕于牢。"夏朝初期的监狱称牢,主要是囚禁罪隶与俘虏。"系用徽纆,置于丛棘。"[2]徽纆,束缚的绳索;丛棘,四周以棘围之。奴隶制社会时期的夏朝,奴隶、俘虏与牛、猪等牲畜处于同等地位,故用绳索捆绑起来,驱赶到丛棘之处囚禁。更有甚者,还"画地为牢",充分利用自然地理资源的优势来关押待决犯、待刑犯等。

---

[1] 参见《周礼·秋官·司刑》郑玄注。
[2] 参见《易经·坎卦·上六》。

2. 夏朝中期的圜土

夏朝中期的监狱称圜土。《竹书纪年》曰:"夏帝芬三十六年作圜土。"郑玄注:"圜土,狱城也。"圜,圆也。圜土是用土夯筑成的圆状围墙或挖地而成的圆状土坑,用来集中关押战俘和罪隶的监狱。圜土为何要建成圆状呢?古人郑锷的解释是:"天之体曰圆,而大德曰生,狱成圆,主于仁而已。民为不善,有致死之道,惟圣人之心,常欲生之。"郑某认为,圜土建成圆形是出于上天的大恩大德和仁义之心。

3. 夏朝末期的夏台

夏朝末期的监狱称夏台,《史记·夏本纪》:"召汤而囚之夏台。"夏桀曾将商族首领汤囚禁于夏台。夏台又称钧台,在今河南省禹县境内,原是祭祀的地方。将汤囚于夏台,也许是限制他行动自由的软禁,氏族部落之间政治斗争色彩浓重,而夏台却成了夏朝监狱的代称。夏朝的监狱也被称为"念室",沈家本在《狱考》中称"夏曰念室",意思是将有罪之人关闭于室内,令其思悔改过。夏朝的治狱官称作大理。《礼记·月令》注说:"理,治狱官也。有皮氏曰士,夏曰大理。"夏代的大理既主罚罪、治狱,又主对外军事征伐,并非专职的狱官。

从现有的历史资料看,夏朝还没有出现"徒刑或类似徒刑的刑罚方式"。因此,这种刑制决定夏朝的监狱一般也不作为执行刑罚的机关和场所,而只是把监狱作为待讯、待质、待决的场所,同时作为夏王处理反对自己的大臣的拘禁场所。大臣关龙逢劝说夏桀不能乱用钱财、滥杀无辜,结果反被夏桀囚禁杀害。此外,监狱也被用作氏族部落之间政治斗争的手段,用来关押软禁有潜在危险的政治对手——其他部族首领。据《史记·夏本纪》记载,夏桀曾"召汤而囚之夏台,已而释之"。后来,夏桀在国灭逃亡路上懊悔道:"吾悔不遂杀汤于夏台,使至此。"可见,商汤遭夏桀无辜囚禁,几乎被害。

第二节　商朝的监狱

一、商朝的刑罚

(一) 商朝的《汤刑》

1. 商族灭夏立国

商族居于黄河中下游和渤海湾一带，夏朝建立后成为夏的一个属国。从启至汤，已经传了14世。汤即位后，不断加强国力，准备灭夏。夏"桀不务德，而武伤百姓，百姓弗堪"。约公元前16世纪，商汤下令伐夏桀，大战于鸣条（今河南封丘东）。夏桀战败南逃，死于南巢（今安徽寿县东南）。商汤乘胜西进，灭夏，在亳（今河南濮阳）建立商朝。

商朝是中国历史上第一个有文字可考的王朝。从商汤建国，到帝辛灭亡，经历17世31王，其中，29王见于甲骨文，从汤至纣共496年。商朝的势力范围，西至今陕西西部，东至今山东西部，北至今河北北部，南至汉水以南的长江流域。在夏朝奴隶制国家制度的基础上，商朝的奴隶制国家制度有所加强。

2. 商朝的立法

商朝奉行神权法的法制指导思想，在先秦时期达到了顶峰，"殷人尊神，率民以事神，先鬼而后礼"[1]。商朝人对鬼神迷信至深，把鬼神看得高于一切，重于一切，这是商朝人意识形态的最大特点，它广泛而深刻地影响到了商代社会生活的各个方面，尤其在立法上。在法律上，定罪量刑也要诉诸鬼神。例如，"贞其刖"，占卜是否处以刖刑；"贞刖百"，占卜是否对一百个人处以刖刑；对处刑的后果也要进行卜问，"贞其刖百人死"，贞问对一百人处以刖刑是否会有人死亡。[2]

商朝的立法活动，主要反映在制定《汤刑》和一些单行法规上。《左传·昭公六年》记载："商有乱政，而作《汤刑》。"《汤刑》很可能就是商朝初期制定的法律，整个商朝一直在适用。到了盘庚时期，对《汤刑》进行了补充、

---

[1] 参见戴圣：《礼记·表记》。
[2] 参见《考古》1973年第3期，第114页。

修改，增加了有关严惩大臣不遵行法律的内容，"无有远迩，用罪伐厥死"，无论亲疏，只要犯罪，一律以刑罚严惩。祖甲在位时期，也对《汤刑》进行了修订。《竹书纪年》记载："祖甲二十四年，重作《汤刑》。"在《汤刑》的基础上，重新修订，内容更加完善，以适应社会发展的需要。

《汤刑》已经失传，其内容无法考定。《吕氏春秋·孝行》引《商书》曰："刑三百，罪莫重于不孝。"商汤制定的《汤刑》有三百条之多，最重的是"不孝"罪。除了《汤刑》外，商朝初期还制定了单行刑事法规《汤之官刑》。《官刑》儆于有曰："敢有恒舞于宫、酣歌于室，时谓'巫风'。敢有殉于货色、恒于游畋（tian，打猎），时谓'淫风'。敢有侮圣言、逆忠直、远耆（qi）德、比顽童，时谓'乱风'。惟兹三风十愆，卿士有一于身家必丧，邦君有一于身国必亡。臣下不匡，其刑墨，具训于蒙士。"据文献记载，商朝还有单行法律"弃灰之法"，弃灰于公道者，断其手。

(二) 商朝的刑罚种类

商朝的刑罚制度已经初具规模，战国时期的学者已作了评价，《荀子·正名》说："刑名从商。"即刑罚之名称始于商朝。从以上刑罚方式来看，商朝已有了后世"五刑"的做法，可视为五刑"墨刑、劓刑、刖刑、宫刑、大辟"有文字记载的起源。商朝的刑罚名称已为文献记载和出土的甲骨刻辞所证实，商朝的刑罚方法主要有如下几种：

第一，炮烙。《史记·殷本纪》记载，商朝末期"百姓怨望而诸侯有叛者，于是纣乃重刑辟，有炮烙之法"。这是一种非常残暴的刑罚方法，为商纣王所创，在铜柱上涂油，下加火烧热，令罪犯在铜柱上走，坠炭中烧死。

第二，醢（hai）。《史记·殷本纪》记载："九侯有好女，入之纣。九侯女不熹淫，纣怒，杀之，而醢九侯。"醢，即把人杀死，捣成肉酱。

第三，脯（fu）。《史记·殷本纪》记载："醢九侯，鄂侯争之强，辨之疾，并脯鄂侯。"脯，即将人晒成肉干。

第四，断手。《韩非子·内储说上》记载："殷之法，弃灰于公道者，断其手。"

第五，罚丝。专门适用于官吏贵族的一种刑罚，即判决向官府缴纳一定数量的丝。

第六，劓殄。《尚书·盘庚中》记载："乃有不言不迪、颠越不恭、暂遇奸宄，我乃劓殄灭之，无俾易种于兹新邑。""劓殄"即灭绝，如果犯了"不吉不迪""颠越不恭""暂遇奸宄"罪，就不仅要将其本人处以死刑，而且要将其后代统统处死，不使其后代在新邑里繁衍，即后世的族诛。

第七，墨刑。于异族之俘虏或同族中之有罪而不至于死者，黥其额而奴使之。《正义》云："墨，点凿其额。"墨刑亦黥刑。《国语·晋语》："中刑用刀锯，其次用钻笮。"笮即凿字，《汉书·刑法志》引作凿，颜引韦注："凿，黥刑也。"《刑法志》"墨罪五百"颜注："墨，黥也，凿其面以墨涅之。"以上记载，足证黥刑的刑具确是"凿"，而表示为"辛"。

第八，劓刑。《说文》云："自，鼻也，象形，凡自之属皆从自。""自"是鼻的象形初字。"劓"字从刀从自，象征割鼻之意，就是劓字的古体。

第九，刖刑。刖刑，是指用刀或锯截去罪人一只脚。

第十，宫刑。宫刑，是指割去罪人生殖器。

第十一，大辟。大辟是指将罪人处死，具体处死的方式有：以戈砍头，用斧钺剁人，剖腹刳肠，裂肢体杀死，把罪人系索于颈置，于火上焚之。

二、商朝监狱

（一）商朝的狱制

1. 商朝的司法制度

商朝政权的组织形式是君主专制制度，商王是商朝奴隶制国家的最高统治者，商王有至高无上的权力，凡是国家的政治、军事、祭祀、农事、刑罚都由商王决定。国家的一切重大活动皆称为王事，并"予一人"，表示我主宰一切，我说了算。全国官吏皆由商王任免。

商朝的司法制度承袭夏朝而有所增删，"殷因于夏礼，所损益可知也"[1]。立国之初刑罚比较宽松，祖甲时期社会矛盾尖锐，重新修订《汤刑》加重了刑罚，司法制度亦趋于严酷，商朝的司法机关分为中央和地方两级。中央司法机关的长官称"司寇"，下设"正""史"等司法官吏辅佐，处理中央及地方部分复审案件。商朝开始实行分封诸侯制度，地方分为畿内与畿外，畿（ji）指国都附近的地方。畿内司法机关由士掌管，基层称蒙士。一般刑、

---

[1] 参见《论语·为政》。

民案件由士或蒙士审理，若遇到重大、疑难的案件，须上报司寇，由司寇进行复审。畿外由诸侯掌管，诸侯对所辖地区指派司法官审理案件，不必上报司寇，享有较大的司法权。商王对畿外司法机关基本上不予干涉。

2. 治狱思想

商朝的最高统治者经常为营造监狱之事求神问卜，例如，"甯年卯王……小臣丑……其作圈于东对，王占曰：'大吉'"。[1] "小臣，职官名"；"丑，小臣名"；"作圈，即营造监狱"；"东对，地名"。这条卜辞虽残，但大意还是很清楚的，即辛卯这一天，王卜问，小臣丑在东对营建监狱的事进行得是否顺利；王看了兆情后断定大吉。此外，商朝对于监狱在什么地点，什么时间建造，以及囚犯戴不戴刑具，囚犯从监狱逃跑后抓回来要不要实施惩罚都要占卜。

实际上，商朝的神权治狱思想与奴隶制社会的其他种种宗教巫术一样，只不过是奴隶主贵族欺骗和麻痹人民的手段而已。其目的就是给奴隶制国家监狱的管理涂上一层神意的色彩，在暴力的枷锁之外，又施加精神的桎梏，表明商朝的奴隶主阶级用"神意"来掩盖奴隶制国家监狱的实质。

3. 商朝的监狱

商朝刑罚繁多，囚徒倍增，使得监狱数量增加，商朝的狱官称作司寇。商朝的监狱称作羑里，有些土牢是在地下挖窖穴，上面盖上棚，并开有牖（you），类似今天的天窗，因此叫"牖里"或"羑里"。商朝的监狱也叫圜土，即在地下挖成圆形土牢，或在地上围起圆墙，以防犯人逃跑，故名"圜土"。还有叫圉（yu 羽）等，圉，甲骨文作铙，外为槛笼，右侧为人在槛笼内蜷屈于穿穴，左侧为梏住双手的手拳（gong 拱），是犯人手戴拳被囚禁在牢房或土穴之中的象形。据甲骨卜辞记载，商朝在东对、冰、戈等地都设有监狱，故又称"冰圉"等。

从殷墟遗址发掘中，发现有长仅1.6米，宽1.1米，而深达2.7米的又深又小，暗无天日的土牢，其中有人的骨架和残鬲（li，古代炊具），反映了商朝狱政的残酷与牢房的黑暗状况。商朝末年出现了"狱"字。颜师古笺注："狱之确也，取其坚牢之意；狱字从二犬，取守备之意；从言者讼也。"狱字的本意为牢守因狱讼而被拘禁者的场所，符合商朝末年监狱的含义。另外，古籍文献把商朝的监狱称作里，现今也有学者持这种观点。据《风俗通》载：

---

[1] 参见《卜辞通纂》。

"三王始有狱，夏曰夏台，殷曰里……"《史记·殷本纪》中也有"纣囚伯于里"的记载。羑里城遗址在今河南省汤阴县城北四公里处，羑里城遗址里有一座东西宽、南北长各一百余米高出地面数米的高地，高地上有十数座房屋，数十株挺拔苍郁的松柏。由于在羑里城囚禁过周文王，因此，商朝的监狱也称作羑里。羑里是囚禁奴隶主贵族首领周文王的处所，是临时软禁处所，因此，氏族部落之间的政治斗争味道浓重。还有，清末沈家本在《狱考》里称商朝的监狱为"动止"。

从商朝的刑罚由死刑和肉体刑构成的情况来看，商朝的监狱仍旧是拘押待审、待刑犯的场所，同时也是氏族部落之间的政治斗争的工具，用来关押潜在的敌人，还是教诲不务政事君王的地方，商汤王的托孤右相伊尹把商汤的孙子太甲囚禁在商汤墓地的桐宫内进行反省教育了3年。最先商王文丁把周族领袖季历诱骗到商都囚禁起来以"图谋不轨"的罪名杀死，后来商纣王把周族领袖西伯昌囚禁起来。

（二）商朝监狱对囚犯的处遇

1. 刑具使用

商朝监狱对囚犯的处遇集中表现在刑具使用与囚犯劳役两个方面。商朝的监狱以控制性的拘禁为基本特征，在拘禁期间，有的囚犯被用作祭祀的牺牲，卜辞中屡有人祭的记录则是证明。边境地区监狱里的犯人则被用来戍边，例如，周武王伐纣时，包括战俘在内的商军奴隶被驱赶着与周族武装交战，很快在阵前倒戈起义就足以说明。为了防止囚犯从监狱逃跑，在关押期间，监狱必然要对他们采取有效的控制束缚措施，因此，刑具就在行刑前和行刑中"粉墨登场"了。

据历史文献记载，夏朝监狱为防止囚犯逃跑，用绳索作为刑具捆绑束缚囚犯的手脚或颈项。在取代夏朝的商朝，监狱在关押囚犯期间要给囚犯戴刑具，例如，在殷墟安阳小屯村第15次发掘的一处窖洞里出土了一批陶俑，俑的双手戴拱；男俑的手拱在背后，女俑的手拱在身前。据《说文解字》解释："双手共一木曰拱。"商朝戴拱陶俑的出土，表明在商代刑具已经开始使用和男女异刑的情况。或许监狱拘押看管的实践证明，与绳索禁锢束缚囚犯的作用相比，木制刑具的使用效果更加明显，在一定程度上消除了绳索容易被解脱的弊端，更利于看管囚犯，防止逃跑。

2. 囚犯劳役

商朝监狱的囚犯劳役，有古籍记载。例如，《史记·殷本纪》载："武丁夜梦得圣人，名曰说。以梦所见视群臣百史，皆非也。于是百工营求之野，得说傅险中。是时说为胥糜（古刑徒称胥糜），筑于傅俭……举以为相，殷国大治。"换言之，商王武丁自称晚上梦见一个名叫"说"的圣人，就命百官按照所画的梦中所见的"说"的面貌到处去寻找。终于在傅险这地方找到了，而此时"说"是罪徒，在傅险这地方从事筑城的劳役。于是，武丁任命"说"为相，掌理国政，因殷商神权至上，"说"做宰相，贵族们也不敢反对。因武丁得"说"于傅险，故名傅说。傅说任相后，在政治上采取了一些改善措施，使殷商复兴起来。

这表明，商朝的监狱囚犯在关押期间要劳作。而且，其他文献也有记载，据《王子》载，囚犯们"衣褐带索，庸筑傅岩之城"。汉孔安国解释道："傅氏之岩在虢虞之界，通道所经，有洞水坏道，常使胥糜刑人筑护此路。"从以上历史资料的记载可以看出，商朝的监狱不仅在数量和囚犯的数目上在不断地增加，而且，重视组织囚犯参加筑路修路的劳动，囚犯劳动要戴上索之类的刑具，以防止他们逃跑。就此而言，商朝监狱对囚犯的处遇，相比夏朝监狱一味拘禁囚犯的方法，无疑是监狱发展史上的一大进步，不仅有利于维护统治阶级的利益，而且促进了监狱职能的发展，也有利于开发囚犯劳动力资源的作用，对监狱囚犯的劳动做了有益的尝试。

3. 商朝监狱里奴隶的反抗

商朝奴隶的来源有三个渠道：其一，平民因犯罪而沦为奴隶，称为"罪隶"，这部分奴隶人数较少；其二，战争抓获的俘虏，这部分奴隶人数很多；其三，进贡来的奴隶，这部分奴隶人数也比较多。要把战争俘获或各地进贡的大批奴隶送往都城，防止他们的反抗，监狱发挥了重要的作用。商朝在许多靠近周围方国的边塞地区设置了监狱，用以囚禁俘获的奴隶，充分反映了奴隶制社会监狱充当镇压广大奴隶的工具的阶级本质。奴隶制监狱对大批奴隶的囚禁，不需要以奴隶是否违反了奴隶制国家的法律为前提，商朝监狱不仅对奴隶肆意禁锢，而且随意屠杀。

商王在监狱中提取奴隶作为人牲用于祭祀的现象相当普遍，1976年，安阳殷墟祭祀坑部分发掘，发现埋有奴隶1178人，其中，最多的一次埋葬用于人牲的奴隶竟多达329人。可以推知，商朝大规模祭祀活动的人牲，主要来源于集中关押奴隶的监狱。奴隶主对奴隶极端残酷的压迫，不可避免地会引起奴隶强烈的反抗。商朝监狱中奴隶的斗争形式，普遍地采用成批逃亡的方式，有时也发展成为暴乱的形式。在《殷墟爻辞》中就有确切的记载，《殷墟爻辞》的大意是贞问奴隶从监狱逃跑，能不能捕获。商朝奴隶主对监狱中奴隶的逃亡，采取了十分严厉的镇压措施。据记载，有羌奴数人自监狱逃跑，采取裂、剔、刳肠的酷刑杀死两人以示警诫。对被监禁的奴隶施以这种残酷的刑罚手段，并没有使奴隶的反抗停息下来，反而进一步加剧了商朝社会的阶级矛盾，奴隶狱中的斗争越来越多地采用暴乱的形式。

第三节 西周的监狱

一、西周的刑制

(一) 西周的立法

1. 周族灭商立国

周族和夏族、商族一样，是一个古老部族，居住于中国西北部地区。公元前11世纪左右，正当商朝统治力量日益衰弱的时候，迅速强大起来的周族先后在姬昌周文王、姬发周武王的率领下，起兵反商。周族利用与其他方国部落的联合，以及商朝奴隶起义的强大力量，终于推翻了商朝的统治，建立了新的奴隶制王朝——西周。

自西周建都于镐，在今陕西西安附近，至公元前771年周幽王被杀，周族统治崩溃，先后经历了约三百多年。西周是我国历史上著名的、强盛的奴隶制王朝，由于奴隶制的经济、政治、文化的高度发展，西周社会的典章制度有了很大的变化，监狱制度也更加完善，对我国古代社会产生了深刻影响。

2. 西周的立法特色

西周奉行"以德配天""明德慎罚"的立法指导思想，以周公等为代表的西周奴隶主贵族，总结并吸取了夏朝、商朝灭亡的教训，提出了"以德配天"的君权神授说。认为"天"或"上帝"不是哪一族独有的神，而是天下各族所共有的神。"天命"属于谁，就看谁有能使人民归顺的"德"。这个思想的提出，显然是在为西周取代商朝制造舆论，但同时也说明西周统治者感到单靠神权已不足以维系其统治，还必须重视民心的向背，既"敬天"，又"保民"。"以德配天""敬天保民"的治国方略具体落实在法制方面就是要求"明德慎罚"，重视道德教化的作用，立法、司法都必须宽缓、审慎，执行刑罚更要慎重。

第一，"制礼作乐"。周朝初期，周公"制礼作乐"，将夏礼、商礼发展成一整套以维护宗法等级制为核心的行为规范以及相应的典章制度、礼节仪式，一般称为"周礼"。在周人看来，"礼"是治理国家的唯一准绳。周礼所确立的全部规范和制度中，始终贯穿着"亲亲""尊尊""长长""男女有别"四个原则。"亲亲"，即必须爱自己的亲属，特别是以父权为中心的尊亲属；"尊尊"，即下级必须尊敬和服从上级，特别是一国之君；"长长"，即小辈必须敬重长辈；"男女有别"，即男尊女卑、"男女授受不亲"和同姓不婚。其中，最基本的是"亲亲"和"尊尊"。"亲亲"是宗法原则，旨在维护家长制；"尊尊"是等级原则，旨在维护君主制。二者都是为巩固宗法等级制服务的。从这两个基本原则出发，周礼在伦理道德上特别强调"孝""忠"。在当时的宗法等级制度下，"亲亲"和"尊尊"往往是二位一体，因此，"孝"和"忠"也往往是两相结合。"亲亲"和"尊尊"既是周礼的基本原则，也是西周立法的指导思想。与此相应，"孝"和"忠"既是伦理道德规范，又是法律规范。[1]

第二，《吕刑》。周武王在位时间短，其死后统治阶级内部随即陷入争权夺利的斗争之中，先是管、蔡等群弟不满意周公"摄政"，其后又是商纣王的儿子武庚叛乱，并联合管、蔡的势力，再后又是东方的徐、奄、薄姑等地方势力反叛，形势一片混乱。《史记·周本纪》："管叔、蔡叔群弟疑周公，与武庚作乱，畔周。周公奉成王命，伐诛武庚、管叔，放蔡叔。"《尚书大传》："周公摄政，一年救乱，二年克殷，三年践奄，四年建侯卫，五年营成周，六年制礼作乐，七年致政成王。"这些记载反映了周初政治局面的混乱。

在这样的政治形势下，周朝建立初期进行了一次比较大的立法活动，制定了《九刑》。《左传·昭公六年》记载："周有乱政，而作九刑。"正是由于有了较完备的法律，周朝初期社会秩序稳定，达到了盛世。《史记·周本纪》记载："成康之际，天下安宁，刑措四十余年不用。"据《史记·周本纪》记载，自周昭王始，"王道微缺"；至穆王时，社会矛盾进一步尖锐，"文武之道

---

[1] 参见蒲坚主编：《中国法制通史》（一），法律出版社1999年版，第192页。

缺","诸侯有不睦者"。为了缓和社会矛盾,稳定周朝王室的统治地位,穆王接受大臣吕侯的建议,废止严酷的旧法,以"明德慎罚"为指导原则,"作修刑辟",制定了西周一部重要的法典《吕刑》。

(二) 西周刑罚

记载西周刑罚的文献主要有《尚书·周书》《周礼》《周易》等,归纳起来,西周的刑罚体系是由"五刑""五罚""五过"构成的。三者轻重不同,最重的是五刑,其次是五罚,最轻的是五过,"五刑"是主要的刑罚,包括墨、劓、剕、宫、大辟。《吕刑》关于"五刑"的规定有三千条之多,其中,墨、劓刑罪各一千,剕罪五百,宫罪三百,大辟二百。"五罚",即"不简核谓不应五刑,当正五罚,出金罚罪"。可见,"五罚"是指,如以"五刑"定罪量刑有疑问,就罚罪犯出铜赎罪,即赎刑,分为五等。"五过",即"五罚不服,正于五过",且"不服不应罚也;正于五过,从赦免"。可见,"五过"即是说,以五罚惩处仍有疑问者,又是过失犯罪,因此可以赦免。西周不仅沿用商朝的刑罚方式,而且也有所创新,主要的刑罚方式有如下几种:

第一,大辟。大辟,即死刑;

第二,墨。墨,即脸上刺字;

第三,劓。劓,即割掉鼻子;

第四,剕。剕,即割下一只脚;

第五,宫。宫,即割掉生殖器;

第六,刵。刵,即割掉耳朵;

第七,杀。杀,即死刑,西周出现了"杀"这一死刑方式;

第八,杖刑。杖刑,即木杖打臀部;

第九,渥刑。渥刑,即秘密处死于屋内;

第十,鞭刑。鞭刑,即治理官吏的刑罚,刑鞭是用革做成的;

第十一,罚丝。罚丝,即针对贵族的一种刑罚;

第十二,赎刑。赎刑,即有某罪而案情有疑,故出铜赎罪;

第十三,罚金。罚金,即有某罪,案情明了,直接判处交纳一定数量的铜;

第十四,流刑。流刑,即流放到外地;

第十五,髡刑。髡刑,即剃掉头发和胡须。

从以上可以看出,西周的刑罚方式属于生命刑、肉体刑、财产刑、耻辱刑，还没有自由刑。但有了自由刑的萌芽，因为，流刑犯到达流放地需要看管，这就意味着要剥夺或限制流放犯的一些人身自由。

二、西周的狱制

(一) 西周的司法体制

1. 周王总揽大权

西周是我国奴隶制社会高度发达的阶段，其行政管理体制相当成熟。与以前的夏、商不同，周朝的行政管理体制把宗法制度与政权组织结合得更加密切。周王按照血缘关系的远近，把土地层层分封给同姓子弟和异姓姻亲，从王室到地方形成一个系统的行政管理体制，同时形成一个大宗与小宗的宗法关系。西周实行"君命无二"的君主专制制度，周王集政权、神权、族权于一身。

周王是全国范围内从王室、诸侯以至庶民的"共主"，政治、军事、立法、司法各种大权都掌握在他手里。《诗经》说："溥天之下，莫非王土，率土之滨，莫非王臣。"许多重大的军事和政治决策都由他一个人说了算，全国的重大案件，由他最后裁决，"天下有道，礼乐征伐自天子出"[1]。由于统治经验的局限，西周设置国家机关仍然没有摆脱"行政、司法、军事不分"的窠臼，但建立起了比较完备的国家机关体制，分为中央、乡遂、诸侯国三部分。基于所述内容的需要，冠名为司法体制。

2. 中央司法机关

西周非常重视对机关和官员的管理，"以八法治官府"[2]，即从八个方面对政府机构和官吏的活动进行管理。一曰官属，以举邦治；二曰官职，以辨邦治；三曰官联，以会官治；四曰官常，以听官治；五曰官成，以经邦治；六曰官法，以正邦治；七曰官刑，以纠邦治；八曰官计，以弊邦治。官属，是指六官其属，各六十，即机构的组织。官职，是指六官之职，即各机关的职权。官联，是指国有大事，一官不能独举，则六官共举之，即凡军国大事，非一个机关所能完成，需要有关机关配合共同完成。官常，是指各自领其官常职，即各机关的日常行政事务工作。官成，是指官府之成事品式，即各机

---

[1] 参见《论语·李氏篇》。
[2] 参见《周礼·天官·大宰》。

关活动应遵守的章程和办事规则。官法，是指根据职责所定之法度，即凡祭祀、朝觐、会同宾客者，皆有不同的礼仪法度。官刑，是指掌刑之官，所司五刑之法。官计，是指定期考检官吏，以行赏罚。

第一层面"三公"。三公是指太傅、太保、太师，是辅佐周王处理重大军事、政治事务的最高官吏。他们的职责是："太保，保其身体；傅，傅之德义；师，导之教训。"〔1〕三公位居百官首，多由德高望重、有统治经验、有权威的大贵族担任，三公的设立继承了氏族社会的长老监护制。由于三公位尊权重，所以后来并不常置，往往因人而设，"官不必备，唯其人"〔2〕。

第二层面"三事大夫"。三事大夫是指常伯、常任和准人。常伯是负责管理地方行政的职官，又称"牧"。常任是负责官吏人选的职官，又称"任人"。准人是掌管司法的职官，又称"准夫"。"三事大夫"是对这三类主要职官的泛称。

第三层面"六卿士"。卿士是协助周王处理各种政务的职官，是三公以下王廷中的最高执政官，具体有太宰、太宗、太史、太祝、太士、太卜，合称六卿。太史，负责起草文书、记事、保管典籍和掌管天文、历法等。太祝，掌管"社""稷"的祭祀和礼仪。太卜，掌管占卜。太宰，管理王室的奴隶和财务。太宗，掌管王室事务和宗庙。太士，掌管司法。

卿士之中，太宰居长，为王廷职官的总头目，可以代表周王发号施令，"掌建邦之六典，以佐王治邦国"。〔3〕掌"六典"，就是全部的政策法律都由他分管。太宰原为首席厨师，掌管周王的膳食，并兼管祭祀时厨房内的事务。由于得到周王的宠信，所以太宰的职权日重，一切不属于其他职官的杂务都由他管。卿士同其属下之各种职官，组成官署，叫作"卿事寮"。以太史为首的左史、右史、左册等史官组成的官署叫"太史寮"。

第四层面"六官"。六官是指天官冢宰、地官司徒、春官宗伯、夏官司马、秋官司寇、冬官司空。其中，后五者称为五司，五司是三司与二司的合称。三司也叫"三有司""三有事"，包括司徒、司空、司马。司徒掌农田图籍和人民户口与教化；司空"掌营城郭建都邑，立社稷、宗庙，造宫室车服

---

〔1〕 参见（西汉）戴德：《大戴礼记·保傅·第四十八》。
〔2〕 参见《逸周书·世俘解》。
〔3〕 参见《周礼》。

器械，监百工"；[1]司马掌管军政、军赋和军令。二司是指司士、司寇。司士掌管版籍、爵禄；司寇，掌管司法审判和参与制定法律。

第五层面"司寇"。中央司法机关以秋官司寇为首，司寇分设大司寇和小司寇。大司寇的职责是"掌建邦之三典，以佐王刑邦国，诘四方"[2]。大司寇是大法官，同时掌管全国的司法工作。小司寇是直接审判案件的，其职责是"以五刑听万民之狱讼"。"以五声听狱讼，求民情"[3]，即辞听、色听、气听、耳听、目听。[4]下属士师是刑官，掌国都之内的禁令、狱讼、刑罚，其职责是"掌国之五禁之法，以左右刑罚"[5]。士师位在下大夫，为古代法官的通称。

第六层面"七司二掌"。"七司二掌"是指秋官司寇下辖的司刑、司刺、司约、司盟、司圜、司隶、司救、掌囚、掌戮等职官，分掌各项刑罚的执行和狱政事务，可谓职责严明，分工精细。司刑，掌五刑之法，以丽万民之罪，墨罪五百，劓罪五百，宫罪五百，刖罪五百，杀罪五百。司刺，掌三刺、三宥、三赦之法，以赞司寇听狱讼。司盟，掌盟载之法，有狱讼者，则使之盟诅。司隶，掌五隶之法，辨其物而掌其政令。掌戮，掌斩杀贼谍而搏之。

其中，负责监狱管理的狱官有司圜、掌囚、司救。司圜，专门负责管理圜土，圜土是西周不同类型的监狱。掌囚，专门负责管理囹圄，囹圄关押的都是重罪囚犯。司救，专门负责管理嘉石。西周监狱职官系统严密、职掌明确，是西周狱制成熟的又一标志。

3. 乡遂的司法体制

西周将全国划分为"国"与"野"两大区域，称为"体国经野"。周王直接统治下的王畿，分为"国""乡""遂"。"国"的本义是指王城和国都，王城的城郭以内叫作"国中"，周王和王室住在国都，国都周围环绕着城墙，护卫着奴隶主贵族的安全，为王室服务的工商奴隶以及自由民也住在里面。

王城以外百里之内称为"乡"，设六乡。王城百里以外二百里之内称为

---

[1] 参见《周礼·冬官·考工记》郑玄注。

[2] 参见《周礼·秋官·大司寇》。

[3] 参见《周礼·秋官·小司寇》。

[4] 参见郑玄注："观其出言，不直则烦；观其颜色，不直则赧（nan 蝻，因羞惭而脸红）；观其气息，不直则喘；观其听聆，不直则惑；观其眸子，不直则眊（mao 冒，目不明的样子）然。"

[5] 参见《尚书·酒诰》。

"遂"，遂又叫作"郊"。广义上讲，以王城为中心，连同乡、遂在内，统称为"国"。六乡居民多以血缘关系为纽带，采取聚族而居，居民称为"国人"。

王城二百里以外至三百里称为"野"，野以外为"县"，县以外为"都"。在边远的地方称鄙，在野、鄙居住的是从事农业生产的广大奴隶和自由民。从广义上讲，凡野、县、都诸地区，统称为"野"。野、县、都居民多是按地域而居，居民称为"甿，即氓"或"野人"。

乡设大夫为长，"掌其乡之政教禁令"；遂也设大夫为长，"掌其遂之政令"。乡、遂皆属王畿，王畿之内设士，士既管理政务，又兼理狱讼。国中与乡设乡士，"乡士掌国中，各掌其乡之民数而纠戒之。听其狱讼，察其辞"[1]。遂又叫作郊，设遂士。"遂士掌四郊，各掌其遂之民数，而纠其戒令。听其狱讼，察其辞，辨其狱讼。"[2]可见，乡士、遂士既是行政官，又是司法官。

县、都皆属王畿之外，县设县士。"县士掌野，各掌其县之民数，纠其戒令而听其狱讼，察其辞，辨其狱讼。"[3]都设方士，"掌都家，听其狱讼之辞。辨其死刑之罪而要之，三月而上狱讼于国"[4]。可见，县士职责与乡士、遂士相同，方士则专理狱讼。

4. 诸侯国的司法体制

周族灭商以后，除了原有的土地外又占据了广大地域，为了便于管理和加强统治，一方面，由王室直接控制一部分地区，另一方面，把其余地区分封给同姓亲属和异姓功臣以及古圣王之后，即所谓的封邦建国"以藩屏周"。受封"诸侯之于天子曰某土之守臣某"[5]，即为王室守土之臣。在周初，封国起着地方行政管理机构的作用。受封者按其身份大致分为三类：第一，古圣后裔；第二，同姓亲属；第三，异姓功臣，共"立七十一国，姬姓独居五十三人"，受封者统称为"诸侯"。周王在分封时，连同那里的土地、人民一起赐给他们。受封诸侯在封国之内有相当的独立性，可以修建城郭，但要遵循规制："大都，不过参国之一；中，五之一；小，九之一。"[6]在规定的范

---

[1] 参见《周礼·秋官司寇·乡士》。
[2] 参见《周礼·秋官司寇·遂士》。
[3] 参见《周礼·秋官司寇·县士》。
[4] 参见《周礼·秋官司寇·方士》。
[5] 参见戴圣：《礼记·玉藻》。
[6] 参见左丘明：《左传》隐公元年。

围内组织军队，大国三军，小国二军，以及设官分职，并可将受封土地分封给其臣属卿、大夫、士。

周王把土地授给诸侯封邦建国，诸侯再把土地授给大夫建立采邑。但是，全国最高土地所有权属于周天子，因此，他们对周天子负有一定的义务。第一，朝聘，即定期由诸侯本人或派卿大夫去朝见天子。诸侯本人去叫"朝"，派卿大夫去叫"聘"。一年一小聘，三年一大聘，五年一朝。朝聘的主要内容是向周王报告工作，这也是周王控制诸侯的一种办法。第二，贡纳，即诸侯把剥削奴隶和平民的所得财物，除供自己享用外，还要上缴周天子一部分，以满足周王室的需要，同时也是考察诸侯对周王是否忠诚。"如果诸侯不贡天子，庶民也不贡诸侯，政治就乱了。"[1]第三，勤王，即诸侯要负责保卫王室，或代天子出征。

一方面，封国同王室一样，建立起了一套宗法关系和与其密切结合的各级管理机构。第一层面是诸侯，诸侯执掌着本属国的军政、司法大权。第二层面是诸侯国的司寇、士师，诸侯国的司寇、士师等司法官审理狱讼案件。第三层面是乡官，基层案件则由乡官处理，当案件需要处以刑罚时，则提交给士或士师审理。此外，宗子族长对族人有权进行审判。另一方面，周天子还通过命卿和派人到诸侯国监督的办法控制诸侯。据《礼记·王制》记载："大国三卿，皆命于天子……次国三卿，二卿命于天子，一卿命于其君……小、国二卿皆命于其君。"第一层面是卿，卿到诸侯国多担任最高执政官，天子通过他们左右诸侯国的政治。第二层面是大夫，同时还派大夫"监于方伯之国"[2]。第三层面是讶士，中央司法机关还设讶士掌四方诸侯国之狱讼，谕罪刑于邦国。

（二）西周的监狱

1. 西周的狱政思想

西周建立以后，不仅继承了以"天命""天罚"等思想武器作为对广大人民实行统治的依据和手段，而且，鉴于夏商推崇刑辟而败亡的历史教训，提出了"以德配天""明德慎罚"的政治法律观。为缓和社会阶级矛盾，巩固统治，倡导"明德慎罚"的理论，采用恩威并用的两手政策，标志着周朝

---

〔1〕参见范文澜：《中国通史简编》，人民出版社1957年版，第134页。
〔2〕参见戴圣：《礼记·王制》。

奴隶制国家趋于成熟。

周朝统治者谆谆告诫"四方司政典狱"之官："非尔惟天作牧？今尔何监？非时伯夷播刑之迪？""其今尔何惩？时苗民匪察于狱之丽，苗民无辞于罚，及绝厥世。"[1]用现在的话来讲，即要求四方司政典狱官代天牧民，要以舜时的伯夷为楷模，做到刑罚适中，又要以苗族的首领蚩尤为教训，以免因单纯凭借酷刑威狱而导致亡族败亡的后果。在慎刑思想支配下，西周的诉讼制度有了很大变化，相应地推动了监狱制度的发展。

"明德慎罚"的思想是西周重要的刑法原则和治狱指导思想，明德慎罚就是崇尚德教，谨慎地使用刑罚，这个指导思想有三点要求。其一是区别对待，根据犯罪人的故意和过失、偶犯与累犯、认罪态度等情况予以区别对待。其二是刑罚宽严适当，使用刑罚的目的，在于劝民为善，而不是单纯地为了惩罚，因此，刑罚的使用要适当。其三是提倡教化，用奴隶主阶级的道德标准教化罪人，"毋庸杀之，姑惟教之"[2]。不要先杀掉他们，姑且教化他们。西周的监狱称囹圄，囹圄则指"令人幽闭思衍，改恶从善"之场所。《周礼·秋官·大司寇》："以圜土聚教罢民，其能改者，返于中国"，"司圜掌教罢民……任之以事而收教之"。[3]西周明德慎罚思想是西周狱制成熟的标志，也是周朝奴隶主统治者司法统治经验不断丰富的结果。

2. 西周的监狱体系

西周监狱沿袭夏朝、商朝而又有所发展，形成了比较完整的监狱制度。监狱是与审判机关的诉讼活动相联系而产生发展起来的。由于受刑制的制约，从根本性质上讲，西周的监狱仍旧是暂时拘禁囚犯的场所。具体来讲，监狱是对被处以刑罚的犯人进行关押和劳动的场所，也是关押嫌疑犯、未决犯以及待处决犯的场所。西周狱制具有代表性的有圜土制、囹圄制、稽留制、嘉石制。

第一，圜土制。西周的监狱，多称为圜土。《周礼·地官·比长》郑玄注："圜土者，狱城也。狱必圜，规主仁，以仁心求其情，古之治狱，闵以出之。"《尔雅·释名·释宫室》曰："狱又谓圜土，言筑土表墙，其形圜也。"《周礼·秋官·大司寇》曰："以圜土聚教罢民。凡害人者，锄（置）之圜

---

[1] 参见《尚书·周书·吕刑》。
[2] 参见《尚书·酒诰》。
[3] 参见《周礼·秋官·司圜》。

土，而施职事焉，以明刑耻之。其能改者，返于中国，不齿三年，其不能改而出圜土者杀。"《周礼·秋官·司圜》曰："司圜掌教罢民。凡害人者，弗使冠饰，而加明刑焉，任之以事而收教之。能改者，上罪三年而舍，中罪二年而舍，下罪一年而舍。其不能改而出国土者，杀。虽出，三年不齿。凡圜土之刑人也，不亏体，其罚人也，不亏财。"由此可见，从法律定性上，圜土是关押犯人的场所。从物质形态的存在方式上看，圜土是指监狱建筑物的特定形式，一般是用土筑成圜（圆）形的围墙所圈起来的建筑体。综合而言，西周的圜土是西周不同类型的监狱，是对不够判处五刑的囚犯的拘押监禁场所，并形成了较为完整、系统的管理制度。

关于圜土关押的对象。圜土关押的是特定对象。其一，"罢民"，即"以圜土聚教罢民"。"罢民"，郑司农注："谓恶人不从化，为百姓所患苦，而未入五刑者。"郑鄂解释说："民不能自强于为善者，谓之罢民。"《国语·齐语》上说："罢士无伍，罢女无嫁。"可见，"罢民"就是那种不务正业、游手好闲，一般人不愿与之为伍的人。其二，"害人者"，即"以圜土聚教……凡害人者……"害人者，是指伤害或骚扰四邻等为非作歹但不构成犯罪的一些人。为阻止这些人继续在社会上作恶，把他们收押于圜土。其三，"刑人"，指已有犯罪行为，但是罪轻不入五刑的人。《周礼·秋官·司圜》曰："凡圜土之刑人也，不亏体。其罚人也不亏财。"换言之，圜土的关押对象包括罪轻不入五刑的被惩罚者。其四，"过失犯"，一为"邪恶且屡教不改的过失犯"，二为"犯重罪而被宽宥的过失犯"。《周礼·地官·司救》曰："凡万民之有邪恶者，其有过失，三让而罚，三罚而归于圜土。"另据载，"乡官断狱，丽罪为当杀，司判讯于臣民，以为过失而宥之者也"，锄（置）之圜土，意思是过失杀人不坐死，而拘押于圜土之中。其五，"无授无节而徙者"，出门未带身份证明者。"徙于国中及郊，则授之；若徙于他，则为之旌节而行之。若无授无节则唯圜土内（纳）之。"[1]"授"是指个人的身份证明，"节"是指诸侯国使节出访所持的旌节。贾公彦说："乡中无授，出乡无节，此皆罪人，故当为圜土纳之也。"可见，这种无授无节之人的身份是不清楚的，为弄清他们的身份，将他们"系之圜土，考辟之"。为了维护统治秩序，有效控制政权，西周建立了授、节制度，禁止人们擅自离开土地家园，因为，人口的流动会

[1] 参见《郑玄注周礼》，引自《古今图书集成·详刑典·牢狱篇》。

造成统治秩序的不稳定。

关于圜土关押的期限和活动。关于圜土关押的期限,分为上罪、中罪、下罪三等,"上罪三年而舍,中罪二年而舍,下罪一年而舍"[1]。对于在圜土内不能悔改而擅自逃出者,杀。而且,关押期满而释放出圜土者,有三年的约束期限,三年不能与常人的待遇相等,还要垂下冠缨五寸,以示与平民的区别,"虽出三年不齿"。圜土进行的活动,"任之以事而收教之""以明刑耻之""不亏体,其罚人也,不亏财"。其一,圜土里的囚犯要服劳役,《周礼·秋官·大司圜》:"锄之圜土而施职事。"《周礼·秋官·司圜》:"任之以事而收教之。""施职事"与"任之以事"都是意指强制囚犯劳动,以此教化他们。其二,关押在圜土内的罢民,一般不戴戒具,但"弗使冠饰",在服饰冠戴上也与常人不同,不许他们戴冠或佩戴其他饰物;"著墨幪若古之象刑,使其明刑以耻之",或者"书其罪行于版而著其背以耻辱之",将其罪行公之于众加以羞辱。圜土通过耻辱形式和强迫劳动,推行对囚犯的教化。其三,关押在圜土内的囚犯,不再施行肉刑,不没收其家产,把关押监禁作为对他们的惩罚,"凡圜土之刑人也,不亏体,其罚人也,不亏财"。

第二,囹圄制。囹圄,也是西周狱制的一种。《风俗通》曰:"狱,周曰囹圄。"《礼记·月令》曰:"仲春之月……命有司省囹圄。"郑玄注:"省,减也;囹圄所以禁守系者,若今别狱矣。"《风俗通》曰:"囹,与也。言令人幽闭思衍改恶从善,因原之也。"可见,囹圄是关押罪犯,以及罪犯"幽闭思衍"的场所,这表明,西周对罪犯实行了关押与教化相结合的做法。有人说,这是我国奴隶制社会监狱制度的重要发展阶段,这个评价是有一定的事实根据的。[2]

关进囹圄的囚人,有等待行刑的已决犯,也有等待审讯判决的未决犯,囹圄的羁押职能很明显。但囹圄主要是关押"当刑杀"的罪犯的场所,监禁惩治的对象是由掌囚官监管的盗贼之类的重刑犯。关进囹圄的犯人依据罪行的轻重分上罪、中罪、下罪三等,分别施用不同的狱具,重大犯罪者要戴桎、拱、桎全套械具;一般犯罪者要戴桎、梏两种狱具;稍轻犯罪者只戴桎一种狱具。囹圄对囚人要进行强制性的思过教化,"幽闭思衍",使之改恶从善。

---

[1] 参见《周礼·秋官·司圜》。
[2] 参见蒲坚主编:《中国法制通史》(一),法律出版社1999年版,第341页。

第三，稽留制。稽留，周代的一种狱名，是临时拘禁犯人的场所。《太平御览》卷六四三引张华《博物志》云："夏曰念室，殷曰动止，周曰稽留，三代之异名也。"把监狱称为"稽留"是有一定含义的，"稽"者，有考查、治理的意思。《易·系辞》云："于稽其类。"《孔颖达疏》载："稽，考也"，类似现在的审查。《书·梓材》云："若稽田，既勤敷。"《蔡沈集传》载："稽，治也"，即治理的意思。"留"者，停止、等待的意思。在《战国策》一书上说得很明白："留其日，稽留其日也。凡稽留则有审慎求详之意。"

周代有"司稽"之官，是专门负责稽查的。《周礼·地官·司徒》云："司稽，掌巡市，而察其犯禁者与其不物者而搏之，掌执市之盗贼以拘，且刑之。"这就是说，司稽之官负责巡查街市，发现了犯罪嫌疑人可以带回来羁押审查，所以称为"稽留"。在稽留所内，对犯罪嫌疑人进行查考与审问，将他的问题搞清，以做到慎重行事。这与现在的看守所有相似之处。由于稽留是监禁犯罪嫌疑人的场所，是暂时性的羁押，因而，史籍上记载极少。[1]

第四，嘉石制。《周礼·秋官·大司寇》云："凡万民之有罪过而未丽于法，而害于州里者，桎梏而坐诸嘉石，役诸司空。重罪，旬有三日上，期役。其次，九日坐，九月役。其次七日坐，七月役。其次五日坐，五月役。其下罪三日坐，三月役。使州里任之，则宥而舍之。"《周礼·地官·司救》云："司救掌万民之衺恶过失而诛让之，以礼防禁而救之，凡民之有衺恶者三让而罚，三罚而士加明刑，耻诸嘉石，役诸司空。"嘉石即有纹理之石，西周设嘉石置于外朝门左侧，大司寇听讼处。"以嘉石平罢民。"[2]贾公彦疏："嘉石，文石也者，以其言嘉，嘉，善也，有文乃称嘉，故知文石也，欲使罢民思其文理以改悔自修。"嘉石就是上写（或刻有）劝人为善的规范性文字的大石块。西周的嘉石制，是西周创制的对犯有更轻微罪行的人的一种处罚措施，其内容有拘坐、劳役、期限。

嘉石制的收容对象是"语言无忌""侮慢长老"或"害于州里"，但尚不足以关押于圜土的人。按贾公彦的疏解，"有罪过而未丽于法"是指，有过错而又不属于圜土法定对象的罢民，也不入圜土，只罚坐嘉石。可见，嘉石制的性质要轻于圜土制。关于嘉石制的期限及活动，服嘉石者按罪之轻重分为

---

[1] 参见潘君明编著：《中国历代监狱大观》，法律出版社2003年版，第21页。
[2] 参见《周礼·秋官·大司寇》。

五等：一等重罪者，每旬带桎梏坐嘉石一日，强制服劳役一年；二等罪者，带桎梏坐嘉石九日，强制服劳役九个月；三等罪者，带桎梏坐嘉石七日，强制服劳役七个月；四等罪者，带桎梏坐嘉石五日，强制服劳役五个月；五等轻罪者，带桎梏坐嘉石三日，强制服劳役三个月。可见，嘉石制是耻辱与强制劳动相结合的处罚制度；服嘉石者由司空监督，服刑期满，取保释放。

3. 囚犯的处遇

在西周，对囚犯的处遇有两个方面：一则为狱具处遇，二则为刑后安置。关于囚犯的狱具处遇，是指囚犯进入监狱要加戴狱具。入监囚犯区分罪之轻重要加刑具三木（桎、梏、拲）。轻罪用梏，将刑具加在颈上，类似后世的枷。中罪用桎梏，除在颈上加梏外，再将刑具加在足上。重罪用桎、梏、拲，指颈上加梏，足上加桎外，再将两手套入拲。西周对有爵位的人犯了重罪只加桎，王族犯了重罪只加拲。在监狱中关押的有等待审判或判决的囚犯、有已经判决等待执行的罪犯、证人等。

关于囚犯的刑后安置。西周是我国奴隶制社会的鼎盛时期，为了镇压奴隶和平民的反抗，维护奴隶主贵族阶级的根本利益，西周在沿用奴隶制社会五刑的基础上，在对待罪犯的惩罚上有了较大的创新发展。已经执行了肉刑的囚犯，不能恢复自由，还要根据每个囚犯所处肉刑种类的不同，被派往不同场所服劳役。《周礼·秋官·掌戮》："墨者使守门，劓者使守关，宫者使守内，刖者使守囿，髡（kun）者使守积。"内，指大内，王宫之内。囿，指禁苑，王行猎的场所。髡，是一种刑罚，即剃掉受刑人的头发。积，指聚积物。

处以墨刑者把守城门，处以劓刑者去戍守边关，处以宫刑者到王宫内服务，处以刖刑者去看守王的禁苑，处以髡刑者去看守仓库。在西周处于髡刑的人，必须是"王之同族不宫者"。由此可见，西周对肉刑犯的处理已改变了夏、商二朝肉刑执行完就放出去的传统做法。西周的刑后安置做法，实际上是刑罚执行后使受刑人继续回归社会，也是刑罚给予出路的一种慎刑表现，合理考虑了受刑人以后的生活事项，是人道的举措。

4. 西周的狱制特点

西周奴隶制狱制是在承继夏朝、商朝狱制的基础上形成的，具有明显的发展。西周监狱体系初具规模，礼刑结合为治，影响了以后封建制社会的监狱制度，直至近代的狱制。但是，必须清醒地认识到，由于所处时代和奴隶主阶级利益的局限，西周监狱制度不可能完全做到规范、合法、公平、文明的程度，王室贵族特殊待遇制、奴隶毫无平等可言，都反映了西周狱制的奴隶制本质。尽管如此，西周的狱制仍然是我国奴隶制社会较为完备的狱制，比夏朝、商朝的监狱有了更明显的发展，虽然仍旧是临时看押，但有了实施教化、组织劳动的功能。

第一，西周监狱的运作有指导原则。西周监狱的设立、管理、行刑、教化都是按照西周奴隶主贵族阶级的意志进行的，是以"明德慎罚"狱政思想的指导原则而启动运行的。"明德慎罚"的狱制指导原则，符合西周时期社会生产力及经济发展的水平，反映了以宗法等级为支柱的中国西周奴隶制社会的国情。"明德慎罚"的狱制指导原则，为西周狱制的发展确定了方向。

第二，西周监狱建立了完备的管理体制。西周的监狱在管辖上有中央和地方之分。在西周，中央——朝廷的监狱称狱，地方——乡亭的监狱称犴（an）。中央的狱官包括：管囹圄的掌囚，管圜土的司圜，兼管嘉石的司救和大司空，最高的司法典狱官是大司寇。地方上设有乡狱、遂狱、县狱，分别由乡士、遂士、县士掌管。可见，在西周，狱有专设，官有专职，监狱及管理机构组织系统健全。

第三，西周监狱注重职能作用的发挥。除了凭借丛棘、洞穴、圈棚等自然屏物、简陋防范设施以外，西周的监狱在建筑结构方面注重警戒和坐牢的建筑要求，例如，圜土的狱城物质形态、土围子的地牢、幽深的土牢，发挥着明显的物质形态的警戒功用。以关押对象、罪错性质和轻重程度的不同，作为拘禁和桎梏的依据，囹圄制、圜土制、稽留制、嘉石制的管理有别，刑期各异，劳役、羞辱和教化的形式方法也不同，桎、梏、拱"三木"狱具施用也区别对待，发挥着监狱的分别关押、分类教育、分级监管的职能。

第四，西周监狱普遍实行强制劳动制度。在没有突破肉体刑和死刑为中心的刑罚体系的情况下，商朝已经开始强令囚犯服劳役或罚做苦工，到了西周，狱内的劳役发展成为制度。西周监狱把强制囚犯劳动与关押监禁束缚自由措施结合起来，作为监狱的日常工作，规定了不同期限，明确了"困其心又苦其身"的监禁功能，以达到改过自新又培养生活技能的效果。西周监狱强制囚犯劳动，在肉体刑和死刑为中心的刑罚体系的情况下，首开让囚犯劳动成为制度的实践先河，为徒刑的出现奠定了实践基础和宝贵经验。

第五，西周监狱实施惩罚与教育相结合的制度。西周监狱对囚犯实行礼乐刑政的综合治理，以教化向善作为核心内容。圜土的本义在于仁恩，所谓

"收教"就是收容教化，使之改邪归正；嘉石也是要求坐石自悔。可见，西周监狱已经萌发了让囚犯内心思过、矫正罪恶的惩罚教育的感化主义。当然，这种教化是依据奴隶主阶级的道德规范——礼，和法律制裁——刑的相互为用来实施的，而且贯彻到了监狱内外。圜土规定能改悔的返回本乡，必须有3年的考察期，即出狱后还要受3年教育；司救对罚坐嘉石的人负有防范挽救的责任；受过肉刑的囚犯还要被安置劳动。这些做法不仅打击了犯罪，还惩罚了犯罪人，而且起到了预防犯罪的作用。

第四节 春秋时期的监狱

一、春秋时期的立法

（一）"礼崩乐坏"

1. 周室衰微

公元前770年周幽王被犬戎所杀，其子周平王把国都从宗周（今西安）东迁至洛邑（今洛阳），因洛邑在宗周的东边，故称为东周。东周经历了春秋和战国两个时期，"春秋"作为一个历史时代，是因孔子整理过的鲁国史书《春秋》而得名的[1]，历经近三百年时间。西周东迁后，政治上出现了重大变化。"以屏藩周"的1800个诸侯国，经过两百多年的发展，到了春秋时期，经济、军事力量都逐渐强大，而周王室却日渐衰微。周王室不但地盘缩小，财政上出现困难，而且，周王室内部兄弟之间争夺王位，大臣间争夺权力，使周王室陷入了一片混乱，致使周王室在诸侯当中"王室独尊"的地位大为削弱，不被各路诸侯所看重。据《史记·太史公自序》记载，春秋三百年间，"弑君三十六，亡国五十二，诸侯奔走不得保其社稷者不可胜数"。

在经济上，进入春秋时代后，铁器逐渐被应用于农业生产，牛耕开始普遍推广，使农业生产力迅速提高。春秋中晚期，在"井田"之外，出现了"私田"，而且私田不断增多。土地甚至可以用来交换、租赁、买卖，井田制渐趋瓦解。在政治上，到了春秋末期，周天子早已失去了昔日驾驭诸侯的权

---

[1] 参见白钢主编：《中国政治制度史》，天津人民出版社、新西兰霍兰笛出版有限公司1991年版，第168页。

势，王室衰微，王权旁落，各大诸侯国争夺霸权。不仅各诸侯国"礼乐征伐自诸侯出"[1]，就连各诸侯国内部，卿大夫亦专权跋扈。

2. 诸侯崛起

新旧势力矛盾日益激烈，在此期间，出现了一个所谓"礼崩乐坏"的局面。在思想、文化、意识形态上，也进入到了一个从注重"神事"到注重"人事"，从"学在官府"到"私学"大兴、"百家争鸣"的新时代。传统的宗法等级观念和神权法思想受到了"德""仁"思想的猛烈撞击、批判，"礼"思想和"法"思想成了社会意识形态的重要基础。"士"——知识分子阶层的出现，使文化教育走下"神坛"，步入民间大众。诸侯国都起来壮大自己的势力，一些较大的诸侯国为了争夺土地、人口和霸主地位，不断进行兼并战争，一个大诸侯国兼并数十个小国的现象不在少数。频繁的兼并战争是这一历史时期的显著特点。

到春秋末期，奴隶制开始崩溃。随着自耕农的出现和私田数目的增加，剥削方式发生了深刻变化，例如，在齐国出现了"相地而衰（衰，等级次第）征"和鲁国"初税亩"等封建地主阶级的剥削方式。春秋时期是中国古代社会从奴隶制向封建制转变的时代，这一时期社会的基本特点是"礼崩乐坏"，具体表现为：井田制被破坏，礼制衰落，郡县制逐步取代分封制，王权旁落，政权下移。这标志着奴隶制开始瓦解，封建制逐渐兴起，由此引发了法律制度的变革。

（二）诸侯国的立法

1. 诸侯国立法

春秋初期，各诸侯国基本上沿袭了西周的法律。但春秋中晚期后，社会政治、经济、文化、法律都发生了重大的变革。这个时期，法律制度的一个重大变革，就是各诸侯国公布了以保护私有财产为中心的成文法。但是，从各诸侯国的立法活动来看，这种变革的发展是很不平衡的，尽管如此，却打破了"天下有道，礼乐征伐自天子出"，即周天子独断立法的局面。

第一，楚国的立法活动。从文献记载来看，楚国在春秋时期曾有两次立法活动。第一次是楚文王时（公元前689~公元前677年）制定了《仆区之

---

[1] 参见《论语·季氏》。

法》。楚王建造"章华之宫",接纳逃亡者并安置在宫里,楚国大臣无宇的守门人犯罪后逃入"章华之宫"。无宇要入宫捉拿,却被王宫的卫兵拒绝并被逮住去见楚王。无宇向楚王申诉后,楚王允许无宇前往王宫捉拿其守门人。为此,楚文王制定了《仆区之法》,其实,这是楚文王仿照周文王"有亡荒阅"之法而制定的,是搜捕逃亡的奴隶和罪犯的法律。第二次是楚庄王时(公元前613~公元前591年)制定了《茅门之法》。茅门、茆门,又称雉门,是楚王宫宫门之一。《茅门之法》是有关楚王王宫宫禁出入之法,规定"群臣、大夫、诸公子入朝时,车不得进入雉门之内,马不得践踏积水;违者,砍断车辕,处驾车者死刑"。

第二,晋国的立法活动。春秋时期的晋国,自文公之后,曾有四次大的立法活动。第一次是在晋文公称霸时,正值晋楚争霸势在必战,晋文公在被庐举行阅兵并制定了《被庐之法》,可能是有关官吏爵秩方面的法律。第二次是赵盾(赵宣子)为晋国执政时即公元前621年,作《刑书》,后被范宣子沿用。后来,晋赵鞅、荀寅"铸刑鼎",公布了这部法典。第三次是范武子执政时,于公元前593年制定了《范武子之法》或称《士会之法》,可能是有关官吏爵秩的法规。第四次是公元前513年,晋国大臣赵鞅、荀寅将赵盾所作法典铸在铁鼎上,公布于众,这是新势力在晋国取得政权后采取的一项重大措施。

第三,郑国的立法活动。春秋时期,郑国的立法活动曾有两次。第一次是郑简公三十年(公元前536年),郑国执政子产"铸刑书于鼎,以为国之常法",这是中国古代第一次公布法律,但遭到了晋国大夫叔向的抨击。第二次是郑献公十一年(公元前503年),郑国执政驷颛杀邓析而用其《竹刑》。邓析,郑大夫,欲改郑所铸旧制,不受君命而私造刑法,书之竹简,故言《竹刑》。《竹刑》原为郑国大夫邓析所私自编撰,并无法律效力,后经国家认可,才具有法律效力。

2. 诸侯国公布成文法

夏之"禹刑",商之"汤刑",周之"九刑"是否存在过,鉴于史料匮乏难以考定。但至少可以肯定,西周已有成文的法律。《逸周书·尝麦解》:"维四年孟夏,王命大正正刑书,太史筴(ce)刑书九篇以升授大正,大正坐举书乃中降,再拜稽首,太史乃藏之盟府,以为岁典。"沈家本按:"此成王四年,大正盖司寇也。正者,盖修改之。曰授、曰举、曰藏,实有书在,是周之律令有书矣。"[1]《尚书·吕刑》也有"明启刑书胥占"。以上说明当时有了成文的法律，但是，需要指出的是，成文的法律并不等于成文法，尽管这两者都是用文字书写来表述行为规范的。然而，西周成文的法律是秘密而不公布的"藏之盟府"，而成文法则必须是公布的成文法律，春秋末期以后的成文法是公布于众的。可见，成文的法律与成文法是两种不同法律形态下的两种法律形式。

第一，成文法出台的社会背景。春秋末期是中国社会从奴隶制向封建制转变的时代。由于当时各诸侯国的社会政治经济发展极不平衡，因而，它们进入封建制的步伐也不一致。郑、晋两国在向封建制过渡的道路上比其他诸侯国先迈进了一步，因此，成文法最早在这两个诸侯国出现。具体来看，郑、晋两国的情况又不尽相同。郑国是西周分封最晚的诸侯，是周都以南的一个重要诸侯国，与其他诸侯国相比，它内外交困，危机四伏，实行社会变革以便生存的要求最为迫切。而郑国执政子产则坚持实行变革图强的方针，这样，公布成文法就成了子产进行改革的产物。晋国的政治制度比较特殊，公室的宗族组织早已瓦解，很早就没有公族把持大权的现象，因此，保守势力较弱，"礼崩乐坏"容易发生。最典型的例子是，赵盾专权并进行了一系列变革，以保卫新兴势力的斗争成果。

春秋末期教育的发展和教育制度的变化，为郑、晋两国公布法律创造了文化条件。春秋时期，由于"学在官府"的学术文化开始步入民间，人们拥有很多书籍，整个社会的文化水平得到了提高。加之郑、晋之地本来就是夏、商、周三代文化的沉积带，具有良好的文化传统，因此，公布成文法有可能最早在这里出现。之所以将律文铸在鼎上，是由当时的书写工具和传播媒体的局限所决定的。鼎在古代是国家权力的象征，为了使新法律具有更大的权威性、稳定性和威慑力，为了表示新兴地主阶级取得政权的合法性，就把新法律铸在鼎上，公布于众。铸刑鼎，公布法律，从秘密的法律转变为公开的法律，虽然这只是形式上的变化，但也是有意义的，意味着从此将开始一种新的法律形态——封建制法律形态。

第二，成文法出台的历史意义。中国古代的成文法产生于春秋末期。首先创制成文法的是郑国的子产。《左传·昭公六年》载："三月，郑人铸刑

---

[1] 参见（清）沈家本：《历代刑法考》（二），中华书局1985年版，第832页。

书。"杜预注："铸刑书于鼎,以为国之常法。"为此,晋国大夫叔向曾写信痛斥子产。23年后,晋国的赵鞅、荀寅也铸造刑鼎。《左传·昭公二十九年》记载："冬,晋赵鞅、荀寅帅师城汝滨,遂赋晋国一鼓铁,以铸刑鼎,著范宣子所为刑书焉。"鲁国的孔子对此进行了强烈的批评。郑、晋两国铸刑书(鼎),确实开创了我国成文法的先河。

在此之前,并无成文法。反对成文法的叔向在信中说:"昔先王议事以制,不为刑辟,惧民之有争心也……民知有辟,则不忌于上。并有争心,以徵于书,而徼幸以成之,弗可为矣……'国将亡,必多制',其此之谓乎?"孔子强烈抨击:"晋其亡乎!失其度矣……贵贱不愆,所谓度也……今弃是度也,而为刑鼎,民在鼎矣,何以尊贵?贵何业之守?贵贱无序,何以为国?"杜预注:"临事制刑,不豫设法也。"王引之案:"杜以'议事'为'临事'非也。议读为仪,仪度也;制,断罪也;谓度事之轻重以断其罪,不豫设为定法也。"[1]解释得非常恰当。

在春秋末期以前,是根据案情的轻重来判罪。"不为刑辟",不是不制定法律,而是不公布法律。叔向、孔子之所以极力反对铸刑鼎,就是因为这是一种崭新的、激进的东西,从形式上看,与先王"不为刑辟"的传统不符;从内容上看,与西周以来奴隶主贵族的"礼"相违背。叔向、孔子都把郑、晋铸刑书(鼎),公布法律之事看作是一件关系到政权存亡的重大事件。故此,其二人诅咒郑、晋快要亡国了。春秋末期,郑国、晋国相继"铸刑书(鼎)",是中国法制史上一件具有划时代意义的法律事件。它宣告了"刑不可知,则威不可测"的中国奴隶制法律形态的结束,拉开了春秋战国成文法运动的帷幕。

二、春秋时期的狱制

(一) 诸侯国的官制

争夺霸权的斗争和新兴地主阶级与奴隶主贵族的阶级斗争,使历史前进到一个由奴隶制向封建制急剧转变的时期。春秋时期,中国奴隶制社会中发生的这种剧烈动荡和一系列变化,必然要反映到上层建筑上来。诸侯国纷纷

---

[1] 参见(清)王引之:《经义述闻》卷十九"议事以制"条。

改革行政管理体制，确立各自的官僚制度。

第一层面为"国君"。春秋初期，各国的诸侯叫"国君"，掌握一国的政治、军事、司法、经济大权，权力最大，"赏庆刑威曰君"。杜预注云："作威作福，君之职也。"各封国中央机关的卿大夫和其他官吏皆仿西周制度，按血缘关系的亲疏，分别担任不同的官职，世代相袭，所以叫"世卿"制度。例如，鲁国的三桓，季孙、叔孙、孟孙三家都是鲁桓公的后裔。郑国的七穆，都是郑穆公的后裔。晋国的六卿和齐国的田氏等，皆世代为卿，把持各诸侯国的政权。

到了春秋中后期，由于各诸侯国争战和称霸的需要，国君开始选用有才能的官吏担任文臣武将，形成了以将相为首的封建官僚制，从而打破了西周以来按血缘宗法关系世代相袭的世官制度。公元前651年齐桓公在"葵丘之会"的盟词上说："士无世官"[1]，是指士大夫的官职不能世代相袭，宣布废除世卿制。

第二层面为"最高长官"。最高长官分为最高行政长官和最高武官两种。各诸侯国的最高行政长官名称不一，总的趋势是向中央集权制方向发展，郑国是为政（执政），齐、鲁是相，楚国是令尹，秦国是大庶长。将军是最高武官，晋国有三军将，将中军最尊，又称元帅。这些职官都是由诸侯国挑选有统治才能的人担任的。

第三层面为"四司一史一人"。"四司一史一人"是指：司徒、司马、司空、司寇，太史，行人。司徒的职掌范围很广，掌管人民。司马，是掌管军事的武官。司空，主管工程建筑。司寇，负责治安和刑狱。春秋时期有的国家有大司寇和少司寇，而春秋时楚国、陈国和唐国掌管司法的职官叫"司败"。太史，是史官之长。行人，有大行人、小行人之分，是掌管外交事务的官吏，掌诸侯朝聘之礼仪和奉命出使各国。

第四层面为"县令、郡守"。县郡机构的出现及其逐步取代封邑制，是春秋时期地方行政管理体制的重大变化。县多是在战争中所占领的地区，因此，国君要在这个地区行使管辖权，首先要派去官吏代表国君悬示命令，要人们遵守，故县的长官叫县令，也有的叫县尹、县公、县大夫或县君，受国君之命管理县内事务。郡也是在战争中所占领的，但多在人烟稀少的边远地区，

---

[1] 参见左丘明：《左传·昭公二十八年》。

并派军队驻守,长官叫郡守。

(二) 诸侯国的狱制

1. 诸侯国的监狱特点

春秋初期,各诸侯国基本上沿用西周的法律。"周礼则三典五刑,以诘邦国,非不豫设,但弗宣露,使人知之。"[1]仍信奉"刑不可知,则威不可测"[2]的信条,假借神意,推行司法专制。随着经济的发展,阶级关系的变化,各诸侯国割据一方,对司法制度进行相应的变革。各诸侯国在频繁运用军事手段争霸的同时,也把监狱的暴力作为军事暴力的补充,作为打击国内反抗力量以维护自身统一的工具,从而促进了监狱的发展。

第一,狱制不一。由于诸侯割据,各自为政,使春秋时期"狱制不尽统一"。监狱的名称,有的称"囹圄",有的称"狴犴"(bi an)。司法职官名称,有的称"司败",有的称"司寇",有的称"大司寇",鲁国的大司寇还兼相职。监狱职官,有的称"士弱",有的称"尉氏"等。监狱的物质构造形式适应战争形势的需要,有的以"楼台"为狱所,周围以荆棘相围;有的以"丘"为狱所,将罪人囚禁在高处;还有的以"石室"为狱所,等等。

第二,狱制严酷。各诸侯国在频繁运用军事手段长年征战外,对于诸侯国内统治者与奴隶、平民之间日益激化的矛盾采取了严厉的刑事镇压的手段,春秋时期的刑罚远比西周残酷。齐国景公时出现了历史上有名的"履贱踊贵"的现象,并且,"籍重而狱多,拘者满圄,怨者满朝"[3]。监狱亦称"狴犴",用来威慑犯人,凸现监狱的威慑作用。俗传龙生九子不成龙,四曰狴犴,形似虎,有威力,立于狱门,故称监狱为狴犴。

第三,狱制军用。春秋时期,监狱是各诸侯国战争手段的组成部分,因此,春秋时期的狱制又有浓厚的军事色彩,不仅把监狱囚犯武装起来送上战场,而且把监狱作为军事管制对象的羁押场所。《诗经·鲁颂·泮水》曰:"矫矫虎臣,在泮(pan)献馘(guo);淑问如皋陶,在泮献囚。"这是对鲁僖公伐淮夷而返,修泮宫举行献馘、献囚大典的歌颂。一般是武将献馘(所

---

[1] 参见班固:《汉书·刑法志》注。
[2] 参见左丘明:《左传·昭公六年》。
[3] 参见《晏子春秋·内篇》。

杀之敌，割左耳以请功），刑官献囚（把关押的战俘列而献之）。鲁僖公举行献馘、献囚的盛典，显然是一种炫耀武力，声张国威的举动。献囚这种做法，当然不限于鲁国，其他诸侯国也有，如晋侯，反映了春秋时期各诸侯国的战争给狱制造成的影响。

第四，监狱劳役。春秋时期，战争频繁，社会动荡，各诸侯国亟需兵源与劳动力，监狱中的众多囚犯便成为劳动力的主要来源，这既是西周圜土、嘉石制度的继承和发展，也符合各诸侯国统治者的意志与利益。因为，他们急需众多的无偿劳动力服役为其增添财富，又需要大量的兵源后备力量。因而，在监狱待审、待刑的实践中，春秋末期不少诸侯国已逐步废除宫刑和刖刑，由原有的以肉刑为中心的刑罚体系向以劳役刑为中心的刑罚体系的转变，是春秋监狱的重要特征，具有进步意义。

2. 诸侯国的刑狱实例

春秋时期，诸侯争霸，战争频繁，因而，需要对战败方的诸侯及其下属人员进行关押，典型的刑狱实例主要有晋国的深室和吴国的石室。在晋国，深室是指幽深狭隘寒冷的房屋，用以关押囚犯，曾关押过卫成公。[1]《左传·僖公二十八年》记载，执卫侯归于京师，宾置深室，卫侯就是卫国的国君卫成公。当时，诸侯国之间矛盾尖锐，强国欺侮弱国、小国依附大国，为争夺利益，经常发生战争。卫国是一个小国，卫成公想亲附楚国，但国内的人不愿意，把他赶出了卫国。他跑到了楚国。后来晋、楚两国交战，楚军被打败，卫成公知道后就逃到了陈国。当时，诸侯国正在签订盟约，卫成公就派大臣元咺去接受盟约，并奉事叔武回国去摄政。卫成公想回国去当国君，叔武听说国君回来了，十分高兴，出门去迎接卫成公，却被卫成公的将士用箭射死了，元咺也逃到了晋国。为此，卫成公和元咺争讼，卫成公叫宁武子当诉讼人，叫缄庄子当代理人，叫士荣当答辩人，由诸侯国的领袖晋文公主持审判。审判结果，卫成公败诉，晋文公就杀了士荣，砍了缄庄子的脚，并将卫成公逮起来押送到京师，关在"深室"。

吴国的石室是用石头砌成的囚室或利用山边的洞穴作为囚室，石室关押的囚犯以越王勾践最为著名。吴、越两国经常发生战争，约在公元前491年吴、越两国交战，越王勾践曾箭伤吴王阖闾，致使阖闾死亡。3年之后，阖闾

---

[1] 参见左丘明:《左传·僖公二十八年》。

之子夫差为报父仇，向越国发起军事进攻，打败越国，越王勾践成了吴王夫差的俘虏。夫差叫勾践做他的马夫，晚上把勾践囚禁在石室，越国的大臣范蠡也同勾践被囚禁在石室。

第二编
DI ER BIAN
中国监狱的成长与成型

在中国古代监狱的形成发展过程中，战国、秦朝、汉朝、三国、两晋是重要的成长阶段。战国时期各国的监狱建设，为秦朝、汉朝一统帝国的狱制提供了充分的选择模式与参考依据；秦朝、汉朝的监狱建设，又为隋朝、唐朝乃至宋朝的监狱建设注入了基础性内容。因此，战国、秦朝、汉朝、三国、两晋是中国古代监狱的成长时期，隋朝、唐朝乃至宋朝是中国古代监狱的成型时期，尤以宋朝出现现代意义的已决监和牢城为标志。唐朝、宋朝封建狱制已臻于完备，正是该阶段封建经济、政治、文化全面发展达到鼎盛时期的反映，尤其是宋朝的狱城具有了现代监狱执行刑罚的功能。

CHAPTER3 第三章

监狱的成长

东周的战国时期是我国封建社会的开端，各诸侯国通过变法自上而下地完成了由奴隶制向封建制的转变，监狱历史发展也随之进入了封建制社会时期。封建社会的监狱与奴隶社会的监狱相较，狱制虽然有了较大发展，但二者在本质上没有根本的区别。东周战国至秦朝、汉朝、三国两晋南北朝属于封建制社会初期，尽管秦朝存在的时间很短，但是统一的秦王朝开创了封建狱制，汉继秦而立后经过两汉四百余年的发展，使封建制社会的狱制初具规模，奠定了封建制社会狱制的基础。

第一节 战国时期的监狱

一、战国时期的立法

（一）"大浪淘沙"

"战国"作为一个历史时期的名称，是因为这一时期战争连年持续不断，烽火四起。汉代的刘向就曾这样说过："并大兼小，暴师经岁，流血满野。父子不相亲，兄弟不相安，夫妇离散，莫保其命……万乘之国七，千乘之国五，敌侔争权，盖为战国。"[1]直至公元前221年秦始皇统一中国，共250多年的时间。据《孟子·离娄上》记载，战国250余年间，发生大小战争220余次，"争地以战，杀人盈野；争城以战，杀人盈城"。但是，此前的春秋时代同样是烽烟四起，即所谓的争霸实则是武力的较量。这两个时代，都是以战争为

---

[1] 参见《战国策·叙》。

历史的主要内容，为什么却要分两个历史阶段呢？因为战国时期有诸多不同于春秋时期的特点。

1. 战国时期的状况

第一，战国时期酝酿着新的社会秩序和新的观念。春秋和战国两个时代之所以被看作两个阶段，根本点在于各自的时代精神不同。概括地说，春秋时期是礼崩乐坏的时代，而战国时期则是礼崩乐坏之后的时代。春秋时期是从统一走向分裂，后者则是由分裂走向统一。春秋时期是旧的社会秩序乃至观念形态瓦解的时代，而战国时期则是新的社会秩序和新的观念处于酝酿之中的时代。

第二，战国时期追求新的社会秩序。春秋时期以礼崩乐坏为开端，三百余年的时间，政治舞台上尽管表现为大国争霸，但实质性内涵则是礼乐文化的逐渐崩坏。而在战国时期，三家分晋、田氏代齐、三分公室等事件，使其可以被视为是一个礼乐文化的最后瓦解和新的社会秩序得以产生的时期。虽然这个新的社会秩序还算不上秩序，但毕竟是以新的面貌取代了旧的礼乐文化。由于新的社会秩序很不稳定，又决定了人们始终在寻求一种新的社会秩序。不论是战场上的厮杀，还是百家之争鸣，都可视为对新的社会秩序的寻求。战场厮杀为客观效果，百家争鸣为主观意愿。

2. 战国时期的趋势

第一，战国时期从分裂走向统一发展的趋势。周代的礼乐文化，既是一套严密的等级制度，又是一种大一统的政治模式。尤其是与之相配套的畿服制度和宗法制度，更是对周天子权威的捍卫。春秋的大国争霸与"私家"同"公室"的斗争，无不是对这个大一统政治模式的否定。春秋时代的整个时代精神乃是一种"离散"的精神，表现为政治的分裂、文化上的背离。而战国时代的百家争鸣乃至频繁的战争，却是由分裂走向统一的前奏曲，或者说其发展趋势是由分裂走向统一。

第二，战国注重社会形态的创新。春秋时期虽然礼崩乐坏，但同时人们在背离礼制的过程中又不可避免地受制于礼制，在思想领域尤为突出。在周代，礼学在官府，而孔子兴私学本身就是对学在官府的否定，但是，孔子又是周礼的维护者，其终身使命就是"复礼"。在政治领域里，受制于礼制或迫于周天子名义上的权威，诸侯谋取霸权，往往打着"尊王攘夷"或"以王命讨不庭"的旗号。而在战国时期，由于礼制已彻底崩坏，不再作为社会规范而存在，故人们的观念形态完全挣脱了礼乐文化的羁绊。在政治领域，各诸侯国把自己看作是主权国家，同周天子不再是君臣关系。在思想领域，人们不再去思考维护周礼的问题，而是思考如何重建社会观念形态的问题，孟子最具代表性。

（二）诸侯国的立法

战国时期七国先后建立了封建政权，为了巩固和发展封建制度，在新兴地主阶级的推动下，各诸侯国相继进行了变法。各国通过变法，掀起了一场轰轰烈烈的成文法运动，扫除了旧奴隶主贵族势力，自上而下地完成了由奴隶制国家到封建制国家的转变。七国的变法，比较突出的有魏国的李悝变法，楚国的吴起变法和秦国的商鞅变法。各国在变法中陆续制定了体现新兴地主阶级意志的法律，其中，影响最大的是魏国李悝的《法经》。

1. 魏国李悝变法

魏国的魏文侯任用李悝为相，并用吴起、西门豹、乐羊等一批封建政治家、军事家和思想家，实行社会改革，使魏国成了战国初年一个头等强盛的封建国家。李悝任魏相后，对于加强魏国新兴的封建制度做出了重要的贡献。魏文侯在他的建议下，在政治经济上大举改革，废除世袭禄位制，实施"尽地力之教"，重视军事改革和军备训练。为保证变法的实施，同时为了巩固变法取得的成果，维护新生的经济关系和政治制度，李悝撰写了《法经》，用法律形式把改革巩固下来。李悝的《法经》既是变法的重要内容，也是变法顺利进行的重要保证，《法经》包括正律、杂律、减律三个组成部分。

正律包括《盗》《贼》《囚》《捕》四篇。"魏文侯师李悝著《法经》，以王者之政莫急于盗贼，故其律始于《盗》《贼》。""正律略曰：杀人者诛，籍其家，及其妻氏；杀二人，及其母氏。大盗戍为守卒，重则诛。窥宫者膑，拾遗者刖，曰为盗心焉。"说明惩治盗贼犯罪，保护地主阶级官私财产与人身安全，维护新兴的封建统治是封建法制的首要任务。

杂律即《杂法》一篇，主要内容是惩治盗贼以外的其他犯罪。"其杂律略曰：夫有一妻二妾，其刑□，夫有二妻则诛；妻有外夫则宫，曰淫禁。盗符者诛，籍其家；盗玺者诛；议国法令者诛，籍其家及其妻氏，曰狡禁。越城，一人则诛，自十人以上夷其乡及族，曰城禁。博戏罚金三市，太子博戏则笞，不止则特笞，不止则更立，曰嬉禁。群相居一日以上则问，三日、四日、五日则诛，曰徒禁。丞相受金，左右伏诛；犀首以下受金则诛；金自镒以下罚，不诛也,曰金禁。大夫之家有侯物,自一以上者族。"

减律即第六篇《具法》,相当于现代刑法中的总则部分。"其减律略曰:罪人年十五以下,罪高三减,罪卑一减;年六十以上,小罪情减,大罪理减。"

《法经》以维护和巩固封建政权、保护地主阶级经济利益为目的,是新兴地主阶级意志的体现,以惩罚盗贼作为根本的指导思想。《法经》贯彻"不别亲疏,不殊贵贱,一断于法"的法治原则,反对奴隶主贵族的等级特权制度。《法经》体现了重刑主义的思想原则,对于轻微的反抗或违反封建秩序的行为,都要予以严刑镇压。《法经》在我国法制史上具有重要意义,是我国历史上第一部初具体系的封建法典,具有封建法典的蓝本价值,对以后的法制建设产生了很大的影响。

2. 秦国商鞅变法

秦国的政治、经济、文化等各个方面一直比较落后,进入战国以后,秦国还保留着若干原始习俗,"父子无别,同室而居"[1],关中各国视秦为夷狄,故秦"不与中国诸侯之会盟"。为了摆脱秦国内外交困的局面,秦国先后进行了两次改革,并使秦国成了跻身诸侯的强国。第一次是秦献公改革,在国内新兴势力的支持下,秦献公采取了几项改革的措施:"止从死"[2],废除了落后的人殉制度;"初行为市"[3],便利商品的交换;"为户籍相伍"[4],制定户籍制度,把农民编成什伍。第二次是秦孝公改革,即孝公任命商鞅为左庶长推行变法。

商鞅变法分为两次,第一次始于公元前359年,第二次始于公元前350年,综合两次变法,其主要内容有五项。其一,废井田、开阡陌,从法律上废除旧的奴隶主土地所有制,正式承认土地的私有和买卖。其二,废除旧的世卿世禄制度,奖励军功。其三,实行重农抑商、发展农业的政策,保证封建国家的财源和兵员。其四,取消分封制,普遍推行县制。其五,反对儒学,禁止儒生游学、游仕和散布反动舆论。

由于实行了社会改革,秦国上下形成了崇尚耕战的风气,政府法令统一,官吏办事效率提高。新的生产关系促进了社会生产力的发展,"大商君极身无

---

[1] 参见吕不韦等:《吕氏春秋·当赏篇》。
[2] 参见司马迁:《史记·秦本纪》。
[3] 参见司马迁:《史记·秦始皇本纪》。
[4] 参见司马迁:《史记·秦始皇本纪》。

二虑，尽公不顾私，使民内急耕织之业以富国，外重战伐之赏以劝戎士，法令必行，内不阿贵宠，外不偏疏远，是以令行而禁止，法出而奸息"[1]，为秦完成统一六国的大业奠定了基础。正如《新序》所论："秦孝公保崤函之固，以广雍州之地，东并河西，北收上郡，国富兵强，长雄诸侯，周室归籍，四方来贺，为战国霸君，秦遂以强，六世而并诸侯，亦皆商君之谋也。"东汉的王充说："商鞅相孝公，为秦开帝业。"[2]

二、战国时期的狱制

（一）诸侯国的官制

战国时期，随着世卿世禄制度的彻底崩溃，各诸侯国的国体也发生了重大变化，分封制体系下的卿大夫、士们已不复存在，取而代之的是国王直接任命的各级、各部门的官吏，国王和他们一起形成了一整套君主专制的官僚政体。

第一层面为"国王"。在各诸侯国中，国王是最高统治者，掌握国家的军政大权。国王下面建立了一套以丞相和将军为文武首脑的官僚机构。

第二层面为"丞相"。丞相或称相、相邦、相国，是"百官之长"，协助国王处理全国行政事务，职位最高，职权极大。《荀子·王霸》说："相者，论列百官之长，要百事之听，以饬朝拜臣下百吏之分，度其功劳，论其庆赏，岁终奉其成功，以效于君，当则可，不当则废。"但即使是丞相，也非世袭，而由国王随意任免，充分体现了专制君主的至高无上。有的诸侯国有时也设左、右相，而以右相为正。国之中，楚国比较特殊，它的最高行政官吏叫令尹；秦国设相较晚，正式设相是在公元前309年，即秦武王"二年，初置丞相，樗（chu）里疾、甘茂为左右丞相"[3]。

第三层面为"将军"。将军或称将，是武官之长，地位略次于"相"。七国之中仅楚国未设"将"，相当于"将"职务的为柱国（或上柱国）。秦国设"将"也较晚，《史记·穰侯列传》载，秦昭王即位，以魏冉为将军。见于秦

---

[1] 参见司马迁：《史记·商君列传》集解注引《新序》。
[2] 参见王充：《论衡·书解》。
[3] 参见司马迁：《史记·秦本纪》。

纪的将还有芈（mi）戎、张唐等；秦始皇时有王贲、蒙骜、冯劫等。

在我国古代职官的发展史上，文武分职是从战国开始的。这是因为，国王手下的封建官僚机构日益庞大，官吏的分工也就成了必然，加之随着兼并战争的频繁进行，军队数目激增，军事技术得到发展，设立专职的武职和专门的军事管理机构也就成了客观的需要。

第四层面为"御史"。御史，是由以前的史官发展而来的，掌管外国史臣的"献书"。

第五层面为"尚书"。尚书，或称"主书"，是在国王左右掌管文书、章奏的官吏，又称"掌书"。

第六层面为"郎中"。郎中，国王的侍从武官，统帅保卫国王的禁军，是宫廷中的重要职官。秦国称为卫尉，负责宫廷营卫。

第七层面为"廷尉"。廷尉，是最高司法官。楚国的司法官称为廷理。

第八层面为"郡守、县令"。郡的设置，从战国时开始。秦的郡都是从邻国夺来的，一般都在边界，以军事为主，大都由武官充当，一郡之长叫作"郡守"。郡守在国王的授权下，有权征发郡内壮丁出征，并负责征收全郡的军赋。

战国时期，各诸侯国地方机关的最大变化，就是在春秋以来郡县（邑）的基础上较为普遍地确立了郡县制，将郡县作为中央直接管辖的地方机构。郡县长官不能世袭，只能由国王任命，其行政权和军权亦由国王直接授予。战国时期，县的长官——县大夫——大都改称县令、令下有丞。秦、魏、韩等国县令以下还设有御史，楚国不设县令而设县尹为县的最高长官。凡县皆建立了一整套从属于中央政府的官僚组织和征收赋税、征发兵丁的制度。县令对县内的重大事项必须报请国王决定，无权独自处理。

（二）诸侯国的狱制

战国时期，各诸侯国家普遍地开展了变法和制定封建法律的运动。通过各国的变法运动和封建法律的制定，自上而下地完成了我国社会由奴隶制向封建制的转变。但同时，由于处在战争纷乱状态，各国都很少有精力专心在法制上进行系统的建设。刑罚与春秋时不会有太大差别，刑名并不规范，有些名称虽异，但实质却相近，或为同一种刑罚。战国是我国封建社会的开始，战国时期的封建狱制还处于草创阶段，一方面，表现为狱制本身还很不完备；

另一方面，表现为它自奴隶制脱胎而来，受其影响尚深。同时，战国是割据称雄、诸侯力争、各自为政的时代，因而，各国狱制的发展也很不平衡。

第一，诸侯国家普遍设狱。战国时期各诸侯国的封建政权都普遍设置监狱，尤其在秦国"囹圄成市"，东方六国设狱也极为广泛，有的称囹圄，还有的称狱。关于战国时期监狱的设置，史书记载的《越绝书》（卷二）"吴狱庭周三里"，"吴狱"是指设在吴地的楚国监狱。明末董说编著之《七国考》载，"邹衍事燕王尽忠，左右潛之，王系之狱"，"韩氏城，期十日而成，段乔为司空，有一杲（gao）后一日，段乔执其吏而囚之"。据《尉缭子》记载："今决狱，小圄不下十数，中圄不下百数，大圄不下千数。"战国时期，诸侯国的司法典狱官名称也不尽一致，有的称为"理"者，有的称为大理或廷理者，有的称为廷尉者。《秦会要补》载："周寿昌曰：晋文公使李为理。"《吕氏春秋》："齐宏章为大理。"《说苑》："楚称为廷理，秦国称廷尉。"以上说明，战国时期各国不但有狱，而且，监狱中拘禁的待决人犯人数还不少，监狱的称谓也不一致。

第二，劳役监盛行。战国时期，大批劳动力在战争中丧失，又由于滥施肉刑，造成大量囚犯伤肢断足丧失或部分丧失劳动能力，不仅与人类社会的文明发展不相适应，也不符合社会经济发展的客观要求，对统治阶级的利益需求也不利。新兴地主阶级认识到，如果犯罪者既能受到惩罚，又使其保持完整的身体能力，比单纯地施以肉刑更为有利，而且还能为社会尽力。因此，封建社会刑罚的执行，就以监狱为主，让囚犯在监狱的监管下劳动，这样一来以劳役为主的徒刑、流刑便占据了刑罚执行的主导地位，反映出随着人类社会的文明与进步和刑罚由重向轻的方向发展的历史规律。战国时期刑徒制的兴起，也促进了监狱的历史发展，使古代的拘禁监向已决监又迈进了一步。

刑徒制的兴起，是刑罚执行制度发展的反映，是人类社会文明进步的表现，对统治阶级的利益也有益。孙雄在其所著《监狱学》中曾揭示了这个道理："有犯罪之人，即从而杀戮之，或有不当杀戮者，亦必截手刖足，使成废人，不销顾恤，然杀戮有罪，究于国家社会，有何利益乎？况截手刖足，使成废人，不惟无益，且坐耗衣食，于社会经济，更为有损，国家又何出此手段乎？由斯言之，与其杀戮废弃有用之人，减少其生产能力，以竭经济之源，曷著不杀戮，不废弃，而剥夺其自由，使服国家劳役，以生易死，以劳偿罪，在人民可受宽刑之福，在国家亦可收劳役之利。"

监狱强制囚犯劳动的做法就是刑徒制。刑徒是奴隶社会末期和封建社会初期因犯罪而被判刑在监狱服劳役的总称。蔡枢衡先生在考证刑徒概念时指出:"刑借为创;徒借为奴。创奴指肉刑劳动犯人。"[1]根据蔡先生的上述解释,"刑借为创",创即指伤、伤口。依据战国时的情况,刑就是肉刑。"徒借为奴",奴通奴,奴指婢、奴仆,在古代,奴婢、奴仆是供人役使的人。"徒"的本义是"被罚服劳役的人"。在战国时期,有罪的人和战争中俘获来的战俘在被施行一种或两种肉刑后,会被关押在监狱里服一定期限的劳作,这就是刑徒。刑徒劳作种类很多,有修城、筑路、冶铁、冶铜等。刑徒在劳作时要戴刑具,河北省易县燕下都遗址发掘出不少的钳钛,就足以说明。

据《山西通志》和《山西太原府志》记载:"三角城,太原县治西北,一名'徒人城'。""徒人者,刑徒也。"且"旧志云:赵襄所筑,以处刑徒,其城三面,故名三角城"。足见,当时刑徒多了,小监狱容纳不下,所以,专门筑了狱城,将他们囚禁起来。"徒人城"的建筑别具一格。因是刑徒所居,不成方形,故三面砌墙,成三角形状,与一般城池有所区别,是对刑徒们的一种精神耻辱。据史籍记载,吴越地区也建有狱城。"徒人城"关押的刑徒要参加生产劳动,有的还参加技术要求较高的复杂劳动,生产比较高档的产品。在现存出土的文物中,有些韩、魏等国的青铜器物件上刻有关于主理刑狱的司寇督造的铭文,这些物件便是刑徒制造的。可见,监狱关押的囚犯须从事生产劳动,监狱在实践中尝试了徒刑的实际做法,从而促进了徒刑的立法定名,推动了监狱的发展。

第二节 秦朝的监狱

一、秦朝的刑制

(一)秦朝建制

1. 一统天下

秦国经过商鞅变法后,国力日益强大。秦国采取远交近攻的策略,分化

---

[1] 参见蔡枢衡:《中国刑法史》,广西人民出版社1983年版。

瓦解了东方诸国，逐步削弱了各国的军事力量。公元前238年，秦始皇亲政时，秦国在政治、军事、经济等各方面都大大超过了其他诸侯国。秦始皇奉行法家思想，推崇商、韩之学，对妨害自己统治的吕不韦、嫪毐集团进行了严厉的处置，加强了王权。秦王政凭借秦国的优势，重用客卿，听取了他们的意见，对东方诸国发起了强大的攻势。公元前230年，秦灭亡了韩国，公元前225年又发兵灭亡了魏国，公元前223年到公元前221年，先后灭掉了楚、燕、赵和齐国，最后统一了中国，建立了中国历史上第一个统一的封建专制主义王朝。到公元前206年，秦二世时秦朝灭亡，秦朝只存在了15年短暂的时间。

秦国之所以能够统一六国，原因在于商鞅变法的成功，而变法之所以能成功，原因又在于秦国儒家思想不够深厚，不足以与法家思想分庭抗礼。或者说，在秦国贯彻法家思想，比在东方六国要容易得多，也最可见成效。当然，这并不等于说，此时的秦国没有儒家的势力。事实上，不论是商鞅变法的时候，还是后来秦始皇建立帝制之初，秦国一直充满着儒、法两家斗争的火药味，但每一次斗争，败下阵来的都是儒家。儒家是"坐天下"的学问，而法家是"打天下"的学问。在战国那种特殊的历史条件下，儒家显然不合时宜，时代需要的是法家，只有法家才能够完成结束分裂而实现统一的历史任务。秦之统一，所借助的也就是这一点。

以上从思想文化的层面所探索的，诚然只是秦之强大的原因之一，尽管这是其中的主要原因。除此之外，还有多方面的原因促成了秦国的统一。例如，秦国的统治者审时度势，雄才大略，善于吸纳人才，战略战术的正确等诸因素都是不可忽视的原因。历史的秘密是，既是时势造英雄，又是英雄造时势。只有英雄和时势的结合，才可演出惊心动魄的历史剧。如果有机遇和条件，没有相应的人物来利用，同样是徒然的。秦国从"诸侯卑秦，丑莫大焉"发展到兼并六国完成统一，孝公、惠文王、昭襄王、秦王政都起过重大的作用。秦孝公大胆起用商鞅变法，使秦国在短时期内由弱国变为强国。诚如苏秦所言："田肥美，民殷富，战车万乘，奋击百万。沃野千里，蓄积饶多，地势形便。此所谓天府，天下之雄国也。"[1]正是在这一有利的条件下，秦国一步步地走上了兼并和统一的道路，直至统一全国。

---

［1］ 参见《战国策·秦策一》。

2. 秦朝体制

公元前221年，秦始皇荡灭六国，一统江山，便开始重建国家权力机构，首先考虑的便是如何强化王权。因而，在政治、经济、军事、思想文化等方面采取了一系列措施，来加强其专制统治。但是，由于措施的极端化和法律的严酷化，亦导致了秦二世而亡。另外，这种严酷的制度对中国两千年的专制统治产生了深远的影响。

第一，设立三公九卿制度。第一层面为"三公"，三公是丞相、太尉、御史大夫，三公既有各自的职守，又相互牵制，都直接对皇帝负责。丞相主掌全国政务，为群臣之首；太尉掌管全国军队；御史大夫掌图籍章奏，监察百官，并辅助丞相处理政务。但是，他们的权力也是有限的，例如，太尉虽管理全国军队，但军队的调遣权在皇帝手中。第二层面为"九卿"，三公之下设有九卿，即奉常、郎中令、太仆、卫尉、典客、廷尉、治粟内史、宗正、少府，九卿之间是有分工的。奉常掌宗庙礼仪，郎中令掌宫廷警鼓，太仆掌宫廷车马，卫尉掌皇宫护卫，典客掌外交事务，廷尉掌司法，治粟内史掌财政税收，宗正掌皇族内部事务，少府掌山河湖海之税收和手工业制造。九卿同样由皇帝任免。秦始皇设立的三公九卿制度，比之于前的王族职官的设置，分工更为严密和系统，使皇权得以大大加强，因而为以后的朝代所沿袭。

第二，推行郡县制。秦始皇初定天下，秦国的统治者曾就分封与郡县进行过一场尖锐的争论。分封还是郡县，表面看来是管理方式的问题，而其实质则是权力与利益的分配，甚或说是儒、法两家政治理念的不同。分封制既肯定王权的至上，又照顾到贵族的利益，秦始皇或许正是因为认识到了这一点，才赞同法家的代表人物李斯的意见，进而赞同郡县制。而且，秦国在兼并六国的过程中，早已有过郡县的设立。于是，秦始皇把全国分为三十六郡，后又增加四郡，为四十郡。

第一层面为"郡"，郡设郡守，为一郡最高的行政长官，另设郡尉和监御史，分别执掌军队和监察。第二层面为"县"，郡以下为县。县的行政长官，万户以上的县为县令，万户以下的为县长，另设县尉和县丞，负责军事和司法。第三层面为"乡"，县以下为乡，乡设三老、啬夫、游徼。三老掌教化，啬夫掌税收和徭役，游徼负责地方治安。

第三，整编军队。为维护中央集权的统治，秦始皇设立了一支庞大的军队，分中央常备军和地方武装两种。中央的常备军由皇帝委派大将统帅，或成守边关，或驻守京师。前者防御外敌，后者防备内乱。地方武装由郡县的郡尉和县尉率领，军队的调遣权仍在皇帝手里。秦朝虽已剪灭六国，天下一统，但并未征服四边的部落，时常受到外敌的侵扰。所以，它的一百多万军队，绝大部分镇守在边关。

第四，统一文字、货币和度量衡。秦统一六国后，秦始皇令丞相李斯等"罢其不与秦文合者"制定出小篆，作为全国通行的标准化文字。后来，程邈又根据民间流行的字体，整理出一套更为简便的字体，即隶书，通行全国，不仅便利了秦王朝的统治，更使中国文字走上了简便而又艺术化的道路，对以后中国文化的传播和发展，起到了继往开来的作用。

秦始皇颁行统一的货币制度，规定货币仅分上下两等，黄金为上币，以镒为单位；圆形方孔的铜钱为下币，以半两为单位。一方面，方便了中央政府对各地财政的管理；另一方面，促进了各地的商品交流。与此同时，秦王朝又把原来商鞅变法时所制定的度量衡制度推行全国，并颁发诏书，强令统一度量衡。还规定六尺为步，二百四十步为亩的丈量制度。

秦代虽是一个短命的王朝，但在中国历史上却有着不可忽视的地位。这主要体现在中国经由了几百年的分裂割据之后走向了统一，而且是政治、经济与文化多方面的高度统一。更为重要的是，秦王朝所创立的制度，例如，三公九卿制、郡县制、度量衡制，大体上得以延续下来，为中华民族的制度化建设，做出了卓越的贡献。

（二）秦朝刑罚

1. 秦朝的立法指导思想

秦国平定六国建立秦帝国后，根据当时新的情况，秦始皇采取了一系列的政治、经济、文化措施，并且，继续奉行商鞅变法时所倡行的法家思想作为国家的立法指导思想。

第一，推行法家路线，用法律统一人民思想。秦国就是在法家思想的指导下强大起来的，秦朝建立后依然崇尚法家的理论。在治理国家的政治措施上，秦朝仍然贯彻法家的"以法为本""事断于法"的法治传统，补充、完善了自商鞅之后制定的一系列法律、法规。这些法律涉及政治、经济、文化等各个方面，使秦朝在各个方面都有法可依，基本实现了"治道运行，诸产得宜，皆有法式"。[1]为此，秦始皇接受了李斯的建议采取了严厉的措施。"天下敢有藏《诗》《书》、百家语者，悉诣守、尉杂烧之。有敢偶语《诗》《书》者弃市，以古非今者族。吏见知不举者与同罪。令下三十日不烧，黥为城旦。所不去者，医药卜筮种树之书。若欲有学法令，以吏为师。"这样做的目的就是，要坚持以法制统一人们的思想观念、统一人们的言行。

第二，推行皇权至上的封建专制主义和中央集权的统治。秦国统一后，采取了一系列措施推行皇权至上的思想。在皇帝的名号上，合三皇五帝为皇帝，"命"曰"制"，"令"曰"诏"，自称为"朕"，等等，并规定"事无大小皆决于皇帝"[2]，都是为了显示皇权的至高无上。这种至高无上的权力包括行政、立法和司法都不受制约，是一种"明君独断，故权不在臣也"[3]的体制。在意识形态上，也为皇权至上的思想制造舆论，例如，封泰山、铭石刻等。在朝政仪式和日常生活中，任何消损皇帝威严的行为都是不被允许的，当然，更不允许僭越或非礼。在中央王朝中的所有职官，都必须听从皇帝的意志，他们都没有决策权。在中国的历史上，皇帝的权力被推上了顶峰。在全国推行了郡县制，强化了中央集权的统治，正是秦始皇封建的君主专制思想的体现。

第三，专任刑罚的重刑主义原则。秦国自商鞅以来，一直奉行法家的治国原则，在用刑的问题上坚持商鞅的"故行刑重其轻者，轻者不生，则重者无以至矣"的"以刑去刑"的理论。法家的重刑目的在于"去刑"，以重刑达到威慑的目的。"刑盗，非治所刑也。治所刑也者，是治胥靡也。故曰重一奸之罪而止境内之邪，此所以为治也。重罚者，盗贼也；而悼惧者，良民也；欲治者奚疑于重刑。"在重刑主义的理论指导下，秦朝刑罚严酷，并实行连坐，以致在秦始皇统治时期，因施劓刑，而"劓鼻成车"；因施宫刑，而"所割男子之势高积成山"[4]。修长城、治骊山之徒，每处动辄数十万。在全国百姓的受刑范围上，秦朝是空前绝后的，在施刑的残酷程度上，也是令人瞠目的。

2. 秦朝的刑名

秦律确定的刑名很多，有死刑、肉刑、徒刑、流刑、身份刑等，而在每

---

[1] 参见司马迁：《史记·秦始皇本纪》。
[2] 参见班固：《汉书·刑法志》。
[3] 参见司马迁：《史记·李斯列传》。
[4] 参见司马迁：《史记·秦始皇本纪》。

种刑罚中，根据行刑方式的不同又有繁多的名称。然而，在专制主义的统治下，最高统治者的意志往往强行施加在司法实践中，致使法外施刑不可避免。有些刑罚虽不是法定的刑罚手段，但在司法实践中却是存在的。这是重刑主义原则的具体体现，充分说明了秦律的残酷性。

第一，死刑。死刑就是结束犯人生命的刑罚，也称为生命刑，是刑罚中最为严重的刑种。秦朝为了发挥刑罚的威吓作用，执行死刑的手段特别残酷，死刑的执行方式有十余种，其野蛮和残酷的程度令人发指。

其一，戮刑。对赞誉敌人而动摇军心者要处戮刑。戮刑在历史上由来已久，夏、商时就有戮刑。《周礼·秋官》注曰："戮，犹辱也，既斩杀之，又辱之。"在执行程序上，先辱之，然后再斩杀之。还需要说明的是戮尸这个问题，戮尸自然是先斩杀、后刑辱，这是对戮刑的一种补充，是迫不得已而为之的。

其二，磔刑。《说文》郑注："磔者，开也，张也。刳其胸腰而杀之。"《荀子·宥坐》杨惊注云："磔，车裂也。"《史记·李斯列传》："十公主矺死于杜。"注云："矺音宅，与磔同，古今字异耳。磔谓裂其肢体而杀之。"可见，车裂、矺就是磔刑。磔作为一种残酷的刑罚手段，适用于重大的犯罪。

其三，弃市。弃市就是在人们集中的市这样的地方执行死刑，目的在于警吓世人。颜师古在《汉书·景帝纪》注中云："弃市，杀之于市也。谓之弃市者，取刑人于市，与众人弃之也。"

其四，定杀。定杀，是对于特定犯人适用的刑罚，即对那些应处重刑的罪犯，又患有麻风病的人，采用投入水中淹死的行刑方法。

其五，活埋。秦赵长平战役中，秦国曾活埋赵国降卒四十余万人。

其六，枭首。枭首，是指把犯人杀死后将头颅系在木杆上，"悉首于木上竿头，以肆大罪，奉刑也"。

其七，腰斩。腰斩，"砍头曰斩，斩腰曰腰斩"，是指将人拦腰斩断。

其八，囊扑。囊扑，即"囊盛其人，扑而杀之"，是指把人装进口袋里打死。

其九，赐死。赐死，是对有功之臣或有很高地位的人令其自杀。

其十，族刑。族刑，株连无辜的最残酷的刑罚，凡属族刑范围以内的人，都处以死刑。族刑一则要斩草除根，二则要发挥威慑作用。秦二世时，由于受到诬陷，李斯被处以族刑。

其十一、具五刑。具五刑，是对受刑者先施加黥、劓、斩趾等肉刑，再致其死亡的一种酷刑。具五刑是为了增加刑罚的威慑力，以达到预防犯罪的目的。

第二，肉体刑。肉体刑是残害犯人肢体和犯人肌肤、机能的刑罚，行刑后受刑者不能恢复到刑前的正常状态，故又称为身体刑。这是一种对犯人实施残酷刑罚的惩罚方式：一方面，使被刑者失去正常的身体活动机能，另一方面，也是对其他人的威吓。秦朝时，肉体刑虽然可以作为独立的刑罚使用，但由于大部分是与徒刑结合在一起使用的，致使肉体刑渐失原有的独立地位而成为徒刑的附属刑。耐、髡从其原本的内涵来讲，也应划归肉刑范围，不过，由于受此刑者可以恢复原状，受刑者在心理上的伤害要大于身体上的伤害，因而有人又称之为耻辱刑。

其一，宫刑。宫刑，又叫"腐刑""隐刑"，是肉体刑中最重的刑罚。按《尚书·吕刑》注："宫，淫刑也，男子割势，女子幽闭。次死刑。"《史记·秦始皇本纪》正义："宫刑，一百日隐于荫室，养之乃可，故曰隐宫。"宫刑是严厉程度仅次于死刑的刑罚，主要是针对人的身体施加，刑徒由此会发生一些生理上的变化，使刑徒与正常人产生区别，以达到惩罚人名誉的目的。秦始皇曾发"隐宫徒刑者七十万人"修阿房宫及骊山墓。但是，少数民族的上层人物和上造以上爵位的人，当处宫刑者，可以交纳一定数量的财物来代替宫刑的处罚，这叫"赎宫"。

其二，斩左趾。斩左趾，即断左趾，是古代刖刑的一种。秦简中见到两例关于斩左趾的材料：一是"五人盗，赃（赃）一钱以上，斩左趾，又黥为城旦"。二是"群盗赦为庶人，将盗械囚刑罪以上，亡，以故罪论，斩左趾为城旦……"〔1〕可见，斩左趾是比较重的刑罚，针对那些群盗和赦免后的群盗犯罪，一般的犯罪不用此刑。秦当时大兴土木，战争也急需大量人员，因此，不会对罪犯广泛实施这种刑罚，从而保证土木工程和战争对人员的需求。

其三，劓刑。劓刑，秦继承了奴隶制的酷刑，并广泛加以实施。秦把劓刑作为城旦的附加刑使用，并常和黥刑连在一起，但有时也作为独立的刑罚使用。商鞅变法时，因"公子虔复犯约，劓之"。

其四，黥刑。黥刑，"黥，墨刑，在面也"。秦简和史籍中有关黥刑的记

---

〔1〕 参见《睡虎地秦墓竹简·法律答问》。

载很多。墨刑的目的是羞辱犯人，使其有别于常人。秦的这种刑罚也是从奴隶社会继承下来的，并广泛施用，但在肉刑中，属较轻的刑罚，可以作为主刑使用。据《史记·商君列传》载，商鞅因太子犯法，而"黥其师公孙贾"。秦简律文对某些犯罪所黥的具体部位也作了相应的规定。

其五，耐刑。耐刑，"不剃其发，仅去须鬓曰耐"，"耐，罪不至髡也"，即把犯人的胡须剃掉，即为耐刑。

其六，髡刑。髡刑，"丁髡，剃发也"，是重于"耐"的一种处罚。秦始皇遣蒙恬筑长城，徒士犯罪亡依鲜卑山，后遂繁息，令皆髡头衣赭，亡徒之明效也。说明秦有此法定刑。

按今天的情况来看，耐刑、髡刑应属于耻辱刑的范围，为何在古代就属于肉体刑范围呢？这与我国传统的礼教有关。《孝经》开宗明义："身体发肤，受之父母，不敢毁伤，孝之始也。"就生理角度，毛发当然属于人的肉体的组成部分，既然如此，施加于人的肉体的既为肉体刑，那么，施加于人的毛发的刑罚当然就属于肉体刑了。古代男人都留有胡须，而施用此刑的目的，是以此把犯人与正常人相区分，达到羞辱的目的。栗劲先生认为，耐刑是从宫刑发展起来的，男子受了宫刑以后，引起生理上的变化，不再生胡须。对于应受宫刑的贵族给予优待，用剃光头发和胡须的刑罚来代替宫刑，于是，就产生了髡刑。在这个基础上进一步从宽，保留头发的完好，只剃去鬓须，就成耐刑了。这个分析是有一定道理的。

其七，笞刑。笞刑，是肉体刑的一种，但其区别是肉体刑残害犯人肢体、肌肤和机能，从而使犯人不能恢复到原来的形状或功能。笞刑是使犯人受肉体痛苦，不使犯人丧失身体功能或不使其肢体受残，经过一段时间后，受刑人能恢复到原来的状态。所以，有的人称之为痛苦刑。但在笞刑的执行过程中，往往使犯人致残或致死，因此，后人对笞刑多有非议。秦不但把笞刑作为国家的法定刑罚，而且把它作为刑讯的手段加以运用。李斯被"榜掠千余，不胜痛，自诬服"，就是在刑讯下制造的冤案。

第三，徒刑。徒刑，就是由国家司法机关役使罪犯，强迫其劳作的刑罚。秦朝的徒刑包括城旦与城旦舂、鬼薪、白粲、隶臣、隶妾、司寇、舂司寇、候以及下吏等。秦朝的徒刑都是无期的，其惩罚轻重是按劳役强弱的程度划分的，最重的是城旦与舂，其次是鬼薪和白粲，再次是隶臣与隶妾，再轻是司寇与舂司寇，最轻的是候。

其一，城旦与城旦舂。筑城的城旦刑适用于男犯，城旦舂适用于女犯。这个刑名大概是来源于强迫修筑城墙，由于女子的体力难以承受这种劳役才被迫去舂米，城旦的劳役不限于筑城，舂也不限于"舂作米"。城旦是最重的徒刑，一般多附加肉刑，例如，黥城旦、劓黥城旦、斩左趾为城旦等；不加肉刑的为"完城旦"。

其二，鬼薪和白粲。"鬼薪者，男当为祠祀鬼神伐山之薪蒸也，女为白粲者，以为祠祀择米也。"鬼薪因与其他刑罚并用而分为不同的等级，即耐为鬼薪、耐以为鬼薪鋈足、刑以为鬼薪等。

其三，隶臣和隶妾。"男子为隶臣，女子为隶妾。"隶臣妾都要被强制去不同的场所服劳役，他们是国家的刑徒，而非奴隶。

其四，司寇和舂司寇。司寇即伺寇，就是强迫犯人去边远地区服劳役，兼备防守。司寇是轻于隶臣而重于候的徒刑。舂司寇，是指女子处以司寇刑，而参加舂米之劳役。

其五，候。候，是指一种被用以伺望敌情的刑徒，而且轻于司寇。

其六，下吏。下吏，是指对官吏实施的轻于鬼薪和白粲的一种徒刑。犯下吏罪的人出身多为官吏，而且是有文化的罪犯，由于他们有文化，所以法律规定不允许任用，就是守护苑囿这样的事也不行。官府一方面视他们为罪犯，把他们与候、司寇同等看待；另一方面也惧怕他们，不敢轻易使用。

第四，流刑。流刑，是将受刑者强制遣送指定地区服役落户，不准擅自迁回原处的处罚。秦朝承袭了前代的流刑，并有不同的种类，即迁、谪、逐等形式。

其一，迁。迁是将受刑者强制遣送指定地区服役落户终身且不得返回原籍的流刑。处以迁刑的包括两部分人：一是直接判处迁刑的犯罪者，二是赦宥后的犯人。另外，在秦朝专制主义制度下，统治者为了其统治需要，对那些统治者认为有犯罪可能或对自己存在威胁与危险的人，进行大规模的迁徙，使其远离本土以消除隐患，这是一种徙民措施，不是刑罚手段。例如，"秦既灭韩，徙天下不轨之民于南阳"[1]。这是在特殊情况下采取的特殊行政措施，不应归属在刑罚范围内。

其二，谪（zhe）。谪是将受刑者强制遣送指定地区，服刑期满后返回原

---

[1] 参见班固：《汉书·地理志下》。

籍的流刑。"谪"除作为对已判处的有罪之人的一种刑罚处理外，还有因其政治和形势的需要而被"谪"者。

其三，逐。逐是指将非秦籍的人驱逐出境的一种处罚。秦始皇在处置嫪毐、吕不韦集团时，曾颁布《逐客令》。不过，秦统一全国后，"逐"这种处罚自然也就失去了意义。

第五，财产刑。财产刑，是指剥夺犯人私有财产的刑罚，包括赀刑、赎刑、没刑。

其一，赀刑。赀刑，是一种以财代罚的经济制裁手段，适用比较广泛。赀刑用于处罚较轻微的罪犯和一般官吏的过失行为。被判处赀刑的罪犯，主要有盗窃罪、斗殴罪、官吏失职罪、违制罪罪犯以及因受牵连而被处以赀刑的官吏等。赀是有期限的。

其二，没刑。没刑，是司法机关对当事人采取的强制执行处罚其财产的措施。"没"和"赀"，虽然同属对犯人经济处罚的一种手段，但二者还是有区别的。赀刑是经司法机关判决后，由当事人自行交纳所赀的财物或劳役。

其三，赎刑。赎刑，是允许以交纳法定财物代替已依法判处的刑罚。赎刑不同于赀刑，赀刑是依法判处的交纳相应财物的处罚。秦时赎刑种类繁多，有赎耐、赎迁、赎黥、赎宫直到赎死，用于赎刑的方式有金赎、赀赎、役赎。有的赎刑适用于一般人，有的赎刑适用于不同等级、不同身份的人。

第六，身份刑。身份刑，是指剥夺犯罪人的特定身份、等级的惩罚措施，包括夺爵、废、籍门、削籍、收。

其一，夺爵。夺爵，就是剥夺有爵者爵位的一种处罚。秦实行二十级爵制，爵位越高，官位也越高。由于爵位包含着各种政治、经济权益，剥夺了爵位实质上就意味着对政治、经济权益的剥夺。

其二，废。废，就是终身剥夺充任官吏的政治权利。根据秦律的规定，即凡是宣布君王命令不起立致敬的官吏，冒领军粮的官吏，供应武器不合规格的县丞、库啬夫、吏，训练军马不合格的县司马，连续三年考评落后的漆园、矿山的啬夫，都在处以"赀二甲"的同时加以"废"刑。同时，秦律规定，对于任用"废"吏为官者，要处以"赀二甲"的处分。

其三，籍门。籍门，就是剥夺全家及子孙后代政治权利的刑罚。《史记·秦始皇本纪》记载："自今以来，操国事不道如嫪毐者、不韦者籍其门，视此。"张守节《史记正义》曰："籍录其子孙，禁不得仕宦。"

其四，削籍。削籍，《睡虎地秦墓竹简》注曰："削籍即自簿籍上除名，使该人脱离秦官府的控制。"意即秦政府不视其为秦民而不给予法律上的保护，实际上是失去了秦民的身份。

其五，收。收，即收孥，就是将有罪者的妻、子收为官奴婢，这是一种剥夺自由民身份的刑罚。秦律对收与不收还作了许多规定，妻子能事先告发丈夫的罪行，就不会受到连坐，既不收孥，也不没收妻子的个人财产；否则，当会被连坐，知而不告者，同罪。

第七，其他刑罚。除了以上可作明确归类的刑罚措施之外，在秦朝的司法实践中还有下列几种刑罚措施，包括鋈足、饿囚、谇。

其一，鋈（wu）足。鋈足，可以理解为在足的外表附加上一种刑具，使受刑者感到痛苦和不便，可能是类似于现代脚镣的刑具。

其二，饿囚。饿囚，是指减少罪犯的口粮，通过使之饥饿而进行惩罚的行刑措施。秦简《仓律》记载："食饿囚，日少半斗。"意为给受饥饿惩罚的囚犯口粮，每天1/3斗。这种以饥饿作为惩罚囚犯手段的法律规定，说明饿囚作为一种手段在当时已被广泛应用。严格来说，这是一种行刑处罚措施。

其三，谇（sui）。谇，是指训斥责骂，秦简中有这种刑罚规定，一旦被谇，便算有了前科。

二、秦朝的狱制

（一）司法体制

1. 行政与司法合一体制

秦朝实行行政司法合一体制，行政机构作为政令与法律的执行部门是国家机关的主干，在管理社会、统治人民中起着重要作用，是以司法体制作为保障的。司法机构分中央与地方两级。中央行政管理体制是行政与司法合一的国家体制，中央的司法机构和官职是廷尉，其实质上只是皇帝的办事机构而已。地方的司法机构又分郡、县两级，地方上的司法专职人员都受各级行政机关统辖，其最后决定权也在行政机关的第一负责人手中。地方政府在行使司法职权上是有一定限度的，重大案件必须上报中央政府，其最后决定权在皇帝手中。

2. 司法体制的层级

秦朝的司法体制分为中央、地方两个层面。中央层面有两个层级。第一层级为"皇帝"。皇帝，是国家的最高统治者，集行政、立法、司法诸权于一身，"天下之事无大小皆决于上"[1]，一切政务任凭皇帝个人独断专行，是一个独裁的专制统治者。第二层级为"廷尉"。廷尉，是秦朝的中央司法机关，最高司法官亦称廷尉。廷尉负责审理皇帝指定的案件，以及地方送来的疑难案件。秦简《尉杂》中有："岁雠（chou）辟（刑）律于御史。"

地方层面有三个层级。第一层级为"郡守"。秦代的地方一级行政机构为郡，既是行政机构，又是司法机关，因而，郡守既是行政长官又是司法官员。郡守自行裁决一般案件，重大疑难案件报请中央廷尉处理。《法律答问》中有："今郡守为廷不为？为也。"郡守有司法审判之权。郡守之下，设有决曹掾，为专职的司法官吏。第二层级为"县令"。秦代的地方二级行政机构为县，既是行政机构，又是司法机关，因而，县令既是行政长官又是司法官员。县令自行裁决一般案件，重大疑难案件报请中央廷尉处理。县廷则设有丞，主管一县之司法事务。第三层级为"有秩、啬夫"。县以下的组织是乡，乡以下是亭，亭以下是里。这些基层机构也有一定的司法管辖权，如有秩、啬夫。大乡达到五千户的，郡指派有秩。小乡不到五千户的，县指派啬夫。二者虽不同时设置，但职责相同，主调解纠纷，平断曲直，收赋税，征徭役。

（二）监狱制度

1. 重刑主义

秦朝推行法家思想中的重刑轻罪思想，在立法上实行重刑主义。以重刑作为打击犯罪的重要工具，"禁奸止过，莫若重刑"。其理论根据为："重轻罪，重罪者人之所难犯也，而小过者人之所易去也。使人去其所易，无离其所难，此治之道。夫小过不生，大罪不至，是人无罪而乱不生也。行刑重其轻者，轻者不至，重者不来，是谓以刑去刑。"在重刑主义思想指导之下，秦朝奉行"广狱酷罚"的治狱思想，在吏制上是"贱仁义之士，贵治狱之吏"。《史记·秦始皇本纪》载，秦始皇"专任狱吏，狱吏得亲幸"。秦二世时，"刑者相半于道，而死人日成积于市。杀人众者为忠臣"。

---

[1] 参见司马迁：《史记·秦始皇本纪》。

秦朝重刑主义的治狱思想使秦朝"群盗满山，赭衣塞路。故每岁断罪，效至十万"。[1]秦朝的监狱多，刑徒多，施刑对象广泛，无辜株连，且刑罚手段残酷。这样的结果是与秦朝统治者希望借此达到"无刑"的愿望相反的，最终导致"天下仇怨，溃而叛之"。秦朝的监狱仍然是对未决犯、待刑犯的临时关押场所，刑徒的出现使犯人劳动成了规模做法，但只是在工地上劳动，而不是在监狱里。

2. 监狱建制

秦朝的监狱称囹圄，在设置建制上分为中央监狱和地方监狱。从秦朝开始，封建社会监狱的设置建制，一般分为中央和地方两级。在秦朝，中央监狱设在京师咸阳，因此，中央监狱称为咸阳狱，或称廷尉狱。秦始皇统一中国以后，全国分为三十六郡，后扩建至四十多郡，郡以下设县，地方监狱设在郡县，例如，曾关押过韩非、程邈的云阳郡监狱，曾关押过蒙恬的阳周县监狱。

第一，监狱分类。秦朝的监狱分为两种，一种监狱关押未判决的在审犯人，例如，史籍所载京师有系属廷尉的咸阳狱，这类监狱一般规模都比较小，关押较为重要的犯人，且对在押犯管理得相当严格。另一种监狱关押已判决的待刑犯人，由于秦推行重刑轻罪的政策，所以，犯人很多，以致"赭衣塞路，囹圄成市，盖随地为狱也"，这种监狱类似于后世的集中营，很难想象建造骊山及阿房宫的70余万刑徒能有正规的监狱，因此，住宿起居方面的条件何其简陋，可想而知。

咸阳狱曾先后关押过李斯、赵高。此外，秦朝还设置有内宫监狱。内宫，原是皇宫内的宫室，后辟为监狱，专门囚禁皇族成员及后妃犯罪者，称为"内宫狱"。秦二世时，公子将闾等兄弟三人被囚于内宫狱，并自杀于狱中。自秦朝在内宫设立监狱以来，以后的朝代沿袭了这个做法。

第二，监狱官吏。在秦朝，具体管理监狱的官员是狱掾，县丞属官，专门主掌治狱。狱掾下设狱吏，又称治狱吏，是监狱差役。秦朝从中央到地方逐级设置监狱，狱官由中央监狱到地方监狱系统配置。在秦朝，由于"贱仁义之士，贵治狱之吏"，需要加强对狱吏的管束和治理。秦律对于监狱官吏的失职和违法规定了具体惩罚措施，监守囚犯的人没有监守住囚犯，囚犯跑了，

---

[1] 参见《白居易集·策林》。

如果自己捕获以及亲属朋友代为捕获，可以免罪；否则，就要治罪。如果监守囚犯的人鞭打劳役中的囚犯，致使囚犯跑了，监守囚犯的人要在官府服劳役，直至逃跑了的囚犯回来。

第三，狱政特权。在秦朝，官僚地主阶级享有狱政特权。允许普通地主用自家的男女奴隶或用牛马去替他居作赎罪，不允许从事工商等贱业的人员用他人或财物赎罪。对于有爵位的人，《秦律十八种·司空》规定："公士以下居赎刑罪，死罪者，居于城旦舂，毋赤其衣，勿枸椟欙杕。鬼薪白粲，群下吏毋耐者，人奴妾居赎赀债于城旦，皆赤其衣，枸椟欙杕，将司之；其或有亡，有罪。"《睡虎地秦墓竹简·法律答问》记载："将上不仁邑里者而纵之，何论？当系作如其所纵，以须其得；有爵，作官府。"押送在乡里作恶的人而将他放走，应如何论处？按他所放走的人那样戴着刑具到边地服劳役，直到人被捕获为止。如果是有爵位的人不必到边地去，可在当地官府劳役。对高级官吏的子弟，秦律中也规定了种种优待措施。

3. 刑徒的管理

秦朝建立后，采取诸多有力措施，巩固加强国家的安全和统一，如修驰道、筑万里长城等。此外，秦始皇穷奢极侈，为自己建筑阿房宫，修造骊山墓，工程之大空前绝后。据《史记》和其他史书记载，秦朝北筑长城的人数是40万，南戍五岭50万，造阿房宫和骊山墓各70余万。加上在官营手工业作坊、各地官府服各种杂役者，服劳役的人数在300万左右。在这300万人当中，绝大多数是因犯罪而被判服劳役的刑徒，使本来要由农民承担的劳动改由刑徒这种无偿劳动力来承担。春秋战国时期兴起的刑徒制，到了秦朝已有了很大的发展，并形成了较为完整的管理制度。

第一，刑徒的种类。刑徒种类是以判处徒刑以后最初从事的劳役类别为标准划分的，主要有：城旦、舂、鬼薪、白粲、隶臣、隶妾、司寇、候。但根据秦朝的实际情形来看，刑徒不只是服筑城、舂米、砍柴、择米等劳役，使用刑徒服劳役的种类相当广泛，大规模的土木工程需要大量刑徒，农业生产、兵器生产和其他手工业生产也需要刑徒。刑徒的劳役紧密结合了封建国家的现实需要，为秦朝存续做出了贡献。

第二，刑徒的补充。秦朝由于大兴土木，刑徒尽管以数百万计，但还远不够所用。补充的办法就是，将弛刑、治狱吏不直者，贾（商人），赘婿都算作刑徒充实到刑徒队伍中，为秦朝服务。"弛刑"，是指弛刑徒，弛刑徒是由国家赦免在行动上有了自由但仍然属于刑徒的一种，他们是罪人奴隶，当国家需要时，被调集服劳役、充兵或填戍。"赘婿"是指男子到年龄不娶妻或结婚后到女方家落户。秦朝之所以把赘婿也当作刑徒调拨，从经济上讲，男子到女方家落户就少了一户缴纳赋税、提供徭役的对象，这是于秦王朝不利的；从封建伦理道德看，封建社会是夫权社会，男子要立家，要顶门立户，出丁纳税。这是赘婿被补充到刑徒队伍中的主要原因。治狱吏不直者，是指在管理刑徒中渎职、玩忽职守者，贾（商人）是指不守法的奸商。

第三，刑徒的解送。对已判决徒刑的罪人，要派专人押送到服劳役地点，并且需要履行严格的交接手续。在罪人判决以后，官署便指派吏徒携带通行证件和押解公文开始解送罪人。在解送罪人的过程中，按照规定，中途可以更换负责押解的吏徒。押解罪人到达目的地后，将押解公文送到当地官署和长官。移交完毕后，押解人要返回，将押解情况向原押解官署报告。由于刑徒服劳役的地点遍布全国各地，路途有远有近，为保证将刑徒按时押解到位，及时投入劳役，秦律规定："失期，法当斩。"

第四，刑徒的监管。秦朝对刑徒规定了一套严密的监管措施。刑徒要穿赭色囚衣，戴刑具。设"署人""更人"看守刑徒，署是指看守岗位，署人是指站岗防卫的人；更人是指看守的人。利用轻刑徒监率重刑徒，城旦舂由司寇来监率，监率刑徒城旦的司寇叫城旦司寇，监率刑徒舂的叫舂司寇，司寇不足可将服劳役三年以上的城旦舂转为司寇，或者由隶臣妾充当司寇。刑徒逃跑则惩罚监率者，如果隶臣监率城旦，城旦逃跑了，应将隶臣处以完城旦，并将其在外面的妻、子收孥。奖赏捕获逃亡的刑徒，捕获逃亡的完城旦，奖赏黄金二两。

第五，劳役管理。秦朝把罪犯的身高作为刑徒是否要劳作的法定标准，而不是按照罪犯的年龄来确定，秦律规定凡身高达到五尺二寸的刑徒（约1.25米）就要服劳役，而且，秦律还规定了刑徒劳役管理的内容。

劳役时须戴戒具，戒具中既有木制材料制作的，又有金属材料制作的铁钳、铁桎，以便防止刑徒在劳役期间逃亡。制作的手工业产品要符合规格，要求按照规定制作同一类型的器物，它的大小、长短、宽窄必须相同。为便于检查，刑徒要在所作产品上刻上自己的名字，检查的成品如不合格则处罚该产品的制作刑徒。

冬天减少生产定额，冬季三日收取相当于夏季两天的生产定额。刑徒必须爱护生产工具，刑徒在劳动生产过程中，损坏、损毁瓦器、铁器、木器、车辆的，要受到鞭笞惩罚。用饥饿惩罚刑徒，在刑徒劳作时如不服从管理，允许对其实施饥饿的惩罚。农忙放假，以劳役抵偿赀赎债务者"归农田、种时、治苗时各二旬"，允许他们在播种和田间管理等农忙季节，可以各回家20天。一家如有两人以上以劳役抵偿赀赎债务而无人照看家室者，允许放归一人，使他们轮流服劳役。

第六，衣食管理。衣食管理主要包括囚衣、囚粮的供应和管理。囚粮的供应，根据刑徒劳动强度、性别及年龄等不同情况，规定了不同的口粮标准和发放办法。在官府服劳役的隶臣每月二石，隶妾一石半；不服劳役者不发放。从事劳作的小城旦或小隶臣每月一石半，不能劳作者每月一石；舂或小隶妾每月一石二斗半，不能劳作者一石。每年二至九月的农忙季节，参加农耕生产的隶臣，每月加发半石；舂加发四分之一石。劳动强度大的劳作，酌情增加口粮。例如，从事筑城或者城旦，早饭半斗，晚饭三分之一斗；从事站岗等劳作者，早晚饭均三分之一斗。有病刑徒也发给口粮，由吏酌情发给。

囚衣的供应和发放，夏衣四至六月发放，冬衣九至十一月发放，逾期未领不再补发。在京师咸阳服劳役者，凭券到大内府库领取；在县服劳役者，凭券到县衙领取。冬、夏囚衣各有大、中、小三个号，各用料多少，价值多少钱都有具体规定，由刑徒出钱给发。成年男刑徒冬衣价值一百一十钱，夏衣五十五钱；成年女刑徒冬衣五十五钱，夏衣四十四钱。未成年的男刑徒冬衣七十七钱，夏衣四十四钱；未成年女刑徒冬衣四十四钱，夏衣三十三钱。

第三节　汉朝的监狱

一、汉朝的刑罚

（一）汉朝建立

1. 汉承秦制

在秦末陈胜、吴广领导的反秦起义推动下，各地纷纷响应。陈胜、吴广领导的反秦起义军虽然失败了，但后起响应的刘邦起义军、项氏叔侄起义军不断壮大，英勇作战，终于在公元前206年推翻了秦王朝。随后，共同推翻秦王朝的刘邦起义军、项羽起义军展开了争夺天下的楚汉战争。公元前202年，楚汉战争以项羽自刎乌江而结束，刘邦称帝，建立汉王朝，史称西汉。

从整体上看，汉代初年的国家机器同秦代并没有根本上的不同，故史称"汉承秦制"。秦始皇在位仅11年即死去，他一手创建的秦王朝历二世而亡。但他所制定、推行的新的制度和政策并未因此而消失，而是为续建的西汉王朝所继承。由刘邦所建立的西汉王朝和由刘秀所建立的东汉王朝都是我国封建国家发展过程中的重要历史时期。经过两汉426余年的统治，封建制度得到巩固，并且确立了儒家思想在国家政治生活中的统治地位。

2. 平民政权

秦汉之际，在中国的政治舞台上，发生了一个根本的变化。刘汉政权建立之前，把持政权的都是贵族。时间较久远的夏、商、周三代为贵族统治，而且是氏族贵族统治；时间较晚的春秋战国的诸侯国，同样是贵族们的天下；刚刚覆灭的秦帝国本身也源于贵族政府。而汉代的刘邦出身于平民，发迹之前只是沛地的一个亭长，大致相当于现在乡政府一个管治安的小官吏。他所建立的汉代是中国历史上的第一个平民王朝，即不仅天子出身于平民，而且，其王公大臣的出身大多也是低贱的。萧何为沛主吏掾，曹参为狱掾，樊哙屠狗，灌婴贩缯，周勃织薄曲，韩信少时有胯下之辱。汉代作为平民政府，更重要的还在于，它不仅由平民创立王朝，权力在平民中分配，而且权力向平民开放，通过察举与征辟之制，将平民中的优秀者选拔到权力圈内，授以官爵并形成一种制度。这一制度及其做法，后世虽有个别时期的中断，但大体上形成了中国政治生活中的主流。这个变化虽然巨大，意义亦为深远，但却无关政权形式的变革。

秦朝末年，将法家重刑主义推向极致的秦朝统治者终于沉入"作法自毙"的泥淖，建国仅15年即短命而亡。公元前202年，经五年楚汉战争而取得最后胜利的刘邦登基即位，重新建立了统一的地主阶级的中央集权国家——西汉。刘邦建立西汉之初，面临许多棘手的问题，其中，最重要的有三个：一为社会秩序混乱，二为社会经济凋敝，三为政治形势动荡。如何摆脱困境，恢复经济，完善制度，建设国家，是摆在统治者面前的一个严峻现实。与此同时，秦鉴未远，"一夫作难而七庙隳，身死人手为天下笑"[1]的覆灭教训，

---

[1] 参见（西汉）贾谊：《新书·过秦论上》。

给汉初统治者以刻骨铭心的警醒，促使他们在选择治国之道时，深刻反思。

(二) 汉朝的刑名

1. 汉朝的立法思想

刘邦从登基建立汉朝之日起，一方面，招抚流亡、释放奴婢、复员军士，劝勉农耕；另一方面，试图从理论上寻找强国富民的良策，要求谋士发表意见，分析秦何以亡，汉何以兴，如何才能避免重蹈秦之覆辙。在反思与探索的过程中，汉初思想家陆贾首先指出了秦朝失败的根本原因："秦非不欲为治，然失之者，乃举措暴众而用刑太极故也。"正是在陆贾诸生的倡导下，汉初诸帝选择了黄老之学作为立国之道。

第一，"休养生息"。陆贾把黄老之学进一步升华为"无为"理论，以道为本，承袭黄老，但又与先秦时期的黄老思想有着明显的不同。先秦时期的黄老思想，道法兼容，突出法治，排斥儒术，而汉初由陆贾倡导的黄老之学，不仅吸收了儒学，而且高扬仁义之理，使之上升为与道法并重的地位。陆贾这样阐述仁义的巨大作用："圣人怀仁仗义，分明纤微，忖度天地，危而不倾，佚而不乱者，仁义之所治也。"[1]可见，此时的黄老学说，已明显揉入了儒家思想的内核——仁义，融儒、道、法三者为一体，完成了可供统治者选择的理论准备。继陆贾之后，由淮南王刘安及门客苏飞、李尚、左吴、田由、雷被、毛被等人集体编纂的《淮南子》于汉景帝、汉武帝时期成书。《淮南子》以道家学说为主，博采阴阳、儒、墨、名、法诸家之说，进一步发展完善了黄老学说，成为黄老学派的集大成之作。

汉初的黄老之学以其清静无为、务德化民、约法省刑、顺应民心的精神特征而成为统治者首选的治国指导思想。在这一理论的引导下，汉初的统治者制定了"休养生息"的基本国策，轻徭薄赋，奖励耕织，"从民之欲而不扰乱"。这个基本国策贯穿了汉初的半个多世纪，经萧何、曹参等名相"填以无为"的实践及几代君主身体力行的推崇，取得了显著的功效。至孝惠、高后时，经济已迅速复苏，百姓"衣食滋殖"，而至文帝、景帝之时，已是人给家足，国库充盈，呈现出了史家所赞誉的"文景之治"。

第二，"约法省刑"。公元前206年，刘邦率领起义军攻入关中，占领秦

---

[1] 参见（西汉）陆贾：《新语·道基》。

京师咸阳。针对当时人们"苦秦久矣"的社会现实状况，为了笼络民心，扩大政治影响，召集咸阳附近的民众，宣布了中国历史上有名的"约法三章"，即"杀人者死，伤人及盗抵罪，余悉除秦法"。这三章之法是刘邦在全国还没有统一的形势下采取的临时权宜措施。刘邦正式称帝后，采取的重大措施之一就是赦免秦朝囚禁的死罪以下各种囚犯，宽减刑狱，宽减赋税，稳定了汉初的封建统治。

在采取"休养生息"的无为而治政策的同时，汉朝还确定了"约法省刑""务在宽厚"的立法思想。在"约法省刑"思想指导之下，汉统治者"除三族罪、妖言令"，"复弛商贾之律"，把萧何所定汉《九章律》中沿承的一些秦之苛酷摒除，使刑狱趋于宽缓。经过数十年的恢复，积累了丰厚的物质财富，社会矛盾缓和，"刑罚大省，至于断狱四百，有刑措之风"[1]。这一时期统治者不扰民，民也很少犯法，几乎到了刑罚搁置不用的状况。

2. 汉朝刑名

汉朝建立以后，局势未稳，"四夷未附，兵革未息"[2]，刘邦深感"三章之法""不足以御奸""犹网漏吞舟之鱼"，[3]制订统一的汉朝法典迫在眉睫。在"休养生息""约法省刑"的立法思想指导下，刘邦令萧何定律令、韩信定军法、张苍为章程、叔孙通为仪礼，开始了较大规模的立法活动，汉朝的法律形式主要有律、令、科、比。汉朝的刑罚制度直接来源于秦朝，而且，随着汉朝社会进程的发展，其内容不断得到充实调整，形成了体系完整、适用范围广泛的刑罚体系和具有强烈儒家思想色彩的刑罚原则，成了后来各个封建王朝刑制的典范，为中华法系的确立奠定了基础。汉朝的刑名基本上沿袭了秦朝旧制，种类复杂，惩罚残酷。就其大类而言，可以分为死刑、肉体刑、笞刑、徒刑、迁刑等几类。

第一，死刑。汉朝的死刑，以执行方式为区分标准，可以分为以下四种：

其一，腰斩。腰斩是把腰部作为受刑部位的死刑。《释名·释丧制》云："斫（zhuo）头曰斩，斩腰曰腰斩。"腰斩的执行刑具是铡刀或钺。《周礼·秋官·掌戮》郑玄注云："斩以斧钺，若今腰斩也；杀以刀刃，若今弃市也。"

---

〔1〕 参见班固：《汉书·刑法志》。
〔2〕 参见班固：《汉书·刑法志》。
〔3〕 参见班固：《汉书·刑法志》。

汉朝的腰斩，通常用于大逆不道之罪及各种违反军法的罪行。

其二，弃市。弃市，是指在闹市中杀死罪人，"刑人于市，与众弃之"。汉朝的弃市，属于斩首之刑，是较为常用的一种死刑，适用于那些性质严重的罪行。

其三，枭首。枭首，是指处死犯人后将其头颅悬于高空以警示众人。据东汉的何休说，凡"无尊上、非圣人、不孝者，斩首枭之"。

其四，族刑。族刑，是指举族而诛。在汉朝，大逆不道罪，犯者腰斩，父母妻子同族无少长皆弃市。族刑也有等级差别，最重的是夷三族，适用于谋反大逆案件。汉初的彭越、韩信等人都被处以此刑。

第二，肉体刑。肉体刑是一种残害犯人肢体、肌肤、身体机能的刑罚。汉朝的肉体刑分为黥、劓、斩左右趾和宫四种，都是从秦朝继承过来的。

其一，黥。黥是指刻破犯人额头的皮肤，将黑色染料渗入其下，从而留下清晰印迹的刑罚。在汉朝，黥在肉体刑中是最轻的刑罚。

其二，劓。劓是指将犯人鼻子割掉的刑罚。汉文帝废除肉体刑，规定"应当劓者，笞三百"[1]，用笞刑来代替劓刑。

其三，斩左右趾。斩左右趾是斩去左脚小趾头和斩去右脚小趾头的合称，一般是先斩右趾、后斩左趾。斩右趾的刑罚比斩左趾重得多，斩右趾实际上已经相当于死刑了。汉文帝废肉体刑，规定："当斩左趾者，笞五百，当斩右趾……皆弃市。"[2]

其四，宫刑。宫刑又称腐刑。《汉书·景帝纪》颜注云："宫刑其创腐臭，故曰腐刑。"这是一种残害男女生殖器官的酷刑。汉朝初期，沿用宫刑。汉景帝时规定："死罪欲腐者，许之。"[3]司马迁等人在这一规定实施后，通过接受宫刑而免去了死罪。

第三，笞刑。笞刑，是指用木杖或竹策捶击犯人身体的刑罚。它本来用于官吏教诫老百姓或法官拷讯犯人，不属于正刑的范围。但是，汉文帝废肉体刑以后，用笞刑来取代劓和斩左趾两种肉体刑，这样就成了正式的刑种，即"当劓者，笞三百；当斩左趾者，笞五百"。然而，实行的结果却，无论是

---

[1] 参见班固：《汉书·刑法志》。
[2] 参见班固：《汉书·刑法志》。
[3] 参见班固：《汉书·晁错传》。

笞五百还是笞三百，都是"率多死"[1]。

第四，徒刑。汉朝的徒刑基本上是从秦朝继承过来的，按照犯人罪行的轻重，主要分为以下几种：

其一，髡钳城旦舂。在汉朝，髡钳城旦舂是死刑之下的一个刑名，适用于重罪犯人，通常所受的刑罚有三个方面。首先是髡、髡头，即髡发，要剪掉犯人的长发。受过髡刑之后，头上所留头发的长度一般在三四寸左右。其次是钳，钳是铁钳，著于颈上，白天黑夜都须戴着。再次是铁桎，即套在脚杆上的铁圈。凡属髡钳城旦舂者，有的还要加上铁脚圈，从事城池士兵的服务工作。汉朝时加铁脚圈分为"左脚铁圈""右脚铁圈"和"左右脚铁圈"三种情况。

其二，完城旦舂。完城旦舂是低于髡钳城旦舂一等的刑罚。相对髡钳而言，完是指既不髡犯人的头发，也不在其颈上戴铁钳，完城旦舂也可以赎罪。

其三，鬼薪、白粲。《汉旧仪》云："鬼薪三岁。鬼薪者，男当为祠祀鬼神，伐山之薪蒸也；女为白粲者，以为祠祀择米也，皆作三岁。"鬼薪与白粲刑名不同，刑期则完全一样。

其四，司寇。《汉旧仪》云："罪为司寇，司寇男备戍，女为作如司寇，皆作二岁。"司寇本是秦汉时代管理刑徒的官名，因主要役使刑徒劳动，故逐渐成为刑徒的一种称呼。

其五，复作。《汉旧仪》云："男为戍罚作，女为复作，皆一岁到三月。"实际上男子也可称为复作。复作的刑期最短，仅一年或数月，也不用遭受髡钳。

第五，迁刑。迁刑是将罪犯从原住地迁徙到荒僻地方的一种刑罚。它由古代的流刑演变而来。秦朝曾广泛使用，凡秦军新征服的边远地方，通常总是把罪犯迁过去，让他们去充实人口，发展生产；凡迁刑犯人，家属须随同前往"迁所"。汉朝的情况也差不多，巴蜀一带是安置迁犯的重要地区，汉朝的淮南王刘长都被迁往该地。西汉中后期，南方的合浦，西北地区的敦煌，成了新的重要迁所。从性质上讲，迁刑是对死刑和肉体刑从宽处理而设置的刑罚，但是，由于迁所环境恶劣，犯人要生存下来也确实不易。从这个角度讲，迁刑同样是非常残酷的刑罚。汉朝的不少迁刑犯人凭着坚强的毅力，战胜了严酷的环境，不仅生存下来，而且还为当地的经济开发和文化发展做出了贡献。

---

[1] 参见班固：《汉书·刑法志》。

二、汉朝的狱制

（一）司法体制

汉朝的司法体制由中央和地方具有司法职能的各个机构构成，既有专门负责刑狱事务的机构，也有主司别职、兼理司法的机构。它们共同构成了一个庞大、严密的网络，严密地在全国各地行使着包括司法权力在内的各种权力，发挥着维护阶级压迫和实现对社会进行管理与控制的职能。

1. 中央层面

中央层面包括皇帝、三公、诸卿三个层级。在汉朝，由秦始皇创立的"天下之事无大小皆决于上"的皇帝制度得到了进一步的巩固与充实，皇权的加强得以制度化、法律化、神秘化、极端化。"天人合一"的政治学说，为皇权的至高无上寻求来自宇宙的解释，君临天下的威严与来自宇宙的神秘进入人们的意识之中。其不仅使君权成了神化的统治力量，而且，还可积淀为人们普遍认同的社会群体心理。在行政上，"君为臣纲"，从中央到地方的全国大小官员，无一不是皇帝的臣僚。官吏们的荣辱进退、任免予夺，官吏职能的轻重虚实，官制结构的配置变更，莫不归属皇权决断，国家重大行政决策的生效，概取决于皇帝的"制可"。在军事上，皇帝掌握着全国最高的军事指挥权。在立法上，皇权是最高的法律渊源。"前主所是著为律，后主所是疏为令"[1]，概括了皇帝在立法上的专制权力。在司法上，皇帝拥有最高裁决权。《谳狱令》规定了"县（道）—二千石—廷尉—皇帝四级谳狱制"，确立了皇帝的最高司法裁决权。无论是奏谳疑案，省录囚徒，还是朝议大案要案，皇帝均拥有不可动摇的最高权力，是最具权威的审判官。皇帝对行政、立法、司法、军事最高权力的拥有，使皇帝本身已经成了国家权力的多重组合体，除来自"天谴"及道义、传统的制约外，没有任何权力可以超越于皇权之上。

第一，"皇帝"。在司法领域，第一层级是"皇帝"，皇帝的权力主要表现为五个方面。其一，皇帝是重大案件的裁决者，是诸侯王及公卿案件的管辖者。重大案件主要是指谋叛造反等性质严重、影响巨大的案件，一般皆按

---

[1] 参见班固：《汉书·杜周传》。

皇帝的旨意处理。对于诸侯王及公卿发生的案件，某些授权机构虽然可以进行审理，但最后往往以皇帝的意见为准。其二，皇帝可以折狱、录囚，汉朝皇帝传承了秦始皇亲自折狱的习惯，往往不辞案牍劳身，亲自审决犯人。其三，皇帝可以改变司法机关的判决，对于司法机关的判决结果，皇帝有权改变并付诸执行。其四，皇帝可以直接受理臣民的诉状和奏谳，按照制度，汉朝臣民的诉状有专门的司法机关管辖，有时皇帝也可以直接受理。对那些连廷尉也难以审断的案件，则要上请皇帝给予答案。其五，皇帝可以自由进行赦免，赦免各种人犯是皇帝的基本权力，皇帝可以定期宣布大赦，也可以针对具体案件不定期地进行赦免。

第二，"三公"。皇帝之下，三公的政治地位最高，汉朝的三公指丞相、御史大夫、太尉，是汉朝的行政中枢、司法中枢，属于第二层级。在司法领域，三公的主要权力有三个方面。其一，劾奏权，三公的基本职掌是监督百官，对于中央和地方的任何官员，三公都有举劾的权力。其二，刑审权，皇帝可以授权三公察验案件。其通常有两种形式：一是每个机构独立地组织属官对案件进行调查和审讯；二是联合起来共同进行案验审问。其三，议罪权，汉朝对于诸侯王和一些高官的罪案，往往采取廷议的方式量刑定罪。廷议多由三公主持，他们自然可以畅所欲言、发表各自的看法意见。

第三，"诸卿"。九卿是三公之下最重要的国家官职，包括太常、郎中令、卫尉、太仆、廷尉、大鸿胪、宗正、治粟内史、少府、中尉、将作少尉，具体负责国家各项大政方针的贯彻执行及国家各项制度的运作。九卿中的不少职官具有重要的司法职能，其中，廷尉是国家专门的司法机构，作用最为重要。九卿之中，太常、光禄勋、大鸿胪、宗正、执金吾等官也经常参与国家的司法活动。西汉的太常既负责宗庙事务，还兼领诸陵县，掌管民事。光禄勋负责宫中侍卫，与皇帝最为接近，所以经常充任使者，持节赴各地了解地方的司法状况，平反冤狱。大鸿胪主要负责"四方蛮夷"及诸侯事务，宗正专管宗亲戚属，也经常代表皇帝前往诸侯王国验治案件，还经常出席政府的议罪会议。执金吾的职责是率领禁兵保卫京城和宫城，常常承担逮捕任务，并且负责京城一些监狱的事务。诸卿中，涉及司法的主要是廷尉、尚书等。

其一，廷尉。廷尉原系秦官名，汉朝沿袭不改，是中央专司刑辟之事的最高机构。廷尉属于九卿之一，地位非常重要，体现了汉朝政府对司法活动的重视。但廷尉毕竟是汉代司法组织中的一个机构，它的作用的发挥，既要受到在其之上的皇帝与三公的限制，还要受到与它平列的诸卿的牵制。其具体负责下列方面的事务：

审判公、卿、守、相、刺史的罪案。汉代对于中央的三公九卿和地方的太守、诸侯相及刺史等官，实行司法的特殊管辖制度。凡属于特殊管辖范围的案件，由中央机构进行审理。由于公、卿、守、相、刺史的地位不同，享受的司法优待各有差别，所以，承审的机构也不一样。对于犯罪的三公九卿的审理，可以是廷尉，也可以是御史中丞，还可以是司隶校尉，并没有固定的机构，主要视皇帝的态度而定。对于犯罪的守、相、刺史，则基本上都由廷尉负责审理。廷尉掌管京师的监狱，犯罪的官员一旦交由廷尉审理，就意味着要关押在监狱中，接受刑讯，即"下廷尉狱"〔1〕或"诣廷尉"〔2〕，廷尉府是公卿特别是守、相、刺史罪案的专门法庭。

审判高级军官违反军法的案件。汉代的军事案件属于专门管辖的范围，战争期间军队的高级将领违反军法，一律"征诣廷尉"处置，说明廷尉是最高的军事审判机构。

参加重要的议罪会议。汉代对诸侯王、公卿的罪案及其他重要案件，往往由三公主持召开议罪会议，召集中央许多部门的重要人物前来参加，进行深入讨论，最后提出一个处理方案上报皇帝。参加会议的廷尉熟悉法律，他们的意见常常受到三公和皇帝的重视。

接受地方司法机关的奏谳。汉代地方司法机关在审理案件时，经常会遇到一些疑难案件无从措手。为此，政府规定，凡是遇到疑难案件，县道要向郡国请示，郡国仍处断不了，则要将案件的所有材料上报中央的廷尉，由廷尉进行判决。廷尉的判决结果，就成了一种"比"，以后凡遇到类似情况均可比附判决。

此外，廷尉还负责汇总全国的司法案件、参与律令的修订，派属官到地方审决案件等事务。正因为廷尉一职事繁权重，汉朝政府对于出任廷尉的人选非常重视。通常情况下，都是选择明习法律的人来担任。

其二，尚书。尚书本是属于少府的卑官，在皇帝身边主掌"发书"事务。

---

〔1〕 参见班固：《汉书·魏相传》。
〔2〕 参见班固：《汉书·酷吏传》。

随着中外朝制度的形成，尚书组织扩大，权任也日趋重要，成了中朝官的重要部分。汉代设立尚书台，进一步加强了尚书的地位和权限，以至于出现了"虽置三公，事归台阁"的局面。尚书的司法权力，主要有以下几个方面：

劾奏权。尚书有直接举劾大臣的权力。上自中央的三公，下至地方的官吏，尚书都可以劾奏。

案验权。与劾奏权相联系，尚书经常独立地承担一个案件的调查、取证和审判工作。

诘责权。在汉朝，遇到大臣特别是三公犯有过错，尚书可以代表皇帝进行诘责。尚书也可以对大臣自行诘责。遇到诘责不遂，大臣拒绝辞服时，甚至还可以拷打用刑。

驳议权。在汉朝时，对于三公上报的议罪结果，尚书有驳议权。而皇帝对于尚书的驳议，也每每听而从之。

议罪权。汉朝的尚书实际上行使着宰相的权力，所以，尚书不仅可以出席朝廷的议罪会议，而且，发表的意见往往具有举足轻重的地位和作用。

2. 地方层面

地方层面包括郡守、县令两个层级。汉朝地方的政治制度以郡县制为主，以诸侯王国制为辅。推行郡县制的地方，设郡县两级政府；建立王国的地方，模仿中央设立一套专门的职官制度。郡的最高长官称郡守或太守，县的最高长官称县令或县长；王国诸侯衣食租税，不干预行政，所以，诸侯相是王国的最高长官；地方的守相及县令长，既是当地最高的行政官员，也是最高的司法官员。司法组织与行政组织合二为一，一身二任。

第一，"郡守"。郡是最大的地方行政单位，郡守、群丞、都尉与各曹僚属、掾史构成了庞大的郡廷组织。郡守是一郡之长，统理全郡大权，"太守专郡，信理庶绩，劝逐赈贫，决讼断辞，兴利除害，检举郡奸，举善黜恶，诛讨暴残"。[1]汉朝习惯上把政平讼理看作是太守行政的重要标准，"大抵守相行政，以典刑狱、缉盗贼、制豪强为要务"[2]。郡守的司法权力主要有以下几个方面：

---

〔1〕 参见（南北朝）虞世南：《北堂书钞》卷七十四《设官部》引《汉官解诂》。
〔2〕 参见严耕望："汉代地方行政制度"，载《史语所集刊》（第25本），商务印书馆1954年版，第145页。

其一，奏劾权。凡是行政上隶属郡守管理的郡县各级官员，郡守皆有权奏劾。

其二，审判权。汉朝的地方区划实行郡、县、乡三级审判制度，郡廷为地方最高审判机关，郡守则为地方最高审判官。郡守具有审断案件的最后判决权，审断案件、录囚平反是郡守最主要的工作。

其三，解释法律权。汉律规定，"县、道官狱疑者，各谳所属两千石官，两千石官以其罪名当报之"[1]，可见，郡守也是地方最高的法律解释者。

第二，"县令"。郡下设县，大县的首脑称为县令，小县的首脑称为县长。县令长与县丞、都尉及列曹掾属、卒史构成了县府组织。县令长既是一县最高的行政长官，也是该县最高的司法长官。县令长的司法权力主要有：

其一，逮捕权。县令长认为需要，可以下令逮捕人犯。

其二，审判权。县令长是一县狱案的最高审判裁决者。对于辖境发生的案件，县令长具有管辖权。

（二）监狱制度

汉承秦制，汉朝在我国历史长河中占有极为重要的地位。在我国的学术文化和典章制度史上，汉朝不仅起着承前启后的作用，而且，正统思想逐渐由法家向儒家转化，是儒家在我国"定于一尊"的大转变朝代。汉朝的监狱制度，在承接秦制的基础上，加以巩固、变革和发展，并逐步趋于儒家化。

1. 治狱思想

汉朝建立初期，在"天下苦秦酷法久矣"的社会历史条件下，提出了"宽缓刑狱"的治狱思想。汉朝的监狱立法，在"诸法合体"的传统基础上，没有形成独立的体系。例如，汉初的《九章律》以李悝《法经》六篇为基础，有囚、捕两篇，其中包括有关狱制的规范。在"宽缓刑狱"的治狱思想指导下，汉朝统治者发布了许多有关诏令，通过有关狱制的规范规定了"恤刑，悯囚"的原则和措施。

第一，"恤刑悯囚"。"恤刑"就是慎刑，使用刑罚时要慎重，不要滥用刑罚以免造成冤狱，但也不要放纵罪犯，刑罚要适中。"悯囚"就是怜悯囚犯，在一定程度上保障其衣食医药等，以免造成瘐死。从"宽缓刑狱"的治

---

[1] 参见严耕望："汉代地方行政制度"，载《史语所集刊》（第25本），商务印书馆1954年版，第145页。

狱思想出发，在"恤刑""悯囚"方面，汉朝作出了以下主要规定：

其一，颂系。"颂"就是宽容，颂系是指宽容对待囚犯，不戴刑具，"年八十以上，八岁以下，师、侏儒当鞠系者，颂系之"[1]。汉平帝诏令："鼋（耄）悼之人，刑罚所不加，帝王之制也。"对老、幼、废疾、孕妇在戴刑具上的这些宽容规定，既可示"仁政"于世，又不会有严重后果，"耆老之人，发齿堕落，血气既衰，亦无暴逆之心"[2]。

其二，录囚。在汉朝，录囚是指皇帝或地方官吏定期或不定期地巡视监狱借以审查和监督狱情。《汉书·百官志》载，诸州"常以八月巡行所部郡国录囚徒"。汉朝的录囚主要以平理冤狱为主。从西汉开始，各封建王朝都把录囚作为一项重要的狱政制度确定下来，并不断充实和发展。从东汉起，皇帝亲录囚徒，"光武中兴，留心庶狱，常临朝听讼"[3]。

其三，法外施恩。虽然汉朝法律没有规定，但实践中存在的法外施恩措施主要有听妻入狱、纵囚归家。听妻入狱，就是对于死罪系囚，如娶妻未生子，即逮其妻入狱，待妻妊身有子，再对其执行死刑。汉朝以孝治天下，为使人能够延续香火、后继有人，故有这种法外施恩的措施。据《后汉书·吴祐传》载：吴祐任胶东侯相，"安丘有一男子名叫毋丘长，因白日杀人，以械自系。祐问长有妻子乎？对曰：有妻未有子也。即将毋丘长转移安丘，并将毋妻也逮至安丘，妻到，解其桎梏，使同宿狱中。妻遂怀孕。至冬尽行刑，毋丘长因感吴祐之恩，泣谓曰：'妻若生子，名曰吴生'"。

纵囚归家，在每年的伏天和腊月，为哀怜囚犯，使其少受罪，汉朝有的地方监狱放囚犯回家，克期返回。《后汉书·虞延传》载："虞延为官金吾府，任细阳令时，每年至伏腊之时，即遣所系囚犯各使归家，囚徒感其恩德，皆应期而还。"有一囚徒回家染病，与克期日，"自载诣狱，即至而死"。《后汉书·戴封传》载："戴封升任中山侯相，当时各县有罪囚四百余人，辞状已定，即将刑，戴封有哀怜之意，皆允许回家一次，与克期日，皆无违者。"

第二，"优礼长吏"。根据汉制，吏六百石以上皆称长吏。汉律规定，在监狱管理中，官僚贵族犯罪系狱，依法享有特殊优待。其一，官僚贵族犯罪，

---

[1] 参见班固：《汉书·刑法志》。
[2] 参见班固：《汉书·宣帝纪》。
[3] 参见（唐）房玄龄等：《晋书·刑法志》。

先上请而后逮。官僚贵族犯罪后，要先奏请皇帝，皇帝根据他们官职高低、功劳大小，以及同皇帝的亲疏关系决定是否逮捕，"六百石秩级以上的官吏，有罪先请"[1]。其二，入狱后不戴刑具，对官爵大夫第五官律在六百石以上，以及曾经侍奉过皇帝的高级宦官，如果犯了罪拘禁在狱，不给他们戴刑具。《汉书·惠帝纪》载："爵五大夫、吏六百石以上有宦皇帝而知名者，有罪当盗械者，皆颂系之。"[2]其三，不入一般监狱，只安置在曹吏的房舍即可，"但处曹吏舍，不入狴牢也"。其四，判处死罪令其自杀或赐死，免受公开行刑之戮辱。在封建等级社会里，封建社会的监狱立法特点之一，就是公开保护官僚贵族特权。

第三，"秋冬行刑"。汉朝开始规定，秋冬为死刑行刑的时间，主要是受董仲舒"天人合一"思想的影响。春夏万物生长、欣欣向荣，主阳；秋冬草木枯黄、凋零，主阴。如果在春夏执行死刑，则"上逆时气，下伤农业"；行刑安排在秋冬，则"顺天时"。"立春阳气至，可以施生，故不论囚。"所以，"王者生杀，宜顺时气"。[3]汉朝从中央到地方，各级司法机关多在秋冬治狱，从逮捕、审判到处决，多在秋冬进行，"王者生杀，宜顺时气，其定律无以十一月十二月报囚"。可见，汉朝秋冬论囚的制度已得到律典的确认。傅贤迁廷尉，"每断冬至狱，迟徊流涕"[4]。

汉朝"秋冬治狱"，一方面是"春生秋杀，重德轻刑"思想的具体应用；另一方面是"劝农"的需要，"方春东作，宜及时务"。汉朝狱案，常常牵连很广，"一人犯罪，禁至三属"[5]，不仅本犯要逮捕入狱，凡与该案有涉者，有时甚至证人也要入狱就验。而且，滞狱久而不决，实在有害农桑。因而，秋冬治狱，春夏缓刑。但是，凡是危及皇权的大狱要案，就不分春夏秋冬了，例如，汉朝初期韩信、彭越都被诛于春月。汉朝创制的秋冬行刑制度，虽然不免有迷信的成分，但是，秋冬行刑制度对于不误农时、发展农业生产有积极意义，因而为后世统治者所承袭。尽管汉朝统治者的教典和律书说得十分仁慈和宽厚，但正如汲黯在面折汉武帝时所说的："陛下内多欲而外施仁义"，

----

[1] 参见班固：《汉书·宣帝纪》。
[2] 参见班固：《汉书·惠帝纪》。
[3] 参见（南朝宋）范晔等：《后汉书·章帝纪》注。
[4] 参见（北宋）李昉等：《太平御览》卷二三一。
[5] 参见范晔等：《后汉书·章帝纪》。

表里不一、外仁义而内苛刻是汉朝监狱立法和狱政思想的主要特征。

2. 监狱体系

在中国监狱发展史上，从汉朝开始的监狱称狱。汉朝从中央到地方，都普遍设狱。尤其是汉武帝以后，随着中央集权君主专制的加强，阶级矛盾和统治阶级内部矛盾的激化，监狱极多，名目杂滥。根据班固所说，"天下狱二千余所"[1]。汉朝的狱官除行政长官兼管司法、狱政外，中央廷尉狱设廷尉卿一人，下设正、左、右监各一人，宣帝年间增设左、右平四人。东汉时期，实行宽简刑狱的政策，撤右监、右平各一人。地方监狱主要设狱掾、狱吏、狱卒及徒隶等主管人员和杂役人员。

第一，中央监狱。汉朝的中央监狱是由三个部分组成的，即廷尉狱、长安县狱、中都官狱。廷尉狱是设在京师长安的中央监狱，又称廷尉诏狱，关押的基本上都是得到皇帝诏旨批准的"诏狱"人犯，丞相萧何、大将周勃、周勃之子周亚夫等都曾下廷尉狱。长安县狱是设在京师长安的地方监狱，是一个在地上挖长、宽、深各数丈的地窖，用大石头挡住入口，故而也称"虎穴"。中都官狱是设在京师诸官署的监狱，中都官是"凡京师诸官署也"，即京师诸官署的统称。

据清末法学家、监狱学家沈家本的《历代刑法考·历代狱考》考证，汉朝中都官狱二十六所，可考者凡十九，主要分为以下几类：第一类为囚禁皇族与将相大臣的监狱，主要有太子家令狱、内宫狱、左右都司空狱、若卢狱、郡邸狱。太子家令狱，属太子太傅管辖，是太子有罪被拘禁的地方。内宫狱，属汉朝九卿之一的宗正管辖，主要囚禁皇族中的有罪者，公主有罪囚之内宫狱。左右都司空狱，属宗正府管辖，宗正府掌管皇室亲属事务，主要囚禁列侯两千石犯罪官员。若卢狱，属少府管辖，少府掌山海池泽收入和皇室手工业制造，主要囚禁将相大臣。郡邸狱，属九卿之一的大鸿胪管辖，大鸿胪统领侍卫，是宫廷警卫部门，主要囚禁各郡国未完成国家任务的官员。第二类为囚禁后妃和宫女的监狱，主要有掖廷狱、暴室。掖廷狱，主要囚禁宫中女官，掖廷原名永巷，吕后曾囚戚夫人于永巷。暴室也称薄室，属于宫中工场之一，即染坊之意，囚禁皇帝后妃及宫女中的有罪者。以上两座宫中监狱由宦官管理。第三类为囚禁官署吏卒的监狱，主要有上林狱、都船狱、寺互狱、

---

[1] 参见《汉书·刑法志》。

共工狱、未央厩狱。上林狱，主要囚禁主管上林苑失职治罪的人员、在该署劳作的徒隶，《成帝本纪》记载"罪上林治狱，治苑中兽官"。都船狱，主要囚禁主管水利造船方面失职治罪的人员、在该署劳作的徒隶。寺互狱，主要囚禁掌管官府门庭失职致罪的人员、在该署劳作的徒隶。共工狱，主要囚禁主管制作兵品及织绶等失职致罪的人员、在该署劳作的徒隶。未央厩狱，主要囚禁管理皇帝舆马失职致罪的人员、在该署劳作的徒隶。

第二，地方监狱。汉承秦制，地方设郡、县两级，东汉改为州、郡、县三级，地方监狱主要包括郡县监狱、京畿地区监狱、军队监狱、临时监狱。郡县监狱，西汉设郡、县狱，少数民族聚居的道也设狱。京畿地区监狱，汉武帝时分设京兆尹、右扶风、左冯翊，所辖皆京畿地区，其中，京兆尹设东市狱，左冯翊设西市狱。军队监狱，汉朝还设军狱，汉朝军人犯罪皆由军狱拘禁。临时监狱，此外，还有临时拘禁处所，例如，保宫（李陵母系保宫）、请室（绛侯反系请室）、导官（由于监狱人满，暂将罪人拘禁于此）。

3. 监狱管理

在汉朝，监狱的管理对象——狱囚——主要由三部分人组成：第一部分是罪犯本人，这是狱囚的主体；第二部分是连坐的戚属及其他人，这也占有相当的数量；第三部分是各种证人。这三部分人在狱中关押时间的长短，主要取决于案件调查及判决速度的快慢。一般而言，案件一经调查清楚，而证明证人提供的证词不误，就可释放证人。就罪犯本人及连坐的戚属和其他人，一经论定其刑罪，他们就由狱囚变成了刑徒，就要移赴各个指定的"作部"服刑。然而，实际上，许多案件往往并不能及时了结。因此，狱囚在监狱关押几年、十几年的并不鲜见，不少人最后惨死于监狱。

第一，对狱囚的管理。狱囚被关在狱中，主要是接受刑讯拷问，以便法司据供定谳。除拷讯外，饥寒是狱囚受到的另一种折磨。尽管如此，汉朝监狱对待狱囚的态度也有了比较明显的改善。

其一，重视感化教育。到东汉时，不少守令对于狱囚不像过去仅加以刑责，而是注意通过一些方式加强感化，使狱囚良心发现，从而达到教育狱囚改过自新的目的。《后汉书·独行列传》载："（戴封）迁中山相。时诸县囚四百余人，辞状已定，当行刑。封哀之，皆遣归家，与克期日，皆无违者。"不少守令之所以这样做，是基于对狱囚的信任和对他们人格的尊重。

其二，注重人道。在汉朝时，汉宣帝要求改善狱囚状况的诏书，对因掠笞或饥寒而致死狱囚，称为"逆人道"。这样的一种提法，此前未见，具有重要意义。不过，宣帝诏旨的精神得到真正落实，不是在西汉，而是在东汉时期。《后汉书·钟离意传》载："迁堂邑令。县人防广为父报仇，系狱，其母痛死，广哭泣不食。意怜伤之，乃听广归家，使得殡敛。丞掾皆争，意曰：'罪自我归，又不累下。'遂遣之。广敛母讫，果还入狱。"县令这样做的目的在于以德化人，使罪犯本人及其周围的人受到感化，得到教育，从而减少和消除犯罪。

其三，抵制滥杀。汉朝仍然存在滥杀狱囚的现象，但有人开始提出批评，并采取行动抵制。《后汉书·曹褒传》载："初举孝廉，再迁圉令，以礼理人，以德化俗。时它郡盗徒五人来入圉界，吏捕得之，陈智太守马严闻而疾恶，风县杀之。褒敕吏曰：'夫绝人命者，天亦绝之。皋陶不为直制死刑，管仲遇盗而升诸公。今承旨而杀之，是逆天心，顺府意也，其罚重矣。如得全此人命而身坐之，吾所愿也。'遂不为杀。"这种新认识与做法是和当时重感化、重人道的总体精神相一致的。

第二，对刑徒的管理。刑徒是指被判处徒刑的罪犯，汉朝的徒刑制度由秦朝演变而来，根据犯人罪行的轻重，分为髡钳城旦舂、完城旦舂、鬼薪白粲、司寇、复作五等。不同的等级，具有不同的刑期和不同的待遇。在汉朝，凡被论决为刑徒的囚犯，都要到指定的地点服刑。服刑地点可分为本郡和外郡，留在本郡的人数有限，大量的犯人都要前往遥远的外郡。汉朝的刑徒是国家的公共工程及官府手工业中最主要和最基本的劳动者，他们被广泛地派往筑城、筑陵、修路、建桥、矿冶、铸造等部门，从事最繁重、最粗笨、最危险的劳动。他们劳动的场所其实就是行业场所，汉代对刑徒的管理可以归纳为如下几项：

其一，系囚一般要戴刑具、着囚衣。为防止系囚逃跑并加重囚犯的痛苦，汉律规定系囚在拘禁或服劳役期间一般都要戴刑具、着囚衣；部分囚犯及有身份地位的官僚贵族享有颂系待遇，这是由汉朝皇帝的诏令所决定的。近年来，考古发掘中，出土了不少汉朝铁质狱具——铁钳，这是系囚戴戒具的物证。汉律规定，系囚私自解脱或为他人解脱戒具，加罪一等。

其二，女性"非身犯法"或"从坐不道"不得系。这是对妇女犯罪的一种宽容待遇。据《汉书·平帝纪》记载，汉平帝元始四年（公元4年）诏："妇女非身犯法，及男子八十以上，七岁以下非坐不道，诏所名捕，皆不得系。"《后汉书·光武帝纪》记载，东汉光武帝建武三年（公元 27 年）诏："妇人从坐得，自非不道，诏所名捕，皆不得系。"

换言之，只要不是妇女自身犯法，或者不是因不道罪而受株连，对于妇女犯罪者就不予以拘系。此外，汉朝对于犯死罪的怀孕女犯产后行刑。据《汉书·王莽传》记载："王莽执宇送狱，饮药死。宇妻焉怀子，系狱，须产于已杀之。"

其三，晚点名制度。为加强对囚犯的管理，汉朝监狱在管理上实行晚点名制度。《太平御览》记载："王章下廷尉狱，妻子皆系。小女年十二，起号哭曰：'平常狱上夜呼囚，常数至九，今八而止。我群素刚，先死者必君，果死。'"由此可知，汉朝监狱实施晚点名制度，称作"夜呼囚"。

其四，系囚不能上诉。汉朝监狱关押的囚犯没有上诉权。据《太平御览》记载，东汉尚书郎张俊犯罪将行刑，在押赴刑场去执行途中，邓太后诏驰骑以减死论，俊得以复生。于是，张俊上书太后谢曰："臣俊徒也，不得上书，不胜去死犹生，誓死傍跃，冒昧拜章。"

其五，系囚病死实行官葬。系囚病于狱中或服役处所者，官给医药，死于服役处所，无家归葬者，实行官葬。据《后汉书·恒帝纪》记载，桓帝建和三年（公元 149 年）下诏："又徒在作部，疾病致医药，死亡厚埋葬。"厚埋葬就是官葬刑徒，死后给造一砖墓。1964 年，在河南省偃师市大郊村附近的考古发掘中，挖出了洛阳东汉 522 座刑徒墓，发掘出的墓志砖均刻有刑徒的姓名、刑名、部属、狱所名、死亡日期。

其六，乳养充役。女徒保育幼儿可充当其他劳役。据《汉书·宣帝纪》记载："女徒乳养亦充役也。"女徒是指复作女徒，即汉代在官府服工役的女犯，刑期三个月至一年。乳养充役的创制缘于汉武帝时大兴巫蛊之狱，巫蛊是指古代用巫术诅咒及埋木偶人于地诅人得病、早死等迷信行为，造畜巫蛊被认作是重大犯罪。汉武帝征和二年（公元前 91 年），有人告发卫太子用巫蛊咒诅武帝。结果，太子被废黜，后自杀。汉武帝的曾孙（即汉宣帝）刚刚出生数月，尚在襁褓之中，恰逢巫蛊之狱起，曾孙及其父母（皇孙——刘进、王夫人）等皆受巫蛊之狱的株连收系郡邸狱。入狱不久，曾孙的父母等或自杀或遇害。

曾为鲁国狱吏，官至廷尉右监，后因"犯法失官，归为州从事"的丙吉，被汉武帝调来京师"诏治巫蛊郡邸狱"。丙吉奉旨到任后，发现曾孙收系在此，横生怜悯之意，"又心知太子无事实，重哀曾孙无辜"。于是，他把曾孙安置于一"高敞安静"之处，并从官署狱中服劳役的女徒中挑选出"谨厚女徒"——渭城人胡组专门保育曾孙。乳养期间，一日折抵刑期一日，不久，女徒胡组刑期届满，但曾孙哭闹不肯离开胡组，于是，丙吉自己出钱雇佣胡组，令其暂不要离去，又挑选出淮阴女徒赵征卿，使她们二人一起抚养曾孙数月，才令胡组离去。

为了保护抚育好曾孙，丙吉严令乳养曾孙之女徒不准"擅离曾孙游荡"，并派部下吏卒暗中"候伺组、卿"，察视曾孙"席荐燥湿"，如有不尽之责，必受惩处。后来，武帝有病，望气者说"长安狱有天子气"，武帝闻此大惊，火速下诏对长安狱中系囚进行疏录，不分轻重，"一切皆杀之"。郭穰等奉命到郡邸狱执行诏令，丙吉紧闭狱门，拒绝郭穰等入内，并隔狱门高声说："皇曾孙收系在此，他人无辜尚不可随意杀掉，何况亲皇曾孙乎？"郭穰无奈，回宫启奏武帝，武帝只说了一句"天使之也"，于是大赦天下。这个曾孙就是后来的汉宣帝。

乳养充役只在汉朝有。乳养充役的创制实际上是封建特权在狱制上的一种体现而已，如果这个无辜入狱的幼儿不是皇曾孙，而是一个普通平民的幼儿，恐怕监狱史上也就不会有"乳养充役"这个先有做法后才定名的特殊狱制。

三、汉朝的刑制与狱制改革及其刑狱黑暗

（一）刑制与狱制改革

1. 刑制改革

汉朝的刑制改革，主要是指西汉从汉文帝到汉景帝 20 年的时间里，把残害人肉体的肉体刑改为包括笞、杖等的体罚刑和徒刑的改革活动。

第一，刑制改革的提出。引发汉文帝下令改革肉体刑的直接原因是缇萦"代父赎刑"的上书。《汉书·刑法志》记载，汉文帝十三年（公元前 167 年），"齐太仓令淳于公有罪当刑，诏逮系长安。淳于公无男，有五女，当行会逮，骂其女曰：'生子不生男，缓急非有益也！'其少女缇萦，自伤悲泣，乃随其父至长安，上书曰：'妾父为吏，齐中皆称其廉平，今坐法当刑。妾伤，夫死者不可复生，刑者不可复属，虽后欲改过自新，其道亡繇也。妾愿

没入为官婢，以赎父刑罪，使得自新'"。缇萦的这篇上书，文字简练，有情有理，情感真挚。文帝阅后，怜悲其意，遂下令曰："制诏御史……今人有过，教未施而刑已加焉，或欲改行为善，而道亡繇至，朕甚怜之。夫刑至断肢体，刻肌肤，终身不息，何其刑之痛而不德也！岂称为民父母之意哉？其除肉刑，有以易之。"汉文帝下令改革肉体刑，这个重大举措的提出，缇萦"代父赎刑"的上书是直接的原因，但不是根本的原因。

汉文帝改革肉体刑是有其根本原因的。其一，经过惠帝数十年休养生息，西汉社会秩序比较安定，"天下断狱四百，有刑措之风"。其二，西汉社会经济也得以发展，出现了为史学家所称颂的"文景之治"。其三，社会生产的发展也需要大量的劳动生产力，而肉体刑致使肢体残断，显然与社会生产的发展不相适应。其四，汉朝确定儒家思想的统治地位后，儒家一贯主张以教化为主、刑罚为辅，为肉体刑的改革奠定了一定的思想基础。其五，历史经验也使汉朝统治者认识到，使囚犯劳作，不仅能达到与实施肉体刑同样的惩罚效果，而且能使统治者在经济上获取收益，在政治上获得轻刑的美名。这些社会条件是汉文帝改革刑制的根本原因。

第二，刑制改革的内容。改革分两个阶段：第一阶段是汉文帝改革，第二阶段是汉景帝改革。西汉刑制改革直接推动了劳役监的普遍设立，从而促进了封建制社会监狱制度的发展。在劳役监劳动的罪人，既是失去自由的受刑人，也是社会财富的创造者。尤其是，汉朝把死刑罪犯的死刑减为一等徙边，这些徙边的罪犯不仅使汉朝的边地国防守卫力量得到充实和加强，也使边远地区的经济得到开发，而且使劳役监在边远地区得以大规模发展。那些戴罪的囚犯，身兼服刑、生产、戍守三重任务，需要更为严密、成熟的管理制度，从而推动了监狱制度的发展。

其一，汉文帝的刑制改革。汉文帝刑制改革的内容，主要有三项：其一，以徒刑取代肉体刑，"当黥者，髡钳为城旦舂"，把原先应当在脸上刺字的黥刑，改为剃掉头发并戴刑具的劳役。其二，以笞刑取代肉体刑，"当劓者笞三百"，"当斩左趾者，笞五百"。把原先割掉鼻子的劓刑，改为笞打300下。把原先割掉左脚小指头的斩左趾刑，改为笞打500下。其三，以死刑取代肉体刑，"当斩右趾……皆弃市"，把原先割掉右脚小指头的斩右趾刑，改为弃市。

汉文帝改革刑制，其意图当然是为了减轻刑罚的酷烈程度，但改革的具体措施方案却存在严重缺陷。原先的劓刑和斩左趾分别改为笞三百和笞五百，

"加笞与重罪无异，幸而不死，不可为人"。其实，这样的改革后果并不乐观，即使没有被笞打致死也会成为残疾，失去自己料理本身生活的能力。而将斩右趾上升为死刑更是加重了刑罚的酷烈程度。《汉书》作者班固指出："外有轻刑之名，内实杀人。"不失为对汉文帝刑制改革的客观评价。

其二，汉景帝的刑制改革。正是由于存在弊端，汉景帝时期对刑制进行了进一步改革，主要有两项内容。第一项是大幅度缩减笞打次数，"改笞五百为三百，笞三百为笞二百"，把笞 500 下减少到 300 下，笞 300 下减少到 200 下。结果，即使减少了笞打次数仍然不能保全受刑者的生命。于是，汉景帝至中六年（公元前 144 年）又下诏，减笞三百为二百，笞二百为一百，并明确指出："笞者，所以教之也。"把笞打 300 下减少到 200 下，笞打 200 下减少到 100 下，并且，明确地把笞刑定性为教化的手段。

第二项是制定《箠令》，在明确指出笞刑是教化手段的前提下，丞相刘舍、御史大夫卫绾奉命，制定《箠令》。"箠长五尺，其本大一寸，其竹也，末薄半寸，皆平其节。当笞者笞臀。毋得更人，毕一罪乃更人。"经过汉景帝的刑制改革"自是笞者得全"。笞板用竹子制成，但要削平竹节，长五尺、宽一寸、末端宽半寸。应当笞打受刑人的臀部，不能更换行刑人，一名受刑人被笞打完毕后，对另一名受刑人行刑时才能更换行刑人。这样，才能使受笞刑的人不至于被笞打致死，受刑人保住性命。

第三，刑制改革的意义。汉朝的文、景二帝用徒刑、笞刑、死刑来代替自奴隶制社会以来一直施行的残害人肢体的肉体刑，推动了封建制社会五刑的发展成熟，适应了封建制社会经济发展的客观需要，是人类刑罚走向文明的重要表现。通过汉朝文、景二帝的刑制改革，把应实施肉体刑的犯人转化为服劳役的刑徒，实际上就是把残废不能料理自己生活和为社会服务的人转化为能料理自己生活并能为社会做贡献的人，强调给犯人改过的机会，这是我国刑罚史上的一个重大改革和历史性进步。虽然肉体刑并没有因文景二帝的改革而销声匿迹，但是，用劳役替代肉体刑的根本趋势已成历史潮流不可逆转。从任何角度来讲，都应该肯定汉朝初期文、景二帝的刑制改革。

2. 狱制改革

汉朝的刑制改革必然要引发汉朝的狱制改革，汉朝的狱制改革主要是东汉时期改革狱制的活动。无论是从教化目的出发，还是从刑罚趋轻出发，都体现了东汉"平缓刑狱"的精神。东汉时期改革狱制，主要内容有以下两个方面：

第一，宽减刑狱。主要是撤销西汉时设置的中都官狱，使监狱的设置种类由繁而简，监狱数量由多而少，监狱的归属趋于单一。

第二，以官刑替代死刑。西汉在刑制改革中，把黥刑、劓刑、刖刑等肉体刑分别用徒刑、笞刑、死刑来代替，而肉体刑中最重的宫刑存留不废。

东汉时期，光武帝刘秀于建武二十八年（公元52年）和三十一年（公元55年）两次下诏曰："死罪系囚皆一切募下蚕室，其女子宫。"用封建制社会的酷刑中的宫刑代替死刑，宫刑固然惨烈，被司马迁称作"最下腐刑矣"，但毕竟是化死为生。汉朝狱制，主要是在儒家思想指导下的慎刑、录囚、悯囚等，这是汉朝正史中记载的汉朝狱制的一个方面。

（二）汉朝的狱制黑暗

1. 狱吏暴虐

不可否认的是，从史书的有关记载来看，汉朝狱制也是黑暗的。汉初，由于各种原因，统治者采取的是简政宽刑的政策，至汉武帝时，鉴于社会矛盾又趋于尖锐，实行"缓深故之罪，急纵出之诛"[1]的政策。尤其是，汉宣帝元康元年（公元前65年），代郡太守王山寿错杀10人只是受了免职的处罚。据《汉书·功臣表》："故劾十人罪不直，免。"从此以后，治狱上下相驱，以刻为明，深者获功名，平者多后患。治狱之吏皆欲人死，并非憎人，而是自安之道在人死。"是以死人之血流离于市，被刑之徒比肩而立，大辟岁计以万数。"[2]《汉书》中曾记载，西汉郡国梁国梁孝王时，一位大夫韩安国因坐法抵罪，在狱中遭到狱吏田甲的百般凌辱。韩安国气愤地说："你就不想想死灰会复燃吗？"狱吏恼怒之下用屎尿泼了韩安国一身，并说："复燃就泼灭他。"

汉文帝时的丞相周勃，是汉朝的开国大将，曾随刘邦南征北战屡建战功，是刘邦、惠帝的两任太尉，也是诛灭诸吕复兴汉室功臣。文帝即位后，任右丞相。后来有人告发周勃要谋反，于是把他关押在廷尉狱。昔日大丞相，今日阶下囚，狱吏不时地捉弄侮辱他。后来，周勃贿赂狱吏千金，狱吏转变了态度，并示意他"以公主为证"。公主是文帝之女，周勃之未婚儿媳，意思是

---

[1] 参见班固：《汉书·刑法志》。
[2] 参见班固：《汉书·路温舒传》。

让公主证明周勃不会谋反，是被冤枉的。后来，周勃又用厚礼买通了薄太后之弟薄昭，托他将自己的案情转告太后。太后对文帝说，周勃掌握过皇帝的玉玺，统率过北军，他不在那时谋反，如今能在小小的绛县谋反吗？于是，文帝赦免了周勃。出狱后，这个曾经叱咤风云的沙场老将无限感慨地说："吾尝将百万军，安知狱吏之贵也？"〔1〕

2. 屡兴大狱、冤狱

汉朝狱制的黑暗除表现在狱吏的残虐上，还表现为屡兴大狱、冤狱。汉高祖刘邦宠幸爱妃戚夫人，生性温和、能歌善舞，刘邦到哪里，她就陪伴到哪里。戚夫人生有一子名叫如意，刘邦十分喜爱，认为"如意类我"，并封如意为赵王。刘邦还想立如意为太子，因遭到大臣们和吕氏家族的反对而未能如愿。刘邦死后，吕后的儿子惠帝继位，吕后为皇太后。这时，吕后下令把戚夫人囚禁于永巷，剃去头发，戴上脚镣，穿着赤褐色的囚服，罚她去舂米劳动。戚夫人的儿子在外地当赵王，她希望儿子来救她。她在舂米时作歌唱道："子为王，母为虏，终日舂薄暮，常与死为伍！相离三千里，当谁使告女？"想传到儿子的耳里，不料被人告诉了吕后。吕后大怒，顿生杀机，立即下诏处死赵王如意，并断去戚夫人的手足，挖去眼睛，用药熏耳，让她服用毒药，把她变为瞎子、聋子、哑巴，丢在不见天日的窟室之内，称为"人彘"。戚夫人遭此酷刑，就连吕后的儿子惠帝也看不过去，望着戚夫人，哭泣不止，认为"这不是人做的事"。从此郁闷不乐，不久即死去。

汉武帝时，太史令司马迁因为替降匈奴的李陵辩护，触怒了汉武帝，被投入监狱，断处宫刑。司马迁羞辱难当，痛不欲生，但想起他父亲修史的未竟事业，才忍辱活了下来，终于完成了不朽巨著《史记》。司马迁在《报任安书》中，把自己在监狱中的遭遇讲于朋友任安。他说："猛虎在深山百兽震恐，及在槛阱，摇尾而求食……今交手足，受木索，暴肌肤，受榜箠，幽于圜墙之中。当此之时，见狱吏则头抢地，视徒隶则心惕息。"这些汉朝的文官武将，在朝居官，声名显赫，一旦入狱，受制于狱吏十分卑微惨苦。文官武将在监狱中尚且如此受辱，庶民刑徒、奴隶在监狱里的状况就可想而知了。

汉武帝路过河间，遥望村落，感有奇女，命人召之。一少女两手握拳，不能伸，武帝一看，甚有姿色，即上前携手，少女两手松开，露出玉钩。武

---

〔1〕 参见司马迁：《史记·周勃传》。

帝觉得奇怪,就带回宫中为妃,称为"钩弋夫人",并名宫室为"钩弋宫"。钩弋夫人生有一子,稍长,武帝年七十,知在位不长,命立钩弋夫人的儿子为太子。没几天,武帝将钩弋夫人召去,无缘无故地谴责了一番,就叫人把她送到掖廷狱去处死。事后,武帝问一位大臣:"下面有何议论?"大臣回报说:"有人说,一面立夫人的儿子为太子,一面将太子的母亲关起来,感到不理解。"汉武帝说,儿幼母壮,以后难免发生动乱,所以要处死她。

东汉著名史学家、文学家班固两次下狱、惨死狱中。第一次入狱是在他初撰《汉书》之时。他的父亲班彪是东汉史学家,专心于典籍多年,私下作《史记后传》数十篇,死后班固继承父业。他在《史记后传》基础上扩大规模、改变体例,写成《汉书》。不巧,被人告发给汉明帝,说班固胆大包天、私改国史。汉明帝闻讯大怒,下诏把班固抓进监狱。由于班超的申诉周旋,班固幸免于难。汉明帝见班固有文才和雄心,就同意他出狱后撰写国史。这次,班固真可谓因祸得福。在形式上,班固改司马迁《史记》的《书》为《志》,废弃《世家》而并入《列传》。把《世家》变为《列传》,就等于把不少豪门贵族降了等级,引起了那些看重"地位"之士的恐惧。在内容上,班固对司马迁《史记》的改动也不少,他认为屈原运用神话传说是"虚无之语""皆非法度"。班固第二次入狱的原因是家奴横行,班固的家奴先是依仗主子的权势名望为非作歹,侮辱欺凌了洛阳令,当班固受窦宪牵连失势后,洛阳令挟嫌报复,捏造罪名让班固主仆下狱致死。

第四节 三国两晋南北朝的监狱

一、三国时期的监狱

(一) 曹魏的刑狱

1. 曹魏的法律思想

东汉末年,在镇压黄巾农民起义的过程中,各地封建官僚割据势力趁机扩张自己的势力,各据一方,形成了"群雄割据"的局面。通过长期的兼并战争,曹魏统一了北方,"挟天子以令诸侯"取得了政治优势。公元220年曹丕废汉自立为帝,改国号为魏,定都洛阳。以曹魏为代表的三国时期的法律制度不论在内容上还是在形式上都发生了重大变化，为两晋及隋唐以后建立完备的封建法律制度奠定了基础。汉末法制废弛，在三国并立的残酷军事斗争中，为了恢复和发展北方的经济与文化事业，巩固曹魏政权的统治地位，以曹操为首的曹魏统治集团形成了独具特色的法律思想。

第一，礼首刑先、权法并用。在汉末军阀混战的情势下，为了拨乱反正，恢复和维持业已遭到严重破坏的封建统治秩序，曹操除用军事手段讨伐那些"不从王命者"外，还特别重视法制的威慑与镇压作用。他的主导思想是："夫治定之化，以礼为首；拨乱之政，以刑为先。"[1]曹操南征北战、东讨西伐，目的就是重建中央政权的权威，实现国家的统一。这种形势下，"治定之化"只能实行"以刑为先"的"拨乱之政"。曹操一方面坚持依法办事，取信于民，但另一方面又玩弄权术，时有变诈，几乎形成了一种经常运用的统治模式。

第二，赏功罚罪、刑无等级。有功必赏，有罪必罚，是曹操法律思想的又一内容。为了鼓励"诸将与士大夫"死心塌地地为其效力，曹操必须实行重赏。曹操在坚持重赏的同时，还实行重罚，"用法峻急，有犯必戮"[2]。对任何犯了法的人都依律论断，决不宽纵。在贯彻以赏与罚为主要内容的法律时，曹操还坚持主张不以亲贵废法而加恩，"不官无功之臣，不赏不战之士"的原则对任何人都适用。

第三，提倡仁义、尊孔尚礼。法家之学急功近利，当时取强，可为一时之计，而不可长用也。而儒家之学难于进取，可与守成，对巩固封建统治则是不可缺少的。在三国对峙的军事斗争时期，曹操在强调刑事惩罚的同时，并没有放弃礼义教化手段。曹操虽然主张拨乱反正以刑为先，但又强调治定之化以礼为首。他认为，封建统治者根据不同的历史任务，礼刑并用，儒法结合，才能达到天下大治的目的。

2. 曹魏的立法

曹魏的法律制度比较完备，先是有曹操制定的《甲子科》，后有魏明帝时制定的《魏律十八篇》。但是，影响较大且可以作为这一时期法律制度的代表者，则是魏明帝时所制定的《魏律十八篇》。曹魏沿用汉制，法律形式仍为律、令、科、比，而且，曹魏继续沿用汉朝确立的"春秋决狱"。

---

[1] 参见（西晋）陈寿：《三国志·魏书·高柔传》。
[2] 参见（北宋）司马光：《资治通鉴·魏纪一·文帝黄初元年》。

第一，曹操的《甲子科》。魏朝建立前后一直沿用《汉律》，但《汉律》自萧何在秦律的基础上改定以来，经过400多年的发展变化，显得十分庞杂与苛碎，已不适应当时的政治经济发展情况。正如《晋书·刑法志》所指出的那样："世有增损，率皆集类为篇，结事为章。一章之中或事过数十，事类虽同，轻重乖异。而通条连句，上下相蒙，虽大体异篇，实相采入……言数益繁，览者益难。"汉律不但条目繁多，十分庞杂，而且前后矛盾、互相重复，所以在实际中很难操作。于是，曹操制定《甲子科》，颁下州郡，与《汉律》并行。《甲子科》的内容主要有两项：一是犯钛刑者易以木械；二是依法律论罚可以减去一半刑罚。之所以如此，一则在于缺铁；二则在于使受刑者减少痛苦，使应被处死的人获得了生的希望；三则在于轻刑省罚，争取民心，缓和当时的阶级矛盾，巩固曹魏的统治地位。

第二，曹睿的《魏律》。曹魏统治区内部稳定，经济与文化都有较大的发展。在主客观条件都基本具备的情况下，制订魏律的任务又被提到了议事日程。魏明帝时修订律令，涉及封建刑律的各个方面，从体例到内容都作了重大的修改。《魏律》增加篇目，合为18篇；调整篇章之间互相重复、抵触的条文；重新统一刑种；改革体例，把具律改为刑名置于全律的首篇，创始于魏。"集罪条例为刑名，冠于篇首"的这种法典编纂体例，可以突出刑名作为刑法基本原则的作用，使其统率全文，更加符合封建刑律的"篇章之义"。所以，自魏《新律》确立这种体例以后，一直为其后历代封建法典所沿用。《魏律》包括具、盗、贼、网、捕、杂、户、兴、厩、劫掠、诈伪、毁亡、告劾、系讯、断狱、请赇、惊事、偿，合为18篇。魏律是在总结秦汉以来的立法与司法经验的基础上制定出来的，它使封建刑律的体例更加完善合理，使其内容更加充实与发展，对其后晋律和唐律的制订有直接的影响，在中国法律制度史上居于承前启后的重要地位。

3. 曹魏的刑罚

曹魏政权的刑事法律制度，基本上沿用两汉时期的刑事法律制度，并根据时代的需要而有所发展。《晋书·刑法志》载："秦立重辟，汉又修之，大魏承秦汉之弊，未及革制。"曹魏时曾制定新律18篇，在刑罚种类上有较大的改革。魏律所规定的刑罚方法，"凡三十七名，以为律首"[1]，完全排除了肉

---

[1] 参见房玄龄等：《晋书·刑法志》。

体刑，进一步巩固了汉文帝以来刑制改革的成果，使封建制社会的刑罚制度发生了重大变化。奴隶制社会的残人肢体、刻人肌肤的肉体刑基本上被废除了，新的封建制社会的五刑正在孕育之中。魏律所规定的刑罚体系比较规范化、制度化，既有别于奴隶制五刑，又有别于隋唐以后的封建制五刑，是中间过渡的一种刑罚形态。

第一，死刑。曹魏时死刑中的正刑有三，分别为枭首、斩刑、弃市。曹魏订律时从法律上废除了前代许多残酷的处死方法，这是死刑制度的一大进步。但实际上还有不在律令的死刑非正刑："大逆不道，腰斩，家属从坐"，"至于谋反大逆，临时捕之，或污潴（把罪人原来居住的房屋拆毁，作为污浊的烂泥坑，使人无法居住也），或枭菹（与醢同），夷其三族"[1]。

其一，枭首。枭首，是指将首级斩下悬挂于木上竿头以示众，是一种古老的死刑方式。按《说文》云："枭，不孝鸟也。故日至捕枭磔之，从鸟在木上。"钮树玉《校录》云："磔而悬之于木也，因即谓之为枭者，凡磔而悬之，皆象此枭也。"又《玉篇》云："悬，野王谓悬首于木上竿头，以肆大罪，秦刑也。"

其二，斩刑。斩刑，是指用铁钺断首，是一种古老的死刑方式。《尔雅》云："斩，杀也。"《说文》车部云："斩，法车裂也。"注云："此说从车之意。盖古用车裂，后人乃法车裂之意而用铁钺，故字亦从车。斤者，铁钺之类也。"例如，《三国志·魏书·贾逵传》载："津渡者乱行，逵斩之，乃整。"斩杀是曹魏时执行死刑的一种主要方式。

其三，弃市。弃市，是指在市上杀人，是一种古老的死刑。《周礼·秋官·掌戮》郑注："杀以刀刃，若今弃市也。"《汉书·景帝纪》师古注："弃市，杀之于市也。谓之弃市者，取刑人于市，与众弃之也。"又《汉书·高帝纪》载："偶语者弃市。"《索隐》云："按礼云：'刑人于市，与众弃之'，故今律谓绞刑为弃市是也。"魏以前弃市为斩杀之，自魏开始则弃市为绞缢而死也。弃市是曹魏时一种被广泛应用的执行死刑的方法。

第二，髡刑。《晋书·刑法志》载魏"髡刑有四"。髡是剔去头发，钳是用铁钳束住头颈，髡钳城旦舂是劳役五年的徒刑。《汉旧仪》云："男髡钳为城旦，女为舂，皆作五岁。"《太平御览》卷六四四引《晋律》云："钳重二

---

[1] 参见房玄龄等：《晋书·刑法志》。

斤，翅长一尺五寸。"由此可知，髡钳城旦舂，是剔去头发以后，带钳劳作五年的一种徒刑，曹魏髡刑即指此。

第三，完刑、作刑。完刑，是指剔去犯人的头发和颊毛，但保留头发并使之劳作的一种徒刑。完刑主要包括：完城旦舂，四岁刑；鬼薪、白粲，三岁刑；司寇，二岁刑。如果是女犯，则为作刑。作刑，也就是罚作、复作，一岁刑。

第四，赎刑。赎刑，是由犯人用缴纳一定数量的钱谷（可折作劳役）的办法来赎免其所被判处的刑罚。魏律沿用汉制，制定赎罪之法。例如，明帝四年（公元230年）诏曰："罪非殊死，听赎有差。"[1]但《晋书·刑法志》云魏"赎刑十一"，具体项目有哪些，史料未载，无可考。

第五，罚金。罚金，是指令违法犯罪者向官府交付一定数量的金钱，使其在经济上受到损失。魏承汉制，设罚金之刑。

第六，杂抵罪。杂抵罪，是指除名、夺爵之类。

第七，鞭笞。曹魏时的刑罚，除《晋书·刑法志》所记载的刑名以外，还经常使用鞭笞之刑用以惩罚犯人。明帝二年（公元228年）诏曰："鞭作官刑，所以纠慢息也，而顷多以无辜死。其减鞭杖之制，著于令。"[2]在曹魏之时，鞭杖不仅作为治官的刑罚，也被广泛应用于治民。例如，《三国志·魏书·司马朗传》载，朗为堂阳长，"其治务宽惠，不行鞭杖，而民不犯禁"。这说明，鞭杖是一种常用刑。曹魏还沿用秦汉以来所广泛使用的笞刑。《晋书·刑法志》载："男听以罚金，妇女加笞还从鞭督之例，以其形体裸露故也。"笞刑可单独使用，有时也可以用于罚金的附加刑。三国时期重视礼教，故对妇女施加笞刑时，为不使其形体裸露在外，有伤风化，法律规定只准笞打脊背，不准笞打其他的部位。

4. 曹魏的监狱制度

从奴隶制社会以来，监狱制度只是刑事法律制度中的一个环节，直至延续到清末的狱制改革为止。曹魏时期连年战争，社会矛盾比较尖锐，犯法者众，履刑者多。各地方官都忙于军务，无暇顾及狱讼，各州、郡、县都有大量的积案滞狱。因此，为了稳定社会秩序，各地牧守尽量做到狱无冤滞，无暇顾及监狱的建设事项，只是在尽力维持监狱的现状。

---

[1] 参见陈寿：《三国志·魏书·明帝纪》。
[2] 参见陈寿：《三国志·魏书·明帝纪》。

第一，刑狱特权。刑狱特权是指"八议"入律，《魏律》明文规定了保护官僚贵族特权的"八议"制度。凡属"八议"中规定的八种人犯了死罪，必须将其所犯罪状奏请皇帝，由皇帝议定裁决，司法官吏无权擅自决断。这八种人是：亲、故、贤、能、功、贵、勤、宾。

第二，狱具使用的规定。曹魏的狱具是"杕"（di）。据《文献通考》："魏武帝既建魏国，乃定甲子科，犯钛左右趾者，易以木械。是时乏铁。故以木焉。""易以木械"是因为铁缺乏，故以用"杕"替代"钛"。

第三，录囚、宽赦。据《魏书·明帝纪》："太和四年……幸虎圈亲录囚徒。"魏明帝二年（公元228年）四月，"赦系囚非死罪以下"。四年（公元230年）六月："诸有死罪，具狱以定非谋反及手杀人……有乞恩者，使与奏当文书俱上，朕思以全之。"曹魏时，根据统治者的决定，监狱对囚犯实行录囚和赦免。

（二）蜀汉的刑狱

1. 蜀汉的立法

东汉末年，在镇压黄巾农民起义的过程中，各地封建官僚割据势力趁机扩张自己的势力，各据一方，形成了"群雄割据"的局面。在长期兼并战争的过程中，刘备发展壮大起来并且巩固了自己的地位。公元221年，刘备在西蜀称帝，建都成都，国号汉，史称蜀或蜀汉，与北魏、东吴三足鼎立，成为西南地区一个封建割据政权。公元222年，刘备死于白帝城，子刘禅继位，由诸葛亮辅政，至263年后主刘禅出降于魏，蜀亡。蜀汉政权共存在43年。蜀汉政权从刘备到刘禅，实际统治者都是诸葛亮，特别是刘备死后，"政事无巨细，咸决于亮"。由于诸葛亮重视国家的法制建设，所以，蜀汉政权的法律制度虽不及曹魏那样完备，但也是比较健全的。

第一，蜀汉的法律思想。蜀汉统治集团的法律思想当以诸葛亮的法律思想为代表，而诸葛亮是一个坚决奉行以法治国方针的地主阶级政治家。因此，他的法律思想比同时代人更加系统而又丰富，对当时蜀汉政权的法制建设具有指导性的作用，是留给后人的一份宝贵的法律文化遗产。

其一，厉行法治、恩威并济。诸葛亮指出："威武加则刑罚施，刑罚施则众奸塞。不加威武，则刑罚不中；刑罚不中，则众奸不理，其国亡。"〔1〕"夫一人之身，百万之众，束肩敛息，重足俯听，莫敢仰视者，法制使然也。"〔2〕他认为，刑罚是禁奸止邪、维护封建统治者权威的重要手段。他认为，治国必须厉行法治，如治国而没有法，或者有法而不严，就必然会出现"人不畏法"的情况，而那是"必败之征也"。诸葛亮对以法治国有很高的认识。而为了巩固蜀汉政权，他始终坚持厉行法治，毫不动摇地贯彻以法治国的方针。

其二，以法治军、赏罚分明。三国对峙，战争不断。诸葛亮志在先灭曹魏、后统一中国，身在蜀汉，胸怀九州。诸葛亮的一生活动，主要在于行军作战，始终把军队建设放在首位。他认为，在军阀割据混战的情况下，若想克敌制胜，必须有一支强大的军队。而若建设一支强大的军队，又必须坚决实行以法治军。故而，诸葛亮"严赏罚之科"，列为"行兵之要"。在他看来："若赏罚不明，法令不信，金之不止，鼓之不进，虽有百万之师，无益于用。"〔3〕只有军纪严明，步调一致，"退若山移，进如风雨，击崩若摧，合战如虎"的军队，才能无往而不胜。他说："有制之兵，无能之将，不可以败；无制之兵，有能之将，不可以胜。"〔4〕所谓"有制""无制"，就是有法，无法。

诸葛亮认为，以法治军是提高军队战斗力的基本途径，因此，在选将用兵和行军作战时他都严格依法办事。他明令规定：出师行军，要队伍整齐，行动一致，"进有厚赏，退有严刑"；"令不可犯，犯令者斩"。很多人甚至包括他的敌人都称赞他"法令明，赏罚信，士卒用命，赴险而不顾，所以能斗也"〔5〕。蜀汉军队之所以纪律严明，秋毫无犯，深得群众的信任，并有较强的战斗力，是与诸葛亮坚持以法治军分不开的。

其三，严于律己、廉洁自守。诸葛亮认为，在治国治军中能厉行法治，严明赏罚的关键，在于当权者能以身作则，成为官民的表率。即只有"理上"，才能做到"下正"。特别是为人主者，只有"先正其身，然后乃行其

---

〔1〕 参见陈寿：《诸葛亮集·喜怒》。
〔2〕 参见陈寿：《诸葛亮集·威令》。
〔3〕 参见陈寿：《诸葛亮集·巫师》。
〔4〕 参见陈寿：《诸葛亮集·兵要》。
〔5〕 参见陈寿：《三国志·蜀书·诸葛亮传》。

令。身不正则令不从，令不从则生变乱"。[1]他要求统治集团上层人士，要真正做到"非法不言，非道不行，上之所为，下之所瞻也"。[2]诸葛亮的可贵之处，就在于他言行一致，身体力行。例如，在北伐中原的战争中，马谡违纪战败，本来是"街亭之役，咎在马谡"，责任十分明确。但作为三军主帅的诸葛亮却上疏自责，"请自贬三等，以督厥咎"[3]。像诸葛亮这样严于律己，深自贬责的做法，在封建时代是不多见的。

第二，蜀汉的立法。蜀汉政权的刘备、诸葛亮皆以继汉正统而自居，在法制建设方面基本原则是遵行汉律。故陈寿《三国志》及其他史料对蜀汉政权的立法活动记载甚少，只是在《三国志·蜀书·伊籍传》中提到制定《蜀科》一事，这可以说是蜀汉政权的唯一立法活动。该传云："伊籍，字机伯，山阳人……益州既定，以籍为左将军从事中郎，见待于简雍、孙乾等……后迁昭文将军，与诸葛亮、法正、刘巴、李严共造蜀科，蜀科之制，由此五人焉。"由此可知，《蜀科》是蜀汉政权的主要法典，与汉律并行。

从当时的社会情况来看，汉律太重，有失民心，因而，曹操制定《甲子科》，"故令依律论者使从半减也"。蜀汉政权制定的《蜀科》也是对汉律的变通与补充，可能与曹操制定的《甲子科》用意基本相同。虽然蜀汉政权在立法方面不及曹魏，但在执法方面因有诸葛亮亲自监管，基本上可以说达到了平允公正。据《魏氏春秋》载："诸葛公夙兴夜寐，罚二十以上，皆亲临焉。"他认为，在执法过程中能否做到公正无私是厉行法治的一项基本内容，诸葛亮作为丞相亲自掌握蜀国的审判大权，对蜀汉的执法情况有极大的影响。

2. 蜀汉的刑罚

蜀汉政权以汉朝正统自居，因此，在刑罚方法上也基本上遵循汉文帝废肉刑以后的刑罚制度。从现有史料来看，蜀汉统治时期未有使用肉刑的案例。其刑罚方法主要有以下几种。

其一，杖罚。蜀汉设有杖罚，凡官民过犯，情节轻微者，一律处以杖刑。

其二，废徙。废徙，主要针对有官爵者所适用，兼有行政处罚与刑事处罚两方面的特点：一是剥夺其官爵、废为庶民；二是迁往荒芜不毛之处、就

---

[1] 参见陈寿：《三国志·蜀书·马谡传》。
[2] 参见陈寿：《诸葛亮集·教令》。
[3] 参见陈寿：《三国志·蜀书·诸葛亮传》。

地安置。废徙是蜀汉政权应用比较多的一种刑罚方法。

其三，弃市。蜀汉政权执行死刑的主要方法是弃市。

其四，连坐。一人犯罪，连坐其父母、兄弟、妻子，是以有罪诛及无罪。在蜀汉统治地区，虽然族刑连坐仍然存在，但很少使用。

在蜀汉的监狱制度中，历史文献留下的资料几乎没有。在刑罚制度中，较有建树的当属"赦不妄下的刑事政策"。赦是在判定被告人有罪的前提下免除其刑罚的一种法律制度。赦刑制度作为宽刑省罚的一种措施，对在阶级社会中缓和统治阶级与被压迫者之间的矛盾，有过一定的作用。但如运用不当，滥赦有罪，也可能给社会稳定造成一定的威胁。因此，历史上比较有远见的地主阶级政治家都主张慎用赦刑。诸葛亮对赦的看法与运用极其慎重。《三国志·蜀书·后主传》评曰："诸葛亮为政，军旅屡兴，而赦不妄下，不亦卓乎！"《华阳国志》曰："丞相亮时，有言公惜赦者，亮答曰：'治世以大德，不以小惠，故匡衡，吴汉不愿为赦。先帝亦言，吾周旋陈方元，郑康成间，每见启告，治乱之道悉矣，曾不语赦也。若刘景升、季玉父子，岁岁赦宥，何益于治？'"诸葛亮当政时期，刘备即皇帝位，大赦；后主刘禅继皇帝位，大赦；之后基本上没有再颁布过大赦令。诸葛亮治国治军，厉行法治，赏罚严明，有罪必诛，有功必赏。因此，对定罪判刑的人，绝不轻易赦免，形成了"赦不妄下"的刑事政策。

（三）东吴的刑狱

1. 东吴的法律思想

东汉末年，孙氏家族凭借长江天险占据江东。公元222年，孙权称吴王，公元229年正式称帝，定都建业（今江苏南京），国号吴，史称孙吴或东吴，与曹魏、蜀汉鼎足三分，成为东南地区的一个封建割据政权。东吴由孙坚、孙策而至孙权，在江东已历三世，得到了大江南北世族豪强的支持，政权比较稳固。又有长江天险，易守难攻，故虽只据有东南一隅之地，但却存在半个世纪之久，直到280年吴主孙皓向晋将王濬投降，吴亡。

2. 东吴的立法

孙权在称帝前作为汉、魏的臣属，在其统治地区内推行汉律和魏律。孙权称帝后，继续使用汉、魏旧法，而且用刑严酷，遭致上下怨恨。于是，在黄武五年（公元226年）冬十月，"陆逊陈便宜，劝以施德缓刑，宽赋息调"。

权报曰:"夫法令之设,欲以遏恶防邪,儆戒未然也,焉得不有刑罚以威小人乎?此为先令后诛,不欲使有犯者耳。君以为太重者,孤亦何利其然,但不得已而为之耳。今承来意,当重咨谋,务从其可。"[1]孙权认为,立法设刑在于防患于未然,重刑治民,实不得已而为之。但他还是采纳了陆逊的建议,"于是令有司尽写科条,使郎中褚逢赍以就逊及诸葛瑾,意所不安,令损益之"[2]。这是有史可查的东吴政权的一次重大的修订法律活动。

从陆逊建议"施德缓刑"及孙权所说的"君以为太重"的话来看,东吴这次修订律令,总的指导思想是由重改轻、宽刑省罚,在东吴法制建设上具有重要的地位。此后,"嘉禾三年,权征新城,使登居守,总知留事。时年谷不丰,颇有盗贼,乃表定科令,所以防御,甚得止奸之要"。[3]这次"表定科令"是在太子孙登以留守的身份主持下进行的,从"年谷不丰,颇有盗贼"的历史背景来看,所表定之科令主要是有关惩治"盗贼"的立法。而为了达到"防御"的目的,其刑罚只能加重,不会减轻,故被认为是"甚得止奸之要"。可见,孙登之"表定科令",表明东吴统治区的社会及阶级矛盾正在日益加深。

3. 东吴的刑事司法

东吴政权共历四帝,即孙权、孙亮、孙休、孙皓,在位时间最长者为大帝孙权及暴君孙皓。孙权之为人,正如《三国志·吴书·吴主传》所评价的那样:"孙权屈身忍辱,任才尚计,有勾践之奇,英人之杰矣。故能自擅江表,成鼎峙之业。然性多嫌忌,果于杀戮,暨臻末年,弥以滋甚。"如果从孙权一生的所作所为来看,他的法律思想的核心是重刑。至孙皓当政,在推行重刑思想方面比之孙权有过之而无不及。《江表传》云:"皓初立,发优诏,恤士民,开仓廪,振贫乏,科出宫女以配无妻,禽兽扰于苑者皆放之。当时翕然称为明主。"这说明,孙皓即位之初还作出一副爱护子民、泽及牛马的姿态,颇得世人的称赞。但他很快就原形毕露。"皓既得志,粗暴骄盈,多忌讳,好酒色,大小失望。"[4]特别是在用刑方面更加峻刻,"皓之淫刑所滥,

---

[1] 参见陈寿:《三国志·吴书·吴主传》。
[2] 参见陈寿:《三国志·吴书·吴主传》。
[3] 参见陈寿:《三国志·吴书·孙登传》。
[4] 参见陈寿:《三国志·吴书·孙皓传》。

陨毙流黜者,盖不可胜数。是以群下人人惴恐,皆日日以冀,朝不谋夕"[1],是一个名副其实的肆行残暴的"凶顽"。他"忠谏者诛,谗谀者进,虐用其民,穷淫极侈",可以说干尽了人间的坏事。从人们对孙皓的评价中可以看出,他是一个用刑极为冤滥的杀人狂。东吴政权在立法上少有建树,在执法方面则更为糟糕。孙权本人即"性多嫌忌,果于杀戮",喜怒无常,用刑严酷。孙皓当政期间,东吴的刑政更加错乱,法制被破坏殆尽。皓性凶顽,肆行残暴,淫刑所滥,令人发指。

第一,刑罚。由于推行重刑主义,所以,东吴政权的刑罚方法比魏、蜀都要残酷、野蛮,不仅恢复了已被汉文帝废除了的肉刑,而且还采用了一些前所未有的杀人方法。东吴政权的刑罚方法主要有以下几种:

其一,族刑。族刑,即夷三族。一人犯罪,三族灭绝,是古代一种极其野蛮而又残酷的刑罚方法。胜利者一方为了保住自己取得的权力,不仅要把他的政敌置于死地,还要灭其三族,不留遗育,以防死灰复燃,这是东吴统治者大量使用族刑的一个重要原因。

其二,连坐。连坐亦称从坐,是指一人犯罪全家或邻里共受处罚,是一种古老的刑罚制度。东吴沿用连坐,据《三国志·吴书·妃嫔传》载,张椒之父曾得孙皓免予从坐的许诺,但孙皓竟言而无信,仍令其父子连坐,同被处死。

其三,死刑。东吴刑法严酷,处死的方法不仅名目繁多,而且极其残暴,有些是东吴自行发明的。死刑的处死方式有弃市、枭首、斩首、车裂、烧锯断头、刀环撞杀、拉杀。据《江表传》载,权欲废太子和,朱据、屈晃谏净,"权幽之,遂弃市"。据《江表传》载,会稽太守车浚值郡荒旱,表求振贷,"皓谓浚欲树私恩,遣人枭首"。据《吴历》载,中书郎奚熙谮徐縯"顾护不即决断",皓迫使"就宛陵斩縯"。据《江表传》载,司直中郎将张俶"擅杀无辜,众奸并发,父子俱见车裂"。据《三国志·吴书·孙皓传》载:"皓大怒,假他事烧锯断声头,投其身于四望之下。"据《三国志·吴书·孙皓传》载:"又尚书熊睦见皓酷虐,微有所谏,皓使人以刀环撞杀之,身无完肌。"据《吴书》载:"綝使力人于坐上取之。异曰:'我吴国忠臣,有何罪乎?'乃拉杀之。"

---

[1] 参见陈寿:《三国志·吴书·孙皓传》。

其四，肉刑。自西汉文帝废肉刑以后，除宫刑恢复以外，其他肉刑基本上未再适用，而东吴却一直在适用肉刑。据《三国志·吴书·孙皓传》载，闻吴主剥人面、刖人足、凿其眼，虽属法外施暴，但骇人听闻。

其五，流徙。流徙，是指将犯罪人或其家属迁居到指定地点居住而不得返回原籍的一种刑罚，是古代流刑的一种发展。据《三国志·吴书·虞翻传》载："翻性疏直，数有酒失……权积怒非一，遂徙翻交州。"流徙作为一种刑罚，有时对犯罪者本人适用，有时又应用于被连坐的家属。对有官爵的流徙者，可并处废为庶人。对于被连坐流徙的家属，如系错案平反尚可召回原籍。

其六，劳役。在东吴，除女子输入织室以外，男子则大多罚作造船。东吴的造船业很发达，需要大量的劳动力，所以，罚作造船是补充造船劳动力的一种方法。

其七，鞭杖。鞭杖，是指对轻微罪行的一种处罚方法。据《三国志·吴书·黄盖传》载："盖教署掾曰：'若有奸欺，终不加以鞭杖，宜各尽心，无为众先。'"这说明，鞭杖首先是用来惩戒下吏的一种刑罚方法。据《三国志·吴书·孙和传》载："权欲废和立亮，无难督陈正，五营督陈象上书，称引晋献公杀申生，立奚齐，晋国扰乱，又据、晃固谏不止。权大怒，族诛正、象，据、晃牵入殿，杖一百，竟徙和于故鄣。"这说明，对大臣也可施用杖刑，而且于殿廷之上。

第二，刑讯逼供。在刑狱的处理程序上，东吴的刑讯逼供非常突出。在审讯时对犯人软硬兼施的唯一目的是获取他的供词，如犯人不招供，即使他有天大的罪行，也无法对他施以刑罚；如果被告人被屈打成招，即使他确实无罪，也要照例定罪判刑。《三国志·吴书·朱据传》载："嘉禾中，始铸大钱，一当五百。后据部曲应受三万缗，工王遂诈而受之，典校吕壹疑据实取，考问主者，死于杖下，据哀其无辜，厚棺敛之……数月，典军吏刘助觉，言王遂所取，权大感寤，曰：'朱据见枉，况吏民乎？'"这本来就是一桩冤案，但证人竟被拷打致死，充分暴露了刑讯逼供的残酷性。

审判官为了取得供词，对原告、被告及证人都可以使用刑讯进行拷问。被拷死者有之，自诬服者亦有之，所以，刑讯逼供是造成冤假错案的主要原因。至于少数被拷问者能够不畏毒打、据实以答，虽然可以被免罪释放，但往往已经是奄奄一息了。所以，刑讯逼供是一种反人道的审判方法，是封建司法野蛮专横的一种表现。为了保证封建法律的贯彻执行，东吴政权对法官断案时的法律责任也有明确的规定。"顾护不即决断",包庇罪犯不立即判决的,要追究法官的刑事责任。"擅杀无辜",擅杀无罪之人的,要以死相抵。由于孙权、孙皓经常滥杀无辜,所以,东吴的刑狱比较冤滥。

二、两晋南北朝时期的监狱

（一）西晋的监狱

1. 西晋的立法思想

公元263年,魏灭蜀,公元265年魏国权臣司马炎夺取魏的政权,自称皇帝,国号晋,定都洛阳,历史上称作西晋。公元280年西晋灭掉吴,三国鼎立的局面结束。公元316年,匈奴兵攻占洛阳,俘虏了西晋皇帝,西晋结束。公元317年,逃亡到江南的西晋贵族等遗老遗少,与江南的大地主一起拥戴西晋皇族司马睿建立政权,定都建康（今南京）,历史上称作东晋。西晋政权是中国历史上又一个混乱的短命王朝,但在法学方面,却是一个光辉的时代。在这个时期,中国律学确立了致用、致讼的根本目的。在实践的基础上,赋予了深刻、抽象的理论内涵,达到了理论性与实践性的统一,律学进入昌盛阶段。司法实务者、法律思想家,对西晋的法律建设从理论上做出了贡献。

第一,立法上"文约例直、听省禁简"。西晋初期,政权和平交替,阶级矛盾相对缓和,统治者采取了与民休息、令百姓各安其业的统治政策,推崇无为而治。政治上无为而治必然要求法律的宽简省约。杜预说："法者,盖绳墨之断例,非穷理尽性之书也。故文约而例直,听省而禁简。"在杜预看来："例直易见,禁简难犯。"而"易见则人知所避,难犯则几于刑措。刑之本在于简直……"[1]只有法条简要明了,才能使百姓知所避就而且易于避就,才能减少刑狱,天下太平。

刘颂也主张法简而刑宽,他认为"害法在犯尤"。犯罪是危害政权的一些极端行为,惩罚这些严重错误的极端行为才是法之要务,"微过不足以害政,举之则微而益乱"。人非圣贤,小过是不可避免的,只要它不足以危害朝政,则可置之法外,"善为政者",当是"纲举而网疏","简而不漏,大罪必诛,

---

[1] 参见房玄龄等：《晋书·杜预传》。

法禁易全也"〔1〕。大罪者，乃危害政权之犯罪，是政权的心腹之患。杜预、刘颂等人的宽刑主张得到了晋武帝司马炎的认同和支持。

第二，实践中"维护法律的统一性、严肃性"。晋律制定后，杜预、张斐作注，并赋之与律文同样的法律效力，颁行天下，以保证对法律的统一理解，把统一性、严肃性贯穿于立法、司法的全过程。在执法过程中，晋初统治者强调依法行事，维护法律的权威性。汝南王司马亮曾说："观人设教，在上之举；守文直法，臣吏之节也。"〔2〕法既立，则应以法取信于民，否则，于朝政之危害胜于无法。官吏的任务只有遵法守法，这是为臣的本分。司法官吏不得随意解释，妄加曲意，不得枉法而行私，这是保证法律统一性的关键。

刘颂指出"自近世以来，法渐多门，令甚不一"的现象，批评为政者"尽善伤法"并造成"法不得全"的情况，指出为人主者应循法而行之，过多地法外定制、法外用事，必然荒其朝政。"人主详，其政荒"，"人君与天下共者，法也"。人君守法，"然后法信于天下"，然后才"可以言政"。刘颂强调，君主不得随意立法定制，臣下更应当守法如一。为此，他提出了罪刑法定的原则，"律法断罪，皆当以法律令正文；若无正文，依附名例断之；其正文名例所不及，皆勿论"。法无名文规定者不为罪，不受处罚，刘颂的思想已相当科学了。

张斐的主张带有一定的灵活性，他也强调法律的统一性、严肃性，他在总结历史上定罪量刑制度基本经验的基础上，为一些罪名及量刑原则作了统一的概念规定，即"其知而犯之谓之故，意以为然谓之失，违忠欺上谓之谩，背信藏巧谓之诈……"〔3〕从法理学角度为法律的统一性奠定了基础。在法律执行方面，张斐提出了"随事轻重取法"的主张，认为"律之名例，非正文而能分明也"，社会情况复杂，犯罪种类多样，法律条文不可能一一道尽。这就要求执法者在执法过程中，"临时观衅"，随机而断，其所根据的原则是法之"理"，即法的基本精神。

2. 西晋的立法

魏末司马昭受命辅佐幼主，掌握了朝中大权，在被封为晋王之后，他即

---

〔1〕 参见房玄龄等：《晋书·刘颂传》。
〔2〕 参见房玄龄等：《晋书·刑法志》。
〔3〕 参见房玄龄等：《晋书·刑法志》。

着手制礼仪、修律令、定官制，为以晋代魏作准备。新律于泰始三年（公元268年）修成，史称《晋律》或《泰始律》，次年颁布天下。颁行天下之日，武帝亲自临讲，足见对新律的重视。《晋律》贯彻了晋初"务从简约"的立法思想，先后为《刑名》《法例》《盗律》《贼律》《诈伪》《请赇律》《告劾律》《捕律》《系讯律》《断狱律》《杂律》《户律》《兴擅律》《毁亡律》《卫宫律》《水火律》《厩律》《关市律》《违制律》《诸侯律》，总共20篇，共620条，总计27 657言，其条目只是《汉律》的1/10，可见其简约。《晋律》在篇章体例的设置上更趋完善，在文字的简明上更显科学，对旧律删繁就简的改革，是中国法制史上法条由繁入简的一个典型。

西晋将法律形式明确划分为律、令、故事。律是较稳定的法律形式。《太平御览》卷六三八引杜预注律序曰："律以正罪名，令以存事制。"《晋书·刑法志》又载："若军事、田农、酤酒，未得皆从人心，权设其法，太平当除，故不入律，悉以为令"，"施行制度，以此设教，违令有罪则入律"。可见，令具有两个特点，令的内容只为制度，无惩罚，违令则入律，依律治罪；令是临时之制，日后可随时宜而修改、弃除。西晋在制律的同时，又制令40篇，2306条，98 643言。故事，属品式章程方面的内容，有30卷，与律令并行，由各主管官府自行掌握。《晋律》制定之后，张斐为之作注写成《注律表》，释文与律文具有同等法律效力，并颁之天下。在中国法制史上，《注律表》第一次总结了前人立法司法的经验成果，并进行了高度的理论概括，为《晋律》的规范化实施提供了保证。

3. 西晋的刑罚

《晋律》基本上是一部刑事法典，有620条涉及犯罪与刑罚的内容，张斐为之所做的注，又从定罪量刑的基本原则、罪与非罪、一罪与他罪的界限等各方面对晋律进行了深刻的论述。所以，西晋的刑事立法内容相当丰富而科学，在中国古代刑事立法史上占有重要地位。在西晋时期，刑罚进一步向轻缓方向发展，刑罚种类趋向简要，刑罚强度趋向减轻，晋律"宽简为本"的立法思想在刑罚制度上基本得到了实现。例如，《晋书·刑法志》所言，《晋律》"事从中典，归于益时"。刑罚种类主要有以下几种：

第一，死刑。西晋的死刑主要有三种：枭首、斩、弃市。《注律表》曰："枭首者恶之长，斩刑者恶之大，弃市者死之下。"除这三种外，死刑执行方法还有腰斩、赐死和夷三族。腰斩，《晋书·河间王颙传》载，赵王伦篡位，司马囧谋讨之,夏侯奭聚众应曰,河间王颙遣将兵擒奭,及其党数十人"于长安市腰斩之"。赐死是对皇室宗亲、位高爵重者使用的死刑执行方法。《晋书·赵王伦传》载,司马伦败,帝"遣尚书袁敞持节赐伦死,饮以金屑苦酒"。夷三族,在西晋属于重刑,适用于谋反等严重危害封建统治的犯罪,例如,张弘诬告谋反,夷三族。

第二,徒刑。西晋的徒刑有五年、四年、三年、二年几等。

第三,赎刑。西晋时赎刑被广泛使用,死刑可赎,徒刑可赎,免官等刑也可以赎刑代之。由于商品经济落后,允许以布书为钱,则布帛绢用于收赎也是允许的,绢、布、金都可用来赎罪。赎刑还可适用于一些特殊身份的犯罪人,例如,老小废疾及妇人犯罪,皆收赎。"公侯有罪,得以金帛赎。"[1]"诸侯应八议以上,请得减收留赎。"[2]所以,赎刑在西晋时又可作为贵族八议者的一项刑罚特权。

第四,杖刑。西晋对杖刑的部位以及杖的规格尺寸已有明确规定。晋令《鞭杖令》载:"应得法杖者,以小杖过五寸者稍行之,应杖而髀(bi)有疮者,臀也。"《太平御览》卷六五〇记:"应受杖而体有疮者,督之也。"法定股部受杖,但若该部位恰好有疮,则可易位另行并派人监督,是很有人道意味的。晋令"杖皆用荆,长六尺,制杖大头围一寸,尾三分半"。

第五,鞭刑。晋令《鞭杖令》具体规定了鞭刑:"应得法鞭者,即执以鞭过五十稍行之,有所督罪,皆随过大小,大过五十,小过二十。鞭皆用牛皮革廉成,法厚生革去四廉,常鞭用熟靼,(之列兵,柔革也)不去廉,作鹄头,细长一尺一寸,鞘长二尺二寸,广三分,厚一分,柄皆长二尺五寸。"鞭刑一般被施用于较轻微的犯罪。

第六,罚金。西晋的罚金有十二两、八两、四两、二两、一两的等级。

第七,徙边。徙边,是残酷程度仅次于死刑的一个刑种。《晋书·陆机传》记载,陆机被诬,有司"收机等九人付廷尉,赖成都王颖,吴王晏并救理之,得减死徙边"。《晋书·解系传》载,解结弟育"与二兄俱被害,妻子徙边"。

第八,禁锢、免官、除名。这些是针对官吏犯罪而使用的刑罚。禁锢,

---

[1] 参见司马光:《资治通鉴·晋纪三十三》。
[2] 参见司马光:《资治通鉴·晋纪三十三》。

是指终身剥夺犯罪者本人及其亲属任官的权利。至西晋时，禁锢刑的内容已发生了变化，有了期限的规定，甚至成了免官的一种附加刑。免官，是指经常使用的针对官吏的特殊刑罚，同时它也是官吏的一项特权。除名，是指除去官籍。《晋律》规定："吏犯不孝，谋杀其国王、侯、伯、子、男、官长、诬偷、受财枉法、掠人私卖、诱藏亡奴，虽遇赦，皆除名为民。"又规定："除名比三岁刑。"除名是针对官吏的较重的惩罚，使用决定权由朝廷统一掌握。

4. 西晋的狱制

曹魏后期，大权落入司马氏集团手中，司马昭统治时，派邓艾、钟会灭掉蜀汉。公元265年，司马炎即帝位建西晋后，于太康元年（公元280年）灭掉东吴，三国分立的局面至此结束。西晋是继三国分裂割据之后中国历史上又一个统一的封建帝国，但是，政权建立不久，内部即叛乱迭起、兵战不断，盘踞北方的少数民族趁机进入中原，并最终于公元317年灭掉了西晋，至此西晋存续了62年。公元317年，西晋皇族司马睿与南渡士族在建康建立了东晋政权。公元420年东晋灭亡，东晋政权历经11代国君，存续了103年。两晋的法律及刑狱制度中，尤以西晋最具代表性。

第一，西晋的司法体制。皇帝历来是封建司法的最高长官，拥有立法、司法的最高权力。西晋时，皇帝经常直接参与审判，决定郡国狱讼。《晋书·武帝纪》载，晋泰始四年（公元268年）十二月，"帝临听讼，观录廷尉洛阳狱囚，亲平决焉"。死刑案件的处理决定权也时常由皇帝掌握，咸宁二年（公元276年），句容令孔恢罪弃市，诏曰"恢自陷刑网，罪当大辟，但以其父年老而有一子，以为恻然可悯之"[1]。

在西晋，中央司法机关以尚书三公郎掌刑狱。《晋书·刘颂传》中记载，刘颂曾为尚书三公郎，"典科狱，申冤讼"。晋武帝太康时，省之，而以吏部尚书"领刑狱"。后来，正式确定中央司法机关为廷尉。《晋书·职官志》载："廷尉，主刑法狱讼，属官有正、监、评，并有律博士员。"廷尉的具体职掌为典刑律，审理诏狱及地方州郡的大案、疑案；特别疑难、重大的案件，西晋有八座议罪之制。

在西晋，地方司法机关也与魏制一样，地方仍实行司法行政合一的制度，

[1] 参见李昉等：《太平御览》卷六四六。

实行州、郡、县三级制，州置刺史，郡置郡守，县大者置令，小者置长。刺史已由原来的监察之官变为地方最高行政长官。地方行政长官兼理司法事务。此外，县还设有狱小史、狱门亭长等员，负责具体事务，一般案件都可由地方审理，自行判决，大案、要案、疑案则由州郡上交廷尉。

第二，西晋的监狱制度。魏晋以来，因袭两汉传统，在形式上抛弃了先秦法家严刑峻法、刑狱残酷的野蛮旧制，使狱制进一步儒家化、封建化。西晋的监狱建制是以东汉光武帝变革狱制为基础的，基本上是京师二狱，晋武帝太康五年（公元284年）初涉至黄沙狱。州、县普遍设狱，使封建狱制逐渐简化和稳定。官府手工业中依然大量使用刑徒，刑徒在官府手工业的劳动中占绝大多数这一特点，正是封建社会前期的一个重要特征。[1]

西晋的法律对监狱的监牢建筑、住宿条件有明确的规定。晋《狱官令》规定："狱屋皆当完固，厚其草蓐，切无漏湿。"在生活卫生方面，囚徒家近则家人送饭，狱卒可给温饭传送，家远无人饷馈者，才由官府给衣食医药。晋《狱官令》曰："家人饷馈，狱卒为温暖传致。去家远无饷馈者，悉给廪。狱卒作食，寒者与衣，庆者给医药。"在对囚犯使用刑具、狱具方面，死刑罪犯要加载桎、梏、拱戒具，"死罪二械，加拱手"。根据《晋书·石勒载记》："张隆虏群胡特诣冀州，两胡一枷，勒年二十余，尚在其中。"晋时已有枷名，两胡共一枷，即后世二人连枷之始。

（二）南北朝的监狱

1. 南朝的监狱

公元420年，东晋大将刘裕废掉东晋皇帝，自己称帝，国号宋，以后被齐、梁、陈所替代，历史上称为南朝。公元386年，北方鲜卑族拓跋部的首领拓跋珪建立北魏，定都平城（今山西大同），后被北齐、北周代替，历史上称为北朝。南朝和北朝同时并存，合称为南北朝。到公元581年，隋文帝杨坚灭亡南陈统一中国，南北朝共存续了161年。南朝是继东晋之后，偏安江南的汉族政权。南朝的社会风尚同东晋一样，崇释老、轻名法，以清谈为高逸，以法理为俗务。在狱制上，南朝一直袭用晋法。

南朝监狱的建置，沿用东汉、魏晋以来京师二狱的旧制，例如，梁代京

---

[1] 参见"东汉洛阳城南郊的刑徒墓地"，载《考古》1972年第4期。

师有廷尉和建康二狱。梁武帝天监五年（506年）初立诏狱，诏建康县置三官与廷尉三官分掌狱事。[1]陈代一直沿用梁法，也以建康县为南狱、廷尉寺为北狱，并设置正监评，以掌狱事。南朝地方州郡县也各有狱。到南齐时，南齐还有尚方狱，隶属于少府，有左右尚方令各一人。在南朝的狱具方面，梁代有械、杻、斗械和钳。"囚有械、杻、斗械及钳，并立轻重大小之差，而为水制。"在陈代，不仅有械、杻，而且有锁。"囚并著械，徒并著锁，不计阶品。"在南朝，诸帝的听讼、录囚活动较为普遍，有的皇帝还会到地方的州郡去听讼、录囚。实际上，皇帝录囚仅为点缀而已，经常是侍中、吏部尚书、尚书三公郎、部都令史、三公录冤局、令史、御史中丞、侍御史、兰台令史亲行京师诸狱及治署去理察囚徒冤枉。[2]为了录囚、理冤，陈代还成立了录冤局，成为录囚的专职机构。

2. 北朝的监狱

北朝，包括北魏（后分裂为东魏和西魏）、北齐和北周。北朝不像南朝那样崇尚浮华，而是名副其实地继承了汉魏遗风。北朝是我国封建法制和封建狱制由早期向成熟期过渡的关键时期。就律典而言，北朝优于南朝。北朝诸帝，同南朝一样，时常听讼、理冤，又屡下缓刑之诏。但是，由于北朝受秦汉严刑传统和北方少数民族传统习惯的影响较深，刑狱颇为严酷。

北朝监狱，以北魏最具代表性。在北魏的监狱建制上，中央监狱设在京师，京师设有二狱，"元魏京师亦止二狱"[3]，即廷尉狱和籍坊狱。北魏地方行政机构分州郡县三级，州、郡、县也各自设有自己的监狱。在狱具方面，北魏有大枷、高杻、重械和缒石。在孝文帝元宏时期，京师和州郡县狱官不能以情折狱，"乃用重枷，大几围，复以缒石悬于囚颈，伤内至骨"[4]。狱囚不堪其苦，因而诬服，而狱官却以此为能。宣武帝元恪即位，意在宽政，于永平元年（508年），"诏尚书检查枷杖大小之违制之由，科其罪失"[5]，即检查枷杖规格和违制情状。北齐狱具，有鞭、枷、锁、棒，北齐文宣帝高洋使用的刑具更为残酷。高洋酷虐，任情喜怒，造大镬、长锯、剉锥等，并陈列

---

[1]　参见《沈寄簃先生遗书·甲编·狱考》。
[2]　参见（唐）魏征：《隋书·刑法志》。
[3]　参见《沈寄簃先生遗书·甲编·狱考》。
[4]　参见魏征：《魏书·刑罚志》。
[5]　参见魏征：《魏书·刑罚志》。

于庭，意有不快，则手自屠裂。仆射杨遵彦乃命宪司先定死罪囚犯，随时供帝杀人，谓之"供御囚"[1]。

北朝狱制，也有宽缓的规定。例如，"妇人当刑而孕，产后百日乃决"[2]。北魏律规定有"死囚无亲者上请"制度，"诸犯死罪，若祖父母、父母年七十以上，无成人子孙，旁无期亲者，具狀上请。流者鞭笞，留养其亲，终朔从流"。北朝的狱具及其规格、女犯产后百日执行、死囚留养承祀等制度为后世封建狱制所沿袭。

---

[1] 参见魏征：《隋书·刑法志》。
[2] 参见魏征：《魏书·刑罚志》。

CHAPTER4 第四章
监狱的成型

中国历史上的隋朝、唐朝，进入到了封建制社会的鼎盛时期。与隋朝、唐朝时期高度发展的政治、经济、文化状况及水平相适应，隋朝、唐朝的监狱制度，特别是唐朝的监狱制度非常成熟完备，在中国监狱发展史上是封建制社会监狱制度的蓝本。到了宋朝，虽然与辽金少数民族政权相对峙，但伴随经济的繁荣、文化的发展、政治的稳定，监狱制度在我国封建社会发展达到了顶峰，出现了现代监狱制度的萌芽和雏形。

第一节 隋朝的监狱

一、隋朝的刑罚

（一）隋朝的立法

1. 隋朝的建立

公元581年，杨坚废掉北周静帝，夺取北周政权，自立为隋文帝，建立隋朝，改元开皇，定都大兴（今陕西西安）。公元589年，灭掉南陈，实现了全国统一，结束了300余年的动乱局面。到公元618年，隋炀帝被处死，隋朝灭亡，其间仅存续了37年，可见，隋朝是我国历史上一个极其短暂的封建王朝。但是，隋朝的建立结束了西晋以后我国历史上近300年分裂对峙的局面，实现了统一和集中，促进了黄河、长江两大流域经济、文化的交流和发展，中国的封建社会从此上升到兴盛时期。

南北统一局面的形成，促进了经济的发展和繁荣。为了巩固政权，隋文帝进行了一系列的改革。在经济上实行均田制，在文化上实行科举制度，废除魏晋以来按门第高低选用官吏的九品中正制，在政治上精简机构，实行三省六部制。六部之一的刑部掌管全国司法狱政，此制为后世历代王朝所沿用。

2. 隋朝的立法思想

由于隋朝统治的时间过于短暂，因此，不像其他朝代那样产生过比较丰富的法律思想。而且，隋朝的法律思想，很少表现在思想家的著述中，主要见之于君主和大臣的政治实践、立法和司法实践。在隋朝的两代君主当中，隋文帝的法律思想显得更丰富、复杂一些。

第一，儒、法、佛、道相混合的法律思想。在隋文帝的思想观念中，不排斥儒、法、佛、道几家学说，而是把它们组合在一起，以适应隋朝初期的社会现实。隋文帝虽然对儒学的兴趣不大，但既为人主，仍以"德主刑辅"的理论作为治国的指导方针。为了缓和阶级矛盾，巩固自己的统治，隋文帝在统治之初颇为注意施行"德政"，树立自己的良好形象，例如，"躬履俭约"、减轻徭赋、查究官吏的受贿行为等。

第二，因时变法的立法思想。隋文帝在立法过程中表现出来的积极变革，不拘成规的态度非常值得注意。在夺袭帝位、建立隋朝之后，他命令大臣立即制定新律，当年十月便颁行了《开皇律》，并下诏说："帝王作法，沿革不同，取适于时，故有损益。"[1]根据需要而随时变革法律。在隋文帝统治时期，法制方面的改革相当频繁，如蠲（juan）除前代的苛法酷刑，改革审断案件的办法，改变上诉及死刑复奏方法等。

第三，"以轻代重"的刑罚思想。以轻代重，主要是隋文帝杨坚前期的刑罚思想。《隋书·高祖纪》载，北周宣帝制定了《刑经圣制》，"其法深刻"，杨坚"以法令滋章，非兴化之道，切谏"，但未被采纳。宣帝死后，杨坚实际上掌握了北周的政权，他"大崇惠政，法令清简，躬履节俭，天下悦之"，这是"以轻代重"思想的最初表现。《开皇律》的修订过程体现了"以轻代重，化死为生"的精神，经过修律，减去死罪81条，流罪154条，徒、杖罪等千余条，同时废除鞭刑、枭首、轘裂等苛惨之法，史称"刑网简要，疏而不失"。在隋文帝以后颁布的诏令中，"以轻代重"的内容也屡见不鲜，例如，废除讯囚制度中的"苛惨之法"，规定"讯囚不得过二百，枷杖大小，咸为之

---

[1] 参见魏征：《隋书·刑法志》。

程品，行杖者不得易人"[1]。

3. 隋朝的立法活动

隋朝虽统治时间不长，但受魏晋南北朝时期各个朝廷频繁立法的影响，隋文帝和隋炀帝都比较重视通过制定法律来显示自己的正统地位，并分别颁布了以其统治年号命名的《开皇律》和《大业律》。

第一，《开皇律》。《开皇律》的制定始于隋文帝改元开皇不久，开皇元年（公元581年）隋文帝下令制定《开皇律》，于同年十月颁行。在颁布法律之时，隋文帝下诏表明了隋文帝变革法制和减轻刑罚的追求。这部法律颁行之后，隋文帝鉴于"律令初行，人未知禁，故犯法者众。又下吏承苛政之后，务锻炼以致人罪"等情况，发现断狱的数量仍达万条之多，认为这是法律还过于严密苛刻的缘故，以致人们稍有不慎，即身陷法网。于是，对《开皇律》重新修订。重新修订的《开皇律》"自是刑网简要，疏而不失"，共12卷。"一曰名例，二曰卫禁，三曰职制，四曰户婚，五曰厩库，六曰擅兴，七曰贼盗，八曰斗讼，九曰诈伪，十曰杂律，十一曰捕亡，十二曰断狱。"

第二，《大业律》。隋炀帝继位之后，在大业二年（公元606年）更制《大业律》，次年律成。大业三年（公元607年）夏四月颁行《大业律》，并且大赦天下。《大业律》共有18篇："一曰名例，二曰卫宫，三曰违制，四曰请求，五曰户，六曰婚，七曰擅兴，八曰告劾，九曰贼，十曰盗，十一曰斗，十二曰捕亡，十三曰仓库，十四曰厩牧，十五曰关市，十六曰杂，十七曰诈伪，十八曰断狱。"隋炀帝之所以用《大业律》取代《开皇律》，是因为他认为文帝时的法制"禁网深刻"[2]，"开皇律令犹重"[3]。

新修定的《大业律》从表面上看比《开皇律》要有所轻缓，"其五刑之内降从轻典者二百余条，其枷杖决罚讯囚之制，并轻于旧"[4]。并且，废止了将十恶单独列目规定的做法，将十恶删去二条，唯存其八，且分隶各条。但是，隋炀帝立法之后的实际情况却是"征役繁兴，民不堪命，有司临时迫胁，以求济事，不复用律令矣"[5]。这部法律不仅没有产生实际效果，而且对

---

[1] 参见魏征：《隋书·刑法志》。
[2] 参见魏征：《隋书·刑法志》。
[3] 参见（南宋）王应麟：《玉海》卷六十五。
[4] 参见魏征：《隋书·刑法志》。
[5] 参见司马光：《资治通鉴》卷一百八十。

后世的法律也没有太大影响。

(二) 隋朝的刑制

隋朝不遗余力地致力于法律法规的制订和修整,无非是以此作为王朝维持长治久安的制度保障。隋朝制订的法典对以后几个世纪都产生了影响。王夫之在17世纪对隋朝律令作了这样的评论:"今之律其大略皆隋裴政之所定也,政之泽远矣。千余年间,非无暴君酷吏,而不能逞其淫虐,法定故也。"[1]隋朝留给后世作为蓝本的,尤以刑罚的规定最为明显。隋朝的刑罚,在制度上较前朝有所减轻。开皇元年(公元581年)隋朝制律的宗旨就是"除苛惨之法,务在宽平"[2],"以轻代重,化死为生"[3]。《开皇律》在刑制上,以"沿革轻重,取其折衷"[4]为原则。因此,隋朝刑罚的总特点是省刑恤罚,较前代刑制有了较大变化。

1. 取消枭轘之惨刑,规定死刑为绞、斩二等

隋朝之前北齐和北周的刑罚制度十分残酷,仅以死刑而言,除斩、绞外,有轘(huan)、枭、磬(《唐六典》作"磔")。轘,据刘熙《释名》云:"车裂曰轘。轘也者,散也,支体分散。"是先处死后以车分裂其尸。枭、轘惨绝人寰,隋朝取消这两种刑罚,规定死刑为绞和斩,在很大程度上减轻了刑罚的酷烈程度,虽然其间有所反复,但代表了一种进步的倾向,这是无可非议的。

第一,绞。绞,是指将人勒死。绞与缢是有区别的,勒死后悬尸谓缢,亦即磬。"绞以致毙",但能留下全尸,故比身首异处的斩刑为轻。

第二,斩。斩,是指"殊身首"之刑。刘熙《释名》:"砍头曰斩,斩腰曰腰斩。"隋朝以后各朝的斩刑均确定为斩首之刑。

2. 减少流徒的期限、缩短里程并取消鞭笞

流刑作为仅次于死刑的重刑,是指不忍刑杀而宽纵并徙之远方。中国人安土重迁,把远离故乡和亲属视作有悖祖宗意愿的行为,因而,强迫远徙仍属很严厉的惩罚手段。在隋朝,流刑在制度上更为完备:流分三等,杖而不

---

[1] 参见(明)王夫之:《读通鉴论》卷十九。
[2] 参见(后晋)刘昫:《旧唐书·刑法志》。
[3] 参见魏征:《隋书·刑法志》。
[4] 参见魏征:《隋书·裴政传》。

加鞭笞；课以居作，由二年至三年；其最近者千里，最远者二千里。《隋书·刑法志》记载："开皇十三年，改徒及流并为配防。"此处的"配"，当为"流配"，"防"，是为"边防""防边"。"配防"应该类似后世的充军或军流。

徒刑出现在战国时期，承担了部分农民的徭役，不仅参加修城、筑路的工程，还在冶铜、冶铁等官营冶炼工程中承担繁重的劳动。时间久了，就成了刑罚名称。徒刑由终身刑渐渐发展为有年限的刑罚，故也称为年刑。隋律继承了北周有关徒刑的规定，徒刑的名称也愈加规范，表现了立法技术的提高。在隋朝，徒刑不加鞭笞，可以铜赎。

3. 以杖、笞取代鞭、杖，完善五刑体系

在隋朝以杖刑、笞刑取代北朝的鞭刑、杖刑是取轻刑之意，因为，"鞭之为用，残剥肤体，彻骨浸肌，酷均脔切。虽云远古之式，事乖仁者之刑"[1]。杖刑虽然以轻刑作为制度定下来，但在执行时往往又很任性，文帝除廷杖之外，又以诏令决定法外用刑"听于律外斟酌决杖"[2]。"于是，上下相驱，迭行棰楚，以残暴为干能，以守法为懦弱。"[3]杖刑成了隋朝皇廷肃纪的法宝。从隋开始，笞才正式作为法定的独立刑种，列为"笞、杖、徒、流、死"五刑之一，沿及清朝。

但是，西方学者认为《开皇律》确立了"死、流、徒、杖"四种刑罚。理由之一是，隋文帝在律成之后所颁的诏文中，对于隋朝刑罚的改制，只提及对前朝辗身、枭首及鞭刑之废和流刑、徒刑的"以轻代重"，并未提及笞刑。理由之二是，关于笞杖刑的区别，唐朝《六典》注谓："笞用小竹板或荆条为之，杖以大于笞刑所用的竹板或荆条为之。"[4]唐朝《疏议》注释就更加明确了："笞是用荆条制成的小板子，杖是用竹板或牡荆制成的大板子。"[5]理由之三是，可以视为同一刑种，杖笞两种刑罚只是刑具规格稍有区别，而其刑具材料、行刑方式并无异。理由之四是，所谓杖重笞轻，仅指行刑次数的多少而已。

---

[1] 参见魏征：《隋书·刑法志》。
[2] 参见魏征：《隋书·高祖纪下》。
[3] 参见魏征：《隋书·刑法志》。
[4] 参见汪潜编注：《唐代司法制度——唐六典选注》，法律出版社1985年版，第74页。
[5] 参见曹漫之主编：《唐律疏议译注》，吉林人民出版社1989年版，第24页。

4. 确定赎刑规格

在隋朝，五刑皆可赎："笞十者铜一斤，加至杖百则十斤。徒一年，赎铜二十斤，每等则加铜十斤，三年则六十斤矣。流一千里，赎铜八十斤，每等则加铜十斤，二千里则百斤矣。二死皆赎铜百二十斤。"[1]"隋朝赎法，以铜代绢"，[2]用铜不用金、绢，很可能也因为"以金难得"之缘故，绢也同理。到隋炀帝时，赎铜数有所变化，这对赎制没有影响。

5. 以籍没作为附加刑

籍没作为一种惩罚手段始于战国，是指由官府没收罪犯的财产和家口充为官有，被籍没的家口要服役于官府。隋朝将籍没作为重大犯罪的从刑，"唯大逆谋反叛者，父子兄弟皆斩，家口没官"[3]。籍没作为一个附属的刑种，隋朝皇帝可以任意加施于危害其统治的任何犯罪。

6. 保留族诛

族诛即灭族，是战国时形成的制度。族指亲族，一人有罪，诛杀及于亲族。中国古代重视宗法家族的血缘关系，族诛的范围实际上一般包括同一宗族的直系、旁系在内的五族，以达到连根拔除、铲灭后代的目的，族诛的野蛮性、残酷性最甚。隋朝曾一度废除族刑，但还是保留了族刑。

二、隋朝的狱制

（一）隋朝的司法体制

隋朝的司法制度在前朝的基础上有所改革和补充，因而较为完备。当然，隋朝的司法制度还存在不少弊端，加之统治者生杀任情，造成了制度上的败坏，但与以前各个朝代的司法制度相比，仍有较大进步。隋朝的司法机构分为中央和地方两级。

第一，中央司法机构。隋朝的中央司法机构由大理寺、刑部组成。大理寺的职责是"掌决正刑狱"，刑部为司法行政部门。大理寺、刑部既相互配合，又互相牵制、相互监督，是封建皇权加强的有力措施。

---

[1] 参见魏征：《隋书·刑法志》。
[2] 参见魏征：《隋书·刑法志》。
[3] 参见魏征：《隋书·刑法志》。

第二，地方司法机构。隋朝在开皇初期，地方行政设置州、郡、县三级，州、郡、县皆分九等，形成地方统治网络。开皇三年（公元583年），将州、郡、县三级制改为州、县二级制，州直接辖县。炀帝大业三年（公元607年），又改州为郡，以郡统县，实行郡、县二级制，以加强皇帝对各级司法机构的控制。

（二）隋朝的监狱制度

隋文帝作为一个有作为的封建政治家，有鉴于北周末期"刑政苛酷，群情崩骇，莫有固志"，以至于亡国的历史教训，为了恢复和发展因连年战争而受到严重破坏的农业生产，缓和阶级矛盾，巩固封建的经济基础和中央集权的政治制度，十分重视封建法制的建设，从而也推动了封建监狱制度的变化和发展。隋朝的监狱制度是结束中国社会长期分裂割据的局面以后所建立的统一的封建国家的狱制。

隋朝建立后，隋文帝提出"崇尚惠政、法令清简"的施政方针，在治狱思想上实行"以公执律，慎狱恤刑"[1]的较为宽大的政策。隋朝《开皇律》中的"捕亡、断狱"两篇，较为详尽地规定了监狱管理制度的诸多方面。

第一，推行慎狱恤刑。隋文帝即位后，针对"天下用律者多蹐（chuan）驳，罪同异论"等滥捕和滥施刑罚的现象采取了一系列慎狱恤刑的措施。首先，查明事实真相、正确定罪量刑，诏令州县牧宰："百姓或有愆犯，必须尽理推导，审如罪状分明，方可禁身科断，不得才闻不过，遽系囹圄。"[2]其次，亲录囚徒，隋文帝"每季亲录囚徒，常以秋分之前，省阅诸州申奏罪状。三年，因览刑部奏，断狱数犹至万条"[3]。最后，实行复奏制，对死罪的处理持慎重态度。隋律规定："决定罪者，三奏然后行刑。"[4]

第二，把囹圄空虚确定为治狱目标。在隋文帝宽大治狱方针的指导下和亲躬庶狱的务实精神推动下，隋朝的一些地方官吏把囹圄空虚作为治狱目标，以昭示自己的"惠政"。据《隋书·循吏传》记载，辛公义，开皇年间"迁牟州刺史，下车，先至狱中，因露坐牢侧，亲自验问。十余日间，决断咸尽，

---

[1] 参见魏征：《隋书·帝纪·高祖上》。
[2] 参见（清）陈梦雷：《古今图书集成·祥刑典》。
[3] 参见魏征：《隋书·刑法志》。
[4] 参见司马光：《资治通鉴·隋纪二》。

方还大厅"。有人问他:"此事有程,使君何自苦也!"辛公义回答说:"刺史无德何以导人,尚令百姓系于囹圄,室有禁人在狱,心自安乎?"[1]开皇初,刘旷"为平乡令……在职七年,风教大洽,狱中无系囚,争讼绝息,囹圄尽皆生草,庭可张罗"。[2]隋朝的"宽大"治狱思想,在监狱管理上取得了一定的效果。

第二节 唐朝的监狱

一、唐朝的刑罚

(一) 唐朝的立法

1. 唐朝的建立

公元611年隋末爆发了农民起义,这次规模浩大的农民起义,以疾风骤雨之势迅速扩展到全国,不但使强大的隋朝顷刻覆灭,而且对后来的唐朝也产生了深远的影响。继隋朝而起的唐朝是由攫夺了农民起义胜利果实的关陇贵族官僚集团首领李渊父子创建的,李渊袭祖被隋朝封为唐国公,原任隋朝军事重镇太原之留守。在隋末农民大起义中,他目睹隋朝行将崩溃之势,便接受其子李世民之计,乘机起兵反隋,攻入长安。李渊父子一方面采取开仓济贫,废除隋末苛法,与民约法十二条等缓和阶级矛盾的措施,以笼络民心,从政治上瓦解农民起义军;另一方面占据关中要地,充实武装,残酷镇压农民起义军。公元618年,李渊废除隋恭帝,建立唐朝,号称唐高祖,建都长安。唐朝自李渊即位起,到哀帝李柷(zhu祝)天祐三年(907年)灭亡,历时近300年,是我国封建制社会中的一个影响巨大的朝代,以"贞观之治"和"开元盛世"的辉煌局面闻名于世。

唐朝建立后,李世民被封为秦王,统兵消灭各地割据势力,镇压窦建德、刘黑闼等农民起义军。到公元626年全国统一(武德九年),李世民发动"玄武门之变",杀其兄李建成,迫使唐高祖李渊让位。李世民登帝位后,号称唐太宗,于公元627年改元贞观,开创了唐初的政治修明、经济繁荣、文化发

---

[1] 参见魏征:《隋书·循吏传》。
[2] 参见魏征:《隋书·循吏传》。

达的"贞观之治"。李世民已从隋亡的教训中,认识到关键是要以隋的暴政为戒。因此,他不但在教戒太子时反复以水比喻人民,以舟比喻君王,强调"水能载舟,也能覆舟。尔方为人主,可不畏惧!"[1]而且,对臣下一再强调"先存百姓"的重要性,指出如果统治者为了自己而损害百姓,那就像割下大腿上的肉去喂肚子一样,肚子饱了,人也死了,要大臣们"每日坐朝,欲出一言,即思此一言于百姓有益否,所以不敢多言"[2]。

正是由于李世民君臣以隋亡为教训,深怀忧惧,又面对唐朝建立之始,从隋亡中接受过来的是"百姓凋残,敝于兵革,田亩荒废,饥馑荐臻"的现实,于是不得不以"安人宁国"为总方针。一方面,采取一系列与民休息、不夺农时、轻徭薄赋、少兴土木、慎动兵戈的让步与改革的政策,另一方面,擢用贤能、求谏纳谏、重视法制、整饬吏治、力戒奢靡,使朝野上下形成一种以隋亡为戒的勤谨为政、清廉自律的风气。在唐朝,最重要的是从唐高祖李渊称帝到唐玄宗开元二十九年(618~741年)共124年的前唐时期,出现了"贞观之治"和"开元之治",从而奠定了唐朝兴盛的基础。而唐代重要的立法活动和法制上的成就,也主要在这一时期。

2. 唐朝的立法思想

在唐朝统治者看来,为君之道首当戒欲怀民,"先存百姓"。唐初统治集团,总结了自汉以来的封建统治经验,采取杂冶儒道两家思想于一炉的做法。一方面,崇儒以行"仁政",弘"教化";另一方面,讲道家之"清静",施"无为"二术,从而确立了以"安人宁国"为治国的总方针。在唐朝初期,围绕"安人宁国"的治国总方针,形成了贞观时期统治集团的法律思想体系,即"导之以德,齐之以礼",[3]对唐朝的立法和执法产生了深远影响。

第一,立法公平、务求宽简。唐太宗时期,非常强调立法公平的问题。他曾举诸葛亮为例,说"故知君人者,以天下为公,不私于物。昔诸葛孔明,小国之相,犹曰:'吾心如称(秤),不能为人作轻重。'况我今理大国乎?"[4]要立法公平,就必须反对以"私"乱法,不能任凭统治者个人,特别是皇帝个人的意志和利益来对待立法和执法,否则,"喜怒肆志,高下在心,是则舍准

---

[1] 参见(唐)吴兢:《贞观政要·敦戒太子诸王》。
[2] 参见吴兢:《贞观政要·慎言语》。
[3] 参见(元)柳赟:《唐律疏议序》。
[4] 参见吴兢:《贞观政要·公平》。

绳以正曲直,弃权衡而定轻重也"[1]。尽管唐朝封建统治者的这种公平观带有明显的阶级性,在实践中也往往难以真正做到,但在当时来说,无疑是难能可贵的。

立法公平与务求宽简有密切的联系。法律要像秤那样公平,像准绳那样平直,才能做到"惟奉三尺之律,以绳四海之人"[2]。而公平与宽简被认为都是出自"仁恩",两者是不可分开的。唐朝建立之初,高祖李渊所颁布的《武德律》强调"务在宽简,取便于时"[3]。贞观元年(627年),唐太宗就指示"死者不可复生,用法务在宽简"。贞观十年(636年),唐太宗进一步阐述了立法宽简的重要性:"国家法令,惟须简约,不可一罪作数种条。格式既多,官人不能尽记,更生奸诈,若欲出罪即引轻条,若欲入罪即引重条。数变法者,实不益道理,宜令审细,毋使互文。"[4]因而,贞观年间修订法律时,"凡削繁去蠹,变重为轻者,不可胜纪"[5]。

第二,慎狱恤刑、反对严讯。鉴于远有秦朝"尚法而亡",近有隋朝"生杀任情"而导致"百姓怨嗟,天下大溃"的深刻教训,唐太宗深"恐主狱之司,利在杀人。危人自达,以钓身价,今之所忧,正在此耳!深宜禁止,务在宽平"。[6]李世民比较注意恤刑慎杀,曾多次指出"人命至重,一死不可再生"。《贞观律》与隋律相比,500条死罪中减少92条,改流罪为徒罪71条,并删去"兄弟连坐俱死"之法,贞观四年(630年)"断死刑天下二十九人,几致刑措"[7]。贞观时期,制定了死刑判决、推勘、复核的严格程序,首创封建法律史上的"九卿议刑"制,规定死刑执行前须行"三复奏""五复奏"程序。这对慎重使用死刑起了积极的推动作用。

唐初基于"罪疑惟轻,功疑惟重,与其杀不辜,宁失不经"[8]的儒家精神,特别强调"慎狱恤刑""平清决狱"。在断狱用刑上"以宽仁治天下,而于刑法尤慎",具体规定了允许改过迁善的"自首"。为防止"故出""故入",

---

[1] 参见吴兢:《贞观政要·公平》。
[2] 参见(清)董诰等:《全唐文·理狱听谏疏》。
[3] 参见刘昫:《旧唐书·刑法志》。
[4] 参见吴兢:《贞观政要·刑法》。
[5] 参见司马光:《资治通鉴》卷一九四。
[6] 参见吴兢:《贞观政要·刑法》。
[7] 参见(北宋)宋祁等:《新唐书·刑法志》。
[8] 参见《尚书·大禹谟》。

强调必须以律断罪，凡断罪而未具引律、令、格、式正文者，要加以惩处。为防止有司当局主观臆断，出入人罪，立法禁止严讯，规定对罪犯"不得鞭背"。这些反对严讯的思想和法律规定，虽然无法从根本上改变封建制法律野蛮、残酷的本质，但极大地限制了刑讯逼供的猖行，无疑有进步意义。

第三，明正赏罚、一断于律。唐朝初期，封建统治者对国家政要的讨论中，较为集中地反映了以唐太宗李世民为首的统治集团的赏罚思想。贞观初年，太宗和魏征在讨论"为官择人"时，明确指出："国家大事，惟赏与罚。赏当其劳，无功者自退；罚当其罪，为恶者戒惧。则知赏罚不可轻行也。"贞观五年（631年），太宗还就赏罚问题深有感触地对房玄龄等大臣说："自古帝王多任情喜怒，喜则滥赏无功，怒则滥杀无罪。是以天下丧乱，莫不由此。朕今凤夜未尝不以此为心，恒欲公等尽情极谏。"以直言谤谏著名的魏征尖锐地批评以私情爱恶行赏罚的现象。其指出："所爱虽有罪，不及于刑，所恶虽无辜，不免于罚。此所谓爱之欲其生，恶之欲其死也……赏不以劝善，罚不以惩恶，而望邪正不惑，其可得乎？若赏不遗疏远，罚不阿亲贵，以公平为规矩，以仁义为准绳，考事以正其实，则邪正莫隐，善恶自分。"[1]

明正赏罚，关键在于依法办事，一断以律。贞观十一年（637年），魏征在奏疏中说："夫刑赏之本，在乎劝善而惩恶，帝王所与，天下画一，不以亲疏贵贱而轻重者也。"唐太宗李世民支持臣下这种"一断以律"的主张，不但自己以尊法相尚，而且也鼓励臣下以法相争，防止其赏罚之失误。唐初的明正赏罚、一断以律与当时注意法律的稳定性有密切关系，贞观十一年（637年），唐太宗对侍臣说："诏令格式，若不常定，则人心多惑，奸诈益生。""不可轻出诏令，必须审定，以为永式。"[2]唐朝立法审慎，一旦立了法就不轻易变动，"房玄龄等更定律、令、格、式，迄太宗世，用之无所变改"，甚至直到唐末，"而高祖、太宗之法，仅守而存"。

第四，整饬吏治、不阿权贵。唐朝建立后，统治者深刻总结隋亡的历史教训，认识到了吏治的重要性，强调以法治吏、执法不避权贵，用以制止一些特权者的恣意横行。唐太宗李世民要求执法官吏学习诸葛亮，做到"按举

---

[1] 参见吴兢：《贞观政要·择官》。
[2] 参见吴兢：《贞观政要·赦令》。

不法，震肃权豪"[1]，不畏权贵，公平执法。在唐太宗的提倡和号召下，唐初曾出现过一批诸如薛仁方、戴胄这样"弹治不避权贵"的司法官吏。由于皇帝带头重视国法，强调严格执法，对唐初抑制一些权贵的恣意横行起到了良好的效果。唐朝自中央到地方，都设有监察机关，监督官吏守法，对受财枉法的官吏，"随其所犯，绳以重法"。唐律规定："受财而枉法者，一尺杖一百，十五匹绞。"连皇叔江夏王李道宗也因"生赃下狱"，受到"免官，削封邑"的惩罚。

(二) 唐朝的刑罚体制

1. 唐律的形成与发展

唐朝统治者认识到法律是"禁暴惩奸，弘风阐化，安民立政，莫此为先"[2]的重要工具，极为重视法律的制定和修改工作。特别是在高祖、太宗和高宗时期，立法工作都取得了前所未有的成就。唐律是唐朝经济、政治、文化高度发展的产物，唐朝统治者很重视法律，特别是唐前期的高祖、太宗和高宗，一旦即位就亲自抓法律的制定和修改，为集封建制法律之大成的唐律奠定了基础。

第一，唐律的形成。从唐律的制定和修改过程来看，初成于武德，完善于贞观；而永徽时以《贞观律》为基础制定的《永徽律》及律疏，成为我国现存最古老、最完整的一部代表性封建法典。唐律从高祖武德七年（624年）初成开始，到开元二十五年（737年）修律为止，见之于历史文献的有六次修改。

其一，武德修律。唐高祖李渊在颁行《武德新格》53条后，根据唐初社会的实际情况，以隋朝的《开皇律》为蓝本，制定了《武德律》，于武德七年（624年）颁行天下。《武德律》计12篇，500条，"其篇目一准开皇之旧，刑名之制亦略同"。改动的是流刑三等，隋为一千里，一千五百里，二千里，唐各加千里，成了二千里，二千五百里，三千里。隋流刑，犯人在流放地还要劳动，分别为二年、二年半、三年，唐一律改为一年，即三流同役一年。《武德律》并入新颁布的格53条，仍保持500条不变。《武德律》沿袭

---

[1] 参见吴兢：《贞观政要·贪鄙》。
[2] 参见（北宋）宋敏求：《唐大诏令集》卷八十二。

《开皇律》,除上述改动外"余无所改",是由于"于时诸事始定,边方尚梗,救时之弊,有所未暇",也就是说,当时局势还未安定下来,顾不上根本性的改革。

其二,贞观修律。贞观修律是唐律最重要的一次修改。唐太宗十分重视法律,认为《武德律》刑罚仍然过重,即位之后,便命令对《武德律》"更加厘改",前后历经10年,至贞观十二年(638年)定本为《贞观律》。《贞观律》有12篇、500条,贞观十一年(637年)正月庚子,颁新律令于天下。与隋朝旧律相比,《贞观律》"减大辟者九十二条,减流入徒者七十一条。其当徒之法,唯夺一官,除名之人,仍同士伍。凡削烦去蠹(du),变重为轻者,不可胜纪"。《唐六典》也说,《贞观律》"整正凡三百条,减开皇律大辟入流者九十三条,比古死刑,殆除其半"。这表明贞观修律的确减轻了刑罚。

其三,永徽改律。唐高宗统治时期,封建经济已进入全盛时代,在法制建设上,由于唐太宗竭力实施"以法治国"方针,立法方面已取得丰富经验。高宗即位后,"遵贞观故事,务在恤刑"的思想,以《贞观律》为基础,制定《永徽律》。为了给律文作出法定的解释,以便每年举行的明法科举考试有标准可凭,编撰了《律疏》,永徽四年(653年)十月颁行,附于律文之下,与律文具有同等效力。律与疏合称为"永徽律疏",后世称之为"唐律疏议"。唐高宗李治制定《永徽律》和《唐律疏议》,是唐朝立法的重要发展,对唐律的完备和律学的发展发挥了重要的促进作用。《永徽律》的篇章、条数皆与《贞观律》同。《唐律疏议》关于"指斥乘舆"中疏文说:"旧律云'言理切害',今改为'情理切害'。"这点有一字改动。

《唐律疏议》本着"网罗训诂,研核丘坟"[1]的精神对律文进行统一的解释,主要包括三个方面:其一,阐明法理,把封建统治提倡的一套封建伦理道德和礼法观念作为解释、阐明律意的依据,证明法律规定的正确与合理,例如,引《公羊传》的"君亲无将,将而必诛"的观念论证法律重惩谋反罪的理由。其二,解释词意,对唐律中大量的专门术语作了统一的解释,使律文的含义清楚,便于准确理解和掌握,例如,"称日者以百刻""称年者以三百六十日""躬亲保典为主守",这些解释都很精当。其三,补充律意,唐律虽然十分严密,但仍然难免有所遗漏,律疏通过补充,使之更周密、完整和

---

[1] 参见《唐律疏议·进律疏表》。

可行。例如,唐律禁止老百姓私铸钱,但若是为了装饰或珍藏,拿金银铸钱又该如何处理呢?这点律文本身未作交代。律疏补充说:"私铸金银等钱,不通时用者不坐。"

其四,开元制典。开元十年(722年)开始编制《唐六典》,到开元二十六年(738年)修成。参考《周官》一书中的六官,《唐六典》的体例系分为治职、教职、礼职、政职、刑职、事职六编。共30卷,卷一,三师、三公、尚书省;卷二,吏部;卷三,户部;卷四,礼部;卷五,兵部;卷六,刑部;卷七,工部;卷八,门下省;卷九,中书省;卷十,秘书省;卷十一,殿中省;卷十二,内官侍中省;卷十三,御史台;卷十四,太常寺;卷十五,光禄寺;卷十六,卫尉寺、宗正寺;卷十七,太仆寺;卷十八,大理寺、鸿胪寺;卷十九,司农寺;卷二十,太府寺;卷二十一,国子监;卷二十二,少府监、军器监、铸钱监等;卷二十三,将作监、都水监等;卷二十四,左右卫、左右骁卫、左右武卫、左右领军卫;卷二十五,左右金吾卫、左右监门、左右千牛卫、左右羽林军;卷二十六,太子三师、三少、太子詹事府、左右春坊内房内官;卷二十七,太子家令事率更寺仆寺;卷二十八,太子左右卫诸率府;卷二十九,诸王府公主邑司;卷三十,府、督护州。《唐六典》几乎涉及唐朝封建制国家机关所执掌的各项工作,内容是相当齐全和完备的,这是我国古代最早的一部行政法典。

第二,唐律的体系内容。唐朝沿袭隋朝之制,以律、令、格、式为基本的法律形式,这也是唐朝法律体系的基本构成。《唐律疏议》曰:"诸断罪,皆须具引律令格式正文。"这表明,唐朝规定的正式法律是律、令、格、式。据《新唐书·刑法志》记载:"唐之刑书有四,曰:律、令、格、式。令者,尊卑贵贱之等数,国家之制度也;格者,百官有司之所常行之事也;式者,其所常守之法也。凡邦国之政,必从事于此三者。其有所违及人之为恶,而入于罪戾者,一断以律。"《唐六典》也记载:"凡律以正刑定罪,令以设范立制,格以禁违止邪,式以轨物程事。"由此可见,作为唐朝法律基本形式的律、令、格、式,是适应唐朝封建专制集权统治需要而形成的既有明确分工,又是紧密协调的法律体系。唐律有广义和狭义之分。广义的唐律指唐代法律的总称,包括律、令、格、式等。狭义的唐律指唐朝家的法律,即唐朝法律体系律令格式中的律,也就是由《武德律》初创,《贞观律》完善,《永徽律疏》传世的唐代律典。唐律的体系是指狭义唐律的体系内容。

唐律12篇的排列为：《名例律》《卫禁律》《职制律》《户婚律》《厩库律》《擅兴律》《贼盗律》《斗讼律》《诈伪律》《杂律》《捕亡律》《断狱律》。"卷"是唐律编写上文字篇幅的划分单位，共为30卷，即《名例律》第1~6卷，《卫禁律》第7~8卷，《职制律》第9~11卷，《户婚律》第12~14卷，《厩库律》第15卷，《擅兴律》第16卷，《贼盗律》第17~20卷，《斗讼律》第21~24卷，《诈伪律》第25卷，《杂律》第26~27卷，《捕亡律》第28卷，《断狱律》第29~30卷。"条"是各篇（律）的条目，具体规定唐律的原则、制度、罪名、刑罚适用等。唐律的篇目，从名称到排列顺序，是很讲究的。篇目之名和排列顺序是千年沿革，屡经变化。《法经》设盗、贼、囚、捕、杂、具六篇，反映了李悝"王者之政莫急于盗贼"[1]的立法指导思想，故而，将盗、贼作为打击的锋芒所向，列于六篇之首，其后的囚、捕两篇主要也是围绕惩治盗、贼的，这一立法思想一直为后来封建立法所重视。而从篇目内容的划分来看，虽将各种犯罪加重减轻等一般原则的《具法》，未置之首而列于最末，但从整体看，其已初步体现了类似现代刑法的总则与分则的分设结构，为封建法典创立了模式。

唐律12篇的内容，同样是封建法律经过漫长改革发展，陈陈相因的历史而形成的。《名例》之名乃"五刑之罪名"，例是"五刑之体例"。其内容涉及惩罚犯罪的刑罚名称与等级，以及刑罚适用的原则等。将《名例》列于律首，与下面11篇分述各种犯罪的篇目相呼应，形成一个类似现代刑法总则、分则相结合的体例。例如，《名例》中关于"八议""同居相为稳"等特权原则和伦理原则的规定，更是唐律礼法结合精神的重要体现，对其他各篇都有很强的制约作用。

《名例》篇包含三方面的内容：一是刑罚的种类，除笞、杖、徒、流、死五刑之外，还有除名、免官、免所居官、官当、赎，等等。二是适用刑罚的通则，其中，有许多项目与现代刑法基本上是相同的，如故意、过失、共同犯罪、主从、自首、累犯、类推比附，等等。有些项目则名异而实同，例如，"二罪俱发"，实为今之并合论罪。"老幼残疾"，实指今之刑事责任年龄。至于区分公罪与私罪、同居相隐等原则，则是现代刑法所没有的。三是法律名词的定义，特别是对一些关键性名词术语的解释，颇具科学性。例如，解释

---

[1] 参见房玄龄等：《晋书·刑法志》。

"谋"字，疏文说"称谋者，二人以上"，但又指出"谋状彰明，一人同二人之法"。唐律的"十恶"重罪比之北齐的"重罪十条"，所增最重要的就是"谋"字，"十恶"中的一、二、三罪都用"谋"，特别强调了对此等重罪的预谋的打击，所以，"谋"的解释与律文的内容就呼应起来了。

2. 唐朝的刑制

唐律中的刑罚制度是在继承和发展前代刑罚制度的基础上建立的，以其宽和及适中成了中国封建制社会刑罚的代表。唐律规定的刑罚，可分为主刑与附加刑。

第一，主刑。唐朝的主刑是规定于唐律中的"五刑"制度。中国古代的五刑制度经历了奴隶制和封建制两个发展阶段。奴隶制社会的五刑，形成于夏朝，发展于商朝，确立于周朝，一般认为是墨、劓、剕、宫、大辟。奴隶制社会的五刑一直延续到汉朝文帝时期，汉朝文景二帝改革刑制"废除肉刑"，确立了笞刑、徒刑和死刑的法定刑刑种，为封建制社会的五刑创立迈出了决定性的一步。隋朝统一，《开皇律》正式确立了死、流、徒、杖、笞的封建制社会的五刑，是中国古代刑罚制度的一次重大变革。唐朝五刑承袭隋制而又有所发展，并且在性质和运用上有其显著特点。

其一，主刑的种类。根据《唐律疏议·名例律》之规定，唐朝五刑由轻而重依次为：笞刑、杖刑、徒刑、流刑、死刑。笞刑是指通过笞打进行羞辱的对犯轻微罪行者适用的刑罚之一，唐朝笞杖用荆条制成，拷打的部位原先规定是背、臀、腿三个部位，但贞观初年，唐太宗从针灸人体穴位模型上看到，人的重要脏腑都在胸背之间，于是，下令不得拷打背部。[1]以后，笞刑只打臀部和腿部，笞刑拷打数目是从10下到50下，笞刑犯人候审不监禁。杖刑，与笞刑同为身体刑，属于"薄刑"，比笞刑稍重。杖刑所用之杖虽然长短同笞杖一样，但比笞杖粗，大头二分七厘，小头一分七厘。杖刑除打臀部与腿外，必须包括背部分摊受刑，杖刑拷打数目从60起到100为止，杖刑犯人候审要监禁。

徒刑是指以罚奴役的方法加以羞辱并且限制人身自由的刑罚，徒刑犯人行动自由要受限制，如果"徒罪不禁"或应带枷锁而不带，主管官吏要受罚。对徒刑犯人要"令役身"，即使有病请假，也要在病愈后补服，若"徒应役而

---

[1] 参见宋祁等：《新唐书·刑法志》《唐会要》卷四十"君上慎恤"。

不役,及徒囚病愈不计日令陪役者",带领服役的官吏要受罚。徒刑服役年限分为一年、一年半、二年、二年半、三年共五等。流刑是一种强制犯人从原住地终身远迁异地并附加服一定期限苦役的刑罚,属于自由刑,重于徒刑,轻于死刑,是死刑的宽宥形式。唐朝流刑分为三等,一般不加杖刑。流刑犯人去发配地,妻妾要跟随,并不得以流放为理由休弃妻妾,父亲、祖父、儿子和孙子是否去流放地可以自愿。流刑犯人及随行家人在犯人服劳役期满或赦免以后就在流放地入户安置,只有在下列两种情形下,流配人及家眷可迁返原籍:一是遇有对流配的赦令;二是流配人死亡后,家人即使已在当地入籍,三年内愿意返回原籍的,允许返回。在唐朝,根据惩罚内容的轻重,流刑又分为普通流刑、加役流两种。普通流刑,一是从流放二千里始,以五百里为等差,到三千里为止共三等;二是三等流刑都服苦役一年。加役流,即流三千里、服苦役三年,这是唐太宗创制的一种特殊流刑。

死刑是指剥夺生命的刑罚,是最严厉的刑罚。根据唐律规定,死刑分绞、斩二等,具有明显的特点。死刑适用范围较广,其判决要经皇帝批准、死刑执行前仍要向皇帝再次复奏,有几种人不适用死刑的恤刑制度和维护特权的死罪而不加死刑的制度。例如,80岁以上不满90岁、7岁以上不满10岁及重残人除犯反、逆、杀人的死罪上请外,犯其他死罪都不处罚;90岁以上、7岁以下的人,免除包括死刑在内的一切刑罚;特定时间内对某些人不执行死刑,孕妇直至产后百日内不执行死刑;因特权而原则上不适用死刑,享有"八议"及"上请"特权者,最后由皇帝御裁是否减免死刑。

其二,主刑的体系。唐律五刑不仅有种类(或称级别)之别,而且有等次之分,构成了一个体系。五刑由轻到重,相互衔接,共有五级二十等。具体言之,每一种单独的刑罚,是为一"级",例如,笞、杖、徒、流、死共有五级。每一种刑罚中又划分量刑的档次则为"等":笞刑五等,即笞一十到笞五十;杖刑五等,即杖六十到杖一百;徒刑五等,即徒一年到徒三年;流刑三等,即流二千里至流三千里,各居作一年;死刑两等,即绞、斩。不仅如此,低一级刑罚的最高限与高一级刑罚的最低限,例如,笞五十与杖六十,杖一百与徒一年,徒三年与流二千里,流三千里与绞,也是等的关系。因此,五刑体系通计五级二十等。唐律刑罚分为五级二十等,虽然凸显中国古代刑罚形式主义和机械主义,但这种严格规则的等级划分,不仅使刑罚的规定具体、明确,而且使司法实践中刑罚的适用简明、准确,因而提升了刑罚裁量的可操作性,有利于防止法官擅权弄法。五级二十等的五刑体系,为量刑的加、减提供了明确的标准。

所谓"加",《名例律》(总56条)规定:"诸称'加'者,就重次。"即按五刑五级二十等的轻重,依次加刑,如有人犯杖一百,加一等应处徒一年;或应徒一年,加一等则为徒一年半。但是,唐律对刑罚加等有一定限制。一是加等时犯罪情节必须达到法定的数量指标,即"数满乃坐"。例如,《贼盗律》(总282条)规定:"窃盗五匹徒一年,五匹加一等。"那么,即使盗九匹九尺九寸,也只能徒一年,而不能加至徒一年半。二是加等一般"不得加至于死",最高加至流三千里。例如,《捕亡律》(总460条)规定,守卫将吏值勤时离走,一日杖一百,二日加一等。如无特别规定,即使离走的日子再多,也不能加至死刑,而以流三千里为限。只有当法条明确规定可加至死刑时才能加至死刑,并且如果已加重至绞刑,就不再加至斩刑。例如,《斗讼律》(总305条)规定:"殴人折二肢,流三千里。"同律(总320条)规定:"部曲殴伤良人者,加凡人一等。加者,加入于死。"注文云:"加入绞者,不加至斩。"现有部曲殴良人折二肢,加凡人一等则不受流三千里限制,仍可加至绞刑。如果是故意殴折,按规定又应加一等,但既已加入绞刑,就不再加至斩刑。

所谓"减",《名例律》(总56条)规定:"称'减'者,就轻次。"即按五级二十等依次减刑。例如,应徒二年的减一等就是徒一年半,应杖六十的减二等就是笞四十。但是,法律特别规定:"惟二死、三流,各同为一减。"也就是说,死刑的两个等差、流刑的三个等差,在减刑时分别作为一等来计算。例如,假如共犯之首犯依法应斩,从犯减一等,则减至流三千里。同样,如犯流三千里应减一等,则直接减为徒三年。由此可见,流刑三等,死刑二等,加重时要逐等递加,而减等时则分别作为一等对待,体现了唐律恤刑从轻的精神。

第二,附加刑。唐律刑罚除了有分为五刑的主刑外,还规定有附加刑,附加刑的使用也有自身特点。唐律中的附加刑有:撤销官职、没官。

其一,撤销官职。撤销官职包括除名、免官、免所居官,并且,官员只有在犯了法律明确规定的某些犯罪,才在处五刑的同时附加这一刑罚。除名是指将官职和爵位一起撤销的处罚,只有在犯十恶大罪,故意杀人,反逆缘坐,监守官在辖区内犯奸、盗、略人罪,受财枉法罪及犯其他死罪的,才处以除名。

免官是指，撤销官员的职事官职、散官官职、卫官官职及勋官官职而仅保留爵位的处罚，官员犯有奸罪、盗罪、略人罪、受财枉法罪、犯流徒罪后逃亡及于父祖囚禁期间作乐或婚娶的，处以免官。免所居官是指，撤销职事官、散官、卫官官职或撤销勋官官职的附加处罚，官员犯有府号官职犯父祖名讳、父祖年老病残委亲任官、父母丧期内生子、娶妻、父母在世兄弟别籍异财、冒哀求仕、奸所辖区内贱民等罪行时，附处免所居。

其二，没官。没官是指犯罪人的财产充公归官或由官府处分，相当于没收财产。没官在适用上有两个特点：一是没官仅适用于谋反大逆罪及"彼此俱罪之赃"及"犯禁之物"；二是没官不仅适用于正犯，而且适用于部分同居缘坐之人。

二、唐朝的狱制

（一）唐朝的司法体制

唐朝总结了以往各朝的司法经验，建立了更加完善的司法制度，唐朝的司法机关是由中央司法机关和地方司法机关组成的。唐朝中央司法机关的建制、职责及一系列规定，对唐朝以后中央司法机关机制的形成，产生了很大影响。

1. 中央司法机关

在唐朝，中央司法机关主要包括大理寺、御史台、刑部三大司法机关，分别执掌审判、监察和司法狱政三大司法职能。唐朝的三大司法机关各有明确的职责，形成了一种互相配合、制约的关系，既加强了皇帝对司法权的控制，又增强了封建司法统治效能。在唐朝，每遇重大案件，则由大理寺卿、御史中丞和刑部尚书共同会审，称为三司推事制度。

第一，大理寺。大理寺是唐朝中央的最高审判机关，设卿和少卿为正、副长官，其职责是"掌邦国折狱、详刑之事"。大理寺主要负责审判中央百官犯罪及京师徒刑以上的案件，但是，流、徒刑案件判决后须经刑部复核，死刑案件判决后则须奏报皇帝批准，负责审核由刑部移送来的地方死刑案件。

第二，刑部。刑部是唐朝中央的最高司法行政机关，属于中央尚书省下辖的六部之一。刑部设尚书和侍郎为正、副长官，其职责是"掌天下刑法，及徒隶、勾覆、关禁之政令"。刑部下设刑部司、都官司、比部司、司门司四个职能部门。其中,都官司具体分管狱政事务。都官司以都官郎中和员外郎为正、副长官,下设主事、令史、书令史、掌固为其属官,具体处理狱政管理之有关事务,例如,"掌俘录薄录,给衣粮医药,而理其诉免"。

第三,御史台。御史台是唐朝中央的最高监察机关,设御史大夫和御史中丞为正、副长官,其职责是"掌持邦国刑宪典章以肃正朝廷",即监察百官。御史台监督大理寺和刑部的司法活动,也参与一些重大、疑难案件的审理。

2. 地方司法机关

唐朝中期对地方实行州、县行政管理两级制,与州并列的还有府。唐朝后期对地方实行道、府、县行政管理三级制。县以下的乡里组织为:"百户为里,五里为乡。"唐朝的地方行政机关兼行地方司法机关职能,所以,这些行政机关也都是具有司法职能的机关。

第一,州、府司法机关。在唐朝,州是中央之下、县以上的一级地方行政区划。按照户口多寡等标准,州分为上、中、下三等。三万户以上的为上州,二万户以上、三万户不到的为中州,二万户以下的为下州。刺史是州的行政长官,也是州的最高司法官,负责"录囚徒","有不孝悌、悖礼乱常、不率法令者,纠而绳之","若狱讼之枉、疑"要上奏。刺史以下有一些佐官,包括别驾、长史、司马、录事参军事、录事和司功、司仓、司户、司田、司兵、司法、司士曹参军事等,其中,司户参军事和司法参军事都掌有具体的司法职责。

唐朝的首都或陪都在其所在地设有府,它与州平行。唐玄宗开元元年(公元713年)改雍州为京兆府,洛州为河南府,并州为太原府。以后,扩大府的设置,又增设了凤翔、成都、河中、江陵、兴元等一些府。府的长官是府尹,既是府的最高行政官吏,也是府的最高司法官吏,具有与刺史相同的司法职责。府尹之下设有少尹及与州相似的一些官吏,司户、司法参军事等都要处理具体的司法事务。唐朝在边疆地区设置了都护府,管理少数民族事务。都护府的长官是都护,兼行地方的行政权和司法权,具有与刺史相同的司法职责。

第二,县司法机关。唐朝的州下设县,按户口多寡等为标准,分为上、中、下三等。五千户以上的为上县,二千户以上的为中县,一千户以上的为下县。另外,还有京县和畿县。县的长官都称令,县令既是一县的行政长官,也是一县的司法官,要亲自处理司法事务。县令也有佐官,他们是丞、主簿、尉、司户、司法、仓督、典狱和问事等。其中，司法、典狱等都是处理具体司法事务的官吏。

(二) 唐朝的治狱思想

唐朝从公元618年唐高祖立国，到公元907年唐哀帝亡国，共存续289年。在此期间，出现了两位杰出人物，一位是唐高宗李世民，另一位是武则天。唐太宗和武则天是唐朝的两个代表性人物，因二人各自生活的社会客观状况不同，虽然同属于唐朝，却有着不同的治狱思想。其实，封建统治者采用哪种治狱思想，取决于其所面临的形势，两者相互交替使用，这是封建王朝统治者在治狱思想上的惯用手法。

1. 唐太宗的宽仁治狱思想

唐太宗李世民是唐高祖李渊的次子，18岁跟随李渊起兵，被封为秦王。公元626年，即武德九年，李世民发动玄武门之变，杀死太子李建成及齐王李元吉，迫使高祖交出皇位，然后登上皇帝的宝座，称为唐太宗。唐太宗奉行"立法公平、务求宽简，慎狱恤刑、反对严讯，明正赏罚、一断以律，整饬吏治、不阿权贵"的法律思想，在治狱上实行"宽仁治狱"的思想。

唐太宗指出："滥系无辜则政道缺，久濡有罪则怨气生，圜土之中仰视青天，有同悬镜。而锁械肤体郁结其中，循诸己者可以知人。"[1]实际上，他提出了治狱的三个标准，一则不能滥杀无辜，二则不可耳濡目染，三则不要滥施戒具，以免囚犯因此而产生怨气，不利于唐朝的统治。唐太宗的"宽仁治狱"思想，在监狱实践中取得了积极的效果。诚如后人沈家本所评价的："唐室开创之初，布宽大，削烦峻，贞观四年，天下断死罪三十九人，刑轻而犯者少，何其盛也。"[2]

2. 武则天的以威治狱思想

武则天也是唐朝统治者中的一个杰出代表，唐朝历时289年，她一人执政达半个世纪。公元655年武则天被立为皇后，协助唐高宗处理朝政。唐高宗死后，武则天以皇太后身份临朝称制，在公元689年自立为帝改国号为周。为了巩固统治秩序，她培植和扩大武氏家族势力，打击和削弱唐朝宗室和旧臣力量，加剧了统治阶级内部的矛盾。面对这种形势，武则天唯恐天下不服，

---

[1] 参见司马光：《资治通鉴·唐纪》。
[2] 参见吴兢：《贞观政要》。

实行了以威治天下的政策。"武后已称制,惧天下不服,欲制以威","疑天下人多图己,又自以久专国事,且内行不正,知宗室大臣,怨望不服,欲大诛杀以威之"。[1]

由于武则天"专任刑杀以为威断",因而,在治狱思想上实行以威治狱的思想。于是,大开告密之门,重用酷吏索元礼、周兴、来俊臣等。"俊臣每鞫囚,无问轻重,多以醋灌鼻,禁地牢中,或盛之于瓮,以火围绕炙之。兼绝其粮饷,至有抽衣絮以啖之者。"[2]监狱中的囚犯常常被"泥耳笼首,枷楔兼暴,拉胁签爪,悬发熏目,号曰'狱持',昼禁食,夜禁寐,敲扑撼摇,使不得瞑,号召'宿囚'"。在武则天以威治狱思想指导下,监狱官吏以威、以虐为能事,无所不用其极,使监狱充满了残暴和恐怖的气氛。

(三) 唐朝的监狱制度

唐朝是中国历史上强盛的封建王朝,封建制度达到了空前完善的程度。唐朝总结了以前各朝的司法经验,建立了比以往更为完备的司法制度,内容包括司法机关、起诉、审判、执行等各方面。在此基础上,唐朝的监狱制度也达到了相对成熟和完备的状态,并对封建后期的狱制产生了重要影响。

1. 唐朝的监狱建制

唐朝沿袭隋制,在中央建立了大理寺、刑部、御史台三大中央司法机关及中央监狱体系。唐朝统治时期,伴随封建国家组织形式和政权结构的不断完善,中央、地方监狱组织系统更加严密。在唐代监狱组织系统中,作为中央司法行政机关的刑部,管理司法行政事务,是监督管理全国监狱事务的最高职能机构。刑部下设的都官司具体分管狱政,诸如登录囚徒和发配人犯的名册,监督各地监狱管理制度执行情况,提供在押人犯日常所需的衣服、粮食、医疗医药等各事项,并依据法律受理在押案的申诉材料。

第一,中央监狱体系。在中央层面上,根据监狱的归属及关押对象等情况,中央监狱体系由大理寺狱、御史台狱、内宫狱、掖庭狱组成。在唐朝,大理寺狱是附设于大理寺的中央监狱,拘禁待审、待决的各类罪犯。大理寺狱的狱丞具体掌管监狱管理的各项工作,例如,带领狱卒监督罪犯的服役与监禁,检查狱囚桎梏情况,对狱囚实行狱内处罚等。御史台狱,贞观末年,

---

[1] 参见宋祁等:《新唐书·刑法志》。
[2] 参见刘昫:《旧唐书·刑法志》。

御史台设东西两狱，主要收押御史弹劾的官员和皇帝交办的朝廷命犯，防止从大理寺狱提审案犯泄漏狱情。武则天专制时期，重要案犯均被收禁在御史台狱，以便台官直接审判各种皇帝交办的诏狱案件。由于从御史台长官到侍御史以下，往往各自监禁犯人，使牢狱常出现人满为患的情况，唐玄宗在位时废除了御史台狱，但到唐宪宗时期又被恢复。

内宫狱，唐朝为严格区分普通案犯与皇族犯罪成员，在内宫设置了临时的幽禁场所，即内宫狱，用以监禁太子、诸王、后妃、公主犯罪者。因为案情重大，性质特殊，所以，一般不经过普通司法程序，重者立即处死，轻者拘禁于内宫待审待决。例如，太宗贞观年间皇四子李泰同太子李承乾争位，李泰被监禁于将作监。又如，高宗调露二年（680年），章怀太子李贤因反对武则天临朝称制，被废为庶人，"幽禁在其他秘密住所"。[1] 掖庭也作"掖廷"，原是宫中的旁舍，是嫔妃居住的地方。唐朝设立"掖庭局"，隶属于内侍省管辖，是皇宫内的女工作坊。从事劳动的女工都是犯罪的公主、嫔妃、女官和宫女，以及朝廷大臣犯罪后牵连的家属。"凡反逆相坐，没其家为官奴婢……妇人工巧者，入于掖庭。"[2] 掖庭狱是囚禁女犯的场所，属于唐朝的中央监狱之一。

第二，地方监狱体系。地方司法与行政合一是中国封建制国家的传统做法，唐朝的地方监狱的体制一般与地方行政区划的体制相适应。在唐朝，根据行政区划的设置，地方监狱包括京县狱、州县狱两种，这些监狱组织起了庞大的狱吏队伍。

其一，京县狱。京都地区处于天子辇毂之下，直接维系着统治集团的安全，因此，京都的狱治更受到唐朝的重视。西京设京兆府、东京设河南府，"而京兆、河南狱治京师"[3]，中央百官犯罪，也常常系于京兆府，因此，京府监狱实际上具有中央监狱和地方监狱的双重性质。京兆、河南府治所的长安、万年、河南、洛阳四县称为京县，即"咸置狱"。京府、京县的监狱不仅由府尹、县令管辖，而且直接受中央政府的监督。

其二，州（府）县狱。唐朝的行政地方体制为州（府）、县两级，"凡州

---

[1] 参见刘昫：《旧唐书·后妃传上》。
[2] 参见刘昫：《旧唐书·职官志》。
[3] 参见宋祁等：《新唐书·刑法志》。

县有狱"[1]。据贞观十三年（639年）统计，全国有州（府）358个，县1551个，开元八年（720年）统计，有州府328个，县1573个。唐朝的州（府）县各级地方监狱的总数，当在近2000所。

狱吏队伍。其中，京兆、河南等府，在府尹、法曹参军事之下，设典狱11人。京兆、河南府所管各县为畿县，设典狱14人。各州在刺史、司法参军事之下，上州设典狱14人，中州12人，下州8人。各州所属的县分为上、中、下县，在县令、司法佐、史以下，上县设典狱10人，中县8人，下县6人。总计唐朝地方狱吏当在15 000人左右。

2. 唐朝的监狱管理

在唐朝，《唐律》明确规定了监狱关押的对象。笞刑犯作为轻微犯罪人，不论是判决前还是在执行期间，均不得监禁。杖、徒、流、死刑罪犯，从案发逮捕到执行刑罚之前，一律入监囚禁。监狱有着完备系统的管理制度，包括系囚制度、悯囚制度、居作制度和录囚制度。

第一，系囚制度。系囚制度是指，对囚犯系之入狱进行关押监禁的制度。有效地关押监禁罪人，是监狱实施各项管理职能的前提，因而，在监狱管理中居于重要地位。唐朝的系囚制度，主要包括男女系囚异狱、桎梏制度、安全保障等内容。关于男女系囚异狱，唐朝确立了"贵贱异狱、男女分监"的制度。凡皇族犯罪者，或"刑于家室"或"幽于别所"，软禁于家或关押于内宫狱。其他刑事罪犯则关押在一般监狱中，用以表示贵贱有别。不仅宫内狱实行男女分监，一般监狱中也实行男女罪犯分押分管。唐朝监狱根据身份与性别，对狱囚实行分类、分押、分房管理，有利于维护狱内正常的监管秩序，有利于维护整个社会的封建宗法等级关系。

关于桎梏制度，唐朝实行分类械系制度，严厉惩办罪犯私脱械具刑具的行为。唐朝械具依据犯罪轻重规定有以下几种，枷即束颈的械具，扭（chou）即束手的械具。对死刑重犯施用重械，戴木枷和木扭，以防范脱逃。流刑以下罪犯和女犯只带枷；老幼、孕妇、笃疾病人犯罪需要关押时，不戴枷、扭械具，实行散禁，即采取"颂系"的方法。官吏犯罪需要关押者，实行优待，只施行锁禁，不戴重械，若因公犯徒罪则不带械具，实行散禁。狱官狱吏凡违反械具施用制度而发生的犯罪，不论是从重入轻，还是从轻入重，唐律都严

---

[1] 参见宋祁等：《新唐书·刑法志》。

格规定了制裁条文，即依照罪犯处刑的轻重，对狱官狱吏处以笞刑或杖刑。

关于安全保障制度，为保障狱内安全，唐律严厉惩治破坏关押监禁制度的各种行为，不仅有囚犯的违禁行为，也有囚犯的犯罪行为；不仅有对囚犯的惩罚，也有对狱吏的惩罚；还有对他人的要求。严禁系囚携带违禁物品入狱，其为了防止监狱中发生囚犯自杀、杀人、越狱逃跑的行为，或内外传递信息，唐律严禁系囚携带违禁物品入狱，对私自给予者予以法律制裁。《唐律·断狱律》规定："诸以金刃及他物，可以自杀及解脱，而与囚者，杖一百；若囚以故逃亡及自伤、伤人者，徒一年；自杀、杀人者，徒三年。"为严防违法案件的发生，监狱加强监狱门禁的出入管理，"圆扉严邃，守者罗列"。

重处劫囚及越狱者，《唐律》规定："劫囚者，流三千里，伤人及劫死囚者绞，杀人者，皆斩。"[1]"凡被囚禁拒捍官司而走者，流三千里；伤人者，加役流；杀人者斩，从者绞。"凡是劫囚和越狱行为一旦发生，不管得逞与否，都处以流三千里的处罚。流刑是仅次于死刑的刑罚。劫囚与越狱者所处之流刑是流刑三个等级中最重的一等，对劫囚、越狱行为惩罚是严厉的。

对逃囚自首和捕得的处理，《唐律》规定，逃囚如能自首免罪。《唐律疏议·捕亡》规定："若罪人已死及自首各尽者，亦从免法。"《唐律·捕亡律》还规定："诸犯罪共亡，轻罪能捕重罪，及轻罪等获半数以上自首，皆除其罪。"追捕囚犯行人必须协助。《唐律疏议·追捕罪人》规定："诸追捕罪人而力不能制，告道路行人，其行人力能助之而不助者，杖八十；势不得助者，勿论。"追捕逃囚的将吏在追捕逃囚或遭遇逃囚拼死抗拒时，如招呼行人援助，行人能给予援助而不去援助，则给予杖责的处罚。如果有不可逾越的障碍，或者行人中官有急事，及私家救疾赴哀，情事急速，亦各无罪。

处罚官吏纵囚失囚，唐律规定，凡专当守囚之人或典狱之类，在履行职责时，如果是故意放跑囚犯或是因监管疏漏而导致囚犯逃跑，都治罪。《唐律》对于"失囚"者立限追捕，如能在规定的时间内捕获，则减轻处罚。对于"放纵者，不给捕限"，可见，对纵囚者实行从严、从重的处罚原则。

第二，悯囚制度。自从汉代统治者在儒家仁义慎罚思想指导下，首创悯囚之制后，从唐朝开始，悯囚制度作为监狱管理的一项基本制度被确定下来，以后的朝代相沿不改。在唐朝，悯囚制度是监狱管理的一项基本制度，内容

---

[1] 参见《唐律疏议·劫囚》。

主要包括囚犯衣粮、医药、颂系、孕妇刑决、死囚无亲给棺的管理。

关于囚犯衣粮管理。囚犯衣粮管理是悯囚制度的基本内容。唐朝对于罪犯一般采取就地关押、就地审判的原则。因此，囚犯在关押期间的衣粮，一般由囚犯家庭承担；对于囚犯家庭无条件供给，或家远暂时无法供给者，由官府暂时垫支。《狱官令》规定："囚去家悬远绝饷者，官给衣粮，家人至日，依数征纳。"

关于囚犯医药管理。《狱官令》规定："囚有疾病，主司陈牒，请给医药救疗。"[1]"病重听家人入视。"对犯罪的官吏更为优待，"更置奖饮，月一沐之，疾病给医药，重者释械，其家一人入侍"，对"职事散官二品以上者，则允许妇女子孙二人入侍"。

关于颂系。《唐六典》规定："杖笞与公坐徒及年八十、十岁、废疾、怀孕、侏儒之类皆颂系待断。"为保障颂系的落实，还要惩罚违反悯囚规定的官吏，"诸囚应请给衣食医药而不请给，及应听家人入视而不听，应脱去枷、扭，销而不脱去者，杖六十；以故致死者，徒一年。即减窃囚食，笞五十；以故致死者，绞"。

关于妇女当刑而孕产后百日乃决。《唐律》规定："诸妇人犯死罪，怀孕，当决者，听产后一百日乃行刑。若未产而决者，徒二年；产讫，限未满而决者，徒一年。"但是，对于过限不决，官吏也有罪，"其过限不决者，依奏报不决法"，即怀孕女犯产后百日仍不行刑，官吏"违一日杖一日，二日加一等"。而且，对于怀孕女犯，不准拷讯及决杖。

关于死囚无亲者给棺。唐朝对于囚犯死亡无亲属安葬者，给棺下葬。安葬囚犯所用的棺，京师囚犯由将作监提供，外州、县囚犯由所在官府提供，但犯恶逆以上不给棺。京师死囚的安葬地点选在距京师七里之外，酌量给一顷以下土地掩埋，并在墓穴内放置一墓志砖，上刻写死囚的姓名、籍贯，墓前也要立一告示，同样写有死囚的姓名、籍贯，通知家人领取。

第三，居作制度。居作制度是强制判处徒刑、流刑的罪人劳役的制度。强制囚犯服劳役始于殷商，此后一直相沿，至唐朝发展成为封建监狱管理四大制度之一。唐朝的居作制度的内容包括流刑犯人的遣送、居作的时间、劳役的地点。

---

[1] 参见宋祁等：《新唐书·百官志》。

关于流刑犯人的遣送。唐《狱官令》规定，流刑罪人断罪之后，其妻妾要随之一起流亡它地。"若妻子在远，预为追唤，待至同发。"流犯"季别一道"，即一季度发遣一次，流地主要是岭南等边要之州。流刑犯的遣送，一律"各差专使领送"。"所领送人，皆有程限；不得稽留迟缓"，要求"案成即送"。如果违反，《唐律》规定："诸徒、流应送配所，而稽留不送者，一日笞三十，三日加一等；过杖一百，十日加一等，罪止徒二年。"

关于居作的时间。《唐律》规定，判处徒刑的时间与居作时间相等。唐朝的徒刑分为五等，从一年至三年，每等加半年。《唐律疏议》解释说："徒者；奴也，盖奴辱之。"唐朝《狱官令》规定："犯徒应配居作。"徒、流罪人不仅要在一定时间内被剥夺自由，还要在一定时间内服劳役。唐朝流刑犯的劳役时间"三流俱役一年"，不管是流二千里、二千五百里，还是三千里，劳役时间均为一年。加役流则流三千里，役作三年。

关于劳役的地点。罪人的劳役地点均不在监狱内，劳役场所大都集中在社会上的大型土木工程建筑工地，官营手工业作坊，或者在官署、驻军营地。劳作时一律戴刑具。《新唐书·刑法志》规定："居作者著钳若校，京师隶将作，女子隶少府缝作。"京师男犯在将作监，女子在少府监劳作。将作监掌管土木工程营建之事，少府监掌管百工技巧之事。唐朝《狱官令》规定："犯徒应配居作，在京送将作监，在外州者供当处官役。"《唐会要》规定："今后应犯徒罪者，并量事宜，配于诸军效力。"唐律特别强调，流刑罪人所流之地，不要在重要城镇之处，宁可就远，不可就近。在确定徒、流劳役地点时充分考虑国家重要城镇的安全和社会秩序的稳定。

关于劳役的管理。京师男犯在将作监劳役的，女犯在少府劳役的，"旬给假一日，腊寒食二日，毋出役院。病者释钳校，给假，病差陪役"。在官府服杂役的，"男子入于蔬圃，女子入于厨"[1]。需要指出的是，徒、流犯虽然是在社会公共营造场所或官署劳作，但他们不是自由人。为预防他们逃跑，劳作时要戴刑具，休息时间不准出劳役场所。徒流人犯如果在劳役场所逃跑，"一日笞四十，三日加一等；过杖一百，五日加一等"[2]。《唐律·断狱律》规定："诸领徒应役而不役，及徒囚病愈，不计日令役者，过三日笞三十，三

---

[1] 参见宋祁等：《新唐书·刑法志》。
[2] 参见《唐律疏议·捕亡》。

日加一等,过杖一百,十日加一等,罪止徒二年。"

第四,录囚制度。唐朝的录囚也称作"虑囚",据《唐六典》李林甫注:"虑,谓检阅之也。"唐纪作虑,志作录。可见,在唐朝虑、录通用。由于通过录囚不仅有利于封建统治者牢牢掌握治狱大权,而且,通过皇帝和官吏的录囚活动,能够平反冤狱,疏决淹囚,减少囚犯瘐死,有利于缓和阶级矛盾。因此,唐朝进一步充实和发展了录囚制度。录囚又称虑囚,是指封建皇帝和上级司法机关或监察机关对监狱关押的已决犯和未决犯进行审查,用以监督狱政管理,防止冤狱滞狱的一种法律制度,具有有效统一调整审讯、刑罚、监狱行刑的作用。

皇帝亲录囚徒。唐朝皇帝的录囚活动较为频繁,并成为赦事之一。唐高祖李渊武德元年"亲录囚徒",唐太宗贞观二年(627年),"亲录囚徒,闵死罪者三百九十人,纵之还家,期以明年秋即刑。及期,囚皆诣朝堂,无后者"[1]。唐太宗下诏全部赦免。贞观二十年(645年),"诏以无识之徒自刑宪者,宜顺阳和,时申恩惠。诸司见禁囚,并宜将过详其轻重。自此以后,每视朝,录禁囚二百人,帝亲自案问"[2]。唐高宗李治先后于永徽元年(650年)、四年(653年),显庆三年(658年),龙朔三年(663年),麟德二年(665年),乾封二年(667年),总章三年(670年),咸亨二年(671年)"亲录囚徒"或者"亲录京城系囚",达八次之多。龙朔三年(663年)二月,唐高宗下诏说:"天德施生,阳和生节、言念幽囹,开侧分宵。虽复每有哀矜,犹恐未免枉滥。在京系囚应流死者,每日将二十人过","于是亲自验问,多有原宥,不尽者令皇太子录之"。唐玄宗开元七年(719年),"制以亢阳日久,上亲录囚徒,多所原免"。

唐朝皇帝录囚活动频繁,并且把录囚与赦免密切结合起来。当然,唐朝皇帝录囚是有原则限制的,十恶大罪不在录囚赦免之内。除此之外,"量情降宥","降死至流,流降入徒,徒降入杖,杖者并放"[3]。

官吏定期录囚。唐朝把录囚作为司法长官和监狱官吏的职责之一,规定他们要定期录囚。唐太宗贞观五年(630年)规定:"诸狱之长官五日一虑

---

[1] 参见(北宋)王钦若等:《册府元龟》卷五十八。
[2] 参见王钦若等:《册府元龟》卷五十八。
[3] 参见刘昫:《旧唐书·高宗纪》。

囚。"[1]《唐六典》规定，唐朝诸州刺史每岁一巡属县录囚，御史台监察御史巡行州县录囚。《唐律》还规定："每年正月遣使巡复狱情，所至阅狱囚扭、校、粮饷不如法者。"[2]可见，唐朝官吏录囚不仅形成定制，而且，录囚内容也有所扩大，包括平理冤狱、疏决淹囚、惩罚官吏在监狱管理中的非法行为。

唐朝录囚制度是值得肯定的一项制度，通过各种方式录囚，客观上起到了疏通监狱，察冤平反，监督狱政的作用。但是，封建监狱的黑暗，唐朝也不例外。虽然法制较为完善，但法律的规定与实际执行有很大差距。唐哀帝开成四年（839年）五月诏敕指出："京城百司及府县禁囚，动经岁月，推鞫未毕。其有绝小事者，经数个月不速穷洁延至署时，盖由官吏因循，致兹留狱，炎蒸在候，冤滞虽堪，宜付御史台，委裴元裕选明御史三两人，各本司分阅文按，据理疏决闻奏。如官吏稽慢，亦具名衔闻奏。"[3]

3. 唐朝狱制的历史地位

在中国监狱发展史上，唐朝的狱制居于承前启后、继往开来的重要地位。在承袭前代经验和成果的基础上，不仅成为集前朝之大成者，而且有新的发展和创新。相对而言，唐朝狱制是封建社会狱制的完善形态。唐朝的三大司法机关，唐朝的治狱思想，唐朝监狱职官系统，以及监狱管理的四大制度，都处于完备的成熟状态，成为封建狱制的典范。尤其是唐朝监狱法制完备，治狱皆有法可依，有章可循，轻重适中，对后世产生了很大影响。

第三节　五代的监狱

一、五代的刑罚

（一）五代的形成

唐朝自安史之乱后，形成了各地藩镇拥兵自重、割据一方的局面，不过，唐王朝的中央政府在形式上仍然能够保持统一的格局。但是，自黄巢领导的唐末农民大起义之后，唐朝形式上的统一格局也遭到破坏，陷入藩镇割据混

---

[1] 参见刘昫：《旧唐书·太宗纪》。
[2] 参见刘昫：《旧唐书·刑法志》。
[3] 参见（宋）王溥：《唐会要》。

战的局面。北方力量最强的朱温，先后击败了各路藩镇，最终夺取了唐王朝的江山，于公元 907 年自立为皇帝，国号梁，史称后梁。江南一带的地方军阀也趁机割据一方。这样，开始了中国历史上的"五代十国"时期。这一时期，中原先后建立了后梁、后唐、后晋、后汉和后周五个王朝。

（二）五代的刑制

由于后梁、后唐、后晋、后汉和后周这五个王朝都是由原来的割据势力发展起来的，其统治基础相当薄弱。为了巩固统治，他们大都采取严刑峻法的手段来维持统治秩序。因此，立法深峻、刑罚酷滥、司法黑暗成为五代时期法律制度的显著特点。五代形式上仍沿袭了唐代的五刑制度，但在刑罚的执行方法上出现了一些新的变化。

1. 折杖法

折杖法，是指将笞、杖、徒、流四种刑罚的执行都用杖刑来代替。据史料记载，唐朝后期的敕条中，就已有关于适用折杖法的规定。唐大中七年（853 年）四月敕："自今法司处罪，用常行杖。杖脊一，折法杖十（注：法杖，谓常行臀杖也）；杖臀一，折笞杖五，使吏用法有常准。"[1]五代时期对某些犯罪的处罚沿袭了这一做法。

据《册府元龟》卷六一三记载：后唐清泰元年（934 年），大理寺议窃盗赃，"议云：赃一匹杖脊十八，不满一匹杖十五，不得财，杖臀十五"[2]。五代时期适用折杖法的原因主要有两个方面：一方面，五代时期由王朝直接控制的版图狭小，事实上限制了流刑的执行。另一方面，五代时期大赦频繁，徒刑在实际上很难执行完毕，适用折杖法从某种程度上解决了这个问题。

2. 刺配

五代时期，对于一些宥恕死罪的罪犯，采取决杖配流或刺面配流以代替死刑的做法。据记载，这一做法始于后晋天福年间，它是将决杖与配流并用或是将刺面（在犯人脸上刺字）与配流并用，不过刺面配流（简称"刺配"）并不附加决杖。

3. 凌迟

凌迟又称"陵迟"，是指活剐犯人的一种酷刑。南宋陆游在《条对状》

---

[1] 参见司马光：《资治通鉴》卷二四九，另《文献通考·刑考五》。
[2] 参见王溥：《五代会要·定赃》。

中说过:"五季多故,以常法为不足,于是始于法外特置陵迟一条。肌肉已尽,而气息未绝;肝心联络,而视听犹存。"[1]后晋的左拾遗窦俨在上疏中也说:"案《名例律》:死刑二,绞、斩之谓也。绞者,筋骨相连;斩者,头颈异处。大辟之目,不出两端。淫刑之兴,近出数等……或长钉贯人手足,或短刀脔人肌肤,迁延信宿,不令就死。"[2]凌迟酷刑的目的在于延长受刑人的痛苦,从执行方式上来看,很可能源于当时北方游牧民族的政权——契丹。[3]

二、五代的狱制

(一) 五代狱制的特点

公元907年,叛变农民军的朱温灭掉唐朝,首建后梁。此后,在北方的中原地区,相继建立了后唐、后晋、后汉、后周等割据的封建政权,史称五代。除此之外,全国各地又出现了北汉、吴、吴越、前蜀、楚、闽、南汉、荆南、后蜀、南唐十个割据的封建国家,史称十国。公元960年,后周为宋朝取代之,五代统治者进行了半个多世纪的兼并战争,使社会经济停滞不前,给人民群众带来了深重的灾难。连绵不断的战争、走马灯式的政权交替,给五代的法律制度造成了严重混乱,也给监狱制度带来了重大影响,在继承唐朝监狱制度的基础上,五代狱制有所改变。

1. 监狱实施军事管制

五代监狱的特点之一是创设了马步司左右军巡院监狱。后唐同光年间(923~926年),曾出现"御史台河南府行台马步司左右军巡院(监狱)""禁囚徒"的情况。在战事激烈的地方道、府,适应割据战争的需要,设立马步司左右军巡院监狱,由各地最高军事机构统辖,明显是军治监狱的性质。对于关押在军事监狱的囚犯,实行军事管理,由军人监管,生病由军医治疗,对于囚犯贻误军机从重处死,例如,后唐规定:"如系军机,须行严令,或谋为逆恶,或蕴蓄奸邪,或行劫杀人,难于留滞,并不在此限。"[4]贻误军机犯与其他各恶性犯罪不在秋冬行刑之例,须及时执行死刑。

---

[1] 参见(清)沈家本:《历代刑法考·刑法分考二》引《渭南文集》。
[2] 参见脱脱:《宋史·窦俨传》。
[3] 参见脱脱:《辽史·刑法志》:"死刑有绞、斩、陵迟之属。"
[4] 参见王溥:《五代会要》。

2. 狱制黑暗

由于战争消耗了大量的财力物力人力，五代时期各统治者通过各种手段对民众横征暴敛，致使阶级矛盾异常尖锐。于是，五代统治者针对"盗贼"现象严重，颇用重刑。后晋天福十二年（947年）："应天下凡关强盗捕获，不计赃物多少，按验不虚，并宜处死。"[1]后汉"不问罪之轻重，理之所在，但云有罪，便处极刑"[2]。掌狱官吏非法拷掠囚犯，"或以长钉簪人手足，或以短刀窗人肌肉，乃至累朝半生半死"[3]。鉴于五代的狱制状况，史书指出："五代以来，典刑废弛，州郡掌狱吏不明习律令，守牧多武人，率恣意用法。"[4]掌狱官吏把监狱大门说成"此吾家钱穴"，勒索狱囚。

3. 保护皇族利益

后周在监狱立法上规定了皇族及有爵位的人享有的特权。据《隋书·刑法志》引《大律》载："为盗者注其籍，惟皇室则否。凡死罪柳而举，流罪柳而桔，徒罪柳，鞭罪桎，杖罪散以待罪。皇族及有爵者，死罪以下锁之，徒以下散之，狱成将杀者，书其姓名及其罪于李，杀之市，惟皇族与有爵者隐狱。"

（二）五代的狱制改革

五代时期的一些君王也注意到了当时监狱管理的黑暗与腐败现象，他们也采取了一些措施，着力改善这种状况。然而，由于五代所处的特殊社会环境，这些改革监狱的良好措施，不可能在实践中得到真正的贯彻落实。例如，后汉高祖刘知远在太原时，曾命节度判官苏逢吉"静狱"以祈福佑，"静狱"的本意是要他疏理禁囚、平反冤狱，可苏逢吉却"尽杀禁囚以报"[5]。尽管如此，五代能提出改革监狱的举措本身就是难能可贵的。

1. 制定了定期疏理禁囚的制度

后唐同光二年（924年）六月敕："应御史台、河南府行台、马步司、左右军巡院见禁囚徒，据罪轻重，限十日内并须决遣申奏，仍委四京诸道州府，见禁囚徒，速宜疏决，不得淹停。"同光三年（925年）五月敕："三京诸道

---

[1] 参见王溥：《五代会要》。
[2] 参见（北宋）薛居正等：《旧五代史·史弘肇传》。
[3] 参见薛居正等：《旧五代史·刑法志》。
[4] 参见（南宋）李焘：《续资治通鉴长编》。
[5] 参见薛居正等：《旧五代史·汉书·苏逢吉传》。

州府，所禁罪人，如无大过，速令疏决，不得淹滞。"[1]为防止淹滞禁囚，专门规定地方长吏要定期巡视监狱，疏理禁囚的制度。后唐天成二年（927年）定制："天下系囚，委长吏逐旬亲自引问，质其罪状真虚，然后论之以法。"[2]后晋则规定："凡是禁系罪人，五日一度录问。"[3]此外，遇大寒、酷暑及其他气候或节气变化，也要及时疏理狱中禁囚。

2. 改善监狱环境和条件

后周多次发布敕令："令狱吏洒扫牢狱，当令虚歇；洗涤枷械，无令蚤虱；供给水浆，无令饥渴；如有疾患，令其家人看承。囚人无主，官差医工诊侯，勿致病亡。"[4]显德二年（955年）定制："应诸道见禁罪人，无家人供备吃食者，每人逐日破官米二升，不得信任狱子节级减消罪人口食。仍令不住供给水浆，扫洒狱内，每五日一度洗刷枷扭。如有疾病者，画时差人看承医疗。"[5]

3. 设立"病囚院"

后唐长兴（931年）二年，濮州录事参军崔琼上言："诸道狱囚，恐不依法拷掠，或不胜昔，致毙，翻以病闻，请置病囚院，兼加医药。"[6]后唐朝廷采纳了这个建议，并下敕："诸道州府各置病囚院，或有病囚，当时差人诊侯治疗，瘥后据所犯轻重决断。如敢故违，致病囚负屈身亡，本官吏并加严断。"[7]于是，设置了病犯监狱。病犯监狱的设置，在中国监狱发展史上具有重要意义，是监狱管理逐步趋向文明的表现之一。

---

[1] 参见薛居正等：《旧五代史·刑法志》。
[2] 参见薛居正等：《旧五代史·唐书·明宗纪》。
[3] 参见薛居正等：《旧五代史·刑法志》。
[4] 参见薛居正等：《旧五代史·刑法志》。
[5] 参见王溥：《五代会要·刑法杂录》。
[6] 参见薛居正等：《旧五代史·刑法志》。
[7] 参见（北宋）窦仪等：《宋刑统·断狱律》引。

第四节 宋朝的监狱

一、宋朝的刑罚

(一) 宋朝的立法思想

1. 宋朝建立

宋朝（960~1279年）是五代十国割据之后建立起来的一个封建统一王朝。公元960年，后周禁军将领赵匡胤发动陈桥兵变，建立宋朝称帝，是为宋太祖，都城开封，史称北宋。公元1127年，钦宗靖康元年，金兵占领开封，北宋灭亡。同年，钦宗之弟赵构在商丘称帝，史称南宋，后迁都杭州，公元1279年为元所灭，北宋、南宋前后存续319年。

宋朝建立后，赵匡胤经过3年的治理整顿，国内基本安定下来，接下来就解决全国统一的问题。当时，北有辽国的威胁，南有诸侯的割据。赵匡胤采取先内后外、先南后北的战略，首先向南方的诸侯开刀。赵匡胤对南方诸侯的征伐战争颇为顺利，十余年里基本上荡平了整个南方，只是对太原的北汉政权用兵较为艰难。赵匡胤死后，其弟赵匡义继位，是为宋太宗。太宗在太祖的基础上继续对北汉用兵，终于在公元979年将其灭掉。自此，五代十国的割据局面结束。统一南方之后，赵匡胤感到扩大皇权的必要，深感"一榻之外皆他人家也"而夜不能寐。

在他看来，唐代之所以灭，是因为地方权力太重和将军拥兵太重，从而造成尾大不掉的局面，自导自演的"杯酒释兵权"使赵匡胤感受到了"双刃剑的厉害"。赵匡胤、赵匡义兄弟为了加强王权，为了不使权力旁落，除了解除将军们的兵权外，还实行了一系列的改革。削减州郡一级的地方长官的权力，分割宰相的权力，改革禁军设置，继续推行科举制度，在全国的军事布局上采取"守内虚外"的政策。通过上述措施，赵氏家族的确大大地加强了王权，避免了重蹈五代短命王朝的覆辙。然而，这种稳定局面的维系，宋朝付出的代价却是极其昂贵的，具体说是以山河破碎和民生凋敝为代价的，并且始终在外忧下度日，最终被外族所灭。

2. 宋朝立法思想的主要内容

宋朝皇帝有讲求法制的传统，从太祖、太宗到南宋高宗、孝宗、理宗都懂法和讲究法律。其法律思想主要有三大方面：一是立法的理论；二是治世安邦的法律一般理论，如对法制建设的重视、重惩贪墨等；三是调整某些社会关系的部门法理论。这三者之间既有一定的区分，又互相关联。它们作为一个整体，共同制约着宋王朝的立法活动。

第一，"事为之防，曲为之制"。从理论上总结五代十国以来君权旁落的历史教训，从思想上高度重视法制在加强中央集权制中的重要作用，把厉行中央集权制的思想全部贯彻到政治、经济、军事、文化、司法诸方面的制度之中。从法律上肯定强化中央集权制的措施，制定相互牵制的行为规范，指导并约束人们的行为。

第二，"王者禁人为非，莫先法令"。宋朝的开国皇帝太祖、太宗兄弟虽以武开国，但亦重视法律、推崇法制建设，后人称："中国的传统法律，到了宋朝才发展到最高峰。"[1]宋太祖、宋太宗、宋仁宗等清晰地认识到了法制的作用，宋太祖说："王者禁人为非，莫先法令。"[2]宋太宗则反复告诫臣下说："法律之书，甚资政理，人臣若不知法，举动是过，苟能读之，益人知识。"[3]李焘《续资治通鉴长编》卷一百四十三"庆历三年九月"条记载宋仁宗的话说："法制立，然后万事有经，而治道可必。"宋神宗则说："法出于道，人能体道，则立法足以尽事"，意即法来源于理，如果人们能体道通理，则立法就可以对付天下所有的事情。

从北宋到南宋，都有皇帝直接参加订正法律的活动。宋朝非常重视法律教育和法律考试，注重司法官员的法律素养要求，士大夫必须具备一定的法律知识、参加法律教育以及法律考试才能参与司法，要求各级官员都要学习法律、参加考试，否则要受到相应的处分。在中国历史上，宋朝是最讲究法律的一个朝代，法律考试进入鼎盛时期。士大夫的法律观念由此转变，争言法令成为一种时尚。苏辙也有"天下争诵法令"之语。

第三，"临下以简，必务哀矜"。宋朝初建之时，社会动荡不定、地方割

---

[1] 参见徐道邻：《中国法制史论集》，志文出版社1976年版，第89页。
[2] 参见《宋大诏令集·刑法上》，中华书局1962年版。
[3] 参见（宋）李攸：《宋朝事实兵刑》卷十六，载《丛书集成初稿》，商务印书馆1937年版。

据严重，五代以来所造成的苛政酷刑的局面，严重影响着新建政权的稳定与发展。为了笼络人心，树立新政权的威信，太祖、太宗十分注意树立新君的仁厚宽恕形象。《宋史·刑法志》以极其简明的语言概括道："宋兴，承五季之乱，太祖、太宗颇用重典，以绳奸慝，岁时躬自折狱虑囚，务底明慎，而以忠厚为本。海内悉平，文教寖盛。士初试官，皆习律令。其君一以宽仁为治，故立法之制严，而用法之情恕。"太祖、太宗为改变五代以来诸侯飞扬跋扈、恣意杀人的局面，特别注意恤狱慎刑，临政以宽，力争做到赏罚严明，狱无冤滥。

第四，"重惩贪赃受贿"。五代十国以来，官吏贪赃之风盛行，统治者要建立稳固的政权，必须对这种世风加以纠正。否则，新政权的威信就无从树立。官吏贪赃，使社会秩序不稳，阶级矛盾激化，使"民怨吏，卒怨官，常送怨及朝廷"，"吏不廉则政治削"。[1]官吏贪赃严重危害着朝廷的统治基础和效能，统治者要整顿吏治，不得不把防止官吏犯赃问题置于首位。

现实危害如此之重，宋朝统治者不得不严惩贪赃受贿。《宋史·刑法志》说："时郡县吏承五季之习，黩货厉民，故尤严贪墨之罪。"太祖曾不止一次告诫臣下："朕固不吝爵赏，若犯吾法，唯有剑耳。"[2]赵翼在《二十二史札记》中说："宋以忠厚开国，凡罪罚悉从轻减，独于赃吏最严。"甚至以变法著称的王安石也说："今朝廷之法所尤重者，独贪吏耳。"

第五，"通商惠工，招徕远人"。宋朝既是我国历史上文化、科学成就十分突出的朝代，也是一个商品经济十分活跃、海外贸易极为发达的历史时期。从唐末五代以来"掊克斯甚、交易不行"的教训中，宋朝皇帝认识到"通商惠工"，保护商人利益的重要性。宋太宗说："当职之吏，恣为烦苛，规余羡以市恩宠，细碎必取，掊克斯甚，交易不行，异夫通商惠工之旨也。"[3]商人若遇地方官吏刁难，可越级上告。宋朝是我国封建社会中一个十分重视运用法律手段来促进海外贸易不断发展的朝代，鼓励外商来华经营并保护他们的合法权益，以期从中获得丰厚的收入，这些成为宋朝在海外贸易方面最基本的方针。

---

[1] 参见（清）徐松：《宋会要辑稿·职官五七》。
[2] 参见李焘：《续资治通鉴长编》卷一二，开宝四年十一月壬戌。
[3] 参见徐松：《宋会要辑稿·食货一七之一三》。

第六,"注重保护民事权利"。宋朝初期继承唐律精神,禁止越级诉讼。然而,到了北宋末年,针对朝廷内外贿赂公行、横征暴敛的现实,朝廷特在官吏违法科民时允许民户越诉。南宋初期,金兵南侵,官兵沦为"游寇",抢粮掠物,洗劫城池,南宋政权岌岌可危,州郡官吏却"歌乐自若,殊无忧国念民之心"。这种情况如果继续下去,势必危及南宋统治者政权的安全。为了革除弊端,整饬吏治,南宋统治者一方面设立"民事被罪法"[1],重处官吏额外讲求、肆意科配的行为。于是,增置越诉之法,扩大百姓的诉讼权利,以越诉说百姓之心,从而达到宽恤民力、恢复生产、巩固政权的目的。宋代允许人户及商人越诉的条法甚多,但其核心在于重民事、恤民力、保护商人及下层民户的私有权及诉讼权利。

(二) 宋朝的刑制

1. 宋朝的立法成就及法学发展

经过五代十国大动乱以后,国家统一的实现,为社会经济的发展和科学文化的进步提供了重要的条件。而全国经济联系的加强,又有利于专制主义中央集权制度的强化。但是,宋朝一直受到北方辽、金和元蒙的侵扰。由于宋朝统治者对外采取守势,不惜输币、输帛,屈辱求和,从而加重了对百姓的压榨,使阶级矛盾和民族矛盾互相促进。尽管如此,总的来看,宋朝的封建经济仍有缓慢上升的势头,法制文明依然居于世界前列。宋朝的立法活动非常频繁。北宋前期的立法活动主要以《宋刑统》的颁行为代表,《宋刑统》是太祖开国以来的第一部法典,历代君主不便轻易修改,加之律敕合编的形式,可以弥补律文不足之罅缺,故"终宋之世,用之不改"[2]。北宋中期的立法活动主要有,以"律、敕并重""详定编敕所""以敕代律"。北宋后期的立法活动主要涉及"断例与指挥""御笔手诏";断例是审断案件的成例,断例表现为法律形式,也和诏敕一样,要经过编纂的程序;指挥是中央尚书省等官署对下级官署的指令,尚书省及其所属政务较繁的各部如吏部、刑部、户部等对下级官署为临时处置某项公事所发布的指挥令称为都省指挥,这种指挥有拘束下级官署的效力;"御笔手诏"是皇帝的亲笔诏书,北宋后期徽宗经常颁布御笔手诏,手诏的效力优于敕令格式。南宋时期的立法活动主要是

---

[1] 参见(宋)李心传:《建炎以来系年要录》卷一五九,绍兴十九年三月庚戌。
[2] 参见窦仪等:《宋刑统·序》。

编辑"吏人省记"、编纂"条法事类",吏人省记是指司法机关断案多出于当时掌管文书吏员对法律、断例的记忆,条法事类是指以公事性质为标准把统编的敕令格式分门编纂的法规大全。

第一,立法成就。宋朝代表性的法典,是建隆四年(963年)由窦仪等人制定的《宋建隆详定刑统》(以下简称《宋刑统》),并且首次刻板摹印、颁行天下。《宋刑统》采取"律、敕合编"的体例,以刑律为主,附以刑事性质的敕令格式。这种体例对明清时的律、例合编有着一定的影响。之所以取名《宋刑统》,是因为宋朝因袭唐末五代力图实现"刑政咸在,刑名之要,尽统于兹"的目的。

《宋刑统》的篇目与基本内容大体因袭唐律,每篇下分门,12篇共分213门,法律体系内容可分为刑事立法、行政立法、民事立法、财政立法。尤其突出的是,为了维持财政收入,财政立法也相应地有所发展,如王安石所言:"夫合天下之众者财,理天下之财者法,守天下之法者吏也。吏不良,则有法而莫守;法不善,则有财而莫理。"[1]

第二,法学发展。宋朝政治氛围相对宽松,提倡读书读律,从而活跃了法律思想,一些著名的法学著作相继问世。律学博士付霖撰写《刑统赋》,把《刑统》以音韵的形式编成通俗易懂且便于记忆的律学读本,亲自给《刑统》作注。此书在当时很有影响,金朝、元朝时期还有人为《刑统赋》作注,注本近十种之多。著名经学家、曾任国子监直讲的孙奭撰著《律文音义》《律令释义》。可见,国子监对于教授法学的重视,科举考试把律义、法令作为考试内容之一。

宋朝注重法律,积累了丰富的法律实践经验,有关人士十分注意分析案例,因而出现了《折狱龟鉴》和《棠阴比事》二书。《折狱龟鉴》为郑克撰,是中国第一部汇集历史上有关决狱、断狱和司法检验的案例,并作出分析评述与总结的学术著作。《棠阴比事》为桂万荣编,该书以《折狱龟鉴》为基础,从执法、断狱、量刑、司法检验等各方面,总结了历代司法审判的经验与教训,该书流传很广、影响较大。

宋朝科技的进步,也使法医学取得突破性的进展。宋慈采撷前人著作中有关法医检验的案例,结合自己的实践经验,编成《洗冤集录》一书。《洗冤集录》是宋慈对中国古代法医学的全面总结,既是中国最早的一部比较完整

---

[1] 参见(北宋)王安石:《王文公文集》卷二《上皇帝万言书》。

的法医学专著，也是世界上第一部法医学专著。《洗冤集录》由钦命颁行全国，成为南宋办理命案官员必读之书。

2. 宋朝的刑名

《宋刑统》承袭唐律，在《名例律》中规定了笞、杖、徒、流、死五种刑罚。但随着形势的变化，又作了或多或少的变通与修改。

第一，笞刑。宋朝笞刑是法定五刑中最轻的一种，带有耻辱刑与教育刑相结合惩治轻微罪犯的蕴意。根据《宋刑统·名例律》规定，笞刑共分五等，即笞十、笞二十、笞三十、笞四十、笞五十。如欲赎罪，可以分别用一斤至五斤铜来赎身免责。执行笞刑时，用拧成两股的荆条来抽打犯人的腿、臀部，使罪犯感受到一定的疼痛，以示"惩戒"。

第二，杖刑。宋朝杖刑是仅重于笞刑的一种身体刑。根据《宋刑统·名例律》规定，杖刑分为五等，即杖六十、杖七十、杖八十、杖九十、杖一百。如欲赎罪，可以分别用铜六斤至十斤来赎身免责。执行杖刑时，用三尺五寸长的常行杖击打犯人的背部、臀部、腿部，使罪犯感受到较大的疼痛。

第三，徒刑。宋朝徒刑是以强制劳动与剥夺自由相结合来惩罚犯罪的刑罚。按照《宋刑统·名例律》规定，徒刑分为五等，即徒一年、徒一年半、徒二年、徒二年半、徒三年。如欲赎罪，可以分别用铜二十斤至六十斤赎身免责。按照《宋刑统·名例律》引疏议的解释，"徒者，奴也，盖奴辱之"。凡犯徒罪的犯人，如同奴隶一样，剥夺人身自由，并强迫戴枷，在本地官府从事苦役；在京城，则分男女，分别在将作监或少府监从事苦役。徒刑不仅带有惩戒性，同时带有耻辱性。

第四，流刑。宋朝流刑是将犯流罪的犯人放逐到边远荒凉的地区并强迫其戴枷或钳在当地服苦役的刑罚，其惩罚的严厉程度仅次于死刑。根据《宋刑统·名例律》规定，流刑共分三等，即流两千里，配役一年；流两千五百里，配役一年；流三千里，配役一年。年满即释放。另外，《宋刑统·名例律》还规定了死刑的一种代用刑——加役流刑，即流三千里，配役三年，以示惩罚。

第五，死刑。宋朝死刑规定为绞、斩两种。如获准赎刑，可用铜一百二十斤赎身免责。此外，《宋刑统·名例律》附敕节文中，还规定重杖一顿处死，替代其他死刑的方式。

第六，折杖刑。宋承唐末五代，有感于刑罚的苛酷，在宋太祖时期，曾实行折杖法，进行了刑罚改革，总的趋向是从轻的。《宋史·刑法志》载："太祖受禅，始定折杖之制"，用以去掉"五代之苛"，进而缓和社会矛盾，巩固新生的宋朝统治秩序。据《宋刑统·名例律》规定，折杖法的对象是折抵笞、杖、徒、流刑，不包括死罪。

其一，笞刑折。笞刑十至五十下，分别折抵臀杖七、八、十下，但臀杖，其板厚杖粗。

其二，杖刑折。杖刑六十至一百下，分别折抵臀杖十三、十五、十七、十八、二十下。

其三，徒刑折。徒刑一至三年，分别折抵脊杖十三、十五、十七、十八、二十下。

其四，流刑折。流刑，流两千里，折抵脊杖十七下，在本地配役一年；流二千五百里，折抵脊杖十八下，在本地配役一年；流三千里，折抵脊杖二十下，配役一年。

其五，役流刑折。唯有加役流刑，折抵脊杖二十下，配役三年。

折杖法对刑罚的改革，在一定时期内取得了一些效果，使"流罪得免远徒，徒罪得免役年，笞杖得减决数"[1]。但是，随着社会形势的变化，宋太祖很快就转而采取重刑处罚犯罪的措施。

第七，刺配刑。宋朝初期，社会犯罪严重，宋太祖在处理重大案件时，有时脱离宋律的规定，轻重取舍有法外之意，对于情罪尤重者，则"更为加杖刺配之法"[2]。这说明，宋太祖时期，刺配刑不是法定刑罚。到宋真宗时期，把刺配刑引入编敕，刺配刑遂成为普遍使用的法定刑罚。

刺配刑是一种非常残酷的刑罚制度。正如明人丘浚所阐述的那样："宋人承五代为刺配之法，既杖其脊，又配其人，而且刺其面，是一人之身一事之犯而兼受三刑也。"[3]刺配刑比唐朝的加役流刑还要严酷，不仅要杖脊、刺面，还要长期乃至终身服苦役。宋朝广泛使用刺配刑，不仅没能稳定社会秩序，反而激起人民更激烈的反抗。到民族矛盾、阶级矛盾更加激烈的南宋孝宗统治时期，刺配条款已增至570余条，结果造成"配法既多，犯者日众，

---

[1] 参见沈家本：《刑法分考》。
[2] 参见脱脱：《宋史·刑法志》。
[3] 参见（明）丘浚：《大学衍义补》。

刺配之人，所至充斥"的后果。之后，宋朝刺配之刑又影响到元、明、清各代，造成恶劣的影响。

第八，凌迟刑。凌迟刑是中国古代最为残酷的生命刑，北宋仁宗时期开始使用凌迟刑。据《宋史·刑法志》载：天圣六年（1018年），因荆湖地区杀活人祭祀鬼神，仁宗降诏："自今首谋若加功者，凌迟斩"，开了宋朝使用凌迟刑的先例。此后，凌迟刑被引入编敕，上升为普遍的法定刑。到南宋宁宗制《庆元条法事类》时，终以法律的形式规定了凌迟刑，并使之与绞刑、斩刑并列为法定死刑。

宋朝在对付社会反抗行为的过程中，除了实施法定刑外，还法外用刑。北宋初期皇帝曾经实行夷族、活钉、断手足、具五刑、腰斩、磔刑等酷刑来处死"贼盗"要犯。法外残酷用刑，引起了社会有关人士的异议。北宋真宗年间钱易在"请速除非法之刑疏"中说，近代以来，"造恶逆者，或有非常之罪者，（官吏）不从法司所断，皆肢解脔割，断截手足，坐钉立钉，悬背烙筋及诸杂受罪者，身具白骨而口眼之具犹动，四体分落而呻痛之声未息，置之阛阓以图示众。四方之外，长吏残暴，更加增造，取心活剥，所不忍言"[1]。宋朝复活肉刑，使用酷刑折磨摧残罪犯，开了一个恶劣的先例，对元明清刑罚制度的残酷腐败起到了推波助澜的作用。

二、宋朝的狱制

（一）宋朝的治狱思想

宋朝政治、经济、军事、社会形势的发展变化，使统治者奉行了较为合理的立法思想，推动了法律规范的细化发展。立法不囿于旧律，司法不囿于旧制，崇尚务实，多有变革。宋朝的监狱制度比以前各朝更为严密、健全，其中有不少创新，对于维护宋朝中央集权专制统治起了重要的作用。宋朝皇帝"以忠厚为本"的立法指导思想，反映在刑事立法方面就是"止水塞源"综合治本。这为刑事立法提供了指导思想与原则。仁宗朝刘敞朝指出了当时社会犯罪成因的复杂性以及与各种因素的关联性，主张从分析社会犯罪的原因入手，研究对付犯罪的方策。他说："衣食不足，盗之源也；政赋不均，盗

---

[1] 参见（南宋）吕祖谦：《宋文鉴》卷四二《钱易上书条》。

之源也；教化不清，盗之源也。"他认为，应当由此出发采取"止水塞源"等从根本上解决的办法，主张实行"富之，教之，编户其民，绳之以法"综合治本的方针。只有这样做，才能积极地预防犯罪，有效地对付已然发生的犯罪。相反，只奉行片面的治世理论，只强调单纯的严刑镇压，并不能有效地解决社会上严重的犯罪问题，反而会愈治愈乱。他的理论是中国古代刑法指导思想与原则的继承与发展，对后世影响重大。"止水塞源"综合治本的刑事立法指导思想，进一步落实在治狱上就是"务存仁恕"。

1. "立法不贵太重，而贵力行"〔1〕

此为宋仁宗告诫大臣立法时所说的话。中国自春秋战国以来在立法上倾向"重刑峻罚"，于危乱之时以重刑治国。宋朝初建之时，"颇用重典以绳奸慝"，但这只不过是政权甫定之时的权宜之计。太祖、太宗为纠刑法过严之偏，常以情恕补救于司法活动之中。南宋孝宗认为："甚好，立法不贵太重而贵必行，法必行则人莫敢犯矣。夫欲重则必难行，欲行则不必重。设之太重，而行之不顾此，惟商鞅能之，圣人不能也。"〔2〕宋孝宗对立法的论述，可归纳为三层含义。首先，立法重在合乎制度，必须符合国家确立的大政方针的精神；其次，立法贵在宽严适中；最后，立法贵在能贯彻执行，若不能严格执行，严法重刑于世无益，所谓"法令奉行不虔，申严无益"〔3〕。

2. 宽缓刑罚，以简待民

宋太祖在位17年，关心民瘼，为政以简，多次下诏，要求地方官吏"薄赋敛，念农人之疾苦"〔4〕。太宗在即位赦天下之时说："先皇帝勤劳启国，宵旰临朝，万机靡倦躬亲，四海方成于开泰。念农民之疾苦，知战士之辛勤。"〔5〕这种思想反映在刑罚制度上，表现为宋初"折杖法"的制定。史载，太祖"尤注意刑辟，尝读《二典》，即《尧典》和《舜典》，叹曰：'尧舜之罪四凶，止以投窜，何近代法网之密邪！'故定为折杖法，以递减徒杖笞之刑"〔6〕。

---

〔1〕参见李焘：《续资治通鉴长编》卷一四三，庆历三年九月丙戌。
〔2〕参见徐松：《宋会要辑稿·帝系一一之四》。
〔3〕参见徐松：《宋会要辑稿·帝系一一之四》。
〔4〕参见《宋大诏令集·帝统七·谥议上》卷七。
〔5〕参见曾枣庄、刘琳：《全宋文》卷六十（二册）。
〔6〕参见（清）吴乘权：《纲鉴易知录·宋》卷六四。

3. 恤狱慎刑，务存仁恕

宋太祖统一天下，重视法律、法令"禁人为非"的镇压作用的同时，还十分注意恤狱慎刑，临政以宽。宋太祖下诏说："禁民为非，乃设法令，临下以简，必务哀矜。"[1]这种思想落实在司法两项措施上，一是选用儒臣治州郡之狱，注重改革司法官吏的选拔制度，选用官员以律书试判；二是皇上躬自折狱虑囚，以示哀矜。北宋太祖、太宗、仁宗不仅有恤刑思想及虑囚的活动，而且，其恤刑思想也传给了南宋孝宗、理宗。

尤其是南宋皇帝孝宗，可在中国法律史上大书一笔。他尽心于老百姓的狱讼之事，特别关心刑狱的轻重。他认为狱讼是大事，应该从思想上重视起来，谨慎用刑，以处罚得当为好，不要因袭过去的错误。宋理宗于民间长大，对刑狱的弊端知之甚详。即位之初，便诏令天下，谨慎施用刑罚。又亲自制定关于谨慎施用刑罚的韵文，以警戒在职官吏。宋朝最高统治者的恤狱慎刑思想并非都是粉饰政治的虚言，不仅在一定程度上缓和了社会矛盾，澄清了吏治，对南宋司法实践有积极的作用。

（二）宋朝的监狱体制

1. 宋朝的监狱建制

由于宋朝所面临的客观形势，其狱制既有对前代的继承，又有较大的变化。宋朝监狱的设置分为中央监狱和地方监狱，还适应形势的需要建立了系统的已决监体系及牢城体制，创制了狱政监督制度，这些都是宋朝独具的狱制特色。宋朝监狱管理人员有狱掾、推吏、典狱官、司理、门子、狱子、枝直、押狱、节级等管狱人员和杂役。

第一，中央监狱。宋朝初期，在中央主要设立刑部和大理寺分别掌管司法。宋神宗官制改革以前，刑部的职责主要是复核大理寺审断的全国死刑案件以及官吏的叙复等事宜。宋神宗官制改革以后，其职能扩大，"掌刑法、狱讼、奏谳、赦宥、叙复之事"。刑部正副长官分别称为尚书和侍郎，刑部不设监狱。

其一，大理寺狱。宋朝初期，大理寺为宋朝的中央审判机关，主要负责审断各州县级报请复审的刑事案件。大理寺内的审判事务分为左右两部，即

---

[1] 参见脱脱：《宋史·刑法志》。

左部断刑，右部治狱，凡地方各州报请复审及地方官犯罪案件由左断刑负责，凡京师百官犯罪案件由右治狱负责。作为慎刑机关大理寺不设监狱，所有人犯都囚禁在开封府府狱。直至神宗时改革官制，大理寺长官设置卿和少卿为正副长吏，恢复设置大理寺狱。大理寺狱主要关押监禁犯徒刑以上之罪的在京官吏。

其二，御史台狱。宋朝初期，中央仍沿唐制设御史台。以御史中丞和侍御史知杂事为正副长官，掌"纠察官邪、肃正纲纪"之责，下设台院、殿院、察院，三院分置侍御史、殿中侍御史和监察御史，"掌行纠弹百官稽违，点检推助刑狱，定夺疑难刑名，婚田钱谷，并诸色人词讼等"[1]。可见，御史台是集行政督察与司法监督于一体的中央三大司法机构之一。宋朝在御史台设狱，称为御史台狱或台狱。《宋史·刑法志》指出："群臣犯法，体大者多下御史台狱。"御史台狱主要关押监禁"诏狱"犯罪的大臣，南宋民族英雄岳飞曾下御史台狱并被迫害致死，宋代文人苏轼亦曾下御史台狱。

其三，京都狱。宋承前制，在京都（开封府）设置监狱。京都开封府狱职权很大，兼有中央与地方监狱的双重性质。它受命于皇帝，拘禁"诏狱"案犯，所谓"群臣犯法体……小则开封府（狱）"[2]。同时，开封府狱也关押京师案犯。除开封府狱以外，京都还设置多所监狱，例如，于两京河南府与应天府设有左、右巡院狱。[3]宋哲宗规定，开封府与左、右巡院狱只羁押所属范围内的案犯，"不许……互勘及地方探报，庶革互送嫌仇之弊"。如属"徒以上罪"犯，则分别移送"御史台（狱）"[4]关押，至于京师犯罪的军官则由京师殿前马步军司狱与四排岸狱拘押。

第二，地方监狱。宋朝的地方行政管理体制从防止割据、中央集权着眼而有较大变化。宋太祖采取多种措施，逐步收回了节度使握有的兵权、财权和所在州、郡的行政管理权，基本趋势是地方机关职权分离，加强中央对地方的控制。宋朝初期，地方行政体制分为州、县两级。州、县官或采取定期轮任差遣形式或由朝官外补，称作"知州""知县"，以防止地方官结党揽权。宋朝的地方行政体制，实行路、府、州、军、监、县等行政管理体制。

---

[1] 参见（北宋）范质等：《宋会要·职官》。
[2] 参见脱脱：《宋史·刑法志》。
[3] 参见脱脱：《宋史·刑法志》。
[4] 参见脱脱：《宋史·刑法志》。

第四章　监狱的成型

路作为地方最高一级政权,以经略安抚使"掌一路兵民之事"[1],但以军政为主,故又称帅司。另设转运使(南宋称漕司)掌一路或数路财赋,各种税收经由转运使送交中央。其后转运使的职权扩大,兼理边防、治安、钱粮、监察等项事务,成为府、州以上的行政长官。此外,还设提点刑狱(南宋称宪司)掌司法,提举常平使(南宋称仓司)掌赈灾或盐钦专卖。以上路级四官受中央委派,监督指挥地方军、政、刑、财,故统称"监司"。他们之间互不统率,互相监督,职权范围也无严格划分,都直接对皇帝负责,借以防止地方长官独揽权力。

其一,府州军监县狱。路以下府、州、军、监为同级政权,是征敛赋税、劝课农桑、执法断狱、宣布教化的一级重要地方机构,分别以知府、知州、知军、知监为长官,由皇帝直接任命中央文官担任,以防止过去由于武将兼领地方官所造成的拥兵自重现象。在宋朝,大州称为府,其地位略高于州,宋的府设在京都、陪都,以及皇帝即位前居住或任职的州,在其登上帝位后,此州便升为府。军设在边防或军事战略要冲之地,人少军队多,军的长官多由军事官员充任。监设在矿区或产盐区,是派专人管理的特殊行政区。宋朝在府、州、军、监、县都设狱,关押各地罪犯,并归各行政机构管辖,例如,《宋史·刑法志》说:"诸州军院司理院,下至诸县皆有狱。"

其二,圜土。宋朝徽宗年间创制圜土,徽宗崇宁三年(1104年),"从蔡京之请,令诸州筑圜土,以居强盗贷死者。昼则役作,夜则拘之,视罪之轻重,以为久远之限,许出圜土充军,无过者纵释"。[2]宋朝圜土的设置在徽宗当朝执政时,几次行罢,最后于徽宗大观四年(1110年)废止,罪人改配牢城。

第三,宋朝的牢城。牢城是宋朝的独创,是宋朝罪人被判刑后进行劳役的定点场所,是宋朝的已决监形式,属于典型的监狱及执行刑罚的监狱。牢城的设置与宋朝监狱的设置有所不同,牢城是以海岛、边远沿海、远恶州军牢城为重点,依次向内地靠近,严格遵守"诸罪人不得编配入京"的原则,以保证京师和内地的安全。监狱的设置则以京城中央狱为中心,向地方逐级设置,以保证皇帝牢牢掌握生杀予夺的治狱大权。牢城的设置源于刺配刑的

---

[1] 参见脱脱:《宋史·职官志》。
[2] 参见(宋)马端临:《文献通考》卷一六八。

广泛实施。宋太祖沿用后晋刺配的方法，对报到大理寺的死罪囚犯实行宽贷，依犯罪情节不同用决杖、刺面、流配、徒役四种刑罚替代死刑，统称为刺配刑。

从宋太宗开始，刺配刑使用范围扩大，受刺配刑的罪人剧增。然而，宋朝疆域狭小，外有辽、金不断入侵，内有大小农民起义不断，所以，两宋时期战事不断，可供流配之地也大为减少。因而，根据形势的需要，不得不设立牢城对徒流犯、刺配犯集中起来执行刑罚进行惩役。起初，宋朝根据罪人罪刑的轻重确定配地"立定地，分远近"，罪人多配往西北沿边地令服军中苦役，死罪特贷者则配往登州沙门岛及通州海岛牢城服苦役。但由于"罪人配西北边者，然多亡投塞外，诱羌戎为寇"[1]，遂改发沿边海岛和广南等地牢城，并形成一个系统的牢城体制，即海岛牢城、远恶州军牢城和内地牢城。海岛牢城的关押惩役对象是犯罪恶性极大的死囚特贷者。

其一，海岛牢城。海岛牢城是指设在海岛的牢城，主要有沙门岛、通州海岛、海南岛的牢城。沙门岛是宋朝著名的海岛牢城，地处京东东路登州（今山东蓬莱西北海域）北海中，距登州五十余里，是北宋死罪获贷者惩役之地。通州海岛包括崇明岛、东州市大小岛屿。崇明岛在上海吴淞口外长江与黄浦江汇合处之东北海面上，是宋朝重要的海岛牢城。通州海岛有两处官府盐场，罪人到那里承担煮海盐的任务，岛屿四周环海，形成天然屏障。

"登州沙门岛每年约收罪人二三百人，并无衣粮，只在岛户八十余家佣作"[2]，刺配此处者"多瘐死"，沙门岛牢城管押官吏为了解决"岛户难以赡养"之问题，竟"妄以病患别致杀害"，甚至将罪人投入大海中。据《宋史·马默传》载，登州知州马默说："沙门岛囚众，官给粮者才三百人，每溢额则投诸海。寨主李庆以三年杀七百人。"由于沙门岛囚人溢额现象严重，后改配广南海外州军牢城，例如，海南岛是其中重要的改配之地。

其二，远恶州军牢城。远恶州军牢城主要设在南部沿海、广南、三千里、两千里、一千里等多瘴疠或边远之地。宋朝法律规定，远恶州军收押惩役对象是死囚遇赦改配者，配远恶牢城，罪合流者，配广南牢城，流罪会降者，配三千里牢城，犯强盗不伤人罪者，配千里外牢城。配远恶州军牢城中的罪

---

[1] 参见脱脱：《宋史·刑法志》。
[2] 参见李焘：《续资治通鉴长编》卷一八八。

人，一般从事官营场务，例如，采伐、矿冶、窑务、铸钱等"工役最重"的劳役。

其三，内地牢城。内地牢城一般设于本州或邻州。收押惩役对象是犯徒罪者；窃盗三犯杖罪者。内地牢城一般又分为本城牢城和牢城。本城牢城是指"诸军住营"，"诸军住营"是宋朝厢军中的一般杂役兵营，一般犯盗情轻者配本城，"如所犯佰至，并配牢城"。

2. 宋朝的监狱管理制度

宋朝的狱政管理在沿袭前代的基础上，有新的发展和变化。监狱管理制度的主要内容包括系囚制度、悯囚制度、录囚制度、狱政监督制度等。

第一，系囚制度。在宋朝，系囚制度是指对囚犯收押入狱关押监禁的制度，系囚制度的内容主要有：收押、分类羁押、狱门开锁下锁、狱卒轮流值夜、严格衣物食品的检查、严禁非治狱人员随便进入监狱等。

其一，收押。在宋朝，监狱收押犯人，首先，必须立案登记、写明犯罪事由、签署画押，这套手续过程称为立判。然后，给犯人上枷扭、将其投入牢房，等待审断定案。对犯罪人上枷扭前需要对其进行身体检查，如系残疾或怀孕女囚，以及年八十及十岁者"虽犯死罪亦散禁"〔1〕。

其二，分类羁押。在宋朝，监狱对男女系囚分别拘押。宋朝《狱官令》规定："妇人在禁，皆于男夫别所，仍以杂色妇人伴守。"〔2〕可见，宋朝不仅男女分狱，而且女囚由年老妇女看守。宋朝法律还规定："重囚有病，须别牢选医医治。"〔3〕这表明，宋朝为防治传染病，对病囚实行分类拘押。

其三，规定狱门开锁下锁的时间。根据《庆元条法事类》"刑狱杂事"的记载，每晚一更三点州监狱由司理参军或录事参军、县监狱由县令亲自下锁定牢，次日五更五点再开锁，天亮早的季节则提前至五更三点开锁。违者有罚，"诸狱定牢时刻，于令有违，杖八十；狱官、县令不亲临者，徒一年"。县令"不亲临狱而分差下属官吏者，与不亲临同罪"。在当时把一夜分为五更，一更分为五点，每更大约两小时，一般在晚上八点左右打鼓报告初更开始。

---

〔1〕 参见窦仪等：《宋刑统·断狱律》。
〔2〕 参见范质等：《宋会要·刑法》。
〔3〕 参见《州县提纲》卷三《病囚别牢》。

其四，狱卒轮流值夜。为加强监狱安全，预防监狱在夜间发生意外事件，宋朝法律规定，每晚由两三名狱卒轮流值班，如狱卒该值宿而不去值宿，处以杖八十的惩罚。

其五，严格物品检查。为防止违禁物品被非法传入狱内，宋朝法律规定监狱对物品的严格检查制度。狱囚家属送来衣物食品，首先要进行登记，然后要交由值班狱吏检查，如发现无夹带非法危险物品，则再转交狱囚。

其六，严禁非治狱人员随便进入监狱。为保证监狱的安全和应有的秩序，防止狱囚发生意外，宋朝法律规定："吏卒非系在狱，而辄入者有罚。"[1]

第二，悯囚制度。宋朝沿袭前代悯囚之制，并在此基础上又有新的充实。悯囚制度，是指监狱对囚犯合理安排落实刑罚惩罚、生活卫生等日常事务方面的制度，主要内容有囚犯的住宿、饮食供应、医药治疗等。

其一，囚犯的住宿。宋太祖开宝年间（968~976年）下诏："其囚人枷扭，囹圄户庭，吏五日一检视，洒扫荡洗，务在清洁。"[2]宋神宗熙宁年间（1068~1077年）下诏，"置狱床"。哲宗绍圣年间（1094~1098年）也下诏，"诸狱皆置气楼、凉窗、设浆饮席荐。罪人以时沐浴，食物常令温暖，遇寒量之柴炭，贫者假以衣物，其枷扭署月五日一濯。有狱州县，当职官半年一次躬行检视俘茸，务令坚固"[3]。易言之，宋朝对监狱囚犯的监牢卫生、住宿条件有严格的要求。

其二，囚犯的饮食供应。宋朝规定，凡有家属者，狱囚饮食一律由其家属负担；无家属或者有家属不能负担者，由官府负责供给。根据《州县提纲》"革囚病之源"记载："官须日给米二升，以为饮食，重囚则差人入狱供给，轻囚则引出对面给。"除供给饮食外，还有菜金。根据《宋会要·刑法》记载："敕文，勒令禁囚贫乏无家供送饮食，依法每名官给盐菜钱五文。即会物贵，行在可增作二十文，外路增一十五文。"

其三，囚犯的医药治疗。根据《宋刑统·断狱律》规定："诸狱囚有疾病，主司陈牒长官，亲验知实，给医药救疗。病重者，脱去枷锁扭，仍听家内一人入禁看侍。"宋朝还吸取后唐置病囚院的做法，"诸道州府各置病囚院。

---

[1] 参见（宋）胡太初：《昼帘绪论·治狱篇》。
[2] 参见《宋大诏令集》。
[3] 参见李焘：《续资治通鉴长编》。

或有病因，当时差人诊候治疗，痊后据所犯轻重决断"。由于不问狱内病重病轻，病囚一律入病囚院，容易交叉传染，于是，又规定徒流以上有疾者"即于病牢将治"，"杖以下得轻款者，许在外责保看医，俟痊日区分"。[1]为给狱囚看病，监狱设有"医人"。"医人"由民间医生轮流充任，宋朝法律规定"医人，州三人，县各一人"。[2]凡轮差医人，必须亲到监狱轮值为狱囚看病，不得令别人承代。

第三，录囚制度。通过皇帝或官吏的录囚活动，以期平反冤狱，疏决淹囚，减少囚犯瘐死，标榜仁政、慎刑。然而，宋朝虽有悯囚、录囚之制，但刑狱的淹滞冤滥较为突出，囚犯瘐死现象严重。瘐死就是囚犯在监狱饿死、冻死、病死或因受拷打致死。《宋史·刑法志》指出："囚多瘐死。"理宗时监察御史程元凤上奏曰："今罪无轻重，悉皆送狱，狱无大小，悉皆稽留。或以追索未齐而不问，或以供款未圆而不呈，或以书拟未当而不判，狱官视以为常，而不顾其迟，狱吏留以为利，而惟恐其速。"这致使宋朝的监狱人满为患，牢城溢额现象严重。监狱之中"有饮食不充，饥饿而死者；有无力请求，史卒凌虐而死者"，对于已经病死的囚犯，"先以病申，名曰监医，实则已死；名曰病死，实则杀之"[3]。狱吏非法拷囚更为严重，令人发指，"或断薪为杖，搕击手足，名曰'掉柴'；或用本索并施夹两，名曰'夹帮'；或缠绳于首，加以木楔名曰'脑箍'；或反缚跪地，短竖坚木，交辫两股，令狱卒跳跃于上，谓之'超棍'"[4]。从平时落实的实际作用效果来看，宋朝的悯囚之制如同虚设。

其一，皇帝亲录决过系囚。宋朝沿袭前代的做法，皇帝亲录囚犯、决遣系囚，并有所变化。宋朝皇帝御崇政殿亲录囚犯，名目繁多且充满迷信色彩，一般在这样几种情况下进行：一是久旱不雨，"帝乃临轩亲决庶狱，是夜雨足"。二是皇室有重大喜庆之事，如皇子诞生，"帝御崇政殿录在京诸司系囚"。[5]三是"盛暑""严寒""水旱灾害""太后服药"等，帝均亲决系囚。

其二，官吏定期录囚。宋朝除皇帝亲录囚犯外，官吏也定期录囚。《宋

---

[1] 参见范质等：《宋会要·刑法》。
[2] 参见《州县提纲》卷三《病囚别牢》。
[3] 参见脱脱：《宋史·刑法志》。
[4] 参见脱脱：《宋史·刑法志》。
[5] 参见范质等：《宋会要·刑法》。

史·刑法志》载:"太宗在御,常躬听断,在京狱有疑者,多临决之,每能烛见隐微。太平兴国六年下诏曰:'诸州大狱,长史不亲决,胥吏旁缘为奸,逮捕证佐,滋蔓逾年而狱未具。自今长史每五日一虑囚,情得者即决之。'"五日一虑囚,因间隔时间短,雍熙元年(984年)改为十日一虑囚。

第四,狱政监督制度。宋朝仿唐分区设道之制,将全国地方行政区的最高级设为"路",作为中央派设到地方上的最高监察机构。路设四个职能部门,分掌路之行政、军事、财政,以及司狱政等监督大权,以加强中央对地方的控制。宋太宗时在路一级设置司法狱政监督机构,即路提点刑狱司,负责察访本路刑狱,审问罪人,复查案牍,荐举官员。此后,两宋相沿不改,真宗时称提点刑狱官,神宗时改称提刑司,南宋沿用。宋朝狱政监督机构不断变化和改革,反映了宋朝中央对地方狱政的严密控制。宋朝皇帝直接控制狱政监督工作,是宋朝的突出特色之一。例如,宋真宗时,当监督人员外出巡历州县狱政时,出发前召至御前,给予鼓励,寄予厚望,并发放御前印纸"书其绩效,代还,议功行赏"。宋律规定,监督官吏,"如刑狱枉滥不能劾举,官吏旷弛不能弹奏,务从畏避者,置以深罪"[1]。

由于狱政监督一直处在宋朝皇帝的直接控制下,受皇帝的垂直领导,从而监督的力度和职权范围不断加大和扩大,对监司的要求也越来越严格和具体,并定了监司定期巡历制度。诸监司每年巡历所属州县,虽地里远近,提点刑狱三年巡遍,并于次年正月将所至州县巡历日月及情形上奏朝廷。如果监司巡历所部不遍者,杖一百,遍而不申者,减二等;每年巡历所属州、县点检,催促,结绝见禁罪人不应委官而辄委官者,徒二年。各地如遇监司巡历,将所禁罪人转移他处以逃避监督检查者以"违制"论,"诸以在禁罪人,避免按察官点检而移往他所者,徒三年"[2]。宋朝创制的提点刑狱司制度,对后世产生了重要影响,在宋朝以后演变成为巡按使制度。

3. 宋朝的特殊刑狱制度

为了确保司法官援法定罪的准确性,宋朝实行鞫(ju)谳(yan)分司的制度,即由一官员负责审理犯罪事实,另一官员负责检法议刑,所谓"狱司

---

[1] 参见脱脱:《宋史·刑法志》。
[2] 参见(南宋)谢深甫:《庆元条法事类》。

推鞫，法司检断，各有司存，所以防奸也"[1]。这从一定程度上反映了犯罪的日益复杂化，对刑狱处理的要求更加严格。宋朝的特殊刑狱制度主要有：许不应禁而收禁者越诉、"狱空"制度、解送制度、编管制度、钉牌制度。

第一，许不应禁而收禁者越诉。南宋统治时期，断狱官吏往往"不问理之曲直，惟视钱之多寡"而断狱，致使"富者重费而得胜，贫者御冤而被罚"。为限制刑狱官吏枉法无故羁押平民百姓，南宋统治者规定："诸囚不应禁而禁者，徒三年，当职官知情与同罪，失觉察者，减二等。"[2]之后，宁宗嘉泰元年（1201年）又规定："乞令诸路提刑司检坐应禁不应禁条法，出给版榜，大字书写。行下逐州县，委自通州、县丞，各于狱门钉挂，晓示被禁之人……内有不应禁而收禁者，提刑按劾守、令以闻。仍许不应禁人或家属经提刑司越诉；如提刑司不为受理，仰经刑部、御史台越诉。"

第二，"狱空"制度。"狱空"，是指对所有案件审断完毕，监狱里没有在押的案犯。在押案犯或笞杖后释放，或徒流决追，或执行死刑。在我国封建制社会，宋朝的"狱空"最为典型，有关"狱空"诏令之繁，"狱空"事例记载之多，在历代实属少见。在宋朝，形成了较为系统的"狱空"制度。

其一，"狱空"制度的内容。宋朝为整饬谎报狱空给狱政带来的不良后果，采取了相应的措施，完善了"狱空"制度的内容。首先，严明"狱空"的标准，必须是俱无禁系、全无责保寄店之类。宋太宗时规定："诸州须司理完、州司？倚郭县俱无禁系，方得奏为狱空。"[3]真宗时又规定："诸州司、司理院倚郭县全无责保寄店之类，方为狱空。"[4]其次，加强了对狱空虚实的验证工作。南宋高宗时规定："今后如资狱空，司令监司验实。"[5]最后，对谎奏"狱空"的官员采取一纠二惩的处理办法。太宗时曾下诏："对虚奏狱空及见禁人状内数下人数，隐缩入禁月日，许本州官吏互相申纪，重刑朝典。"对已查实立奏"狱空"官员实施"展磨勘"的惩处办法。例如，宋哲宗时，开封知府钱昭因坐奏狱空不实，给予展三年磨勘的处罚。

其二，对"狱空"的褒奖。凡是各地上奏狱空，宋朝皇帝就下诏进行褒

---

[1] 参见（明）杨士奇等：《历代名臣奏议·慎刑·周林疏》。
[2] 参见范质等：《宋会要·刑法》。
[3] 参见范质等：《宋会要·刑法》。
[4] 参见范质等：《宋会要·刑法》。
[5] 参见范质等：《宋会要·刑法》。

奖,《宋史·刑法志》《宋会要辑稿》等有关史籍中都不乏记载。《宋史·刑法志》载,真宗大中祥符五年(1012年)十二月寇准奏报"天雄军狱空,有诏奖励"。宋朝对上奏狱空的官员实行重赏,赏赐分三种。一是官职升迁,例如,神宗时小开封知府王安礼上奏"三院狱空,诏送史馆,安礼迁一官"[1],开封知府王存上奏"司録司左右军巡院狱空,乞付史馆诏王存迁一官"[2]。二是减磨勘,宋朝对寄禄官迁转官价或选人改京朝官时的考课称为"磨勘",即官员考绩升迁的一种制度,对不同的职官规定了不同的磨勘年限,任职满三年或四年给予磨勘迁秩。宋朝对上奏"狱空"的官员以减磨勘进行奖励,例如,神宗时大理寺卿崔台符上奏"本寺狱空,诏送史馆台符减磨勘二年,少卿韩晋卿杨汲一年"[3]。三是赐银绢章服,例如,神宗时"三院狱空,诏送史馆,推官许懋、胡宗俞、刘挚、刘仲熊并赐章服……绢千疋,银一百五十两,钱五百千"[4]。

其三,褒奖"狱空"引起的弊端。由于宋朝重奖"狱空",致使各地相关官吏千方百计甚至不惜铤而走险,纷纷制造狱空假象,以骗得奖赏。有的将系囚"秘密处死",有的"藏匿它处",有的"将见禁罪人于县狱或相界藏寄",有的隐瞒囚数"部内系囚满狱,长吏辄辄隐落,妄言狱空"[5]有的干脆拒绝受理新案,拒收新犯,保持狱空。例如,北宋哲宗时,向子理任开封府咸平县"豪民马氏倚荫犯法。狱具上,府尹盛章方以囹空凯赏,却不受"[6]有的迅速断案,不惜草菅人命,以沽"狱空"之名。例如,真宗时,"外州妄觊奖饰,沽市虚名……勘鞠大辟囚,于讹误数人,裁一夕即斩决"。

第三,解送制度。解送制度主要是指对刺配罪人的解送制度。宋律规定,凡是刺配罪人,首先将罪人及其亲属械系送至京师,经皇帝决断以后,再由禁兵将校解送配所。对于解送刺配罪人,宋朝规定了严格的递解交割手续和监押禁兵将校的责任。《宋会要·刑法》载:"配送罪人,须分明置历管系,候到配处,画时具交割月日,回报元(原)配之处。若经时未报,即移交根

---

[1] 参见范质等:《宋会要·刑法》。
[2] 参见范质等:《宋会要·刑法》。
[3] 参见范质等:《宋会要·刑法》。
[4] 参见范质等:《宋会要·刑法》。
[5] 参见脱脱:《宋史·刑法志》。
[6] 参见(宋)汪应辰:《文定集》卷二一。

问；若在路走失者，随处根逐，元监送人紧行捕捉。"凡刺配罪人应送部者，原断法司要备录案卷，注明所到配地日数及配所管辖，随监押禁兵将校带去，到达配所后，办理移交手续，取了交割回文，回原配之处报告。如果应到配所而未报到交收，立即向各经过之州县下文追问；如果罪人在路途中逃亡，监押者立即追捕。

在宋朝，刺配罪人在被解送过程中，一路颠沛流离，饱经磨难，"缘路非理死者，十常六七"。由于刺配罪人途中逃亡现象时有发生，宋朝加强了解送犯人的监押和监督检查。对于重罪刺配犯人要"选有行止衙校前去"，并"差兵防护"，并要求"元断官司限次月略具犯状、刑名、遣行月日，申尚书刑部。罪人至所配州受讫，限五日申本部"，要求各地"治路选差军兵牢固管押传送，取各州交管公文回照，不得容令管押人受嘱作弊，如有走透，知、通兵官各坐罪"。[1]如果监押解送禁兵将校受贿纵释罪犯，从重处罚。

第四，编管制度。编管是宋朝的独创。在宋朝，编管是指不实施刺面之刑而流者。编管制度是指将被编管对象强行递解到一定地区注销原籍户口并加入当地户籍由当地官府监督管理的制度。编管的适用对象有犯重罪的朝廷命官、犯重罪而被连坐的家属。例如，宋仁宗天圣八年（1030年），监翰林司门副使郭承"监主有盗，合实极典，仍下诏宽贷，免决刺，除名，配岳州衙前编管"。[2]宋英宗治平三年（1066年）《盗贼重法》规定，凡获盗贼罪应处死刑者，"本房骨肉送千里外州军编管"；如果遇赦降宥或者罪人自首减罪者，"本房骨肉送五百里外州军编管"。宋神宗熙宁四年（1071年）《盗贼重法》规定，"凡劫盗罪当死者籍其家赀以赏告人，妻子编置千里"。此后，宋朝各代都相沿袭，并且不断扩大编管的适用对象，诸强卖买、质借、投托之类取人财物，杖一百，邻州编管；僧道娶妻"送五百里编管"。[3]同时，不断扩大编管的适用地区，到哲宗时扩大到十七路，几乎遍布全国。

根据宋朝编管法的规定，凡被编管的人，都属有罪之人，但是，对他们不施刺面，不施髡刑，不戴械具。被编管之人由官府派人负责押送到被指定的编管之地。路途中由所经过的州、军轮替交接。如果所经过之州、军没有

---

〔1〕 参见范质等：《宋会要·刑法》。
〔2〕 参见范质等：《宋会要·刑法》。
〔3〕 参见谢深甫：《庆元条法事类》卷五一。

及时派人接替押送,致使押送者超过规定地界,"知(州)、通(判)各徒一年,兵职官加一等"。[1]押送者如"纵失"被编管者,轻者杖一百,重者徒二年。凡被编管之人,途中"皆给沿路口券,所过仓驿,即时勘支"。[2]被编管人到达编管地后,受当地政府监督管制,衣食自给,如不能自给,由当地官府酌情配给。被编管人"虽会赦,不移不释,"即遇赦也不许返回原籍。

第五,钉牌制度。宋哲宗元祐二年(1087年),宋朝创制了钉牌制度。钉牌制度,是指针对犯强盗罪与窃盗罪的罪人,在刑罚执行完毕后,官府派人在其家门口钉上木牌"书犯状刑名""如迁移,即申官,随住处钉牌"不申官,杖八十"[3]的管理制度。实际上,钉牌制度是对罪人服刑完毕后的住所进行的一种社会管理制度。尽管他们的刑罚已执行完毕,但其本人及其亲属仍然要在官府的监督管制之下,并没有完全自由,而且,监督管制时间之长前所未有。当然,钉牌可以免钉,但是有条件的,宋律规定,如果能告发、捕获窃盗徒流罪人一名者,可以免于钉牌,如重新犯罪则再次钉牌。

4. 宋朝监狱的黑暗

伴随宋朝封建君主专制主义的发展、社会阶级斗争的激化,宋朝监狱作为统治阶级暴力镇压的工具,更加黑暗腐败。这不仅是宋朝实施的统治政策所产生的严重后果,也反映了封建制社会地主阶级愈益腐朽没落的历史规律和趋势。宋朝初期强调"律令者,有司之所守也"。而宋太祖本人则"其所自断,则轻重取舍,有法外之意焉"。宋朝皇帝带头破坏自己规定的法律制度,是屡见不鲜的。到后世更加严重,"其末流之弊,专用己私,以乱祖宗成宪者多矣"[4]。宋朝封建最高统治者的恣意横行、肆意挥霍享乐的政策,导致了吏治的极端腐败,起到了纵容官吏劫夺民财的作用。监狱制度得不到有效贯彻,狱吏不受监法狱规的约束,使狱治走向了黑暗。

第一,无视法律秘密杀囚。这是宋朝监狱黑暗腐败的突出表现。宋朝法律虽然严禁秘密杀囚,但在实际上狱官"我行我素",胡作非为,监狱被称作"人间生地狱"[5]。狱囚在狱中,完全丧失了法律保障,以致不经任何审判

---

[1] 参见谢深甫:《庆元条法事类》卷七五。
[2] 参见谢深甫:《庆元条法事类》卷七五。
[3] 参见李焘:《续资治通鉴长编》。
[4] 参见脱脱:《宋史·刑法志》。
[5] 参见脱脱:《宋史·刑法志》。

程序即被秘密处死。乾德九年（976年），宋太祖刚死，晦帅潭即得丞相赵普密信，知太宗已即位将大赦天下，"竟入狱，取大囚十八人立斩之。才毕而登极赦至"[1]。元祐年间（1086~1094年），知郓州浦宗孟常虐杀狱囚，"使自掘地，倒埋之，观其足动，以为戏乐"[2]。宋朝监狱中，不仅一般的刑事犯罪分子随时都有被处死的危险，就是握有兵权的高级将领也难以幸免。南宋初期著名爱国将领岳飞因力主抗金，触怒了屈膝投降的宋高宗等，最后以"莫须有"的罪名，被收监下狱惨死于秦桧手下。宋朝司法官吏非法杀囚相当普遍。狱官秘密杀囚已泛滥成灾，造成狱囚大量死亡。

第二，非法拷讯制造冤狱。司法官吏受贿卖法，非法拷讯制造冤狱，这是宋朝监狱黑暗腐败的又一突出表现。太平兴国九年（984年）六月，开封府左军巡推典受贿，指使狱卒施用"鼠弹筝"之类的酷刑，迫使王元吉自诬投毒害继母。狱毕将行刑，王元吉大呼："元吉苟受刑，府中官吏岂得了乎？"并"历指"继母所贿之吏，至此，案情大白。宋太宗得报后，"令缚狱吏以其法偿之。吏宛转号叫唯求速死"。"及解其缚，两手不能举，良久方复。"宋太宗不得不感慨地承认："刑狱有如此残酷，京城尚如此，况僻远乎？"[3]掌狱官吏"以狱为市"公开受贿索贿，"若不得钱，不与躁地，不通饮食"[4]。狱官狱卒"肆行威福，以要馈遗"，并"擅置狱具，非法残民"，对无贿之囚，酷刑交加。狱囚的命运及其所享有的生活待遇，全凭有贿无贿、贿赂多少而定，"无贿者必被其害"。宋朝京都开封府有民谚说："刑部比门，总有冤魂"，"刑部比门，人肉馄饨"[5]。

第三，无限制地关押"未决犯""干连佐证"。宋朝监狱的黑暗腐败还表现在无限制地关押"未决犯""干连佐证"上。旷日持久地关押"未决犯"以及"干连佐证"，世称"淹滞"。宋朝太宗年间，由于"州县禁系，往往犹以根穷为名"，长期关押人犯不予审理，造成淹囚众多的局面。淳化三年（992年），宋太宗自己也不得不承认"外州刑狱，多有淹系。盖官吏不能躬

---

[1] 参见《林下偶谈》。
[2] 参见（宋）王称：《东都事略》卷八三。
[3] 参见徐松：《宋会要辑稿》刑法五之二、之五。
[4] 参见（明）孙一谦：《续监惩录》上编。
[5] 参见（宋）陆务观：《老学庵笔记》。

亲科断",反委以"左右军巡院,动淹时月……"[1]咸平元年（998年），因"淹囚"严重，真宗重申："诸路系囚，限敕到日，长吏尽时决断，如有冤滥，便与申理，限三日内毕。"并规定："追证未圆须对款者，疾速结绝。"可见"淹囚"之严重。据宋张舜民《画墁录》卷一载：仁宗末年"凤翔妇与黄冠通奸，即妊不决，在禁中四年"。至英宗即位宣布大赦才获释，出狱时，"妇生子，发被面，齿满口"。宋朝法律规定，和奸者徒一年半至二年，而一名候审的怀孕妇女却被关押四年。徽宗崇宁二年（1103年），淹囚充斥监狱，州狱关押的"干连佐证"多者五十到七十人，少者二三十人，总逾"数千人矣"。[2]这说明封建监狱已发展到极端腐败的程度。

---

[1] 参见脱脱：《宋史·刑法志》。
[2] 参见徐松：《宋会要辑稿》刑法五之三〇、之四六、之四八。

第三编
DI SAN BIAN

中国监狱的停滞与倒退

辽、金是半壁江山，元朝是中国历史上一个由蒙古贵族建立和统治的封建王朝，其具有代表性的法典《大元通制》，内容基本上遵循唐律，承袭了唐以来被列为基本律文的五刑、五服、十恶、八议等，借以维护封建统治秩序。虽然元朝法典的基本精神与前朝一脉相承，这是由元朝政权的阶级本质决定的，但同时元朝的法律确实有其"与众不同"之处。在法典中增加了蒙古传统的法律内容，如刑制等；在法律适用上，南北异制，"蒙古色目人各依本俗"，具有突出的多元性，实行民族歧视和民族压迫的内容，具有很强的民族性。因而，中国古代监狱，从元朝开始到明朝清朝实际上处于停滞倒退的时期。监狱状况与当时的社会阶层斗争形势以及由此而产生的政治开明程度密切相关，明朝极端强化君主专制，导致封建宦官特务机构干预监狱，监狱管理无法无制、黑暗残酷。继明朝之后的清朝，是中国历史上实行封建君主专制制度的最后一个朝代，也是以满族贵族为主体的满、汉地主阶级联合专政的封建王朝。在清朝社会矛盾、民族矛盾尖锐复杂的背景下，监狱成为清朝实行阶级压迫和民族压迫的强制工具。因而，辽、金、元朝、明朝、清朝前期，是中国监狱发展历史上的停滞倒退时期。

第五章 监狱的停滞

在中国历史上,与宋对峙的是少数民族辽、金政权,而取代南宋的是元朝,元朝是由原始公社形态向奴隶制形态过渡的蒙古族建立起来的王朝。为了适应汉族地区高度发达的政治、经济、文化、法律的发展需要,元朝不仅采取政策笼络汉族地主和知识分子,"附会汉制",而且积极推行封建化的各项政策,"参照唐宋之制"。但在监狱制度方面,比之于唐宋等朝的监狱制度,辽、金、元朝的监狱制度仍然庞杂粗糙,因此辽、金、元朝的监狱是较为落后的。

第一节 辽金的监狱

一、辽朝的监狱

(一)辽朝的立法

1. 辽朝的建立

公元 907 年,北方契丹族首领耶律阿保机建国,国号契丹。公元 916 年耶律德光继位,改国号为辽,是为辽太祖,建都上京(今内蒙古巴林左旗南)。辽是与宋朝对峙的一个北方少数民族政权,公元 1125 年为金朝与宋朝联合所灭,存续了 218 年。

耶律阿保机建立契丹国之后,为适应其政治、经济、文化及社会生活各方面统治的需要,一方面着手创制契丹文字,另一方面又命人制定成文法。到辽太宗耶律德光时,又对居住在辽朝境内的不同民族采用"以国制治契丹,以汉制待汉人"[1]的分治政策,即对"渔猎以食、车马为家"的契丹人适用契丹族原有的习惯;对"耕稼以食、城廓以居"的汉人则适用以《唐律》为代表的汉法,强调"因俗而治"。这些措施促进了北方各民族的融合。

2. 辽朝立法的特点

辽建国前的契丹社会正处于原始部落解体向阶级社会迅速发展的阶段。建国后,又受中原汉族先进生产力及文化传统的影响,得以迅速地由奴隶制向封建制转化。故其法律既带有本民族固有习惯法的鲜明色彩,又具有汉族唐宋法律的基本模式;既带有奴隶制的痕迹,又有封建化的特征,形成了不同于以往各王朝法律的独特风格。可以说,"蕃汉异治,右蕃卑汉",是辽朝法律的一大特点。辽太祖执政初期,各项法律制度仍处于草创阶段,除继续沿用原契丹部落时期的习惯法外,对一般犯罪者"量轻重决之",而对重大犯罪则采取"权宜立法"[2]的方式,临事处断。至神册六年(921年),太祖"乃诏大臣定治契丹及诸夷之法,汉人则断以《律令》"[3],耶律突吕不"受诏撰《决狱法》"[4],这是辽代的第一部成文法。

辽初的立法,既以汉法为基础,又"参酌国俗"。《辽史·国语解序》中记载:"至太祖、太宗,奄有朔方,其治虽参用汉法,而先世奇首、遥辇之制尚多存者。"辽圣宗自幼受承天太后的影响,重视学习汉族文化,继位之后,即着手改革辽代法律。第一步就是下令翻译南京(今北京)所进律文,作为法律改革的基础。接着,又命朝内外大臣对现行法律中的遗缺项目和轻重失中之处,分条疏奏,审议增改了十数项条制。这次改革的重点是解决契丹人与汉人发生冲突时,由于"蕃汉异治",而适用法律轻重不均的问题,从此蕃律与汉法逐渐趋于一致。辽朝大规模的纂修法典是在兴宗朝。重熙五年(1036年),参照"古制"即唐代法制,"审度轻重,从宜修定",编成《重熙新定条例》共547条,简称《重熙条制》,颁行诸道。《重熙条制》成了辽朝的正式成文法典,也是辽朝的基本法典。

---

[1] 参见脱脱:《辽史·百官志一》。
[2] 参见脱脱:《辽史·刑法志上》。
[3] 参见脱脱:《辽史·康默记传》。
[4] 参见脱脱:《辽史·耶律铎臻附弟突吕不传》。

(二) 辽朝的狱制

1. 辽朝的刑罚体系

辽朝的刑罚分四类：死刑、流刑、徒刑和杖刑。在辽朝的刑罚制度中，由于仍保留参用原部族的习惯法，故其用刑残酷、野蛮。死刑的法定方式有："绞、斩、凌迟之属。"[1]绞、斩是沿用《唐律》所规定的法定死刑，凌迟在唐末已经出现，五代时军阀政权已频繁使用，但尚不是法定刑名，到辽朝时正式列为法定死刑，专门用以处决谋反、谋叛、恶逆等重罪犯。

契丹人还有一些自己特有的死刑方式，名目繁多，非常残酷、野蛮。投崖，即贵族、亲王犯逆从叛，命自投高崖而死。射鬼箭，原本是祭祀礼的一种，取死囚一人，置所向之方，乱矢射之。其他死刑方式与前朝各代类似，有枭、磔、钉、割、燎、沉河、炮掷、炮烙、铁梳、脔杀、腰斩、杖决、鞭杀等。此外，对已斩、已死的重罪犯往往还加处肢解，分尸五京、锉尸、开棺戮尸等凌辱尸首的酷刑。

流刑分为三等，量罪轻重，分别判处。一为"置之边域部族之地"，二为"投诸境外"，三为"罚使绝域"。徒刑分为三等，分别为终身、五年和一年半。凡判徒刑者，皆附加之杖，"终身者决五百，其次递减百"。犯重罪及窃盗至徒者，除加杖外，还得黥面。杖刑"自五十至三百"，但实际执行则很滥，"凡杖五十以上者，以沙袋决之"。沙袋是用熟皮缝制，长六寸，宽二寸，盛沙半升，有一尺左右木柄。还有木剑、大棒、铁骨朵、鞭、烙等身体刑。

2. 辽朝监狱的特点

据《辽史·百官志》载："地方冠以节度，分以刺史县令，大略采用唐制……"各州县设置监狱，但狱官不固定，往往"有事，则选材望官为之"。[2]为加强监督地方狱政，辽朝统治者不时派遣分决诸道滞狱使与按察诸道刑狱使巡察属下州县监狱。辽景宗仿唐实行录囚之制，并曾"躬录囚徒尽召而释之"[3]。圣宗时，"纲纪修举，吏多奉职，人重犯法。故统和中，南京及易、平二州，以狱空闻"。多少反映出了圣宗时期狱治所取得的成效。应当指出的是，辽朝是由奴隶制游牧社会转化而来，在社会制度封建化的过

---

[1] 参见脱脱：《辽史·刑法志上》。

[2] 参见脱脱：《辽史·百官志》。

[3] 参见脱脱：《辽史·刑法志》

程中，难免受到落后的奴隶制度的影响，在监狱管理方面表现得相当残酷野蛮。辽穆宗即位之初，于京城设置"百尺牢以处系囚"，并"取人胆合延年药，故杀人颇众"。[1]虽对刑讯作了某些限制，囚刑讯之具有鞭、烙，狱囚往往刑讯未毕，人已先死。再加上掌狱官吏任情用法，"由是投崖、炮掷、钉割、脔杀之刑复兴焉"。

二、金朝的监狱

（一）金朝的立法

1. 金朝的建立

金朝是由女真族建立的一个朝代，女真族生活在我国东北长白山和黑龙江流域。公元1115年，女真族完颜部落首领阿骨打统一女真各部落建立金朝。阿骨打就是金太祖，金建都会宁（今黑龙江阿城南白城），先后迁都中都（北京）、开封等。公元1125年金灭辽，两年后又灭北宋，在中国北方广大土地上建立起自己的统治。在中原地区高度发展的封建主义的政治、经济和文化的影响下，金朝迅速完成了由奴隶制向封建制的转化而进入封建社会。金是与宋朝对峙的又一个少数民族政权，到公元1234年，被元与宋联合所灭，共存续了119年。

金朝建立后，实行了一系列的政治法律制度改革，确立了封建君主专政体制。金朝中央行政体制是在中央设尚书省。尚书省是在金朝皇帝控制下的中央唯一的行政机构。尚书省的官员是宰相和执政。尚书省的具体办事机构，有左、右司。其长官为郎中、副长官为员外郎。左司"掌本司奏事，总察吏、户、礼三部受事付事"；右司"掌本司奏事，总察兵、刑、工三部受事付事"。金承袭了辽、宋制度，在全国区域内设京、路、府、州、县。金的五京分别是：京师为中都（今北京）、南京（今河南开封）、北京（今内蒙古宁城县）、东京（今辽宁辽阳）、西京（今山西大同），除五京外，又设十四路，各路管辖府、州、县。

2. 金朝立法的特点

金朝法制经过了一个发展演变过程，太祖时期因忙于对辽用兵，顾不上

---

[1] 参见脱脱：《辽史·刑法志》。

编纂新法,强调以"本国旧制"为立法的宗旨,其最突出的表现就是"无轻重贵贱之别",仍保持了一些氏族部落时期的平等原则。太祖初建国,不易旧俗,"凡臣下宴集,太祖尝赴之,主人拜,上亦答拜。天辅后,始正君臣之礼焉"[1]。太宗在位时,"屋舍车马衣服饮食之类,于其下无异"[2];"有事集议,君臣杂坐,议毕同歌合舞,携手握臂,略无猜忌"[3]。在此之时,甚至连皇帝违法或违背君臣之间的"誓约",也要承担罪责。如太宗曾与臣下缔结誓约,金国设立仓库所收积的财货,只用于发兵打仗。其后太宗"私用过度,谙版告于粘罕(宗翰),请国主违誓之罪,于是群臣扶下殿,杖二十。毕,群臣复扶上殿,谙版、粘罕以下谢罪"[4]。说明当时尊卑之间虽已有区别,但能同甘共苦、平等制约。

金熙宗即位后实行改革,取消多种制度并存的混乱状况,逐步采用汉制来统一金朝的法律制度。以本朝旧制,兼采隋、唐之制,参辽、宋之法,制定了《皇统制》,这是有金一代第一部成文法典,从此,金朝有了统一的法制。世宗时,于大定十九年(1179年)编成颁行《大定重修制条》。金朝的法制建设最具成就的是在章宗时期,修订法典,以律为准,并取《宋刑统》的疏文加以诠释,编著成常行的法律,定名为《明昌律义》。在明昌年间未能修订完成,直至泰和元年(1201年)新法典始修订完成,故最后定名《泰和律义》,共30卷,12篇,563条。此外,完成的行政法规主要有《律令》20卷、《敕条》3卷和《六部格式》30卷。金朝已有了较为完备的法律制度,至亡未曾发生重大改变。

(二) 金朝的狱制

1. 金朝的刑罚体制

金朝初期的刑罚没有形成统一的法定制度,随意性很大,《金史·刑法志》说是"刑、赎并行",主要以金建国前后形成的"国俗"为依据。轻罪用柳条笞之,对于犯杀人罪和盗窃罪者,不仅没收其全部家财,还以极其残酷的刑罚即击碎脑袋的形式处死。朝官稍有过失即加以笞杖,"虽一时名士有

---

[1] 参见脱脱:《金史·完颜撒改传》。
[2] 参见(南宋)徐梦莘:《三朝北盟会编·节要》。
[3] 参见《靖康稗史七种·呻吟语》。
[4] 参见徐梦莘:《三朝北盟会编·云燕录》。

所不免"。加之统治阶级内部的权力斗争不断,各种残忍酷烈的刑罚手段也随之层出不穷。但在金太宗以后,逐渐吸取了辽、宋法律的刑罚制度,其刑制也渐趋规范化与法律化。金熙宗时制定《皇统制》,始对杖刑作出规定,"杖罪至百,则臂、背分决"。因为杖刑是当时最为普遍使用的刑罚,其正刑亦"以杖折徒,累及二百"。总的来说,金朝前期的刑罚仍较混乱,没有定制。

金朝完整、系统的刑罚制度是以章宗时制定的《泰和律义》加以确定的。金朝五刑与唐、宋五刑大体相当,其中略有变化,而且罕见判处流刑。实际上,金朝刑罚的执行远比律文上规定的更加残酷。如杖刑,《金史·刑法志》称:"州县立威,甚者置刃于杖,虐于肉刑。"世宗大定年间,贾铉曾上书:"亲民之官,任情立威,所用决杖,分径长短不如法式,甚者以铁刃置于杖端,因而致死。"〔1〕世宗以诏制认可决杖应依程式的建议,但却禁而不止。至于死刑的方式,绝非绞、斩二种,可见于正史的有凌迟。对"盗贼"并"凌迟处死;或锯灼、去皮、截手足"。〔2〕甚至对已诛之人还要"焚其骨、掷水中"。但比起辽朝的刑罚,还是要进步、文明一些。

2. 金朝监狱的特点

金朝初期的监狱,仍用女真"旧俗","其狱则掘地深广数丈为之"。《大金国志·太宗纪》载天会九年(1131年),宗翰在河南、河东一带,下令诸州县置地牢,深三丈,分三隔,死囚居下,徒、流居中,笞、杖居上,外起夹城,并以壕沟重围。监狱主要用于临时拘押人犯,被监管人员多数是未决人犯或已决而待执行的罪犯。金朝入主中原建立起比较稳定的政权后,在中央和地方普遍设置了较为正规的监狱。金熙宗官制改革后,也相应地改进了监狱制度。中央御史台设有监狱,由狱丞掌管,关押中央要犯,以官员犯罪者为主。在京城诸府、诸节镇及州、县亦皆设狱,各置司狱一员,"提控狱囚"。金世宗时,对狱政做了较大改善,取得了良好效果。诏谕各级司狱官"应司狱廨舍须近狱安置,囚禁之事常亲提控,其狱卒必选年深而信实者轮值"。

由于金朝统治者连年发动战争,对内实行民族压迫与民族歧视政策,致使法律多成具文,在狱政方面表现尤为突出。地方州县司法官吏及狱吏皂卒,任意凌虐在押人犯,驱使所囚之人从事繁重劳役,"无所不可,脚腕以铁为

---

〔1〕 参见脱脱:《金史·贾铉传》。
〔2〕 参见脱脱:《金史·海陵王纪》。

镣,镰锁之。罪轻者一,罪重者二,朝纵暮收,限满则逐,使不得依旧为百姓"。[1]

第二节 元朝的监狱

一、元朝的刑罚

(一)元朝的立法

1. 元朝的建立

蒙古族的族源出自唐朝的室韦,室韦最初活动于大兴安岭北段,与契丹、鲜卑均为东胡苗裔,唐末大批西迁进入漠北草原,部落繁多,蒙古只是其中一部的称号。1206年,蒙古部首领铁木真统一漠北,建立大蒙古国,草原贵族给他奉上尊号为成吉思汗。经不断扩张,蒙古不仅征服了金与西夏,还将势力拓展到中亚、西亚乃至东欧地区,发展成了一个以漠北草原为中心、横跨亚欧大陆的世界性帝国。1260年,成吉思汗的孙子忽必烈即大汗位,将蒙古的统治中心由漠北移入汉地,开始推行"汉法",建立起汉式官僚机构和礼仪制度。兴建都城于燕京,定名大都。1271年,取《易经》"大哉乾元"之义,正式定号为大元。忽必烈死后被尊奉为元世祖,成吉思汗则被尊奉为元太祖。以忽必烈即位为标志,蒙古草原帝国已转变为汉族模式的元王朝。统治东欧、西亚、中亚的成吉思汗后裔则形成了相对独立的四大汗国——钦察汗国、伊利汗国、察合台汗国和窝阔台汗国,元朝对它们仍然保持名义上的宗主关系。1276年,元灭南宋,结束了中国版图上已持续数百年的几个政权并立的局面,重新确立了中国历史上的大一统格局。1368年,在农民起义中建立起来的新兴汉族王朝明朝推翻了元朝,但蒙古族此后仍长期活跃在北方草原的历史舞台上。从1271年正式定为大元至1368年败亡,元朝存续了97年,如果从1260年成吉思汗的孙子忽必烈即大汗位将蒙古的统治中心由漠北移入汉地算起,则为108年;再往前追溯至1206年蒙古部首领铁木真统一漠北建立大蒙古国算起,则为142年。

[1] 参见(宋)宇文懋昭:《大金国志》。

蒙古人建国之前尚处在部落社会，正是因为利用了中国的儒生和儒家思想，才建立起中央集权制的国家机关，既贯穿着"君为臣纲"的根本性原则，同时又吸取了中国历代王朝特别是唐、宋两代的经验教训。对这一变革，史书上有言："世祖皇帝建元中统以来，始采取故老诸儒之言，考求前代之典，立朝廷而建官府。"[1]

首先，皇帝至高无上。元朝依汉族传统，奉皇帝的权力权威至高无上，一切行政军政机构均直接对皇帝负责。

其次，中央最高机构三驾马车。中央最高机构为中书省、枢密院、御史台。中书省总理全国政务，最高长官为中书令。这个职位为虚崇之位，多不设置，如设置常以皇太子兼领。一般情况下，以左右丞相、平章政事为宰相，以左右丞、参知政事为副相。枢密院为最高军事机关，枢密使由皇太子兼领，实际事务由知院掌管。御史台为最高监察机关，又称"内台"，以御史大夫、御史中丞为长官。

再次，全国范围行省制。元代的行政设置最有特色的是行省制。"行省"是简称，全名叫"行中书省"。行省设丞相一人，掌管全省的军政大权。行省下面，设路、府、州、县。全国有十个行省，即岭北、辽阳、河南、陕西、四川、甘肃、云南、江浙、江西、湖广。山东、山西、河北和内蒙古等地称为"腹地"，作为中央特区，由中书省直辖。行省制的建立，保证了中央集权的稳固，这一制度对后世影响巨大，至今还在遵行。

最后，军民异籍分治。在军事方面，元代实行军民异籍而分治的政策。军队不能干预民政，地方行省也不得控制军队。军官的任免以及军队的调遣，全由枢密院行驶相应权力。这样做的目的，仍是防止地方坐大而威胁中央集权。

2. 元朝立法的特点

蒙古汗国建立以后，成吉思汗及其后代用了60多年的时间，占领了原属金和西夏的北方领土，并巩固和扩大了其在汉族地区的统治，加速了封建化的进程。在封建化的过程中，为适应程度较高的中原汉族封建文明的发展趋势，元世祖忽必烈尊用汉法，确立了元朝法制的指导思想。元朝法制的指导思想，寓于忽必烈"祖述变通"的建国思想中。所谓"祖述"，就是保留蒙

---

[1] 参见（明）宋濂、王祎：《元史·赵复传》。

古旧制；所谓"变通"，就是吸收中原传统王朝的统治办法，加强文治。

早在1244年，忽必烈在"潜邸"就延请藩府旧臣及四方文学之士，问以治道。郝经提出了"主政议"的主张，一是应当以"国之成法"即蒙古旧制为基础；二是"援唐宋之故典，参照辽金之遗制"，吸收中原传统王朝的统治办法；三是"缘饰以文、附会汉法"，加强文治。忽必烈接受了郝经的建议，形成了"祖述变通"的建国思想。忽必烈于中统元年（1260年）四五月间颁布的《建元诏》申明，要"稽列圣之洪规，讲前代之定制"。[1]也就是说，忽必烈建立的元朝，既不完全抛弃蒙古汗国的旧制，也不完全照抄中原传统王朝的整套成法，而是要把元朝的统治制度建成为一个蒙古旧制与中原汉族封建制度相结合的体制。忽必烈的建国思想贯穿于元朝的一系列典章制度、法律制度之中。

忽必烈即位以后，仍然沿用金朝的《泰和律》，与此同时，大臣姚枢、史天泽、刘肃、耶律铸等陆续议定了一些新条格。至元八年（1271年）底，忽必烈颁布了当时尚书省奏定的条画，并下诏："泰和律令不用，休依著那着"。[2]这是因为，大一统的元朝不可能长期直接沿用前代旧律，有必要禁行《泰和律》并且制定本朝法律；《泰和律》对某些频繁发生的犯罪行为的处罚软弱无力，不能适应元朝统治的需要。元二十八年（1291年）元朝颁布了它的第一部法典《至元新格》。然而，由于无法把蒙古法与汉法"兼容并蓄"，《至元新格》"虽宏法大纲，不数千言"，在许多情况下犹如无法，造成了治理上的严重混乱。因此，《至元新格》的成书和颁行，并没有从根本上解决元代法无定制的问题。

由于《至元新格》内容简要不能适应需要，因而不断有人建议再修订一部较为完整的法典。成宗即位以后，命何荣祖更定律令，制定《大德律令》，由于被斥为"讹舛甚多"[3]，而未能正式颁行。仁宗时，"以格例条画有关风纪者，类集成书"，称为《风宪宏纲》。这是一部关于纲纪、吏治的法典。基于"可著为令者，类集折衷，以示所司"[4]的需要，以期从整体上对国家

---

[1] 参见宋濂、王袆：《元史·世祖纪一》。
[2] 参见《元典章》卷一八《户部四·婚姻·官民婚·牧民官娶部民》。
[3] 参见宋濂、王袆：《元史·何荣祖传》。
[4] 参见（元）孛术鲁翀："大元通制序"，载黄时鉴点校：《通制条格》，浙江古籍出版社1986年版，第1页。

的政制法程作某种程度的统一或协调,英宗时至治三年(1323年)以《风宪宏纲》为基础,制定了《大元通制》。这是一部有关国家政制法程各部类单行法的汇编集,意在督责各级官吏遵循国家的政制法程,改变政令不一、罪同罚异的混乱现象。

《大元通制》的编纂体例是从唐、宋、金诸朝的法典体例演变而来的,"其于古律,暗用而明不用,名废而实不废"是它的显著特点。《大元通制》的编成,标志着元朝法典的基本定型。在编纂《大元通制》的同时,元朝还编纂了一部《大元圣政国朝典章》,简称《元典章》,这是仿照《唐六典》编纂的元朝制度法令的大全,它汇集了至元以来直至英宗至治三年(1323年)有关的政治、经济、军事、法律以及圣旨、条画等诸多方面的内容。

元朝是中国历史上一个由蒙古贵族建立和统治的封建王朝,它的具有代表性的法典《大元通制》,内容基本上遵循唐律,承袭了唐以来被列为基本律文的五刑、五服、十恶、八议等,借以维护封建统治秩序。元朝法典的基本精神,与前朝一脉相承,这是由元朝政权的阶级本质决定的。同时,元朝的法律确实有其"与众不同"之处。在法典中增加了蒙古传统的法律内容,如刑制等;在法律适用上,南北异制,"蒙古色目人各依本俗",具有突出的多元性。在法典中增加了划分民族等级,实行民族歧视和民族压迫的内容,具有很强的民族性。法典中增加了反映元代社会现实生活的内容,如投下、驱口等,具有明显的针对性。

(二) 元朝的刑罚

由于元朝是在原始部落的基础上建立起的封建制王朝,其刑罚体系的确立经历了漫长的岁月,其中不仅有法律规定的封建五刑,而且还有法律没有规定的但实践中实施的各种惩罚措施。

1. 基本刑

在元朝,基本刑就是沿用前朝唐宋所确立的封建五刑,包括笞、杖、徒、流、死刑。基本刑构成了元朝刑罚体系的主干部分。

第一,笞刑。笞,"捶击也,耻薄也。言人有小过,法须惩戒,加捶挞以耻之。汉时用竹,今时用楚,即荆也"。[1] 笞刑是元朝五刑中最轻的刑种,笞

---

[1] 参见(元)徐元瑞:《吏学指南·五刑》。

刑六等：7下、17下、27下、37下、47下、57下。笞杖规格为大头径2分7厘，小头径1分7厘。笞刑之部位是臀部。元朝的笞刑一般以7为尾数，但也有例外，元朝后期，"匿一者笞五十"。

第二，杖刑。杖，"持也。言人执持，可以击人也，古者用鞭，今时用杖"。[1]杖刑五等：67下、77下、87下、97下、107下。杖的规格是大头径3分2厘，小头径2分5厘。杖之部位是臀部。元朝的杖刑一般以7为尾数，但也有例外，元朝后期，"犯私盐、茶者杖七十，私宰牛马者杖一百，旧法犹有存者"。杖刑虽为轻刑，但实际执行时并不轻。"一个人犯了盗窃罪，法不当死，应受一定数目的杖责……"有许多人死在这种杖责底下。

第三，徒刑。徒，"奴也，盖奴辱之"。元朝的徒刑，"皆先决讫，然后发遣合属，带镣居役"。徒刑五等：徒1年，决杖67下；1年6个月，决杖77下；2年，决杖87下；2年6个月，决杖97下；3年，决杖107下。犯人服役地点是"有金银铜铁洞冶、屯田、堤岸、桥道，一切工役去处"。服役期满释放后"充警迹人"。警迹，"谓显人之行止也"。[2]警迹人是为犯盗者所立的特殊户籍。在警迹人门首立红泥粉壁，开具姓名，犯事情由，每月分上、下半月面见官府接受督察。[3]这是防止服完刑的人重新犯罪的一种预防措施。

第四，流刑。在元朝，流刑三等："流三千里，比移乡接连；二千五百里，迁徙屯粮；三千里，流远出军。"[4]流刑的适用是"南人迁于辽阳迤北之地，北人迁于南方湖广之乡"。

第五，死刑。在元朝，死刑有斩而无绞，恶逆之极者又有凌迟处死之法。死刑分为斩、凌迟处死二等。

其一，斩、凌迟。据《五刑训义》："死，义曰绞、斩之坐，刑之极也。"而《大元通制》（节文）："死刑，绞刑，斩刑。"可以认为，元朝前期曾使用过绞刑，由于"盖尝论之，绞斩相去不至悬绝，均为死也，特有殊不殊之分"，最后停止了绞刑。《宪典》《刑法志》均记载了后期执行死刑的主要方式为斩刑。"恶逆之极者又有凌迟处死之法。"凌迟，又称"陵迟"，元朝对

---

[1] 参见徐元瑞：《吏学指南·五刑》。
[2] 参见徐元瑞：《吏学指南·贼盗》。
[3] 参见龙潜庵编：《宋元语言词典》，上海辞书出版社1985年版，第1012页。
[4] 参见黄时鉴：《刑统赋疏通例编年》一六一条，引自黄时鉴辑点：《元代法律资料辑存》，浙江古籍出版社1988年版，第212页。

恶逆等重罪采用凌迟刑,史籍中多称为"磔"。"斩"与"凌迟"是法定执行方法,但实际执行死刑方式很多。

其二,敲或榜杀。"敲"即杖杀或榜杀,如得财二十贯"为首的敲,为从的一百七出军"。[1]元二十四年(1287年)刘国杰"械首贼至肇庆,斩之,同恶皆杖死";[2]同年王道"生擒贼酋二十三人,悉榜杀泉市"。[3]

其三,剥皮。元十三年(1276年),邸泽生擒罗飞等三人,"褫皮以献"。[4]元十九年(1282年),"诛阿合马第三子阿散,仍剥其皮以徇"。[5]马可波罗说:"对于阿合马那几个效法其父、作恶多端的儿子,一律处以活剥皮的刑罚。"

其四,菹。元十九年(1282年),诛阿合马二子于扬州,"皆菹之"。柯劭忞说:"帝欲重惩奸吏,故用法特严,然剥皮及菹醢之法,唐宋以来所未有也。"

其五,烹。烹刑盛行于周及秦、汉之间,秦并设为常刑,元朝极少使用。元朝后期镇压农民起义曾用烹刑,有诗为证:"前岁醢光卿,今年烹志父。"

其六,坑。蒙古军初入中原时,野蛮杀戮反抗者,军法规定:"凡城邑以兵得者,悉坑之。"元十三年(1276年)十一月,阿里海牙攻破静江,"以静江民易叛"为由,"悉坑之"。

其七,枭首。枭者,"磔而悬之于木",秦代刑。元十二年(1275年),大理总管信苴日设计杀死复叛的舍利畏等,"枭首于市"。元二十六年(1289年),刘国杰捕斩广东盗陈大獠等18人,"枭其首于州市"。

其八,具五刑。秦酷刑:"当三族者,皆先黥、劓、斩右左趾,笞杀之,枭其首,菹其骨肉于市。其诽谤詈诅者,又先断舌。故谓之具五刑。"元十二年(1275年),中书省臣议断死罪诏:"其奴婢杀主者,具五刑论。"[6]

其九,口里填土。口里填土是蒙古旧俗处死方法。察合台之妻告发阔儿古思背后讲她的粗话,太宗窝阔台下旨"用土填他的嘴",阔儿吉思被"用土填嘴而死"。[7]

---

[1] 参见《元典章新集·刑部·盗贼通例》。
[2] 参见(元)黄溍:《金华黄先生文集》卷二五《刘公神道碑》。
[3] 参见《元典章》卷三十四《兵部一·札橄逸走军官军人》。
[4] 参见(元)姚燧:《牧庵集》卷一七《颖州万户邸公神道碑》。
[5] 参见宋濂、王袆:《元史》卷一二《世祖纪九》。
[6] 参见宋濂、王袆:《元史》卷八《世祖纪五》。
[7] 参见[波斯]拉施特:《史集》(第1卷),余大钧译,商务印书馆1986年版,第234页。

其十，赐死。赐死主要针对蒙古王室犯重罪者。古代蒙古人信仰萨满教，"认为流血而死，其灵魂必受痛苦。故元代皇族之被处死者，多不流其血"。"赐死"者不流血，也就是不受法定斩刑。《蒙古秘史》记载，俘虏札木合向成吉思汗说："赐死的时候，请不要使我流血而死。"作为皇族外的人，他也希望得到"赐死"的恩典。[1]元二十四年（1287年）四月，蒙古宗王乃颜与皇族成员结盟，举兵叛乱，六月溃逃，被追兵抓获。马可波罗记下了对乃颜处死的过程："他们把乃颜裹在两条毛毡之间，然后猛烈地摇动，直到气绝身亡为止，采用这种特别刑罚的动机，在于不应该让太阳和空气看到皇室的人流血。"[2]

2. 其他刑

其他刑是指法律没有规定但实践中实施的各种惩罚措施。其他刑实施的对象，既有犯罪者本人，也有犯罪人家属，还有犯罪人及其家属（族）。

第一，对犯罪者本人适用的其他刑。对犯罪者本人适用的其他刑主要有：戮尸、黥劓等肉刑，充警迹人，征烧埋银。

其一，戮尸。元十九年（1282年），"治阿合马罪，剖棺戮其尸于通玄门外"，并将郝祯剖棺"戮其尸"。[3]泰定四年（1327年），潮州判官钱珍诬陷推官梁楫致其下狱而死，后畏罪自杀，"诏戮尸传首"[4]。《元史·刑法志》大恶门载："诸子弑其父母，虽瘐死狱中，仍肢解其尸以徇"，"诸因争虐杀其兄者，虽死，仍戮其尸"。

其二，黥劓等肉刑。在元朝，黥刑常用于强窃盗犯罪的附加刑，如"仓官人等盗粜（tiao）官粮，结搅纳飞钞者一体刺断"，"吏人贼行者黥其面"。[5]由于黥所刺部位不同，对于法官审判时识别是否累犯，应施何种主刑罚有重要意义。《强窃盗贼通例》载："诸窃盗初犯刺左臂（谓已得财者），再犯刺右臂，三犯刺项"；"三犯杖者徒，三犯徒者流，又而再犯者死"。作为附加刑的黥刑不因主刑的赦免而取消，如大元年（1308年）中书省托付：刑

---

[1] 参见札奇斯钦译注：《蒙古秘史新译并注释》，联经出版事业公司1979年版，第285~287页。
[2] 参见［意］马可·波罗：《马可波罗游记》，梁生智译，中国文史出版社1998年版，第85~86页。
[3] 参见宋濂、王祎：《元史》卷十二《世祖纪九》。
[4] 参见宋濂、王祎：《元史》卷三十《泰定帝纪二》。
[5] 参见《元典章》卷四七《刑部·九·揽买盗粮等例》；《元史》卷二五《仁宗纪二》。

部议得"诸强窃盗贼若已得财,其虽不得财而曾奸伤事主平因而故烧房舍,并损坏财物、产畜、田场积聚之物者,罪遇原免,拟合刺字……"都省准拟仰依上施行。[1]黥所刺部位,也可因具体情况变通处理:"诸应刺左右臂而臂有雕青者,随上下空歇之处亏之。诸犯窃盗已经刺臂,却遍文其身覆盖无刺,再犯窃盗,于手背刺之。诸累犯窃盗,左右项臂刺遍而再犯者,于项上空处刺之"。[2]由于蒙古人、色目人不适用黥刑,所以黥也是区别不同人种等级罪犯的显眼标志。

元二年(1336年)八月,元朝朝廷颁布庚子诏,恢复废除久已的肉刑。"强盗皆死,盗牛马者刖,盗驴骡者黥额,再犯刖;盗羊豕者墨项,再犯黥,三犯刖,刖后再犯者死。"[3]可见到此时,黥、刖刑已成为严惩"盗贼"的主刑了。

其三,充警迹人。充警迹人是针对强窃盗犯人的保安措施,将犯人发付原籍登记,令邻居监督其行止,五年不犯者除籍,再犯终身拘籍。

其四,征烧埋银。"元朝人死,致祭,曰烧饭。其大祭,曰烧马"[4],是"丧礼中送死的一件大事"[5]。蒙古人把征烧埋银作为杀人、伤害、因失职致死人命等罪的附加刑广泛使用。元二年(1265年)《圣旨条画》曰:"凡杀人者虽偿命讫,仍出烧埋银五十两。若经赦原罪者倍之。"[6]元十九年(1282年)耶律铸言:"前奉诏杀人者死,仍征烧埋银五十两,上征钞二锭,其事太轻。臣等议依蒙古人例犯者没一女入仇家,无女者征钞四锭,从之"。[7]对杀人重罪除偿命外,还要将行为人一女给被害人之家,无女者才征钞四锭,作为赔偿。烧埋银应向家属追索,若实在无钱,也可除免;遇赦则应倍征烧理银;也可让犯人以佣工取得报酬,偿付苦主。

第二,对于犯罪人家属所适用的其他刑。对于犯罪人家属所适用的其他刑主要有:孥戮,籍没。

其一,孥戮。孥,是妻子儿女的总称;孥戮,是因本人犯罪而株连家属

---

[1] 参见《元典章》卷四九《刑部一一·遇赦依例刺字》。
[2] 参见宋濂、王祎:《元史·刑法志·盗贼门》。
[3] 参见宋濂、王祎:《元史》卷三九《顺帝本纪二》。
[4] 参见(元)叶子奇:《草木子》卷三《杂制篇》。
[5] 参见札奇斯钦译注:《蒙古秘史新译并注释》,联经出版事业公司1979年版,第72~70页。
[6] 参见《元典章》卷四三《刑部五·无苦主免征烧埋银》。
[7] 参见宋濂、王祎:《元史》卷一二《世祖纪九》。

受死刑。天历二年（1329年），御史孔思迪提出："今后凡负国之臣，籍没奴婢财产，不必罪其妻子。当典刑者，则拏戮之，不必断付他人，庶使妇人均得守节。"[1]元二年（1265年），琐达卿带兵围剿刘害十等，"群贼战败鼠窜。复进兵诛其妻孥"[2]。

其二，籍没。籍没，"谓断没家私也"[3]，既有全部家产，也有部分财产。成吉思汗《大札撒》："其犯寇者，杀之，没其妻子畜产以入受寇之家。"[4]元朝籍没常作为附加刑使用。至元十九年（1282年），在戮尸阿合马的同时，"籍阿合马妻子、亲属所营财产、其奴婢纵之为民"，"籍没阿合马妻子婿奴婢财产"[5]。

第三，对犯罪人及其家属（族）适用的其他刑。对犯罪人及其家属（族）适用的其他刑主要是禁锢。禁锢，是指终身不得入仕。在元朝，禁锢剥夺罪犯或其亲属入仕资格，较多以附加形式出现，如元成宗时朱清、张瑄因赃致罪后，大德七年（1303年）流其子孙于远方，次年又禁锢其族属。

二、元朝的狱制

（一）元朝刑狱立法的特点

以忽必烈、耶律楚材为代表的元朝统治集团，在入主中原以后，适应高度发展的汉族地区的封建政治、经济、文化的发展需要，适时采取了笼络汉族地主阶级及其知识分子、积极推行封建化的各项政策，并通过"附会汉法"，"参照唐宋之制"确定了元朝监狱制度。这不仅有利于全国狱制的统一适用，也有助于元初建时狱制的发展。元英宗至治三年（1323年），制定颁行了《大元通制》。这是元朝的主要法典，也是元朝监狱法律条文最为集中的一部法典。元朝监狱立法较之辽、金，有明显进步。但与唐、宋等朝的监狱立法相比，却失之于庞杂粗糙。《大元通制》的监狱法规，散见于《职制》上下、《恤刑》《平反》《捕亡》各部分，富有民族特色。

---

[1] 参见宋濂、王祎：《元史》卷三三《文宗纪二》。
[2] 参见（元）刘鹗撰：《惟实集》卷二《南雄府判琐达卿平寇诗序》。
[3] 参见徐元瑞：《吏学指南·杂刑》。
[4] 参见（宋）彭大雅、徐霆：《黑鞑事略》。
[5] 参见宋濂、王祎：《元史》卷一二《世祖纪九》。

1. 民族压迫色彩浓厚

元朝的统治者以征服欧亚大陆的民族自居，有着强烈的民族优越感和种族偏见。元朝将统治下的民众按民族划分为四等，蒙古人为第一等，色目人（是指西夏人、西域人）为第二等，第三等是汉人，第四等是南人即原南宋统治下的民众。四等人在政治、法律、刑狱上的地位和待遇都不一样。

其一，建立了以蒙古贵族垄断的监狱管理体制。元朝的中央监狱和地方监狱，其最高长官均由蒙古贵族达鲁花赤管辖，或者设蒙古族狱官，治狱大权完全操控在蒙古贵族手中。这就从组织上确立了蒙古民族在治狱上的特权地位。《元史·百官志序》记载："官有常职，位有常员，其长则蒙古人为之。"

其二，刑罚处置上具有民族差别。首先，法律地位不同。蒙古人与汉人、南人发生冲突，"蒙古人打汉人，不得还报"〔1〕。其次，在法律上明文规定蒙古人犯罪与汉人犯罪同罪不同罚。按照元朝法律规定，凡犯窃盗罪，都要附加刺字之刑，但蒙古人犯窃盗、强盗罪却"不在刺字之条"〔2〕，如违犯，狱官处杖七十七，除名，并"将已刺字，去之"。再次，犯罪的处理归属不同。元朝法律规定，蒙古人案件归大宗正府处理，汉人、南人案件归刑部。

其三，蒙古人享有狱政特权。元朝法律规定："请正蒙古人，除犯死罪监禁，依法有司不得拷掠，仍日给饮食，犯真奸盗者，解束带、佩褒散收；余犯轻重者，以理对证，有司勿拘执之。"〔3〕蒙古人除犯死罪之外，概不监禁，甚至不拘执，死罪监禁也不准拷掠。相反，汉人常常以无罪或轻罪被投入监狱，戴枷锁，服苦役，备受摧残，被迫害致死者不计其数。

2. 宗教成分突出，僧侣享有狱政特权

元朝时期，宗教是统治者用来欺骗和麻醉被压迫人民的工具。元朝统治者奉藏传佛教为国教，元世祖尊西藏名僧八思巴为帝师。帝师作为佛教的最高领袖，其法旨在西方吐蕃地区与皇帝诏旨并行。元朝中央设宣政院、地方设行宣政院，专门审理僧侣案件。法律对僧侣人身财产也给予种种保护。法律规定："殴西番僧者截其手，詈之者断其舌。"〔4〕

佛教领袖更是享有特权，他们借"修佛事"，做"好事""祈福"的名

---

〔1〕 参见《元典章·刑部六》。
〔2〕 参见《元典章·刑部十一·强窃盗》。
〔3〕 参见宋濂、王袆：《元史·刑法志》。
〔4〕 参见宋濂、王袆：《元史·武宗本纪》。

义，奏释在押罪人。《元史·刑法志》曰："赦令历代所同，独以修佛事而释重囚，则惟蒙古有之。"《元史·释老列传》也说："又每岁必因好事奏释轻重囚徒，以为福利，虽大臣如何里……莫不假是以逭追其诛。宣政院参议李良弼，受赇鬻官，直以帝师之言纵之。其余杀人之盗，作奸之徒，黉缘幸免者多。至或取空名宣敕以为布施，而任其人，可谓滥矣。"

元朝佛教领袖不顾国家法律和司法审判程序，以"祈福"等假借名义随意释放在押犯，从中渔利，这种随意释囚的后果，往往是有罪者逍遥法外，无罪受冤者遭禁系残杀，引起了人们的不满。元朝中书右丞答剌罕质问说："僧人修佛事毕，比释重囚，有杀人及妻妾杀大者，皆提名释之，生者苟免死，死者含冤，于福何在！"〔1〕元朝实行的宗教与世俗权力并行的司法制度，宗教领袖享有狱政特权，给元朝的狱制带来了恶劣的影响。

（二）元朝监狱体制及特点

1. 元朝的监狱体制

元朝统一中国后，疆域空前辽阔，为加强对广大地区的控制和管理，元朝在中央设中书省作为全国最高行政机构，元大都及其邻近地区，由中书省直接管理。其他地区设"行中书省"，由中央委派官吏前去管理。"行中书省"简称"行省"或略称"省"，是地方最高行政机关。元朝的监狱设置，既沿袭了前代，又有重要变化。

第一，中央监狱。元朝的中央司法机构为大宗正府、刑部、御史台和宣政院。大宗正府，是类似前朝大理寺的中央审判机关，审理蒙古、色目人和宗室案件。刑部，"掌天下刑名法律之政令。凡大辟之按复，系囚之详，孥收产没之籍，捕获贡赏之试，冤讼疑罪之辨，狱具之制度，律令之拟议，悉以任之"，是元朝的中央司法行政机关。御史台，是元朝的中央司法监督机构。宣政院，是元朝的全国宗教管理机关和宗教审判的最高机关，官员由僧侣担任，形成宗教与世俗权力并行的特殊司法制度。

元朝的中央监狱包括御史台狱、刑部狱、大宗正府狱、京畿狱。元朝开始在刑部设狱，不仅进一步增强了刑部的司法职能，还对以后朝代的监狱设置产生了直接影响。大宗正府狱主要关押诸王驸马、蒙古、怯薛军（皇帝禁

〔1〕 参见宋濂、王祎：《元史·刑法志》。

卫军之一）及色目人犯，监狱职官有司狱、典吏等。御史台狱主要关押皇帝交办的重大案犯，监狱职官有检法二员、狱丞一员。刑部狱主要关押汉人犯罪者。京畿狱是元朝统治者在京畿之地设置的监狱，金朝完颜亮改燕京为中都，元世祖忽必烈至元九年（1272年）改中都为大都，将原先的和林改称为上都，上都狱与大都狱相同，具有中央与地方监狱的双重性质。

第二，地方监狱。元朝行省以下路、府、州、县都设狱。路设监狱是元朝监狱设置的又一个重大变化，路设推官专掌治监狱；路以下府、州、县各级监狱"设司狱司司狱一员、狱丞一员、狱典一人"，专门掌治地方狱政。另据史书记载，元朝的狱官还有吏目，从九品。

第三，兵马司监狱。元朝兵马指挥使司之下，设置司狱司，附有三狱，一属大都路，一属大都北城兵马司，一属南城兵马司，反映了元朝封建军事专制主义统治的特点。兵马司监狱实际上只不过是一个宽仅有八尺，深三丈二尺，四面都是泥墙的地牢，只在北墙开一单扉小门。地牢内夏日暑气蒸腾，虫咬蚊吮，群蝇乱飞，尤其是大雨过后，牢内积水盈尺。地牢内充满着水气、土气、日气、火气、米气、人气、秽气。文天祥以孱弱之身体处在七气的重重包围之中，竟未染重病，写下了千古传颂的《正气歌》。兵马司监狱的黑暗是元朝狱制落后的重要表现。蒙古族是一个游牧民族，生活在漠北草原，地牢的形式是其拘押罪人的传统形式。

2. 元朝的囚犯管理制度

元朝统治者在一统天下以后，从原始社会、奴隶制时期急速跨入封建化时期，依靠军事征服建立起了国家组织，完成了全国监狱整齐划一的历史任务。虽然宋辽金元各朝狱制彼此有所渗透，促进了元朝狱制的发展，但也不可避免地保存着原始社会、奴隶制游牧社会生产方式的残余，不可避免地保存着与这种生产方式相联系的落后监狱观念与监狱制度。

第一，居作制度。由于元朝辖境空前辽阔，对于徒刑、流行犯人，不再像宋朝那样建造封闭型的牢城，而是恢复了唐朝以前的传统做法，将流刑犯人遣送到边远地区的驻地官府或驻军营地从事苦役，徒刑罪人则遣送到本地官府或官营场务从事公差杂役或苦役。流罪犯人是按照南北对流的原则进行的，女真、高丽人犯罪流湖广地区，"余并流奴儿干及取湾青之地"[1]。湖

---

[1] 参见宋濂、王祎：《元史·刑法志》。

广为南方炎热之地、多瘴毒，原来生活在北方的女真人、高丽人很难适应。奴儿干在黑龙江入海之地（今俄罗斯境内），"取海青之地"在黑龙江中下游，是人烟稀少的酷寒地区，同样很难生存。

一般凡属政治性犯罪的罪人杖刑，流奴儿干，到当地官府从事公差苦役；一般凡属经济性犯罪的罪人杖一百零七，流广东肇庆，屯种戍边从事军差苦役；江南人流东北辽阳屯种戍边，从事军差苦役。徒刑犯人在受杖刑后，发配到盐场、金矿等处服苦役。他们"昼则带镣居役，夜则入囚牢房"[1]，居作制度既严酷又繁重。

第二，基本生活制度。元朝在立法上采取"附会汉法""参酌唐宋之制"，因此狱囚基本生活制度与唐宋没有什么大的差别。根据《元典章》和其他法律的规定，狱囚基本生活制度的主要内容是：粮饷、衣被、医药、照明等。

关于粮饷。元律规定："诸在禁囚徒无亲属供给，或有亲属二品不能给者，日给仓米一升"，"或家属在他处住，坐未知者，粮亦官给"。关于衣被，元律规定："在禁狱囚无家者冬给絮袄一件，或每名支粗布二丈六尺，每岁十二月至四月发羊皮为狱囚之被盖，发给袜。冬日供给薪草暖匣以备取暖。"关于医药，根据元律规定，狱囚有病，主司申明，提牢官验实，由狱内医人看病。发给医药，司狱狱卒并病囚亲属，常切看视。关于照明，根据元律规定，"过夜灯油日支一升"用以照明。

元朝监狱管理除上述内容外，还有男女异室、孕妇产后决罪等内容与唐宋律同。元律规定，凡油炭席荐之属，各以时具，饥寒雨衣粮不继，疾患而医疗不时以致狱囚死者有罚。从条文上来看，元朝的监狱管理制度并不十分严苛，但元朝统治者主要是靠政治特权和军事力量进行统治的，治狱吏素质普遍低下，"郡县官吏，贪污苟且，通知法律者少"，"无辜牵连受刑，有罪者侥幸获免"。正如《元典章》所载："今之官吏，不体圣朝恤刑之意，不思仁恕，专尚苛刻。每日于鞫狱问事之际，不察有无脏验，或挟宿怨，不问重轻，辄加拷掠，严行法外凌虐，囚人不胜苦楚，锻炼之词，何求而不得，致令枉死无辜，幸不致命者亦为残废。"

---

[1] 参见宋濂、王祎：《元史·刑法志》。

CHAPTER6 第六章

监狱的倒退

在中国历史上,到了明朝、前清就进入了中国封建制社会的后期,封建制度日趋衰落。随着社会历史的发展,明朝、前清的封建狱制,一方面效仿于唐宋封建狱制而进一步完善、系统,另一方面追随封建制社会的没落腐败而更加黑暗暴虐,成为顽固地维护没落的封建经济和君主专制制度的暴力工具。在中国监狱历史上,明朝、前清的监狱制度实际上是个倒退。

第一节 明朝的监狱

一、明朝的刑罚

(一)明朝的立法思想

1. 明朝的建立

元朝统治者入主中原之后,骄奢淫逸,京城大都大兴土木。皇帝为了满足蒙汉贵族的要求,大行赏赐,大作佛事,致国库空虚,百姓负担日益沉重。与人祸并行的是天灾。1333年,京畿涝灾,饥民达四十万;次年,江浙大旱,饥民五十九万;1337年,江浙又灾,饥民四十余万。1344年,黄河连续三次决堤,大水所到,颗粒无收,致以灾民遍野,不可胜数。元王朝就是在天灾人祸的双重打击下,日益衰败下去的。14世纪上半期,农民起义烽火四起,从北方的蒙古部到海南岛的黎人,纷纷起来反抗元王朝。

汉人的武装反抗次数更多、规模更大,在农民起义队伍反抗元朝的斗争中,朱元璋集团逐渐发展壮大起来。1360年,朱元璋就在应天府称吴王,建中书省,封赏百官,正式建立政权。1367年,朱元璋正式即皇帝位,改国号为明，定年号为洪武，以应天府为京师。朱明王朝自此建立。为了尽快完成统一，朱元璋采取南征北伐同时进行的战略，在短短的4年时间里，消灭了各派割据势力，并于1368年攻入大都，把元朝统治者赶回了漠北老家，推翻了元朝在中原的统治。从公元1367年朱元璋建立明朝封建政权，直到公元1644年被清朝所灭，前后统治了277年。

朱元璋做了皇帝之后，为了确保朱家的天下万世垂延，实行了一系列政治和军事制度的改革。通过废丞相制度、撤销大都督府、加强监察机构建设、分封宗蕃，并且大杀功臣、廷杖朝臣，从而将国家的军、政、财权集中于明朝皇帝手里。当然，朱元璋皇帝一系列的政治和军事改革措施，整顿了吏治，发展了生产，厉行节约，与民休息，也是值得肯定的。但就集权手段而言，朱元璋比以前任何一位开国皇帝，都有过之而无不及。

2. 明朝立法思想的特点

明朝的立法思想内容很多，表现统治者立法思想的各种主张均是以宣告的方式提出，虽然缺乏深入的理论阐发，但每一种立法主张背后都有哲学基础。在立法继承性、立法稳定性和立法因时制宜的思想背后，存在着维护君主权威、维护一统天下的君权至上的政治哲学观。在立法简明、宽严适中、除恶安良、为民造福的思想背后，存在着民本主义的政治哲学观。在立法重礼、立法遵循天理的思想背后，存在着维护纲常名教的伦理哲学观和自然哲学观。从这些政治哲学观、伦理哲学观和自然哲学观出发，明朝立法者提出的立法主张观点鲜明、内容广泛。

第一，立法的继承性。明朝初期，太祖朱元璋接受了丞相李善长等提出的"历代之律，皆以汉《九章》为宗，至唐始集其成，今制宜遵唐旧"的主张，在《御制大明律序》中，特别强调了"朕仿古为治"的立法继承性思想。立法继承性方面的思想得到了明朝诸帝不同程度的强调。弘治十五年（1502年）的《御制明会典序》专门申述说："我太祖高皇帝以至圣之德驱胡元而有天下，凡一政之举，一令之行，必集群儒而议之，遵古法，酌时宜……我太宗文皇帝、仁宗昭皇帝、宣宗章皇帝、英宗睿皇帝、宪宗纯皇帝，圣圣相承，先后一心，虽因时损益，而率由是道。百有余年之太平，端有在矣。"万历四年（1576年）《皇帝敕谕内阁》，在申述修订《大明会典》理由之前，专门强调"惟我祖宗之旧章成宪，是守是遵"。明朝君臣有关立法继承性方面的思想，意旨简要明确，为其统治的合理性、立法的权威性寻找了历史依据、法统依据。

第二，立法的稳定性。明太祖朱元璋废除宰相制，实行高度的君主集权制，需要立法的稳定性来维护君权的稳定性和至高性、追求社会的长治久安。他在洪武三十年（1397年）修定《大明律》后，"令子孙守之。群臣有稍议更改，即坐以变乱祖制之罪"[1]。在立法稳定性的思想指导下，明律成了"万世之常法"，在明朝"历代相承，无敢轻改"[2]。洪武十八（1385年）颁行《大诰》初编时，朱元璋在《御制大诰序》中特别申明"斯令一出，世世守行之"。以后的明朝诸帝，每当修订法律时，总是不忘维护祖宗定律的稳定性，反复申述立法稳定性和继承性方面的思想。

第三，立法简明。明太祖朱元璋曾对议律官发布上谕："法贵简当，使人易晓。若条绪繁多，或一事两端，可轻可重，吏得因缘为奸，非法意也。夫网密则水无大鱼，法密则国无全民。卿等悉心参究，日具刑名条目以上，吾亲酌议焉。"[3]洪武元年（1368年），朱元璋在《颁行大明令敕》中再次申述了立法简明的思想："古者律、令至简，后世渐以繁多，甚至有不能通其义者，何以使人知法意而不犯哉？人既难知，是启吏之奸而陷民于法。朕甚悯之，今所定律、令，芟繁就简，使之归一，直言其事，庶几人人易知而难犯。《书》曰：'刑期于无刑。'天下果能遵令而不蹈于律，刑措之效，亦不难致。兹命颁行四方，惟尔臣庶，体予至意。"在立法简明思想的指导下，明初统治者不仅制定了比唐律"简核"的《大明律》，而且颁发了文字浅显易懂的《大诰》，并发至每户人家，令"一切官民诸色人等"知悉守法。

第四，立法因时制宜。由于社会的发展、时势的变化，常使简明的法律不足以为用，所以明朝统治者指出了立法因时制宜的思想。朱元璋即对皇太孙说："吾治乱世，刑不得不重。汝治平世，刑自当轻，所谓刑罚世轻世重也。"[4]以后的明朝诸帝，在制定各种条例和纂修《大明会典》的过程中，反复申述立法因时制宜的思想。在此思想指导下，明朝统治者在保证《大明律》稳定性的前提下，采取了随时修例以补律之不足的立法方式，在万历年间形成了律为正文、例为附注、律例合编的立法新体制。

---

[1] 参见（清）张廷玉：《明史·刑法志》。
[2] 参见张廷玉：《明史·刑法志》。
[3] 参见张廷玉：《明史·刑法志》。
[4] 参见张廷玉：《明史·刑法志》。

第五，立法重礼。在汉唐时期礼逐步成为立法的核心内容，明初统治者特别注重礼在立法中的重要性。明太祖朱元璋在《御制大明律序》中就以"明礼以导民，定律以绳顽"作为立法的指导思想，在上谕中说：《大明律》"首列二刑图，次列八礼图者，重礼也。顾愚民无知，若于本条下即注宽恤之令，必易而犯法，故以广大好生之意，总列《名例律》中。善用法者，会其意可也"。[1]建文帝即位后，进一步强调了重礼的立法思想。他在给刑官的上谕中说："夫律设大法，礼顺人情，齐民以刑，不若以礼。其谕天下有司，务崇礼教，赦疑狱，称朕嘉与万方之意。"[2]

第六，立法遵循天理。弘治十五年（1502年）《御制明会典序》说："朕惟自古帝王君临天下，必有一代之典，以成四海之治。虽其间损益沿革，未免或异，要之不越乎一天理之所寓也。纯乎天理，则垂之万世而无弊。杂以人为，虽施之一时而有违，盖有不可易焉者。唐虞之时，尧舜至圣，始因事制法。凡仪文数度之间，天理之当然，无乎不在。故积之而博厚，发之而高明，巍然焕然，不可尚已。三王之圣，禹汤文武，视尧舜固不能无间，而典制寖备，纯乎是理则同。是以雍熙泰和之盛，同归于治，非后世所能及也。自秦而下，世之称治者，曰汉，曰唐，曰宋，其间贤君屡作，亦号小康。但典制之行，因陋就简，杂以人为，而未尽天理。故宋儒欧阳氏谓其治出于二，其不能古若也。"明统治者的立法遵循天理主要就是指儒家维护的纲常伦理，这是明统治者立法中最重要的指导思想。在明初的立法中，为体现纲常伦理的精神，修定法律七十余条。

第七，立法除恶安良为民造福。朱元璋在洪武十八年（1385年）的《御制大诰序》中提到了历代君臣"立纲陈纪，昭示天下，为民造福"的立法思想。在洪武十九年（1386年）的《御制大诰三编序》中，朱元璋阐发了颁行《大诰》，除恶安良的立法思想。《大诰》初编出后，"良民君子欣然遵奉"，恶人为非则未能禁止，故再出《大诰》续编，"譬省愚顽"。"斯二诰于民间，良民君子坦然无忧，伸于诸恶之上。其奸顽之徒，屈于善良之下，虽不死者，终是囚徒。以前二《诰》，良民君子钦遵有益，人各获安。近来凶顽之人，不善之心，犹未向化，朕复出《诰》以三示之。奸顽敢有不钦遵者，凡有所犯，

---

[1] 参见张廷玉：《明史·刑法志》。
[2] 参见张廷玉：《明史·刑法志》。

比《诰》所禁者治之。""此《诰》三颁，良民君子，家传人诵，以为福寿之宝，不亦美乎。"在洪武三十一年（1398年）发布的《教民榜文》中，朱元璋进一步申述了除恶安良的立法思想。

(二) 明朝的刑制

1. 明朝的法制发展

明朝法制是中国封建社会后期法制的代表形态，在传统法制的基础上，进一步确立了新的法律体系，提高了立法技术，严密了法律规范。因而，可以与在中国法制史上起承前启后作用的唐朝法制相提并论，其影响虽不如唐律深远，但无论是立法、司法还是法律解释都为清袭明制提供了重要的基础。

第一，明朝的法律。《大明律》是明朝最重要的法典。"盖太祖之于律令也，草创于吴元年，更定于洪武六年，整齐于二十二年，至三十年始颁示天下"。[1]《大明律》的篇名源于唐律而细于唐律，具体篇次为《名例》《吏律》《户律》《礼律》《兵律》《刑律》《工律》共30卷，有460条。洪武元年（1368年）颁布的《大明令》共145条，大部分内容被洪武三十年（1397年）颁布的《大明律》所采用，未被吸收入《大明律》的条文到明代中、后期仍然具有法律效力。

朱元璋在洪武十八年（1385年）至二十年（1387年）之间，选取官民犯罪的重要案例，模仿周公"陈大道以诰天下"之意，编成《大诰》相继颁行天下。《大诰》包括有《御制大诰》《大诰续编》《大诰三编》《大诰武臣》四编共有236条，是一部以惩治官吏犯罪和豪强犯罪为主要内容的特别法。

洪武三十一年（1398年），明太祖为处理民间细微争纷，减少民间词讼，特命户部制定和颁行了《教民榜文》。《教民榜文》有41条，集中规定了民事关系方面内容，这是明朝具有特殊意义的一部法律。

弘治十三年（1500年）二月，整理修订成《问刑条例》共279条，报经皇帝批准，颁行天下，"永为常法"；嘉靖二十九年（1550年）十月，增至385条。《问刑条例》经明朝中后期三次修订，是与《大明律》并用的一部大型法规，从而正式形成了明朝例以辅律的立法制度。《明会典》编于弘治十五年（1502年），以后几经修改成为明朝的一部重要法律。从内容来看，《明会典》

---

[1] 参见张廷玉：《明史·刑法志》。

是律、令、诰、例、宪纲等法律形式的分类汇编和内容概要。

第二，明朝的法律形式。《大明律》《大明令》《大诰》《问刑条例》《明会典》等法律典章构成了明朝的法律体系。在律、令、诰、例、典等诸种法律形式中，律是最重要的法律形式，是其他法律形式制定和发展的基础。在律与其他法律形式发生冲突时，律具有最高效力的地位。在没有律文规定的情况下，才依照其他法律形式裁决。这是明朝法律体系内部关系的基本情况和总的原则。在明朝法律体系的具体运行过程中，皇帝往往根据需要，在某一时期特别强调某一种法律形式的效力，甚至屈法伸情，有时以礼代律，有时以例代律。所以，明朝法律体系的内在关系是既有相对稳定的原则，又有因时制宜的变通原则，体现了立法者对法治主义的追求，因时制宜的变通则体现了皇权至上的专制主义特征。明朝法律体系中内部关系的确定和变通，都取决于皇权。

第三，明朝的立法解释。明朝的法律解释始于明太祖时期，颁布《律令直解》于郡县，把礼乐、制度、钱粮、选法以及民间所行事宜类聚成编、讯释其义。洪武二十二年（1389年）修纂《大明律》完成时，对律文中常用的八个"以、准、皆、各、其、即、若"关键词进行了详细解释，名之为"例分八字之义"，列于法典卷首。《大明律》还对五刑、狱具、丧服、六赃等内容列出图表做了规范性的解释，逐步形成了以例辅律的立法解释方式。

从洪武三十年（1397年）《大明律》中的解释和后来的《大明律附例注解》等书来看，明朝的立法解释具有两个显著特点：其一，从律文字面含义进行严格解释，极少作推理或评论方面的引申解释。如《大明律》对"谋反"重罪的解释，只有"谓谋危社稷"几字，明律的解释只是一种严格的字面含义的直接解释。其二，着重解释法律适用方面的具体问题，极少进行历史沿革或立法目的方面的广义解释。附于《大明律》律文后的解释数量很少，除紧扣律文的严格的字面含义解释外，就是有关律文如何适用方面的解释。如对"十恶"重罪的解释，只解释了"十恶"中各罪的基本含义以及相关条文中涉及法律适用或量刑标准方面的部分问题。明律制定者削减立法目的解释和历史解释方面的内容，是明律解释不同于唐律解释的又一显著特点。

2. 明朝的刑罚体系

中国历史上各朝代的前后更替成怪圈现象，朱元璋的所作所为尤其突出。一方面，由于权力交接的无序，导致君主为了确保自己的权位，不得不实行强权统治；另一方面，统治者愈是实行强权统治，愈有可能保不住自己的权位，权力的交接愈是处于无序状态。更重要的还在于，这二者的结合，必是一种恶性循环的互动关系。中国的专制主义政治之所以愈来愈残暴，原因也就在这里。他们太强调历史教训，总以为前朝的统治被推翻，乃是因为专制措施不得力，却从来没有从社会的横面结构，或曰从人的本性同政治行为之关系方面，思考权力交接该以何种方式才是合理的。因而，总是一味地从刑罚的角度来考虑维护皇权，推动刑罚政策、刑罚制度的发展。

第一，刑罚思想。明朝处于封建社会晚期，在自然经济逐步解体和商品经济不断发展的条件下，皇权与绅权的矛盾日益加深。一个朝代的刑罚必然贯穿着最高统治者的指导思想并且体现为刑罚政策，朱元璋的刑罚思想为后代君王所恪守，成为明朝的刑罚政策，即"刑罚世轻世重"。周代统治者提倡"明德慎罪"，提出了"刑新国用轻典，刑平国用中典，刑乱国用重典"的刑罚思想，并于明朝朱元璋之时得到了继承和发展。朱元璋对皇位继承人皇太孙朱允炆说："吾治乱世，刑不得不重。汝治平世，刑自当轻，所谓刑罚世轻世重也。"[1]在洪武三十年的统治中，朱元璋把这一刑罚思想政策贯穿于刑罚的立法与施行过程中。

明朝初期，"中原未平，军旅未息"，元朝仍有很大的势力。经历连年战火，"土旷人稀，耕种者少，荒芜者多"，"租税无所出""积年逮赋"，经济陷于崩溃。参加反元斗争的各族人民由于土地和税赋不均的问题没有得到正当解决，又受到豪强地主和新的权贵们的横征暴敛，因而继续武装对抗新的王朝；在地主阶级内部，豪强地主大肆侵占田地、赋税，不仅加深了劳动人民的苦难，也直接侵害了朝廷的利益；在统治集团上层，权贵们因为争权夺利，形成了不可调和的冲突。朱元璋说："昔在民间时，见州县官多不恤民，往往贪财好色，饮酒废事，凡民间疾苦视之漠然，心实怒之。故今严法禁，但遇官吏蠹害吾民者，罪之不恕。"他总结了历代治世的经验教训，认为"姑息"是世乱的根源，"历代多因姑息，以致奸人惑侮"。他主张"反元政，尚严厉"，以重典治天下。洪武二十年（1387年）之前，朱元璋屡兴大狱以屠杀功臣，并对贪官污吏施以重典。

当"重典治乱世"的目的基本达到之后，朱元璋及时调整了刑事政策。

---

[1] 参见《明世宗宝训》卷八。

他说重典是"此特权时处置,顿挫奸顽,非守成之君所常用法"〔1〕。于是,他要求按照"务合中正"的原则修定一个"传之万世"的《大明律》,朱元璋对制定一个"以垂后世""中制"的《大明律》非常重视。《大明律》从草创到最后完成,经过了三十年之久,直到洪武三十年(1397年),即朱元璋死的前一年,他才感到满意,诏令作为不准更改的成法命子孙守之。当然,由于受明初重典政策的影响,洪武三十年(1397年)所颁《大明律》在刑罚上是比前朝较重,但与吴元年律、洪武七年律和洪武年间颁行的各种条例、法令相比,量刑还是要轻得多。

第二,法定刑。明朝的法定刑沿用隋唐的五刑,在《大明律》的《名例》中和《大明令》的《刑令》中规定了笞、杖、徒、流、死五种刑罚。《大明律》对五刑、狱具在"五刑之图"中,对笞刑、杖刑、徒刑、流刑、死刑以及迁徙作了适用方面或性质方面的解释。

其一,笞刑。笞刑是用笞杖捶打犯人,是五刑中最轻的一种刑罚,分为五等:从笞一十至笞五十,每一十为一等加减。根据《大明律》五刑图对笞刑的解释:笞者,谓人有轻罪,用小荆杖打;自一十至五十为五等,每一十下为一等加减。笞用小荆条制成,须削去节目,大头径二分七厘,小头径一分七厘,长三尺五寸。用官降较板,如法较勘,毋令筋胶诸物装钉。应决者,用小头臀受。

其二,杖刑。杖刑呈用比笞杖稍粗大的常行杖捶击犯人,是稍重于笞刑的一种刑罚,分为五等,自杖六十至杖一百,每一十为一等加减。所用杖的大小规格及捶打犯人的部位都有明文规定。根据《大明律》五刑图对杖刑的解释:杖者,谓人犯罪,用大荆杖决打;自六十至一百为五等,亦每一十下为一等加减。杖用大荆条制成,亦须削去节目,大头径三分二厘,小头径二分二厘,长三尺五寸。用官降较板,如法较勘,毋令筋胶诸物装钉。应决者,用小头臀受。杖讯用荆杖制成,大头径四分五厘,小头径三分五厘,长三尺五寸。其犯重罪,赃证明白,不服招承,明立文案,依法拷讯,臀腿受。

其三,徒刑。徒刑是在一定时期内剥夺犯人的自由并强迫犯人从事劳役的刑罚。徒刑仍然分为五等。凡是判处徒刑者,必须先受杖刑,然后再服徒刑。根据《大明律》五刑图对徒刑的解释:徒者,谓人犯罪稍重,拘收在官,

---

〔1〕 参见《明太祖实录》卷三三九。

煎盐炒铁，一应用力辛苦之事；自一年至三年为五等，每杖一十及半年为一等加减。

其四，流刑。流刑是将犯人遣送到指定地区强制劳役而不许擅自迁回原籍的一种刑罚。流刑的惩罚强度仅次于死刑，明代的流刑分为三等，皆杖一百。流刑中有安置、迁徙口外为民、充军。明初流刑主要是边方屯种，以后名目繁多，从重到轻，分别有极边、烟瘴、边远、边卫、沿海、附近等，还有终身、永远充军。根据《大明律》五刑图对流刑的解释：流者，谓人犯重罪，不忍刑杀，流去远方，终身不得还乡；自二千里至三千里为三等，每五百里为一等加减。

其五，死刑。死刑是剥夺犯罪者生命的刑罚，分为绞、斩二等，绞、斩刑虽然都是死刑，但在司法中二者是有差别的。一般真犯死罪判处斩刑者难有活命的机会；而杂犯死罪判处绞刑者通常都不处死，而是在朝审、大审等带有缓刑的审判时得以减为流刑。此外，在以赎刑代替死刑时，绞、斩也是有区别的，二者的赎价是不同的。另外，《大明律》规定"十恶"中的"谋反大逆"等最严重的刑事犯罪者，可以处以凌迟之刑，这也是法定的死刑。根据《大明律》五刑图的解释，死刑中，绞，全其肢体；斩，身首异处，刑之极者。

第三，法外刑。明朝除在律令规定刑名、刑种之外，还有大量的律外刑名和私刑。《大诰》中承认的律外刑名就有族诛、凌迟、枭令、墨面文身挑筋去指、墨面文身挑筋去膝盖、剁指、断手、刖足、阉割为奴、斩趾枷令、常枷号令、枷项游历、免死发广西、人口迁化外、全家抄没、戴罪还职、戴罪充书吏、戴罪读书、充罪工役及砌城准工等三十余种。下面简要介绍充军刑、枷号刑、赎刑、以役代刑制度。

其一，充军刑。在明朝，充军就是罚犯人到边远地区从事强迫性的屯种或充实军伍，是轻于死刑重于流刑的一种刑罚，也是拘役制的扩大。按充军刑期来看，有终身充军和永远充军两种，终身充军是指罪犯本人毕生充军，永远充军是指罪犯本人死后由子孙亲属接替充军。充军刑的对象，先是军官军人犯罪多罚充军，后来扩大到民人"贩卖私盐""搅扰商税"，甚至放牧牲畜践踏庄田的，都要处以枷号发落充军；特别是川广、云贵、陕西等少数民族地区，若有汉族与少数民族结交、买卖，"教诱为乱"的，则发边卫永远充军。

其二，枷号刑。明朝律例在五刑之外，又增加了枷号，并逐渐成为常用刑。枷号，也就是枷示，或叫作枷令，即在罪犯颈项套枷，枷上标明犯人姓名、所犯罪状，令其在监外示众、各受羞辱痛苦的刑罚。这种刑罚从北周时开始施用，到明朝时称为常用的重刑。这种刑罚的行刑场所基本在监狱门口或指定的官衙门旁，区别于狱内带枷的戒护性质。一般采用朝枷夜放、昼施枷夜收监的方式，监外抄行的期限有一月至三月或半年，甚至永远枷号。枷重可达一百二十斤，犯人带上示众不几日即死。皇帝和宦官为了滥施淫威，常用枷号作为羞辱大臣的惩罚。

其三，赎刑。明朝广施赎刑，赎法有两种，即"收赎"与"纳赎"。明朝赎刑宽宥，赎罪不限身份，赎刑不限等级，赎法不限钱财，具有很大的实际使用价值。"收赎"与"纳赎"的区别在于，收赎是赎余罪，纳赎是赎金罪。收赎适用于老幼废疾及妇女犯徒、流刑者。纳赎范围广泛，包括军民官吏人等。收赎比较稳定，纳赎则经常变化。赎罪之法，明初尝纳铜，成化间尝纳马，后皆不行，不具载；唯纳钞、纳钱、纳银尝并行通用，而以纳钞为本。

"有律得收赎者，有例得纳赎者。律赎无敢损益，而纳赎之例，则因时权宜，先后互异，其端实开于太祖。"[1]律赎的人叫"收赎律钞"；纳赎的人叫"赎罪例钞"。永乐十一年（1413年）"令除公罪，依例记录收赎，及死罪情重者，依律处治；其情轻者，轻罪八千贯，绞罪及榜例死罪六千贯，流、徒、杖、笞纳钞有差，无力者发天寿山种树"[2]。赎例又分为罚役、纳钞。罚役者大多折工值纳钞，钞法既坏，变为纳银纳米，但运灰、运炭、运石、运砖、运碎砖之名尚存。由于广施赎刑，"国家得时借其入，以佐缓急。而实边，足储，振荒，官府颁给诸大费，往往取给于赃赎二者。故赎法比历代特详"[3]。

其四，以役代刑制度。在明朝，以役代刑，不限于徒刑犯必拘必役，而是实行自杂犯死罪以至笞、杖罪都允许用罚服劳役来赎罪抵刑的制度，按刑期、役限执行。结果，除其犯死罪以外，"遂无不充役之人"[4]。《明会典》载："拘役囚人，国初，令罪人得以力役赎罪，死罪拘役终身，徒流照年限，

---

〔1〕参见张廷玉：《明史·刑法志》。
〔2〕参见张廷玉：《明史·刑法志》。
〔3〕参见张廷玉：《明史·刑法志》。
〔4〕参见沈家本：《沈寄簃先生遗书·甲编·刑法分考·工役》。

笞杖计月日，满日疏放。或修造、或屯种、或煎盐炒铁，事例不一。"以役代刑制度，扩大了拘役罪犯范围和刑徒的工役种类、劳动场所，是明朝赎刑发达的表现，也反映了明朝的刑罚特色。随着社会的发展，统治者看到囚犯从事劳役及其所创造的价值，对于加强专制统治有利无害，因而对以役代刑制颇加重视。这种制度与刑杀囚犯或单纯羁押监禁相比，无疑是一种时代的进步，也适应了封建社会晚期工业手工业和商品经济进一步发展的需要。

二、明朝的狱制

（一）明朝的治狱思想

1. 重刑与仁恕相结合

明朝的法制建设主要在明初。明太祖朱元璋的立法思想和法律措施对于明朝治狱思想具有决定性的意义。在明朝，刑罚世轻世重的思想政策，运行到治狱上就表现为重刑与仁恕相结合的思想，尤其是重典治狱是明朝区别于前代的治狱思想特色。这是当时历史条件、政治制度变化的影响所致，也是明朝统治者确定的治国方针政策和立法指导思想的具体体现。

从农民革命领袖变为封建帝王的朱元璋，深知农民战争爆发的原因及其对封建统治命攸关的影响，为确保明王朝的长治久安，特别注意总结历代封建统治的经验，尤其是吸取元朝不及九十年而败亡的历史教训，进而极其慎重、精细地肃正纲纪，重视加强法制、整顿狱政的工作。朱元璋认为，善于理国者必是仁义、刑罚并用，若是"舍仁义而专务刑罚"，就是"以药石毒人"，不能算是"善治"。朱元璋的仁恕与惩罚相结合的总体思想，从立法、司法贯穿到了狱政各个方面，"大狱当面讯""狱无因人"的思想观念对于明朝监狱管理的加强和完善更具有直接指导意义。

2. 慎狱

为了防止官吏轻重失度、构陷成狱，冤枉无辜，明太祖对重大狱案采取审慎态度。他认为狱讼的审理要明慎公正，罚当其罪，否则"刑罚不中，罪加良善，天必怒焉"[1]。无疑，明太祖所持的儒家"仁义""慎刑"的观念，对于明朝冤狱的清理、淹囚的防止是有积极影响的。但是，作为封建晚期明

---

[1] 参见《皇明制书》下。

王朝的开国皇帝,太祖更注重现实,因时制宜,实行"刑乱国用重典"的治世方针。明初,内外政治形势错综复杂,各种矛盾重重交织,特别是元末遗留下来的无法状态,元末农民起义打乱的封建秩序尚未恢复,"民狃元习,徇私灭公,戾日滋"[1]。面对这个属于"乱世"的社会状态,他主张"刑用重典",以重刑治吏治民。明代的主要法典《大明律》和《明大诰》却始终贯彻了刑用重典的原则,有关监狱诏令和监狱管理也偏于苛重。特别是明成祖以后,宦官干预狱政,厂卫组织操纵监狱,重刑惩治、专横不法,尤为突出。所以,重典主义已成为明朝监狱制度及其管理实践的指导思想。

(二)明朝监狱的特点

1. 监狱建制

中国历史上,从汉以来,京师及地方所设之狱一直称为狱,而无监之名称。称狱为监始于明朝,法律文献中正式称狱为监,这是中国古代监狱名称的一次变化。明朝统治者竭力提高并维护皇权,强化国家机器,把封建专制主义中央集权制度推到了极端强化的历史阶段。明朝监狱体系庞杂,狱制愈益严密,惩罚威吓主义继续加强,全国的监狱事务由中央司法行政机关——刑部的提牢厅掌管。监狱体系中,设置有中央监狱、地方监狱、军事监狱等。

第一,中央监狱。明朝的中央司法机关为刑部、大理寺与都察院,而中央监狱仅设于刑部与都察院,大理寺不设监狱。《狱官》载:"明刑部、都察院并有狱。"至于大理寺,明初时曾设狱,弘治以后改变。《明志》载:"大理寺……明初狱置刑具牢狱,弘治以后止阅案卷,囚徒俱不到寺。""大理寺掌审谳平反,凡刑部、都察院、五军断事官所推问狱讼,皆移案牍,引囚徒诣寺详谳,其职但主覆审,故无狱。"[2]由此可见,大理寺不设监狱,是因为三法司分工越来越明晰,各有所专掌所致。

其一,都察院监。明朝初期沿袭前朝设置御史台,洪武十五年(1382年)设置都察院,设都察御史,其职责是"纠劾百司,辨明冤枉,提督各道,为天子耳目风纪之司"。都察院直属机构有经历司、司务厅、照磨所、司狱司。司狱司设司狱一人,专管都察院监,都察院设置的监狱关押犯罪的百官。

其二,刑部监。明朝建立之初,洪武十三年(1380年)朱元璋精简机

---

[1] 参见张廷玉:《明史·刑法志一》。
[2] 参见沈家本:《历代刑法考·狱考》,中华书局1985年版。

构，进一步确定六部官秩。其中，刑部负责司法狱政，刑部直接领导地方。刑部下设十三司，各司官署设司狱六员，分管各地监牢，刑部设监狱。刑部的司狱司在刑部提牢厅下，直接掌管刑部监狱。刑部监关押的对象是地方上报的死刑案犯和京师笞刑以上案犯。明初定都南京，明成祖永乐四年（1406年）正式迁都北京，南京作为陪都也有同北京相同的中央司法机构和监狱的设置。

其三，皇室监。皇室监称为高墙，是明朝专门用来关押犯罪的皇家子弟的专门监狱。皇室监设置在明太祖老家安徽凤阳，不少皇家子弟被发往高墙。高墙防范严密，不但确有名副其实的高墙，而且墙外挖有很深的水沟，高墙大门终日不开，有专人掌握出入之锁钥，关押在高墙者实行终身监禁。明朝高墙的创制直接影响到清朝，清朝对于宗室觉罗犯也实行高墙圈禁。

其四，京城兵马司监。在明朝，京城内设立兵马指挥司，专职巡捕盗贼，疏理街道及追捕囚犯。凡境内发现游民、奸民，则逮捕入狱。指挥司在各个城门都有设立，故有东、南、西、北、中五个兵马指挥司，总称为"五城兵马司"。各司设指挥一人，副指挥四人，吏目一人。司内设有监狱，称为"兵马司监"。他们抓获的人犯，即关押在本司的监狱。[1]

其五，厂卫监。厂卫监是明朝厂卫特务系统特设的监狱，既是诏狱，也是法外监狱。明朝厂卫特务系统，一个是锦衣卫，另一个是东厂、西厂和内行厂，合称"厂卫"。厂卫由宦官和禁卫军组成，归明朝皇帝直接控制。厂卫监的任务是侦缉奸盗，关押嫌疑犯，以残酷杀害囚犯为特色。厂卫监残害囚犯的方式主要有这样两种，一是酷刑致死，二是狱卒潜杀。

酷刑致死，就是指厂卫监对待囚犯使用酷刑，如五毒全刑等致囚犯不堪而死。厂卫监的酷刑有所谓"全刑""重枷""立枷"之制。"全刑"者曰械、镣、棍、拶、夹棍，五毒俱备……至忠贤益为大枷，又设断脊、坠指、刺心之刑。行刑时呼声沸然，血肉溃烂，宛转求死不得。"重枷"，罪无轻重，皆决杖，永远戍边，或枷项发遣，枷重至百五十斤，不数日辄死。"立枷"，俗称"站笼"，即令犯人套重枷昼夜直立，其枷重一百五十斤，更有重者至三百斤者，一经施用此刑，犯人无不死亡。厂卫监，还使用过多种非法刑具，如挺棍、夹棍、脑箍、竹签、嘴掌、背花、烙铁、灌鼻、钉指、一封书、鼠弹

---

[1] 参见潘君明编著：《中国历代监狱大观》，法律出版社2003年版，第139页。

筝、拦马棍、燕儿飞、带根板、水铡杖、生树根、磨骨钉、寸寸紧，等等。

狱卒潜杀，是指在皇帝旨意或权监授意下，由厂卫监指挥狱卒潜杀囚犯，潜杀前或先将要杀之人隔离单独关押，然后或醉之以酒，或待其入睡后潜杀，如明代宰相解缙就是醉酒后被潜杀的。潜杀的手段极多，诸如砂囊压身法、铁钉贯耳法、锁头拉死法、十指坠落法等。杀人后先在狱中停尸几天，然后才以苇席包裹尸体抬出，此时尸体无不虫蛆腐体，死者家属见之，未有不伤心欲绝的。厂卫监为保守秘密，还往往不告知受害人家属死者死期。自成祖以来，厂卫特务在厂卫狱中杀死之人，不计其数。

第二，地方监狱。明朝的地方行政管理实行省、府、县（州）体制。省设置都指挥使司负责军事，设置布政司主管一省行政，设置按察司掌管一省的监察和司法。按察司下辖司狱司，守护监狱。府以纳粮多少为差分为上府、中府、下府三等，知府掌管一府之政事，下设的司狱司典监狱。州有直隶州、属州，长官为知州。县为最基层的地方政权，设知县一人，掌一县之政，包括学校、风化和公益、赋役、狱讼、治安。在明朝，省、府、州、县都设监狱，掌狱人员有司狱、典史、吏目等。

在山西省洪洞县城内旧县衙的西南隅坐落着一座明朝时期的监狱，这座监狱建于明洪武元年至洪武二年（1368~1369年）距今已六百多年了，俗称"苏三监狱"。清康熙三十四年（1695年）地震倾塌后重建，光绪四年（1878年）又进行了重修。解放战争时，为了保护珍贵的文物古迹，陈赓大将特嘱攻打洪洞的解放军部队要注意保护明代监狱及有关苏三案件档案。1959年苏三监狱被列为山西省重点文物保护单位，遗憾的是，在十年动乱中被拆毁。党的十一届三中全会以后，洪洞县人民政府根据社会各界人士的建议和要求，决定修复苏三监狱。1984年初，在山西省文管部门的支持下，挖掘出原狱基址，搞清了原狱的面积、布局、结构，绘成"苏三监狱复修图"，经省古建筑研究所审订，于5月5日动工重建；经过五个多月紧张施工，10月1日竣工。复修后的苏三监狱，完全保持了原先的规模和布局、体容和面貌，并在狱前专门增建了一座雕栏画栋的楼门及其两边的画墙。可以说，我们现在看到的苏三监狱是"克隆"的，虽然不是原始建筑了，但仍不失为原始的监狱建筑，特有的建筑凸现了监狱建筑的伦理功能。

监狱占地面积六百多平方米，分为内监、外监、女监，监内有水井、狱神庙。为了阻遏囚犯逃跑，一进监门需要经过连续拐四个直角、王道门的甬道，甬道宽约一米，接着进入外监，甬道两边两排低矮的牢房就是外监监舍。为防止囚犯爬上房顶逃跑，在两排牢房中间形成的甬道顶部，覆盖着铁丝网，形成一个"天网"，囚犯插翅也飞不过，网上缀有许多响铃，可以起到报警作用。内监在甬道的尽头，专押死刑犯，监门绘有狴犴头像，称之虎头牢。虎头牢门高不过三尺有余，墙壁却有四尺多厚，十分坚固，双层砖墙内，里面还灌入细沙。牢门是两重，而两道牢门的门扇一道朝右开，一道朝左开。明朝的死囚牢房门都是这种形式。明朝洪洞县监的建筑结构和布局，表明监狱的防范极其严密。

第三，军事监狱。在明朝最高军事机构是中、左、右、前、后五军都督府，地方最高军事指挥机构是都指挥使司。中央和地方军事机构都设有监狱，隶属于五军都督府和兵部管辖。

2. 监狱管理制度

明朝在总结前朝监狱管理经验的基础上，结合自身的特点，制定出了更为严密的监狱管理制度。其中，既充实了对监狱秩序加以维护的系囚制度，又包含了优待老幼妇残病囚、照顾缺衣少粮的贫囚等悯囚措施，还包含了审察狱情、理雪冤抑的录囚制度等。这些措施在一定程度和范围内起到了积极的作用。但由于受到皇权专制政治的限制，明朝狱政制度在中国监狱史上仍然是最黑暗、残酷的典型代表。

第一，系囚制度。系囚制度是为保证对罪囚实行安全有效的拘押役用而实施的制度，包括分监关押、妇女犯奸及死罪收禁、提牢点视、狱政统计、桎梏制度等。明朝系囚以"内情不得外出，外情不得内入，使人知幽闭困苦之状以顿挫其顽心"为目的，故其系囚制度规定得尤为严格、细致与完善。

其一，分监关押。明朝系囚的监禁，按照规定，实行贵贱异监、男女分监外，在分类监禁上还规定轻重内外不许混杂。因此，明朝设置内监收押强盗人命死刑罪犯，设置外监收押军流徒犯。明朝这种内、外监设置，是继贵贱异监、男女分监的又一重要发展。这种分轻重分类监禁是合理的，但在实际中并未一律实行，不分轻重混合关押的现象依然存在。之所以这样做，目的主要是通过对重刑犯实施残酷的用刑来威慑轻刑犯，又用轻刑犯监督重刑犯，起到威慑、监督的双重作用。

其二，妇女犯奸及死罪收禁。根据《大明律·刑律·断狱》规定，凡妇人犯罪，除犯奸及死罪收禁外，其余杂犯不许一概监禁，"责付本夫收管，无夫则由有服亲属或邻里保管"。被监禁的女犯设女监收押，并有伴婆监视，有较大的人身活动自由，但除本夫或有服亲属或邻里监督其行动外，仍"随衙听候"，在必要情况下，官府随时对其收禁或做其他处理。明朝对于妇女"犯奸及死罪收禁"，意义重大。

一是有利于维护封建制贞节观念。贞节观念是封建纲常礼教的一个重要内容，明朝崇奉"饿死事小，失节事极大"的观念，教育广大妇女视贞节为大节，比生命还重要，涌现出了无数贞节之妇。据《明史》的《传》记载，仅被明朝皇帝下诏褒奖的贞节妇女就不下数百人，为历朝所罕见。因此，对犯有奸罪的妇女收押监禁，以示耻辱和惩罚，有利于推崇贞节观念。

二是有利于维护承继权。在封建制社会，子嗣、权力、地位、财产实行世袭制，婚姻的重要目的在于"下以继后世"。为了有效地维护承继权，明律规定："凡以妻为妾者杖一百，妻在以妾为妻者杖九十。"[1]妻妾有序，才能嫡庶有别，绝不允许紊乱，更不许已婚妇女与其夫以外的男子同居，"以至生育不明，冒乱宗枝"。[2]对妇女犯奸罪予以收禁，有利于维护封建制继承权。

三是有利于维护封建统治秩序。明太祖朱元璋在命翰林儒臣修《女诫》时说："治天下者，修身为本，正家为先。正家之道，始于夫妇。"[3]以朱元璋为代表的明朝统治者，面对一个乱世，需要马上建立一个稳定的家庭和社会秩序。从维护家庭秩序做起，从管理妇女入手，家庭稳定了，才有利于维护社会秩序。

其三，提牢点视制度。在明朝，"提牢"是"提牢主事"的简称，即刑部提牢厅的长官。"点视"，即查点狱囚人数。提牢点视制度，是提牢官巡视牢狱安全、查点狱囚人数的一种制度。根据《明史·刑法志》规定，提牢官由刑部每月轮派提牢主事一人，提牢主事到任后，除有升堂审讯、公事外出之外，其余时间"专一点视狱囚，关防出人"，除每月初一和十五这两天法定休息外，其余时间，不得擅离职守。提牢官每日总管监房启用之扃（jiong）钥。封监后提牢官将锁钥收好，开封时提牢官要查看监门封锁情况，查点狱囚人数。各部门提审狱囚，提牢官要检查核对各部的取囚票贴，点对囚数，

---

[1] 参见《大明会典》卷三十。
[2] 参见《大明会典》卷三十。
[3] 参见（清）谷应泰：《明史纪事本末》。

提解狱囚点交狱卒,"狱卒管押赴部问毕,随即押回收监,顷刻不得擅离左右"。

其四,狱政统计。明朝还初步有了"岁报""月报"等关于监狱统计做法。据《明史·刑法志》载:"凡刑部向发罪囚,所司通将所问囚数,不问罪名轻重,分南北人各若干,送山东司,呈堂奏闻,谓之岁报。每月以监罪囚奏闻,谓之月报。其做工、运炭等项,每五日开送工科,填写精微册,月终分六科轮报之。"

其五,桎梏制度。为防止罪囚逃亡、惩罚罪囚,明代建立了严密的桎梏制度。明朝法定狱具为枷、锁、扭等。根据《大明律》狱具图的说明解释:"枷长五尺五寸,头阔一尺五寸,以乾木为之;死罪重五十斤,徒、流重二十斤,杖罪重一十五斤,长短轻重,刻志其上。""杻长一尺八寸,厚一寸,以乾木为之。男子犯死罪者用杻,犯流罪以下及妇人犯死罪者不用。""铁索,长一丈,以铁为之,犯轻罪者用;镣,链环,共重三斤,以铁为之,犯徒罪带镣工作。"锁可分为系轻罪囚的索与系重罪囚的镣两种,沈家本《历代刑法考·刑具考》载:"按:铁索,锁之小者,今谓之。镣,锁之大者……明人承之(指元代始用镣为狱具,锁监徒盗贼),又曰'镣铐',亦曰'锁铐',字书无'铐'字。"明代的枷、杻、锁都按法定尺寸重量与材料制成,分别适用于各种轻重罪囚,杖罪轻囚带枷、索,徒流罪囚则带枷、镣,而死罪重囚则要带重枷、杻(妇人犯死罪者不带杻)。枷有轻重几等,并在枷上有标识以利于分辨。

为保证明代狱具的合法使用,明代还规定了对破坏桎梏制度的行为要加以严厉处罚。《明律》规定,罪囚私自解脱刑具及监狱官吏给罪囚解脱者,都要受到严厉处罚。"凡狱囚应禁而不禁,应枷锁杻而不枷锁杻及脱去者,若囚该杖罪笞三十,徒罪笞四十,流罪笞五十,死罪杖六十。若应枷而锁,应锁而枷者各减一等。若囚自脱去及司狱官、典狱卒私与囚脱去枷锁杻者罪亦如之。"[1]"凡狱卒以金刃及他物,可以自杀及解脱枷锁之具而与囚者,杖一百。"[2]"凡犯罪被囚禁脱监及解脱自带枷锁越狱在逃者,各于本罪上加二

---

[1] 参见《大明律·刑律·断狱》。
[2] 参见《大明律·刑律·断狱》。

等。"〔1〕这些规定都是针对罪囚狱官破坏桎梏而制定的，处罚幅度大大重于以前各朝代。

其六，戴罪还职制度。明朝还创制了官吏犯死罪和犯徒流罪的戴罪还职制度。戴罪还职是指，判处死刑或徒流刑的罪犯，在严格监督下戴罪作本职工作，有的御史犯死罪，仍要戴着脚镣升堂审案，出现了公堂上下皆为罪人的怪现象，这是明朝狱制混乱的标志。

第二，狱囚生活待遇制度。朱元璋主张要仁义和刑罚并施。因此，在颇用重典的同时，法律对狱囚的生活待遇作了明文规定，皇帝也每下诏令重申。而实际情况并非如此。如嘉靖六年（1527年）给事中周琅对嘉靖帝说："比者狱吏苛刻，犯无轻重，概加幽系。案无新故，动引岁时。意喻色授之间，论奏未成，囚骨已糜。又况偏州下邑，督察不及。奸吏悍卒，倚狱为市。或扼其饮食以因之，或徙之秽溷以苦之。备诸痛楚，十不一生。"

其一，基本生活待遇。狱囚的基本生活待遇，涉及食、衣、住、照明、医药等事项。洪武六年（1373年）诏曰："枷杻常须洗涤，席荐常须铺置，冬设暖匣，夏备凉浆，无家属者给食米一升，冬给絮衣一件，夜给灯油，病给药医。"〔2〕洪武十五年（1382年）又定制："狱囚贫不自给者，人给米日一升。功臣及五品以上官禁狱者，许令亲人入侍。"〔3〕成祖九年（1411年）下诏："重罪当系者恤之，无令死于饥寒。"英宗正统二年（1437年）诏："赃罚敝衣并得分给囚犯穿着。"即令赃物中有破旧的衣物分给贫困狱囚。嘉靖六年（1527年）令冬季发囚犯絮衣一件。明宪宗成化十二年（1476年），又"令有司买药饵送部，又广设惠民药局，疗治囚人"〔4〕。明律还规定，节假日囚犯亲属可送酒、肉、果品等。

其二，处罚违犯狱囚衣粮医药供给的行为。明律对于违犯狱囚衣粮医药供给者给予刑事处罚。根据《大明律·断狱·狱囚衣粮》规定："凡狱囚应请给衣粮医药，而不请给，患病应脱去枷、锁、杻而不脱去，应保管出外，而不保管，应听家人入视，而不听，司狱官典狱卒笞五十，因而致死者，若囚该死罪，杖六十，流罪，杖八十，徒罪，杖一百，杖罪以下杖六十，徒一年。

---

〔1〕 参见《大明律·刑律·捕亡》。
〔2〕 参见（清）薛允升：《唐明律合编》卷二十九。
〔3〕 参见张廷玉：《明史·刑法志》。
〔4〕 参见张廷玉：《明史·刑法志》。

提牢官知而不举者，与同罪。"

其三，怀孕女犯产后百日决罚的制度。明律规定了怀孕女犯产后百日决罚的制度。根据《大明律·断狱·妇人犯罪》的规定："若妇人怀孕，犯罪应拷决者，依上保管（即责付本夫收管，无夫责付有服亲属邻里保管）皆待产后一百日拷决。若未产而拷决，因而堕胎者，官吏减凡斗伤罪三等。致死者杖一百，徒三年，产限未满而拷决者，减一等。""若犯死罪听令稳婆入禁看视，亦听产后百日乃行刑。未产而决者，杖八十，产讫限未满而决者，杖七十，其过限不决者杖六十。"

3. 以力役代刑制度

明朝的以力役代刑制度，是在明朝国家形势需要的大背景下创设并广泛发展起来的。明朝建立之初，由于长期战乱，造成满目疮痍，土地荒芜。明朝在推广军队、农民、商人屯垦的同时，有必要充分利用罪人这一大批无偿劳动力，让他们以戍罪之身屯田耕种。另外，由于明朝工商业一直在发展，各种手工业和矿冶业规模扩大，需要更多的劳动力；北部边远地区戍守边境的几十万军队，也需要内地输送军需粮饷。同时，随着商品经济的繁荣，皇室官宦生活日益奢靡，宫殿、房屋、陵墓、坟墓修筑不断。凡此种种，都需大批劳动力。在这种大背景下，在前代居作制度的基础上，创制了以力役代刑制度，并在"推恕行仁，或能感化"的口号下，广泛予以实施。

以力役代刑的落实必然涉及罪犯的居作。以力役代刑是封建社会罪犯居作制度的一个重大发展，明朝以前居作制度只限于判处徒、流刑的罪人劳役制度。明朝的以力役代刑适用范围比前朝较广，杂犯死罪以下皆可以力役代刑。据《明会典·拘役囚人》："国初，令罪人得以力役赎罪，死罪拘役终身，徒流照年限，笞杖计日月，满日疏放。或修造，或屯种，或煎盐炒铁，事例不一。"这表明，明律对于以力役代刑的年限、劳役种类等问题做了原则性的规定。

第一，以力役代刑的力役。从洪武开始，明朝皇帝不断发布以力役代刑的诏令，并陆续制定了运米、运砖、运土、运灰、运盐、运炭、煎盐、炒铁、摆站、种树、盖房、屯种、膳夫、哨隙等十数种工役法，并规定了具体的折罚年限和定额。例如，洪武十六年（1383年）规定杖罪以力役代刑，"役十日准杖一十"；宣宗时则规定杖罪准工十个月。

第二，以力役代刑制度的期限。对于以力役代刑的期限，明朝历代都有明确的规定，折罚定额相当具体。例如，对罪人在从事煎盐的苦役时，每日比其他人要多煎盐三斤。运土，以每担六十斤计，每日完成的定额是：就近取土三百担，半里内取土二百担，十里取土十担。盖房，每徒一年，折盖房一间，杖罪不拘杖数，三名杖刑罪人合力盖房一间。种树，杖刑每等五百株，笞刑每等一百株。运米，根据路途远近、道路险易及自备米诸种情况，具体规定。洪武三十年（1397年）规定："罪人运米赎罪，死罪一百石，徒流递减。其力不及者，死罪自备米三十石，徒流十五石，俱运赴甘州（今甘肃张掖），威虏（今甘肃金塔县东北）。"[1]如路段险峻难走，酌量减少运米定额。

第三，以力役代刑的管理。为保证以力役代刑制度的有效实施，明律规定了具体的管理措施。例如，《明会典·拘役囚人》规定："凡致司送部做工，运灰炭囚犯，署簿钤印，给各委官收掌登记，领过囚数名及做过工程办过物料。"就是说，设立文簿，登记以力役代刑者的姓名、年籍、乡贯、住址，为事缘由，工役年限及日期，将其拨付有关人员收领。对于运米输边者，自备车辆运米，有关官署派专人押送，力役罪人工役时，有疾病给假，但病差赔役。监守之人不令赔役者有罚。

明律规定："凡盐场铁冶拘役徒囚，应入役而不入役，及徒囚因病给假，病已痊可不令计日贴役者，过三日笞二十，每三日加一等，罪止杖一百。""若徒囚年限未满，监守之人故纵逃回及容令雇人代替者，照依囚人应役月日抵数徒役，并罪坐所由，受财者计赃以枉法从重论。仍拘徒囚依律论罪贴役。"[2]对于各地从事屯田的犯罪官吏，大多利用他们监督管理民犯，"选徒牢以下罢官假以职名，俾督民耕种"[3]，如果三年之内，成绩三者，可重新起用授官。

4. 会官审录制度

从西汉以来，各个朝代在"明德慎罚"的思想支配下，都把"录囚"作为司法和狱政制度的一项重要制度规定下来。由封建帝王或地方官吏定期或不定期巡视监狱，向狱囚讯察决狱情况，实行对狱情的审查监督，借以宣扬"仁政"，以达到维护统治阶级法律秩序的目的。到了明朝，逐渐形成了会官

---

[1] 参见徐松：《宋会要辑稿·刑法五》。
[2] 参见《大明律·断狱·徒囚不庆役》。
[3] 参见《大明会典·拘役囚人》。

审录之制，皇帝一般不再亲录囚徒，而是由三法司、司礼太监等主持秋审、朝审、热审、大审、寒审等会审、复审轻重罪囚。

第一，秋审制度。秋审是以中央寺、府、部、院、司等机关主要官吏在每年冬至前，共同审录重大案犯。

第二，朝审制度。每年霜降以后，"三法司会同公、侯、伯会审重囚，谓之朝审"。[1]

第三，热审制度。每年小满后十余日至六月止，由于天气炎热，需要清理牢狱，疏决淹禁，由五府、六部、六科协同三法司清理轻罪囚的制度。

第四，大审制度。由司礼太监一员会同三法司在大理寺审录重囚谓之大审，每五年一次。大审之权掌握在司礼太监手中。

第五，寒审。寒审在明朝没有形成制度，寒审是为了防止未经审理的系囚因天寒死于狱中而进行的审录活动。

第二节 清朝前期的监狱

一、清朝前期的立法

（一）清朝的建立

明朝灭亡以后，紧接着是满族人建立的清朝。满族是一个古老的少数民族，从先秦到隋唐，先后称为肃慎、挹娄、勿吉、靺鞨，宋以来称作女真，分布在黑龙江、松花江流域。明代初年的女真族分为三大部，即"野人女真""海西女真"和"建州女真"，后来建立清王朝的便是建州女真。建州女真居住于长白山北部、牡丹江和绥芬河流域。永乐年间，明政府封建州部首领阿哈出为建州卫都指挥使，封猛哥帖木为建州卫左都督。16世纪末，女真族形成几个强大的集团，"皆称王争长，互相残杀，甚且骨肉相残，强凌弱，众暴寡"。通过兼并战争，"建州女真"建州卫左都督猛哥帖木的后裔，努尔哈赤统一了女真各部，并建立起八旗制度。

1616年（万历四十四年），努尔哈赤在赫图阿拉（辽宁新宾）建立政权，

---

[1] 参见张廷玉：《明史·刑法志》。

国号大金,史称"后金"。在此之前,他"忠于大明",明政府还封他作建州卫左都督,并加封为龙虎将军。努尔哈赤立国之后,马上便同明朝断绝了臣属关系。1618年(天命三年),他借口复仇,举兵偷袭抚顺,侵略明朝,揭开了对明战争的序幕,短短的几年,占领了辽东。1626年,努尔哈赤死,儿子皇太极继位。皇太极为了避开在抗击努尔哈赤的入侵时战功赫赫的袁崇焕把守的宁远,从喜峰口越长城,大举进攻北京城。袁崇焕从山海关回兵,败皇太极于北京城外,可是崇祯皇帝因中了皇太极的反间计,杀了袁崇焕。1636年,皇太极在沈阳称帝,改国号为大清,改族名为满族。同年,他命阿济格等绕过北京,打到保定以南,攻克城池12座,虏走人口18万。1638年,又命多尔衮越过长城,进入山东,攻克城池58座,虏走人口46万。皇太极是一个杰出的战略家,在位的17年间,取得了一系列文治武功,完成了取代明朝的各项准备工作。

明末爆发农民大起义,1644年3月19日,李自成率领的农民起义军攻下北京,冲进皇宫,明朝崇祯皇帝自杀,明朝灭亡。1644年4月22日,由于刘宗敏强占握有重兵的防守山海关的明平西伯辽东总兵吴三桂的爱妾陈圆圆和拷打其父,致使吴三桂引清兵入关,共同打败前来征讨的李自成农民军。1644年4月30日,李自成撤离北京;1644年5月2日,大清摄政王多尔衮率领清军进入北京城。1644年9月,大清顺治帝从盛京迁都北京,1644年10月1日,大清顺治帝在北京紫禁城武英殿即皇帝位,从此正式开始了满族对中国的统治,从1644年至1911年共267年,其间经历了两个性质不同的社会。

(二) 清朝前期的立法发展

1. 清朝前期的界分

从1644年至1840年为封建制社会,史称清朝前期。清朝前期政府机构的设置,基本上沿袭明制,同时具有部落社会的遗迹。随着国内的逐渐统一和疆土的日益扩展,尤其是汉族士大夫归顺朝廷,清朝统治者对于原有的机构作了一些调整,其旨意是使皇权更为强化。

第一,以军机处取代议政王大臣会议。清朝的内阁名义上是中央最高行政机关,中央政府的执行机构仍为吏、户、礼、兵、刑、工六部。六部设尚书为长官,左右侍郎为副职,俱满汉各一人。但是,清朝的最高权力机构并非内阁,而是议政王大臣会议和后来的军机处。"议政王大臣会议"也称"国议",遇有重大的军政事务,均须由该机构决定,它实际上是部落社会的民主机构。由于不利于皇权的扩大,因而乾隆帝于 1791 年下令取消议政王大臣会议,由军机处代行其事。

军机处原名"军需房",也称"军机房",起初只是雍正帝为"办事密速"的需要,临时设置的军事机构,既无公署,亦无专职官员。由于军机处有利于皇帝的集权,故一直延置下来,成了皇帝控制全国军政要务的核心部门,"天下事无所不综"。1732 年,雍正帝将其改名为军机处,成为常设机构。军机处的人选,均由皇帝裁定,且直接对皇帝负责。进入军机处的人,都是皇帝的亲信,军机大臣不过是皇帝亲自主政的御用工具而已。

第二,削弱皇亲的权力、禁止宦官干政。清政权由部落民主制发展而来,因而在立国之初,存在着帝王同皇亲的矛盾和冲突。皇太极即位时,国家政体实为贵族共和,即八和硕贝勒(亦简称"八贝勒")共治国政,国家大事,皇太极不能一人决断,需经八贝勒共商。皇太极的统治地位趋于巩固之后,便开始缩减贝勒的权力,废除"四大贝勒按月分值"的旧制,不再允许其他人同他轮流执政,"南面独坐"者只能是皇上一人。1677 年,康熙亲政,逮捕专横的鳌拜,将其党羽一网打尽。从此,诸王再不敢专权擅政,皇权得到了真正的巩固。

清朝统治者鉴于中国历代宦官乱政的教训,明令禁止宦官干政。宦官是中国专制主义的毒瘤,是君主集权的必然后果,诸朝都没能避免宦官擅权的现象,然而清朝却是特例是有原因的。清朝的皇帝特别是前几位皇帝都精明能干勤于政务,很少存在自己不理朝政而委之于宦官的现象;清朝统治者能吃苦耐劳,很少沉湎于酒色,始终保持强健的体魄和旺盛的精力,对政务不敢有半点怠慢,对汉人的警惕性很高,宦官根本没有机会篡权;清朝统治者把部分朝官当作亲信,并委之军政大权,在很大程度上减小了宦官干政的可能。

第三,特殊的军队编制。清朝的军队分为两类,一为八旗兵,二为绿营兵。八旗兵是清朝入关时的军事组织,分为满洲八旗、蒙古八旗、汉军八旗,共二十四旗。绿营兵是清兵入关之后所收编的明朝降军和各地改编的部队,因以绿色为军旗色,故称绿营兵或绿旗兵。绿营兵的人数三倍于八旗兵,但地位却比八旗兵低得多。清统治者所依靠的军事力量,主要是八旗兵。八旗兵分为驻防京师的"禁卫兵"和驻防地方的"驻防兵"。禁卫兵又有"郎卫"和"兵卫"的区别。郎卫负责宫廷的防守,是禁卫兵中的精锐;兵卫负责京师其他地方及行宫的防守。驻防兵驻守全国各地大小城镇，特别是军事要地，且与绿营兵穿插驻扎，以防其有不轨之心。不管是八旗兵还是绿营兵，军权直接控制在皇帝手中。

第四，以满压汉、以汉制满。清朝统治者入关之后，意识到仅凭满族贵族是难以统治全国的，所以采取笼络汉族士大夫的办法维持其统治。他们重用明朝旧臣，只要愿意归顺清政府，都可官复原职。继续开科取士，不断绝汉族士大夫的晋升之路。政府各机关，大多采取满汉官员同僚同级的政策。但是在此基础上，清政府维护满族的特殊地位，清政府的机构设置和官员配置，既重用汉人又排斥汉人。这是出于慎重考虑的，或者说是其统治术之一。一方面，把满族人置于特权地位，实则是以满压汉，体现的是民族歧视和民族压迫；另一方面，清政府利用汉人管理朝政，又可牵制满族贵族。更为重要的一点是，满汉同僚同级别，还可相互监督。

第五，加强思想控制。清朝政府可以歧视、压迫甚至屠杀汉人，但却不能轻视中国的儒家思想。他们之所以重视这一思想传统，并非有感于它的思想魅力，而是在于对儒家学说的政治统治功能的认识，儒家思想可以帮助他们实行专制主义的统治。清朝统治者入关之后，一方面笼络汉族士大夫，同时通过大力提倡程朱理学，加强思想控制。为此，清朝政府搜罗了一大批理学家，予以厚待，命他们纂编《性理精义》等书，颁行天下，特别对"忠""孝"二字最为看重，试图以此麻痹汉人的反清斗志。同时，对于不利于清廷统治的思想言行，则进行无情地打压迫害。

2. 清朝前期立法的特点及发展

清朝统治者入主中原以来，在法制方面不但继承了明朝法制的优秀成果，而且对前朝刑罚酷滥、宦官与特务参与司法的弊制予以纠正。为了在广阔的疆域内对各民族实行有效的司法管辖，清政府既要维护中央政权的司法统一，又要兼顾少数民族的特殊性，这是清朝法制发展完备的积极方面。但是，由于清王朝是以少数满洲贵族为主体的专制政权，其法制不仅带有封建专制性，还带有强烈的民族压迫性。所以，清朝法制具有沿着封建专制性与民族压迫性进一步发展的消极倾向。清朝前期的法制，不仅是中国封建法制的最后形态，同时也是中国封建法制的完备形态。

第一，参合满汉的立法思想。满族在入关之前，努尔哈赤与皇太极就十分注重建立法制，特别是皇太极在位期间，为了进一步巩固和扩大统治区域，提出了"参汉酌金"的立法思想。"参汉酌金"就是参照汉族特别是明朝的先进立法建制，保留后金政权固有的某些旧制，凡是满汉制度中合乎时宜的都予以采用。满清入关以后，统治区域扩大，面对尖锐复杂的新矛盾，急需创立新的法律制度。于是，清初的统治者在原有的"参汉酌金"立法思想的基础上，形成了一套更为系统的立法思想。

其一，明刑弼教。自西汉中期以来，儒家学说成为官学，此后各个朝代的统治者多秉承不废。清朝统治者以异族入主中原，更需要利用儒家思想的正统地位来论证其统治的合理性。因此，自顺治以下的各位皇帝无不极力推崇和宣扬儒家学说，并用儒家学说来指导立法。出于明刑弼教的思想，把"正人心，厚风俗"作为法律的最终目的，把"禁奸止暴，安全良善"作为立法的直接目的，明朝维护纲常名教的法律规定都被大清律例继承下来。

其二，稽往宪、合时宜。根据"稽往宪、合时宜"的观念来创立和完善清朝法律制度。"稽往宪"，主要是指在立法时要参酌明朝的律例，这样做既符合保持社会稳定的要求，又利于促进旧制的封建化。"合时宜"，是指删改明朝法律中不适合时代需要的条款，并根据社会政治、经济的形势发展变化增修新例。由此，清朝的法律在完备性上又超越了前代。

其三，满汉畛域。贯彻"满汉畛域"的原则，维护旗人的特权。当清政权巩固之后，出于民族统治的需要，仍然"满汉畛域"。满族贵族虽然一再标榜"满汉一体"来笼络汉旗地主阶级；但是在统一的多民族国家中只占少数的满族要统治全国，特别是要压服占绝大多数的汉人，必然要赋予旗人在立法上和司法上的种种特权，才能维护民族统治的基础、拱卫满族皇帝的特权。直到清末改法修律时，"满汉畛域"的原则才被彻底废除。

第二，法律体系的创立与完备。清朝法律以《大清律例》为主干，以《大清会典》为支干，又辅以特别法，形成了完备的体系。清朝的法律体系，初创于顺治时期，到乾隆时期臻于完备，历时一百多年，完备性是清朝法律的总体特点。在清朝的法律体系中，除了律和会典之外，"例"是一种十分重要的法律形式。"例"涉及社会生活的各个方面，以其灵活性弥补了律和典的不足。清朝对条例"五年一小修，十年一大修"，修例是清朝重要的立法活动。清政府不仅固定了对各少数民族的统治关系，注重少数民族地区的立法，在不损害国家统一的前提下，也把少数民族的传统习惯确认为法律。

其一，《大清律例》的制定。满族政权抚临中夏以后，一方面暂时援用明律，另一方面开始仿照明律制定本朝法典。从顺治二年（1465年）清世祖降旨编制清律，至顺治三年（1466年）制定完成《大清律集解附例》，顺治四年（1467年）正式颁行全国。这是清朝制定的第一部成文法典，基本上是明律的翻版，由于与清代社会现实相脱离，因而满汉官员都没能认真地贯彻执行。

乾隆五年（1740年）修订完成《大清律集解》，以《大清律例》为名正式公布。《大清律例》是乾隆朝以后清朝的基本法，也是中国历史上最后一部以刑为主、诸法合体的封建法典。它的篇章结构同于明律，仍采律、例合编的体例，律文436条，分别为名例律、吏律、户律、礼律、兵律、刑律、工律7篇，例文1049条，分别附于7篇律文之后。

其二，增修条例、律与例并行。顺治四年（1467年）颁布的《大清律集解附例》律文之后所附例文多承袭明代的定例，至康熙七年（1668年）才开始对顺治、康熙以来新产生的条例进行汇编。康熙八年（1669年）再次汇编新例，并将更订后的条例定名为《刑部现行则例》颁行天下。《现行则例》是清朝自己的法律，而不是明代定例的转录，规定了清初社会的一些特殊法律关系，如族地、旗产、奴婢等问题。随着社会的发展变化，条例累朝增修。乾隆五年（1740年）颁布的《大清律例》中附例1049条，光绪九年（1883年）条例已增至1892条。

清朝的"例"，是指针对特别事件所发布的上谕、政府颁行的单行法令以及判案成例，经过皇帝的批准，成为具有普遍适用效力的法律规范。与固定不变的律相比，例是一种灵活的法律形式，更能适应社会生活的发展变化，统治者也往往通过修例将其意志上升为国家法律。因此，例越来越受到重视，在司法实践中甚至以例代律、以例破律。但是总体来讲，清朝是律、例并行的。"律"以其成熟性、稳定性和概括性，在法律体系中居于核心地位，是各种法律渊源的基础。"例"针对性强，便于司法援引，可以补律之不足。例虽然可以根据社会生活和统治者的需要而增修，但是例要受到律的支配。

其三，汇编《大清会典》。为了规范行政活动，提高行政效能，康熙二十九年（1690年）仿照明会典完成修订《清会典》。此后，雍正、乾隆、嘉庆、光绪四朝皆修会典，统称为《大清会典》，又称作"五朝会典"。《大清会典》采取"以官统事，以事隶官"的编纂体例，按照宗人府、内阁、吏、户、礼、兵、刑、工六部，以及理藩院、都察院、通政司等行政机关分卷；每个行政机关之下，具体规定该机关的职掌、职官设置、处理政务的程序方法等，这些"经久常行之制"构成了会典的正文；正文之末又附有与本机关相关的则例，作为正文的补充。《大清会典》详细记述了清朝从开国之初到清末的行政法规和各种事例，内容翔实繁复、体例严谨，是我国古代最为完备的行政法典。

其四，颁布特别法。清朝统治者针对特殊的事项、特殊的主体，陆续颁布了众多的特别法令。最初为一时之制，后逐渐成为常行的特别法。乾隆三十二年（1767年）编定《秋审条例》40条，经过多次增修，一直为后世所沿用，直到清末改法修律之时。清朝是一个疆域广阔的多民族国家，聚居于边疆地区的少数民族风俗各异，难以统一适用大清律例。为了加强中央对少数民族地区的行政管理和司法管辖，又兼顾少数民族的风俗习惯，清政府颁布了一系列适用于少数民族地区的单行法。主要有适用于蒙古族的《蒙古律例》，适用于宁夏、青海、甘肃等地少数民族的《西宁青海番夷成例》《国律》，适用于藏民的《禁约十二事》《酌定西藏善后章程》《藏内善后章程》等。这些适用于少数民族的单行法，是清朝法律体系的一部分，是根据少数民族聚居地区的风俗习惯，针对特定的主体制定的。

二、清朝前期监狱制

（一）清朝前期的刑罚体系

清朝作为我国末代封建王朝，其法律不仅保持了封建法律的一般特征，而且具有满洲贵族专制的鲜明特点。《大清律例》是清朝的基本法律，但对满人和汉人却不一体适用。《大清律例》在刑罚制度有了新的变化，满汉异罚，满人在刑罚的适用上享有特权。清朝虽然继承了前朝的封建制五刑，但也做出了一定的改革。清朝的刑罚制度有由重变轻的方面，但更主要的是由轻变重，这完全是由于统治阶级强化统治秩序、实行威吓预防的需要。

1. 笞刑、杖刑

清朝依照唐律，笞刑从笞十到五十分为五等，用小竹杖行刑；杖刑从杖六十至杖一百分为五等，用大竹杖行刑。康熙帝以"明刑弼教""修德安民"作为用刑的指导思想，对隋唐时期的笞刑、杖刑进行了改革。首先，将笞刑、杖刑的行刑刑具改为一具，均用竹板来行刑。其次，行刑的次数采用"打四折，以五板为等差，除零数"的计算方法，减少打板数。处以笞刑、杖刑的大多数是社会危害性较小的犯罪行为，因此把笞、杖刑由重改轻不会放纵罪犯、危及封建制专制统治，有利于推行"明德安民"的政策，还可反映统治者尚德慎刑的开明。

2. 迁徙、充军、发边成为法定刑

明朝就把迁徙、充军作为罚罪的措施，清朝把这些罚罪措施规定为法定刑。迁徙，类似于流刑，又不同于流刑，就是将犯罪者本人及其家属迁出千里以外安置并不得返回原地居住的刑罚。充军，重于一般的流刑，是将罪犯发配到边远地区服苦役的一种刑罚。清朝的充军刑分为附近充军（2000里）、近卫充军（2500里）、边远充军（3000里）、极边充军（4000里）、烟瘴充军（4000里）五个等级，因此又称"五军"。清朝的"五军"只罚及犯罪者本人，没有像明朝终身充军与永远充军那样的区分。发边是清朝独创的一种刑罚，就是将罪犯发配到边疆地区，为驻防官兵充当奴隶，是仅次于死刑的重刑。

3. 死刑

清朝的死刑分为立决、监候、凌迟、枭首四类。清朝的死刑有进一步残酷化的倾向，对于罪大恶极的罪犯多施以凌迟、枭首、戮尸等酷刑。

第一，立决。立决主要适用于社会危害性极大的犯罪，对于犯者绝不待时，包括斩立决和绞立决两种。从结果来看，被判处斩监候的案犯在复核程序中有免死减刑的机会。

第二，监候。监候是指对那些虽构成死罪但并非罪大恶极可以先行羁押待到秋后复核之后再决定是否执行死刑，分为斩监候和绞监候。同样，被判处绞监候的案犯在复核程序中有免死减刑的机会。

第三，凌迟。在清朝，凌迟刑在适用范围和行刑方式上都有所发展。清朝除了全部继承明朝适用凌迟处死的律和例共计十三条之外，又增加了劫囚、发冢、谋杀人、杀一家三人、威逼人致死、殴伤业师、殴祖父母、殴父母、劫囚脱监以及谋杀本夫九条十三罪，把凌迟刑的适用范围扩大了。在行刑方式上较前朝也更为残酷。据《大清律集成》所载："凌迟者，其法乃寸而磔之，必至体无残胔……"

第四，枭首。枭首也是清朝广为施用的死刑之一，最初只适用于凌迟重犯，后来扩大到江洋大盗、爬城行劫、粮船水手行劫。戮尸是只对凌迟和枭首的一种补充，是指凡是应处以凌迟或枭首的罪犯若在执行之前已死亡的，对罪犯的尸体所施加的斩戮之刑。

4. 刺字

清初刺字之刑只适用于少数几种犯罪。例如，对盗窃犯附加刺字，以预防犯罪人再犯；对"逃人"附加刺字刑，是为了便于侦缉、追捕。后来，刺字之法适用范围愈加广泛，又有刺缘坐、刺凶犯、刺逃军逃流、刺外遣改遣改发等。刺字的方式也趋于规范化，刺字的部位与犯罪次数相联系，初犯先刺右臂，再犯刺左臂，更犯刺右面、左面；刺字的内容与犯案事项相关联，刺事由、刺管束地方；并分刺满汉两种文字。

5. 满人的刑罚特权

满人触犯律、例，根据《大清律例》决罚的规定，可以享有"减等""换刑"的特权。如果满人所犯为轻罪，应处笞刑或杖刑，一般执行鞭刑；如所犯罪行较重，须处以徒刑、流刑、充军、发遣的，可按罪行轻重折换为枷号：满人应徒一年者，枷号二十日，每等递加五日；流二千里者，枷号五十日，每等亦递加五日；充军附近者枷号七十日，近卫、边远者枷号八十日，极边、烟瘴者枷号九十日。枷号最初只适用于满人，作为免发遣的一种优待。后来，枷号也作为一种加重处罚的手段适用于汉人，有"窃盗再犯加枷""犯奸加枷""逃军逃流加枷"等定例。

旗人官员宗室觉罗犯罪不得锁禁夹责。康熙九年（1670年）诏令："凡官员将旗下人擅用夹责者降一级调用。"十年又令："文武官员犯罪锁禁锁拿永远禁止。"《钦定大清会典》规定："亲王、郡王应问者，行文讯问。"即对亲王、郡王不能随便传讯，需要传讯，先要上奏皇帝批准。旗人犯盗窃罪，一般不予刺字，如系重罪须刺字，也只刺臂而不刺面。

（二）清朝前期的监狱制度

1. 监狱建制

在中国监狱发展史上，从清朝开始把"监"与"狱"连起来合称监狱。从此，监狱便成了一个专用名词，沿用至今。清朝是一个以满族为主体，满汉地主阶级联合专政的封建王朝，也是中国历史上实行封建君主专制制度的最后一个朝代。封建君主专制达到了登峰造极的程度，皇帝作为国家的最高统治者，全面掌握一切权力，在事关生杀予夺的刑狱方面更是大权在握，批复裁决死刑案件，掌握钦差大狱，监督司法事务，行使赦免权。皇帝之下，总管监狱的机关仍然是刑部下设的提牢厅，清朝的监狱建制基本依照明制。在清朝前期和中期，全国设狱不下二千多所。

第一，中央监狱。清朝是以满族贵族为主体的中国最后一个封建王朝，其司法体制既有承继，主要吸取了明朝司法制度的经验教训，又有创新，主要保留或建立了适合本民族特点的一系列司法制度。清沿明制，以刑部、都察院、大理寺为"三法司"，构成互相制衡的中央最高司法机构。刑部是全国最高司法审判机关，有"刑名总汇"之称，下设多个不等的司、处、房、厅、所、馆等机构，其长官为尚书与侍郎，统称"堂官"。刑部负责核拟全国死刑案件，办理秋审、朝审事宜，审理京师地区的"现审案件"，批结全国军流遣罪案件，主持修订律例，掌管司法行政事务。都察院号称"风宪衙门"，是皇帝掌握下的法纪监察机关，主要职责是监察、考核、检举、弹劾官员，及向皇帝建言，提出谏议，参与司法事务，其长官为御史。大理寺是死刑案件的复核机关，主要职责就是"平反"冤狱，大理寺长官为少卿。三法司中，都察院和大理寺都不附设监狱，只有刑部下设监狱。清朝的中央监狱有刑部监狱、京师监狱、宗人府监狱、慎刑司监狱、步军统领衙门监狱。

其一，刑部监狱。刑部监狱隶属刑部提牢厅和司狱司管辖，有南监狱、北监狱两座。原先只设有北监狱一所，雍正年间增设南监狱。刑部监狱主要拘禁外省和京师死囚及现审重犯。刑部监狱设置有满汉提牢官二人，满汉司狱八人分掌刑部南北二座监狱。

其二，京师监狱。京师监狱是指设在并归属京师政府管辖的监狱。清朝有两个京师，即顺天府（北京）、奉天府（沈阳），地位相同，直属中央管辖，各设监狱。京师设司狱司管理监狱，设司狱一人专管。顺天府监狱关押的是京畿地区徒罪以下的案犯，并负责刑部所送流徒人犯的收押和发遣事宜。奉天府监狱关押的案犯是沈阳及附近锦州、承德等州、县案犯。

其三，宗人府监狱。宗人府监狱，即宗人府空房，是拘禁宗室觉罗等皇室贵族犯罪者的场所。宗人府是清朝掌管皇族事务的管理机关，皇室贵族犯罪不关押在一般监狱，而是关押在宗人府的空房。《宗人府则例》载："凡宗室之设，专为宗室觉罗有犯枷流军等罪者，应按年限月份，折圈以抵免。有犯斩绞监候等罪者，应监禁空房以代监牢。"

其四，慎刑司监狱。慎刑司监狱是隶属于内务府慎刑司管辖的监狱。清朝设立内务府总理宫廷各项事务,为皇帝及其家族服务。内务府下设诸司,其中包括慎刑司。慎刑司主要负责审理由皇帝亲自统领的正黄旗、镶黄旗、正白旗等上三旗的旗人、太监匠役犯罪案件,慎刑司设监狱关押上述犯罪人员。

其五,步军统领衙门监狱。步军统领衙门监狱是隶属于步军统领衙门管辖的监狱。步军统领衙门统率京师八旗步兵和京师绿营马步兵,是京师的卫戍部队和治安保卫机关。步军统领衙门设监狱拘禁京师地区八旗军人和普通旗人案犯,监狱分设在崇文门、宣武门、朝阳门、阜成门、东直门、西直门、安定门、德胜门。每门各设一监狱分别拘禁镶白旗人、镶红旗人、正蓝旗人、镶蓝旗人、镶黄旗人、正黄旗人、正白旗人、正红旗人案犯,也负责拘禁刑部和本衙门判定或奏明枷示的旗人案犯。

第二,地方监狱。清朝的地方行政管理,一般认为实行省、道、府、县(厅、州)四级体制。省下设道,这是省级的调解渠道;道的长官称道员,或尊称观察。一种道以若干府、县为辖区,道员管辖该行政区的政务,称分守道;另一种道员只管辖某一部门的事务,称作分巡道。地方的主要行政权力,大都由分守道掌管,而分巡道多是一些专业性官员。按行政法规定,道作为省的派出机构,只负责调解省与基层的关系,因而道不设监狱。其中厅、州两种建制又有"直隶"与"散设"的区别,直隶厅、州地位相当于府,散厅、州地位与县相等。

其一,省、府、县、厅、州监狱。清朝地方设有各级监狱,省级监狱设在按察司,府、县、厅、州也分别设有监狱,所谓"内外大小问刑衙门设有监狱"。[1]地方各级监狱均在各级长官统辖之下,并设有专门官员负责。清朝地方监狱的管理,省一级行政与司法分开,省行政长官称总督,副长官称巡抚;省设提刑按察使,掌管监狱。省以下仍然是行政与司法不分,各省监狱隶属于省提刑按察使司,长官按察使,又称臬司,省监又叫臬司监、司监。府、厅的监狱,各设司狱一人专管;州的监狱,设吏目一人主管;县的监狱,设典史一人主管。

具体而言,监狱多在原明朝旧监基础上修建、扩建和新建,建筑结构也大体采取明朝监式。例如,河南开封按察司监狱,因明朝的监房已废,在雍正六年(1728年)时,批准河南巡抚田文镜奏请,建造监狱在省布政司西街

---

[1] 参见(清)赵尔巽:《清史稿·职官志三》。

仪门内,"监墙周围共六十三丈,高二丈,墙外东西北三面俱筑更道土墙,内造监房并狱神庙、禁卒房等共四十二间,又另造司狱司署前后一十四间",[1]监房有男女监、宫监之分。开封府著的司狱司和监狱另设在府治内。还有,新安县监是在乾隆二年(1737年)改建的。"计正厅三间、班房二间;二厅三间,左右耳房各二间;后厅三间,左右耳房各三间。监狱一所,内狱神庙一间,拜殿一间,厨房一间,外监二间,内监三间,女监二间。"[2]这种构造模式一直被沿用到清末。

其二,州、县班房。清朝州、县设狱,并有班房之设,这是变相的监狱。"班房",原是三班衙役的值房,设在官衙旁边。衙役拘捕、传唤来的人犯、干连证佐,怕他们逃脱,就把这些人临时关押在自己的班房里,以应随时听候长官升堂审理。久而久之,就形成了专门羁押人犯的班房。班房的出现有这样一些因素。一是监狱容纳不下,在清朝案犯、嫌疑犯被拘捕、乡邻地谊、干连证佐、事主(被害人)尸亲(死者家属)都要被强制性的拘传或传唤,监狱很可能容纳不下。二是非人犯不便入监狱,监狱关押的未决犯是已初审拟罪、等待审转复核的人犯,而新捕的嫌疑犯不便即关入监狱,干连证佐等不是人犯也不便入狱。三是方便行事,清朝没有看守所性质的羁押场所,衙役只好将有关人犯、人证押进班房,同时也便于敲诈勒索。

由于班房不是正式设置的,所以各地名称也就不一样,如卡房、班馆、自新所、候质所、知过亭、支搁亭、中公所等名称。班房由于是私设,所以连形式上的法律约束都没有,其黑暗甚于监狱。凌虐在押人员,私刑泛滥,达到无以复加的地步。按最保守的推算,班房中全国每年至少瘐毙上万人。清朝统治者也知悉班房的危害,屡禁"擅设仓、铺、店、所等名"私禁人犯,但无济于事。直至清末,各省逐渐成立了官办候审公所、待质所,取代私设的班房,意在革除私禁的弊病,其实不过是班房的改变名称而已,私设的班房反倒由此取得了合法地位。

2. 监狱狱官

清朝的狱官分为"有狱官"和"管狱官"两类。有狱官拥有统辖之权、无管理之责,而管狱官只有管理之责、无统辖之权。有狱官,在京师有刑部

---

[1] 参见(清)万自逸:《河南监狱志稿》卷下。
[2] 参见万自逸:《河南监狱志稿》卷下。

尚书，在地方有提刑按察使、知府、知州、知县、厅官等。管狱官，在京师有提牢、司狱，地方有司狱、支目、典吏、典史等。《大清律例根源》载："凡司狱吏目典史专管囚禁。"《六部处分则例》卷四九规定："狱卒凌虐罪囚因而致死，管狱有狱官知而不举，革职治罪，不知者狱官降三级调用，有狱官降二级调用。"

清朝把狱官队伍分成有狱官和管狱官两大类，是清朝狱制发展和规范化的重要表现。然而，狱官队伍的实际情况并非像法律规定的那样简单规范。狱官中，绝大多数是无品级者，极少数有最低的品级，如从八品、正九品等，责任的重大与地位的卑微形成强烈反差。清末沈家本曾质疑说："既任用之，而又贱视之，其理安在？"[1]清朝狱吏"受重囚赂，放其自便，日间因以饮为名，将水浸壁，浸渍泥湿，夜深则钻壁逾墙，倏然而遁"。[2]

3. 监狱管理制度

清朝狱制坚持贯彻因袭明制的原则精神，一方面照搬明制，另一方面有所调整、发展，并且越来越周密、完善。清朝的监狱管理制度主要有：系囚制度、悯囚制度、录囚制度。

第一，系囚制度。清朝系囚制度的内容基本沿袭明制。在分押分管方面，内、外分监，内监关押强盗斩、绞重犯，外监关押军流以下轻犯；设女监缩小妇女犯罪收禁范围；设病监。在安全防范上，入监检查以防夹带违禁物品；狱囚脱监，于本罪上加二等，等等。在沿袭明制的同时，清朝的系囚制度又有调整、发展和充实，主要有以下几个方面：

其一，探监家属不得久留。根据《清史稿·刑法志》规定，监狱囚犯之亲属每月准许两次探监，探视之后随即出监狱，不得久留。对于皂隶（监狱最基层的勤杂人员）及官员家仆人等，不许其擅自出入监狱。

其二，监狱囚犯定时理发。根据清律规定，凡斩绞监候之犯，每遇秋审，责令监狱官吏监视理发一次。军流人犯，每季理发一次，理发后仍在头顶顶心留一小片头发。既可以示以羞辱，又便于识别。

其三，点视制度。根据清律规定，监狱各门的早晚封锁均由值日监狱官吏点视，若不曾点视而发生失囚行为从提牢官到狱卒都要治罪。"遇有大风大

---

[1] 参见沈家本：《历代刑法考·狱考》，中华书局1985年版。
[2] 参见沈家本：《历代刑法考·狱考》，中华书局1985年版。

雨之期，开封不准太早，收封不准过迟。如日间遇有风雨，即责成当值禁役将囚犯逐一点进屋内，不准在院落坐歇。"[1]如果由于未执行点视制度，致囚犯逃失而未发觉者，要受刑事处分。

其四，提牢官轮流夜间值班制度。由于担心外厅无人值班，恐罪人家属探监把关不严，以致"奸徒捏名入监舞弊"。为了加强监狱对囚犯的监管，嘉庆二十二年（1817年），正式实行提牢官轮流夜间值班制度。清朝刑部旧定章程规定："提牢司员总理两监狱向在外厅办事，早晚放饭时两次入监查察，晚间狱门封锁后，始行散署。司狱每日轮流二员在南北监狱内厅值班住宿。"并规定，囚犯亲属入监探视必须立号登记，逐一详讯。

其五，狱具制度。清朝的狱具戒具基本沿袭明制，《大清律集解附例》中规定的清朝狱具与明朝狱具一致，以后有所改变，总的趋势是戒具偏轻，规范简略。清朝的狱具有：枷、杻、铁索、镣。"一曰枷，以乾木为之，长三尺、径二尺九寸，重二十五斤；一曰杻，以乾木为之，长一尺六寸，厚一寸，男子死罪用之；一曰铁索，以铁为之，长七尺，重五斤；一曰镣，以铁为之，连环重一斤，徒罪以上用之。"[2]与明朝狱具相比，规格略短小，偏轻，使用范围也有所不同，但铁索（细链）是轻重罪都不免的，而特用重枷也不在此限，重枷可达三十五斤，甚至一百二十斤。

《刑部现行则例》"断狱"规定："除关系强盗人命等情重罪人犯脖项及手足概用铁锁索镣各三条外，其余人犯俱照民人用铁锁索镣各一条"，笞杖轻罪只用铁锁一道（条）。肯定了重案罪犯戒护从严的原则，也反映了对监禁人犯通常只用细链束颈而不用长枷的变化。在清朝，对于违犯狱具使用的行为给予惩罚，但实际当中，并未遵照执行。例如，柙床、大枷（一百二十斤）、重镣、木笼（木做囚笼，长形、上下分数层，囚犯拘纳其中，四肢不能屈伸）等法外戒具仍在使用。

第二，恤囚制度。清朝的狱政管理比明朝更为完善，雍正时开始纂修《提牢条例》，以供提牢官吏学习、援用，规定了恤囚制度等内容。恤囚制度的内容包括：囚犯处遇、囚犯医药、禁止凌虐禁囚。

其一，囚犯处遇。清朝关于囚犯的生活待遇一如明制。凡牢狱禁系囚徒，

---

[1] 参见（清）赵舒翘：《提牢备考·条例考》。
[2] 参见张廷玉：《清朝文献通考》卷一九五《刑一》。

年七十以上，十五以下，废疾散收，轻重不许混杂。枷杻常须洗涤，席荐常须铺置，冬设暖床，夏给凉浆。无家属者，日给仓米一升，冬给絮衣一件，夜给灯油。

其二，囚犯医药。清律规定，无论内监区、外监区、女监区，各选用医生二名，给罪囚治病。监狱囚犯患病者，徒罪以下，由狱官报明以后，承审官即赴监狱检视，如属实情，病犯可保外就医，病愈回监审结。狱官不报病囚者，承审官不验看病囚者，均以淹禁论罪。犯人无病，故意串通狱卒，医生捏造病状者，或病已痊愈，却不予送回监狱，均以诈病避事论处。这种规定虽流于形式，但制度本身可行。

其三，禁止凌虐禁囚。清朝法律规定，对违反悯囚制度的责任者实施处罚。法律上还特制禁止凌虐狱囚专条，对于凌虐狱囚，或凌虐狱囚致死者进行法律制裁。雍正八年（1730年）规定，"凡犯人出监之日，提牢官、司狱细加责问"，"禁卒凌虐索贿等情"，如果"不行责问，事发之日，照失察例议处"。清朝法律规定，狱囚出监时对狱卒执法情况进行调查，对于抑止狱卒的非法行为有积极作用。

第三，录囚制度。清朝的录囚制度有朝审和秋审两种形式。清朝的朝审和秋审，是封建社会录囚制度的重大发展和变化，清朝对死刑案件的这种分类和区别处理，对囚犯的生命采取慎重态度，打破了以往一处死刑绝无缓决的传统规则，而是能根据罪情，区别对待，并在一定程度上减少了滥施死刑，这些都是有积极意义的，是应该肯定的。

一般来说，朝审，是指审理刑部所判的监候案件；秋审，是指审理地方上的监候案件。朝审的时间是在霜降十日以后，在金水桥朝房审理，冬至前完毕。秋审的时间是在阴历八月，在天安门外金水桥西进行。清朝的朝审、秋审同一般性的录囚有所不同，主要表现是将经朝审、秋审的死刑监候案犯按其罪行性质、情节区分成几类，有情实、缓决、可矜、可疑、留养承祀五类。

情实，即情罪周实，凡归入情实一类，经向皇帝复奏，奉旨勾决，即下令执行死刑。缓决，即请罪属实，但不属恶性犯罪可杀可不杀者，可暂时免死，予以缓决，留待下一年秋审再复议。可矜，即罪情属实，但情有可原，可免死减等为流刑或徒刑。可疑，即罪情尚不能确定，须待进一步审核的案件，实际上这种疑狱很少见。留养承祀，即罪情属实，但案犯为单丁独子，如果执行了死刑，其年老的祖父母、父母无人奉养和继承祭祀，可留命免死回家奉养父母，待祖父母、父母去世或有人奉养时，再受刑罚。如入留养承祀一类，一般枷号两个月，责打四十板后戴罪释放。

4. 监狱的状况

清朝是封建制社会的最后一个封建朝代，绵延两千余年的封建狱制即将走到尽头，由于积累了两千多年的狱政经验，清朝的狱制已相当成熟。但是，随着封建专制统治的即将结束，清朝的监狱也更加黑暗，成了封建狱制黑暗的典型代表。这可以从清朝人方苞[1]记录亲身感受的《狱中杂记》中看出端倪，《狱中杂记》是我国古代唯一的一篇关于封建制监狱的纪实作品，对于了解研究清朝的监狱有着不可替代的重要参考价值。方苞如实记述是对清朝监狱黑暗的典型揭露，其实清朝监狱的黑暗是整个封建社会监狱黑暗的一个缩影。

其一，环境恶劣、瘟疫流行、死者众多。虽然清朝的最高统治者曾三令五申省刑清狱，释放罪干牵连的监犯，严禁受贿私刑，然而封建狱政弊病丛生，法规与实践矛盾日加严重，即使是康乾"盛世"也未可免。牢房狭窄，仅是以蔽风雨，衣被破碎，仅足以蔽身体，未决已决仍是杂居拥挤，既无罪情轻重之别，也不作病与非病的隔离，更无卫生、教育可言，监狱实际成了犯罪养成场所和疾病传染的渊薮。

清朝的监房低矮、狭窄、阴暗、潮湿，监房没有窗户，不能通风透光，而每间牢房常系囚二百余人。天刚一黑，牢门就上锁，屎尿皆闭其中。到了隆冬，贫苦的人以地为席，到了春天瘟疫流行，很少有不闹病的。狱中规定，天明牢门才启锁，而正当夜中，活的人和死了的人挨头并脚，无法回避，致使传染上疾病的狱囚很多。清朝恤囚制度的规定有："监房要常洒扫荡洗，务在清洁""病给医药""别牢选医医治"等类似空谈，轻重囚不许混合关押也只是具文。

其二，官僚胥吏狼狈为奸，贪赃枉法。由于关押之人越多越有私利可图，于是多少有点牵连，必多方钩致，关入监狱。不问罪之有无，必械手足，置

---

[1] 方苞生于1668年，卒于1749年，字凤九，又字灵皋，号望溪，安徽桐城人，清代散文家。著有《方望溪先生全集》。因为《南山集》作序并收藏木版而被株连下狱，出狱以后以自己的所见所闻写了《狱中杂记》。

老监,使他们痛楚难耐之时,然后诱导他们去找保人,交纳保金。唯极贫无依,无钱交保则械系不稍宽;以此为标准警告其余。"凡死刑狱上,行刑者先俟于门外,使其党人入索财物,名曰'斯罗'。富者就其戚属,贫则面语之。其极刑,曰:'顺我,即先刺心;否则四肢解尽,心犹不死。'其绞缢,曰:'顺我,始缢即气绝;否则三缢加别械,然后得死。'"唯大辟无可要,然犹质其首。用此,富者赂数十、百金,贫亦罄衣装;绝无有者,则治之如所言。主缚者亦然。"不如所欲,缚时即先折筋骨,主桎扑者亦然。""余同逮以木讯者三人:一人予二十金,骨微伤,病间月;一人倍之,伤肤,兼旬愈;一人六倍,即夕行步如平常。"

"有某姓兄弟,以把持公仓,法应立决。狱具矣。胥某谓曰:'予我千金,吾生若。'叩其术,曰:'是无难,别具本章,狱词无易,但取案末独身无亲戚者二人易汝名,俟封奏时潜易之而已。'其同事者曰:'是可欺死者,而不能欺主谳者;倘复请之,吾辈无生理矣!'胥某笑曰:'复请之,吾辈无生理,而主谳者亦各罢去,彼不能以二人之命易其官,则吾辈终无死道也。'竟行之,案末二人立法。主者口呿舌挢,终不敢诘。"

5. 文字狱

文字狱是指用特权迫害文人、排除异见对被统治者实行的思想专制。中国历史上以清朝的文字狱最为惨烈。中国历史上的文字狱,从周代就有了。《周礼·地官·大司徒》载:"以乡八刑纠万民:一曰不孝之刑,二曰不睦之刑,三曰不姻之刑,四曰不悌之刑,五曰不任之刑,六曰不恤之刑,七曰造言之刑,八曰乱民之刑。"其中,最后二刑便是针对思想与言论自由而设的。郑玄注云:"造言,讹言惑众;乱民,乱名改作,执左道以乱政也。"贾公彦的解释亦大致相同。不管怎样说,周代有此规范。

载于史书且千古流传的文字狱,始于秦始皇焚书坑儒。秦始皇之所以忍心把古代的书籍一把火烧了,乃是因为不喜欢有人利用这些典籍以古非今,批评他的所作所为。汉以后,文字狱屡有出现,且为专制统治的法宝之一。最为残暴的是明初朱元璋的文字狱,弄得朝野人心惶惶,提心吊胆。然而相对朱明王朝,满清王朝的文字狱一点也不逊色,甚至有过之而无不及。文字狱同专制主义政治是相始终的,愈是专制主义膨胀,愈是读书人遭殃最甚的时候。明清两代,专制主义政治是任何一个朝代也不可比拟的,同时也是文字狱最为骇人听闻的。

清代的文字狱首开于顺治年间的僧函可案件。函可俗姓韩，是明末一位礼部尚书的儿子，父死之后家道中落，遂削发为僧。明亡后，他不忘国土沦丧之恨，写了一本历史著作《变记》，记载弘光王朝覆灭时江宁战役的惨状，充满对抗清将士的敬重和对清军的仇恨之情。书后被搜出，函可被流放，还差点殃及他的老师洪承畴。清初的士大夫阶层，许多人都有一种亡国之痛，很难接受清朝统治的既成事实。他们或秘密结社，做反清复明的准备，或在文字中煽动反清情绪。因而，许多士大夫都因诗文案而遭到镇压。

顺治、康熙二帝还算开明，文网不是很严，虽有文字狱，但相对而言还是比较宽松的。然而到了雍正皇帝时，情况发生了根本的变化。雍正帝轻文士，大权独揽，事必躬亲，而且对所过目的文字以及地方检举的案件特别敏感，惩处亦特别严苛。雍正朝的文字狱不仅次数多、规模大、手段毒辣，而且同权力斗争紧密地结合在一起，许多是无中生有，捕风捉影，借以排除异己，巩固皇权。

乾隆帝同雍正帝一样，不但胡乱猜疑，附会牵强，而且密切注意士大夫的思想动向，经常派人收集情报，一有苗头，就严惩，以致读书人不敢著述，甚至不愿留下文字。一如当时的协办大学士梁诗正说的："笔墨招非，人心难测，凡在仕途者，遇有一切字迹必须时刻留心，免贻后患。"整个乾隆朝，文字狱连连不断，多少人被迫害而死，多少家庭被抄没发配，文化与思想的专制达到了"万马齐喑"的地步。

第四编
DI SI BIAN

中国监狱的现代转型与发展

　　公元1840年鸦片战争以后，外国势力无所阻挡地涌进中国，在中国确立了领事裁判权并且建起了监狱，把西方先进的监狱理论和监狱实践输入中国。在近代资产阶级进步的狱政思想和监狱理论的影响下，晚清政府开始改良监狱，揭开了中国监狱近现代转型的序幕。清朝政府退出历史舞台后，监狱改良事业为北洋军阀政府、国民党政府所延续。国民党政府实行封建法西斯的独裁统治，使监狱改良事业徒具形式，监狱实为军警宪特所控制，布满全国的集中营、反省院更是成为迫害"犯人"惨绝人寰的地狱，监狱的腐朽性和反动性为中国历史上所罕见。形成鲜明对照的是，与国民党统治区并存的革命根据地，在中国共产党的领导下，打碎了旧的国家机器，建立了新型监所，为新中国的监狱转型发展奠定了坚实的基础、提供了有益的经验。新中国的监狱实现了监狱的真正现代转型并获得了全面发展。

CHAPTER7 第七章

中国监狱的现代转型肇始

19世纪中叶到20世纪初期,正当中国封建制社会的清王朝随波逐流、缓慢发展之时,世界资本主义急速发展并逐步进入帝国主义阶段,欧美各国垄断集团为了扩大商品市场,争夺原料产地和投资场所,疯狂地进行对外扩张,而地大物博、经济落后的中国则成了他们侵略、角逐的主要对象。1840年即道光二十年鸦片战争后,由于外国资本主义的入侵、中国封建势力的腐败,清朝统治下的封建制社会逐步沦为半殖民地半封建社会。清朝的历史也便跨进后期发展阶段,1840~1912年即半殖民地半封建统治时期,在长达72年的时间内作为清朝国家暴力机器的监狱及其管理制度被打上了半殖民地半封建的印记。外患内忧之下,晚清政府实施变法改革,也启动了中国监狱现代转型的步伐。

第一节 晚晴监狱半殖民地化

一、鸦片战争后清朝封建制社会性质的变化

(一) 鸦片战争前的清朝与世界

1. 鸦片战争前的清朝

1644年,雄霸辽沈的清朝统治者率兵入关,建立了中国最后一个封建专制主义的清朝。清朝继承明朝专制主义的传统和汉族地主阶级的文化和政治统治方式,维护个体小农业和家庭手工业相结合的经济基础,凭借"盛世滋生人丁永不加赋"和"摊丁入地"的政策,成就了康雍乾三朝百年的盛世。嘉庆皇帝即位以后,爆发了白莲教农民大起义,这次起义历时9年,遍及长江

以北广大地区,蔓延到四川、河南、陕西、甘肃各省。虽然起义最终被清朝镇压下去,但却暴露了清朝在"盛世"掩盖下的尖锐矛盾,清朝从此步入了衰退期。在清朝兴起的前后,有些西方国家先后接触到了清朝。早在16世纪,欧洲海盗式的殖民者、商人、冒险家便来到了中国。先是葡萄牙和西班牙人,后是荷兰人和英国人。至17世纪中叶,沙俄侵入到黑龙江流域。清政府为了抵抗欧洲殖民主义者的侵略,于乾隆二十二年(1757年)制定《防范外夷条规》,实行限制对外贸易的闭关政策:关闭了漳州、宁波、云台山三关,只许广州一口通商;设立"公行"制度,由"公行"包办一切进出口贸易,代缴和承保外商税饷,负责政府与外商的交涉事宜;限制输出货物的品种、数量与外商的活动。

第一,清朝后期国力日益衰弱。到清朝道光年间,封建制社会的矛盾日益尖锐。农民没有土地或只有很少量的土地,不仅遭受地主阶级的残酷压榨和高利贷资本、封建垄断性商业资本的剥削,还要承受清政府苛赋聚敛和官僚胥吏敲诈勒索的压榨。尤其是,因走私鸦片入境贸易引起的银贵钱贱,更加重了农民的困苦,加上水旱灾害不断发生,使大批农民贫困破产、流离失所。与农民日趋穷困相反,贵族官僚随着土地兼并却急剧发展,例如,贵族官僚琦善占地多达二万五千余顷,至于占地数百顷或数十顷的地主更是不计其数。

因封建君主专制制度的极端发展,清朝的政治也日益腐败。皇帝"乾纲独断",集立法、刑赏、用人、决策、统兵等一切大权于一身,君臣关系变成了主奴关系。官僚们对上阿谀逢迎,对百姓敲骨吸髓,贪赃枉法。清朝的政治腐败,在司法上的表现尤为突出,皇帝可以因一时喜怒,任意毁法。各级官员或受贿市狱,或听任刑名幕吏操纵狱讼,上下勾结,狼狈为奸,造成大量冤狱,使整个社会动荡不安。清朝的文化专制也大大超过了明朝,康雍乾时期屡次兴起文字狱,以严刑惩罚思想为指导,使得士大夫们被迫不问世事,只埋头于古籍的考据和整理。清朝统治者还大力提倡程朱理学,以束缚人们的思想,使整个知识界陷入了沉闷窒息、万马齐喑的状态。

第二,清朝对西方国家的排斥态度。根据文献记载,19世纪以前只有巴琐马、樊守义、谢清高三个中国人到过欧洲。他们撰写的介绍欧洲地理、民情、风俗、物产的《身见录》和《海录》,是清朝了解西方世界的最重要的资料。乾隆以后,清政府嘉庆十四年(1809年)制定《民夷交易章程》,道光十一年（1831年）制定《防范夷人章程》，此外还有大量相关的上谕和官方文书。这些规定是当时中国所能采取的可能的自卫措施，对于一个主权国家说来也是非常必要的措施。但清政府对西方世界的变化一无所知，仍然以天朝大国自居，视西方国家为蛮夷小邦。

西方以利玛窦为代表的一批传教士，曾于16世纪来到中国，通过译书和著述传播了西方的科学技术和人文科学知识。这些西学受到了清朝卫道者的抵制，他们"宁可使中国无好历法，不可使中国有西洋人"。康熙时期，由于罗马教皇禁止中国信徒拜天、祭孔、祀祖，干涉到了中国教会的内部事务，清政府下令驱逐西方传教士。虽然清朝面对的已经是经过资产阶级革命的西方近代国家，但却盲目地自命为高于万邦的"天朝"，他们不想去了解也完全不了解所谓"蛮夷小国"的真相。他们所采取的防范与自卫措施，由于内部的腐化、收受贿赂，而未能贯彻施行。

2. 西方国家日益崛起

正当清朝帝国"岌岌乎皆不可以支月日"的衰弱时刻，西方国家却发生了资产阶级革命并且迅速壮大起来。英国于1660年完成革命后，工业迅速发展，至18世纪已成为世界上拥有雄厚资本、广大殖民地和海外市场的最强大的经济大国，并把侵略的矛头指向东方。法国革命则于1794年最后完成，为了给法国资本主义的发展开辟道路，也发动了长期的侵略战争。西方国家，尤其以英国为代表，依靠其强大的军事实力，到世界各地开拓资本市场，甚至以武力为掩护，从事贩卖黑人、走私鸦片的罪恶贸易。早在鸦片战争前70年，英国商人便以东印度公司为基地向中国走私贩运鸦片。

清朝嘉庆时期曾多次发布禁止鸦片进口的法令。"如（外国商人）仍有违禁私与中国商民交易者，查出按例治罪，杜其来源，较之内地纷纷查拿，实为事半功倍。"[1]但是，清政府的禁令并没有能杜绝鸦片的走私。到19世纪30年代时，大量的鸦片输入和吸食消费，已给清朝的社会经济、民族健康以及清朝的财政、军事都带来了严重的后果。正如林则徐所说："若犹泄泄视之，是使数十年后，中原几无可以御敌之兵，且无可以充饷之银。"[2]朝野之

---

[1] 参见故宫博物院编：《清代外交史料·嘉庆朝》（第4册），故宫博物院1932年版，第9页。
[2] 参见"钱票无甚关碍宜重禁吃烟以杜绝源片"，载中山大学历史系中国近代现代教研组编：《林则徐集·奏稿》，中华书局1962年版。

间比较清醒的官僚士大夫对于这种状况极为忧虑,纷纷要求杜绝鸦片输入和严禁吸毒。迫于舆论的压力和为了清王朝的统治利益,道光皇帝决定禁烟,派林则徐赴广东办理禁烟事务。

(二) 鸦片战争后清朝的国家主权逐渐丧失

由于鸦片贸易关系到西方殖民主义者的经济利益,以英国为首的殖民势力决心用武力来保护这种可耻的贸易,并企图趁此机会用坚船利炮打开侵入中国的道路。于是,第一次鸦片战争爆发了。在这次战争中,清政府战败,被迫签订了《南京条约》。接着,在英、美、法等国侵略者的胁迫下,又签订了《虎门条约》《望厦条约》《黄埔条约》。以后的第二次鸦片战争、甲午海战、八国联军之战,都以清朝政府的失败、签订不平等条约而告结束。这些不平等条约破坏了中国的主权、独立和领土的完整,使中国发生了前所未有的变化,沦入了半殖民地的境地。

1. 由五口通商大臣到设立总理各国事务衙门

根据《南京条约》,开放广州、福州、厦门、宁波、上海五地为通商口岸,设立五口通商大臣办理对外交涉与投降事宜。五口通商大臣并非专官专职,也不设官署,而是由两江总督耆英兼任。它是清政府接受不平等条约,对外投降妥协的产物,也是清朝封建官制发生巨变的开端。但是,外国侵略者并不满足于只同五口通商大臣办理扩大侵略的事宜,进而要求清政府设立总办对外交涉的机构。

咸丰十一年(1861年)设立的总理各国事务衙门,就是适应外国侵略者的要求,在五口通商大臣的基础上发展起来的。总理各国事务衙门是办理对外交涉与洋务的专门机关,位列六部之上,下设英国股、法国股、俄国股、美国股,分股办事,各有专司。外国侵略者通过总理各国事务衙门控制中国的外交与内政,进一步侵略中国,因而是清朝政权半殖民地化的重要标志。当时的爱国志士,"日恨其不早裁撤,以为一日衙门尚存,即一日国光不复"。[1]

2. 由协定关税到总税务司控制中国的内政与外交

根据《南京条约》的约定,通商口岸"应纳进口、出口货税、饷费,均

---

[1] 参见单士元:《总理衙门大臣年表·孟森序》。

宜秉公议定则例"。次年又议定了各项进出口税率,从而使得中国再不能自主决定关税税则。不仅如此,英国、美国、法国还于咸丰四年(1854年)以协助征收关税为名成立了上海关税务司,由英国、美国、法国各推一人组成,垄断了上海海关税务。以后,英国人又在广州组织粤海关税务司。

根据《光绪会典》,总税务司"掌各海关征收税课之事""综理全国关税行政与关员任免事项",由外国人担任总税务司统治中国海关达67年之久。外国人担任总税务司统治中国海关,不仅控制了中国的财政,肆意用关税来担保外债和赔款,而且还干涉中国的内政与外交。总税务司从隶属关系上属于总理各国事务衙门管辖,但事实上由外国人充当的总税务司,可以对总理各国事务衙门的大臣颐指气使,操纵控制,他们在清政府官员的眼里是"神人",是"洋务功臣"。

3. 由领事裁判权到全面践踏清朝的司法主权

《五口通商章程》规定,以后如在通商口岸的英国人犯罪,不能由中国处理,而"由英国议定章程、法律,发给管事官照办",从此开创了所谓"领事裁判权"制度,使外国人在中国不受清朝法律的管束,清朝的司法主权受到了前所未有的干涉与践踏。自唐迄至明清,中国政府在处理涉外案件方面的法律原则是:"诸化外人,同类自相犯者,各依本俗法,异类相犯者,以法律论",借以维护独立的司法主权。清朝在鸦片战争前坚持了以上原则。

由于清朝和西方国家在法律价值、观念与适用上一直存在着冲突,因而西方国家力图摆脱清朝法律的束缚。他们说:"东方之国(如中国)其文明程度与西方的基督教国家迥然不同,尤以家族关系与刑事法规及司法等最为差异。英美人居彼邦自以适用己国法律与法庭管辖为宜。"[1]可见西方国家企图在中国获得领事裁判权,是由来已久的,但这是清朝政府所不能接受的。

鸦片战争后,英国凭借坚船利炮打开了中国的门户,摧毁了中国皇帝的权威,攫取了领事裁判权,从而践踏了清朝的司法主权,使清朝和西方各国之间在司法上完全没有平等可言。随着清朝国势的日渐衰微,领事裁判权的适用范围也越来越大,外国领事取得了观审权、会审权和会审公廨中的司法审判权,以致出现了"外人不受中国之刑章,而华人反就外国之裁判"的怪现象。

---

[1] 转引自强磊:《论清代涉外案件的司法管辖》,辽宁大学出版社1991年版,第104页。

二、鸦片战争后清朝封建监狱制度的半殖民地化

（一）清末本体监狱制度的延续

清末统治者为使大清皇位永固，大权尽于朝廷，牢固地恪守清朝前期的"祖宗之制"，竭力保守腐朽的封建专制主义和政治法律制度以及司法狱政制度。因此，清朝前期的监狱制度在清朝后期也一直沿用，而且清朝前期与后期的监狱制度是一脉相承的。

1. 在刑罚体系方面

在清末，封建的残酷刑罚和刑讯制度继续了半个多世纪之久。凌迟、枭首、戮尸、刺字等封建制刑罚直到光绪三十一年（1905年）才宣布"永远删除"。其中，对囚犯监外行刑的枷号却仍然沿用，光绪三十三年（1907年）《法部奏议复变通枷号并除去苛刑折》曾提出了"变通"办法，但是仅限于部分附加枷刑和情节较轻或律例之外的案犯，而且由于"中国人民程度既苦不足，风尚亦有未齐，加以新律未颁，习艺工厂亦复未能遍设"，所以没有废除。

对在监人采用刑讯逼供的野蛮手段，则更是有增无已。不仅跪锁、掌责滥用无度，而且竹板、站笼、挺棍、天平架、老虎凳、单跨、摇天晃等刑具和残毒的刑讯方法也一直保留下来，常为酷吏所擅用，每每所加，人犯宁求速死而不敢生，连统治阶级内部官吏也不得不承认"是直视人命如草芥，法令若弁髦"[1]的非法拷掠，而请求停止刑讯。直至光绪三十一年到三十四年（1905~1908年）才不得不连续发布皇帝谕旨和批示，"禁用刑讯"。

2. 在监狱设置方面

清末狱制继续坚持维护封建皇权淫威、宗室贵族特权和男女伦常关系的原则。为了巩固以慈禧为首的皇室统治者的权威和封建宫廷秩序，不仅仍然设有宗人府空房，囚禁违法犯罪的皇族和慎刑司监关押太监等人，而且还保留有处理皇室内部矛盾之用的内宫幽禁场所，如政变斗争失败者光绪皇帝和珍妃即被幽禁在官内。送交慎刑监狱的太监多罚杖责、枷号，终身禁闭，图

---

[1] 参见"法部奏议复变通枷号并除去苛刑折"，载（清）民政部：《大清法规大全》，政学社1909年版。

谋不轨或通风报信的则有"气毙"之刑，即用七层白棉纸沾水、将在监人七孔封闭、再用杖刑责打致死。光绪、珍妃宫中与维新派联络的太监数十人，就是被慈禧用此刑迫害而死的，其残酷暴虐不亚于清朝前期的封建腐朽监狱。

3. 维护宗室贵族和旗人罪犯的刑狱特权

满族、汉族和旗人、民人之间法律地位是不同的，宗室贵族和旗人罪犯在监禁中享有优待特权，这在清末仍然表现得很突出。直到宣统二年（1910年）才提出予以改变，而应"一体办理"[1]，但是接着又下谕旨：在新律未颁布时，"仍照向章办理"[2]，"宗室应沐之宽典悉仍旧用"[3]。就是说，宗室、宗族犯罪还是由宗人府分别看管执行，"皇室之尊严不可因之而损"[4]，必须按旧制宽典优待。如从前盛京收管的宗室人犯就有特别惯例，宗人府圈禁高墙内的人犯每人每日饭食费，春夏季给银二钱，秋冬季给银三钱，比值班官员或看守兵都要优越一倍。

4. 关于妇女犯罪的收赎

妇女犯罪收赎制度原始于明朝，清律承袭明制。但到1911年（宣统末年）却依"新章"特别规定：妇女犯奸判徒流刑，分别年限罚金折工或监禁作工，不准论赎。理由是"与伦纪名分攸关"，赎罪不足以惩罚，折工监禁"以维风化"[5]，而男子犯奸同罪却无比照明文。显而易见，这是封建社会监狱对女犯监禁制度的进一步发展。

5. 关于监狱的生活卫生条件

监狱的条件，尤其是卫生状况，直到光绪年间也没有得到改善。既无病房，也无医料，"熏香之购置，多属有名无实"，"医士二员几同虚设"[6]。如苏州府监，在狭窄的地基上仅有左右两面各六间房，右面囚徒拘禁室每室容二十余人，"监无内外之别，犯无轻重之差"，完全是混合杂居，难有容身

---

〔1〕 参见中国人民政治协商会议全国委员会文史资料研究委员会编：《晚清宫廷生活见闻》，文史资料出版社1982年版，第169页。

〔2〕 参见（清）民政部：《大清法规大全·宣统二年六月十四日上谕》，政学社1909年版。

〔3〕 参见"宪政编查馆奏拟定宗室觉罗诉讼章程缮单进呈请旨钦定折"，载（清）民政部：《大清法规大全》，政学社1909年版。

〔4〕 参见"宪政编查馆奏拟定宗室觉罗诉讼章程缮单进呈请旨钦定折"，载（清）民政部：《大清法规大全》，政学社1909年版。

〔5〕 参见《法部拟定通行章妇女犯奸不论赎》。

〔6〕 参见朱深：《中国新旧监狱比较录》，北京司法部监狱司1913年版，第128页。

之地，又如上海县监，监房"广不盈丈，低窄特甚"，三面泥墙，剥蚀严重，破纸错落、糊贴，檐下木栅已经腐朽不堪，室中秽恶难忍，与"洋烟之气相缭绕凝结"，令之"触鼻欲呕"，牢房简陋，拥挤十五六名犯人，还有病囚杂处其内，"肩摩踵接"，人人"奄奄无生气"。[1] 即使是在后来被树立为全国模范的"京师模范新监"里，也是狱址低下卑湿，甚至大雨后衙门监内水深及腰，监房拥挤不堪，收犯"年辄数千人"，混监杂居，空气十分恶秽。

（二）清末监狱的半殖民地化

公元1840年鸦片战争后，外国侵略者攫取了战争赔款、割让香港、沿海自由航行、片面最惠国待遇、划定租界等种种特权。过去清朝统治者为了防范、自卫而在对外贸易上采取的种种措施全部崩溃，闭关锁国的门户被侵略者用武力彻底打开，固有的完整领土和独立主权遭到了空前未有的破坏。外国侵略者通过不平等条约，建立了一系列陷中国于半殖民地的各种制度。从此，中国由一个独立的封建社会逐步沦为半殖民地半封建的社会，中国的国情、社会关系发生了重大的变化，清朝政权也由完全的封建性质转变为半殖民地半封建性质，清朝的历史也即跨进后一个发展阶段（1840～1911年），即半殖民地半封建统治时期，达70余年。

在这期间清朝的监狱亦被打上了半殖民地半封建的印记。清朝一方面保留前清腐旧狱制不变，另一方面屈从外国侵略者的压力，任其攫取领事裁判权，并强行在华设立司法机关及其附属监狱。其中，最突出的变化就是在租界内和侵占地区设立外国司法机关的附属物——监狱，并实行外国侵略者制定颁布的监狱章程和监狱管理制度，这是中国监狱遭受帝国主义侵犯、清末监狱制度半殖民地化的主要标志。在中国领土上出现的各种形式的外国监狱，自成体系，日益扩大，成了外国侵略势力迫害中国人民、侵扰中国狱政的工具，这是中国司法制度和监狱制度史上所从未有过的现象，是清末狱制具有深刻的封建性、落后性和浓厚的买办性特色的具体表现。

1. 外国在华租界或租借地内设置监狱

1840年鸦片战争以后，外国侵略者凭借武力强迫清朝政府签订了一系列的不平等条约，攫取了领事裁判权，践踏了中国的司法制度。外国不仅强行

---

[1] 参见（清）韩兆蕃：《考察监狱记》。

第七章　中国监狱的现代转型肇始 ❖

在中国设立形形色色的外国领事法院，而且其所设司法机关的附属监狱也在中国境内相继出现。1844 年，英国在香港设置的"维多利监狱"，就是英国在中国领土上最早建造的一所监狱。后来，因为犯人激增，维多利监狱拥挤不堪，英国在赤柱另建一新监狱。接着，又在对海九龙荔枝角建一女犯监狱。关押在这些监狱里的犯人都要罚做苦工，如有违抗，就被关入地牢。

1856 年，英国又在上海外滩中山东一路 33 号建造一所英国领事署监狱，专门监禁刑期较短的外籍犯人，这是帝国主义国家在上海租界内设置的第一所监狱。1868 年，英国在上海厦门路 4 号修建了一所厦门路监狱，"专充收容西人之用"，俗称"英界西人西牢"。该监狱共有监房 72 间，整个建筑呈士字形。1901 年，英国又开始在上海公共租界华德路 117 号建造一所新监狱，专门囚禁犯有重罪的中国人，以及未有领事裁判权国家的侨民罪犯，因监狱位于上海提篮桥地区俗称"提篮桥监狱"。提篮桥监狱中，华人犯人经常有被瘐毙的。1906 年春天，上海公共租界会审公廨华人会审官关炯曾就提篮桥监狱华人犯人被瘐毙事禀报清政府上海道台莘幸儒，指出犯人瘐毙，监狱也不及时通知中国官员予以收殓。同年 5 月 4 日，外国籍捕头打死中国犯人，中国犯人强烈抗议，外国侵略者竟将手无寸铁的犯人枪杀四名，击伤多人。

1900 年 7 月，八国联军侵占天津后，各国又在天津的租借内设置监狱，关押大批义和团志士。1901 年 7 月，法国开始在上海法租界马斯南路靶子场一带建造监狱，1911 年 10 月启用，1930 年扩建，共占地 4800 多平方米，分男、女监各一幢，共有监房 34 间。此外，还有病监、外籍犯监若干，整个监狱呈四方形。

沙皇俄国经过《瑷珲条约》《天津条约》《北京条约》等一系列不平等条约，占据了东北大片领土，继而修建铁路，并以铁路干线为中心分别在哈尔滨、满洲里、海拉尔、博克图、横道河子设置监狱，不仅关押俄国人，也关押当地中国人。除监禁已决犯外，还关押未决犯。其中，以哈尔滨监狱规模最大，能容纳 500 人。该监狱关押的俄国人多为未决犯，一经判决即遣送到西伯利亚的赤塔、伊尔库斯克和汤姆斯克等监狱。典狱长由沙俄地方审判厅委任。除以上五处监狱外，沙俄还在铁路沿线大站的警察署设有暂时羁押人犯的拘押所，如扎兰屯、昂昂溪、安达、一面坡、穆棱、绥芬河等地。

此外，英国在上海租界内还设有巡捕房。在上海四马路的总巡捕房，主要关押中国人，其有监房 7 间，每间关押 10 人左右。总巡捕房设总巡、副总巡各一人，均由英国领事委派。1889 年，法国在大马路设置巡捕房，主要关押未决犯，可收押百余人；设有巡捕长，为法国驻沪领事委派的法国人，还设有华人巡捕、西方人巡捕、安商人巡捕，共有 200 多人。此外，又在徐家汇、泥城桥外、下海浦、八仙桥等处设有分巡捕房。美国在上海设有虹口巡捕房，共有 7 间拘禁室，每间可容纳 20 人，巡捕房之捕长为美国人。

2. 外国在华占领地内设置监狱

清光绪十三年（1887 年），德国派军队占据胶州湾，强迫清政府缔结了《胶澳租约》，青岛（当时称胶澳）沦为德国的租借地。为了适应殖民统治的需要，在青岛设立了第一审法院，称胶州湾德国法院，后来又设立了胶州湾上级法院。德国殖民统治者为了奴役中国人民，镇压中国人民的反抗，保护殖民者的特权和利益，颁布了一系列维护其殖民统治的法令法规。随着殖民统治的日益加深，德国殖民统治者当时在青岛修建了两所监狱，一所于 1901 年建在青岛的市区，专门关押外国人，时称"欧人监狱"，现已修葺并于 2007 年 5 月 1 日对外开放，成了青岛市法制教育基地；一所于 1903 年建在青岛的李村区，专门关押中国人，时称"李村华人监狱"。监狱长由德国海军军官担任，看守长及看守由德国宪兵担任，另雇有华籍人员数名，主要关押被拘留 3 个月以上的刑事犯，年均押犯 75 人，这是山东半岛第一所由殖民者建立的专门关押中国人的近代监狱。

1904~1905 年，日本与俄国在中国的领土内发生战争，日本战胜，接管了沙俄设置在旅顺的监狱，并加以修缮和扩建。监狱的组织机构，设典狱长，以下分三系，即狱务系、经理系、警守系。监狱的构造分两部分，经理系及狱务系居北，警守系居南。监房分上下两层，上层两翼，下层三翼，每层 17 间监房。旅顺日俄监狱建于 1902 年沙俄统治旅顺时期。到 1904 年前，已建有牢房 87 间和一幢办公楼。1904 年，日俄战争爆发，这里变成了沙俄军队的野战医院和马队兵营。1905 年，日俄战争结束，沙俄战败，日本取而代之，开始对旅顺、大连进行长达 40 年的殖民统治。1906 年 7 月 31 日，日本政府敕令 196 号公布了关东都督府官制，在关东都督府内设置长官官房、军政部、民政部。在民政部内设监狱署，于旅顺设本署，大连设分署。1907 年，日本殖民统治者开始正式启用并开始扩建这所监狱。1908 年，殖民统治者颁布关东都督署官制，将过去隶属于都督府民政部的监狱署改为独立机构，直接归关东都督府管辖。旅顺监狱被命名为"关东都督府监狱署"。

第七章　中国监狱的现代转型肇始 ❖

旅顺监狱的建筑特点既有古典俄罗斯风格，又有东方简约的特点。监狱正面为一幢混结构的二层办公楼，西南向，长34米，宽14.92米，建筑面积938平方米。办公楼的整体风格为典型的俄罗斯古典风格，与后面的牢房形成了两个相对独立的建筑单元。牢房走向为南、东、北三面呈放射状的分布。这种牢房分布格局，反映了19世纪初英国人雷杰姆·边沁的辐射式监狱建设构想理念，其基本的核心理念是：便于监控管理。日本殖民统治时期，旅顺监狱得到逐步的扩大，至1935年基本上形成了现在人们所见到的规模，即监狱围墙高约4米，总长度为725米，围墙内的占地面积2.6万平方米。牢房的排列结构也极具特色，一中间为廊道，左右两侧为牢房，两侧的牢门互不相对，形成交错分布。楼上廊道中间铺设铁栅栏，其作用一是便于空气的流通及采光，二是便于看守的巡视观察。旅顺监狱共建有牢房275间，其中南面牢房为上、中、下三层，有牢房87间；东、北两侧牢房均是二层，各有牢房84间和82间，狱中还设有18间病牢，4间暗牢。除了上述的牢房以外，还设有三处检身室、一处刑讯室、一处绞刑室及强迫被关押者服苦役的15座工场。当年在监狱周围还建有窑场、菜地、果园、林场及监狱职员住宅区，整个占地面积有22.6万平方米。

这座监狱是两个帝国主义国家在中国共同修建的，其规模之大，在国际上是罕见的。同时，这里当年所关押的人，不仅仅是中国人，还有朝鲜人、反战的日本人，以及在大连地区从事反法西斯工作的俄国人、埃及人、美国人。监狱实行种族歧视，被关押的人待遇是不一样的，日本人可以吃白米饭，朝鲜等国人可以吃小米饭，而中国人（日本人称其为"支那人"）只能吃高粱米和橡子面。同时，对中国人又实行罚饭制度，所谓表现好的可以吃一等饭，表现不好的就吃二等、三等饭，以此类推，最差者吃七等饭，即每顿不足一两。

监狱中每间牢房的墙上均贴有一张中、朝、日三国文字的狱规，共计11条，内容有：不准说话、不准倚墙、不准向外张望，只准跪坐于牢房的中间，对看守须表现出顺从和谨守礼仪的态度等。1907年，统治者还颁布了《关东州罚款及笞刑处分令》，规定"被处以三个月以下强劳处分时，对于中国人的犯罪，可按情况处以罚款或笞刑"。所谓的"笞刑"，就是用特制的夹有铅条的竹条对被关押者的臀部进行抽打。这一残酷的刑罚，统治者以法律条文的形式明确规定只对中国人，不得对其他国家的被关押者使用该刑罚，这既表

— 249 —

现出种族的歧视，也表现出该刑罚的残酷。除此以外，狱中还有灌凉水、调刑、压杠子、过电，用棕绳头、皮鞭子、胶皮管子抽打，用竹板子、镐把、桌子腿硬打，用铁筷子、香烟头、香火烧肌肤，用猪鬃探马眼（尿道），等等。可谓是无所不用其极。

殖民统治者在狱中设有 15 座工厂，监狱墙外周围又设有窑场、菜地等，强迫被关押者每天做十几个小时的苦工，他们从这种非常廉价的劳动力身上，榨取丰厚的剩余价值。据 1936 年日本殖民统治者编辑出版的《刑务要览》记载，当年监狱作业获取利润达 8.6 万日元；这在当时可以购买到 4 万袋面粉；到 1940 年监狱作业获取利润提高到 20 余万日元，1944 年至 1945 年新中国成立前夕的一年中，监狱作业获取利润猛增到 53 万日元。

3. 外国在华监狱制颁章程

为了加强在华监狱的管理，各帝国主义国家还制颁了专门的监狱管理章程，如 1906 年英国政府批准英国驻沪领事草拟《上海英国监狱章程》以及《上海工部局监狱章程》。《上海英国监狱章程》共 6 章 268 款。第一章狱政通例；第二章候讯犯人；第三章第一等犯人；第四章负债犯人；第五章幼年候讯犯人及已定罪之幼犯；第六章稽察董事。《上海英国监狱章程》明确了外国对监狱的管辖权，规定对监狱实行严格的监督，规定五种犯人分别拘押、处遇，监狱实施宗教教诲。

《上海工部局监狱章程》是适用于英国设在中国上海的提篮桥西牢的监狱法规，由《监狱人员规则》《欧洲巡士之专职》《监房人等规则》和《总共属下人员规则》等几个单行法规组成，分别对西牢的监狱管理作了补充规定，还对监禁、卫生、惩罚等也有具体规定，如规定了 41 种违纪行为，对犯人的惩罚办法有"禁钢""鞭打"，严重者加"刑衣"。其中，《监狱人员规则》规定，监狱人员分为"正狱吏""副狱吏""女监长"，具体规定了各狱官的职责和权力。《欧洲巡士之专职》规定，欧洲巡士"当尽职于夜间，而于正副狱吏之下管理监狱"，其具体职责主要是慎心勤查属下巡兵和犯人之举动、统巡各监狱、查验犯人一切刑具及各种保安之具是否妥帖。《监房人等规则》及《总共属下人员规则》则对监狱的其他官吏及看守人员的职责作了规定。

4. 帝国主义国家对清末刑部监狱的干预

据白曾焯的《庚辛提牢笔记》记载，在《辛丑条约》签订期间，各帝国主义国家纷纷以"盗贼""匪徒"等罪名向清朝刑部南北二座监狱押送义和团爱国志士。由于他们"侵犯"了帝国主义的利益,而被污蔑为"匪徒""盗犯""贼犯",一律严加戒护,系带项锁、手铐、脚镣,不准擅自出入监房。清朝刑部监狱对这类犯人的监禁管理完全受外国人的操纵和摆布,帝国主义"喧宾之势,如弩激箭",他们无视中国提牢官员的存在和监狱的规定,时常擅闯刑部监狱滋事。例如,1901年4月15日深夜,德国两名军官乘醉酒闯进提牢厅,迫使提牢官打开刑部监狱牢门,将犯人张七提出、责打十板后,扬长而去。法国翻译官魏武达竟然在清朝刑部处决死囚之际,临时执意扣回死囚收禁。美国教士李佳白借口某犯为"著名拳匪"而干涉刑部狱政(换监处置)……清朝政府每遇这种情况仅是洽谈应对、唯唯诺诺而已,更加助长了外国人横加干涉中国监狱行刑事务的嚣张气焰。

不仅如此,外国侵略者送交清朝刑部监狱的囚犯也多是先严刑具成案,受尽迫害,无法申冤,或是遍体鳞伤,或是气息奄奄。如德国租界送交的"盗米犯"华人刘顺,"被洋兵用枪轰击,右肋穿透流血甚多",却要求中国"赶为医治";华人高九儿田"窥德国草料"被捕,被德国军人用马鞭打伤两腿,又用洋枪刺伤脑后,再用脚踏小腹虐待,交刑部监狱的当天夜里即"肾囊疼痛""口吐血沫",不治身死。外国人在华监狱之所以横加迫害虐待中国人,是因为清朝政府软弱无能。清朝以人在慈禧为首的统治者"量中华之物力,结与国之欢心"的卖国方针下,劳动人民的生命也成为他们供奉给洋人的牺牲品,无论是租界领地的监狱还是刑部牢房,都是清朝统治阶级和帝国主义迫害广大中国人民的阴惨地狱。

第二节 清朝末期的监狱改良

一、清末监狱改良的起因

(一)国内因素

1. 新兴利益集团的强国要求

1840年鸦片战争之后,在西方国家的军事侵略和经济渗透下,中国社会的经济结构和阶级结构都发生了深刻变化,原来的封建经济基础遭到破坏,新的社会关系形成,在清朝的中央和地方都形成了新的利益集团。这些新兴利益集团掌握实权,有放眼世界的眼光,有学习西方的想法,有改革强国的愿望,新兴利益集团的活动推动了清末监狱的改良。一批最先接触到外国社会制度的先进知识分子深刻地领悟到,西方的"政教昌明"不在于"船坚炮利",也不在于"善机巧、会会计",而在于其政治法律制度的进步。他们由学习西方的自然科学转向学习西方的社会科学,探索自由、平等、博爱的观念,提倡改革君主专制。为了镇压太平天国运动,清朝不得不求助于地方实力派,清朝的封建政权中心开始下移,地方官员拥兵自重,曾国藩等一批地方督抚在与洋人联合镇压太平天国的过程中,深深体会到了西方国家的先进,开始重新审视"天朝大国"的位置。

在承认落后之余,新兴利益集团担心自身权力和利益的丧失,因此,极力主张清朝政府革新图强。为挽救摇摇欲坠的政权,清朝统治集团于19世纪后半期开始兴办洋务。在办洋务过程中,经济实力日益雄厚的朝廷大臣,以其敏锐的洞察力和民族危机感,提出了改良的要求,并成为改良的推进力量。由于传统自然经济的解体,连年战争导致官田、旗地进一步民地化,原有的地租形态和租佃关系进一步变化,买办地主和工商阶层逐渐形成,中国民族资产阶级开始登上历史舞台。中国民族资产阶级,从一产生就受到外国资本主义的排斥、打击和本国封建主义的摧残、压迫,有强烈的反帝反封建要求,作为近代中国先进生产关系的代表,他们要求清政府实行改良而"自强"。

2. 资产阶级革命运动的高涨与立宪运动的兴起

19世纪70年代,伴随着民族资本主义的产生,逐步形成了早期改良思潮,改良思潮的代表人物有薛福成、郑观应等。他们主张抵御外国侵略,废除不平等条约,维护国家民族主权和独立,实业救国,进行政治革新。1895年4月,清政府与日本签订《马关条约》的消息传到北京,群情激愤,正在北京参加会试的康有为连夜起草"万言书",请求光绪帝采取"下诏鼓天下之气""迁都定天下之本""练兵强天下之势"和"变法成天下之治"等措施,史称"公车上书"。虽然"公车上书"遭到清朝廷保守派的抵制而流产,但维新思潮日益高涨,逐步发展成为全国性的政治运动。

19世纪末20世纪初,中国出现的新式知识分子有一部分人痛感于国弱民穷的衰颓局势,纷纷走上了反清爱国的革命道路。民族危机的日益加深,使他们认识到迫切需要有一个全国性的统一政党来领导。孙中山先生领导的同盟会是中国第一个有明确政治纲领的资产阶级革命政党,它的成立把中国资产阶级革命推到了一个新阶段。从 1905 年到 1907 年,资产阶级革命派与保皇派之间展开了一次反响空前的思想论战,论战围绕着要不要反满、要不要共和、要不要改变封建土地制度三个内容进行,论战以革命派的胜利而告终。这场论战传播了资产阶级思想,使一批资产阶级、小资产阶级知识分子摆脱了改良派的影响,走上了革命的道路,推动了资产阶级民主革命运动的不断高涨。

3. 立宪图强运动的兴起

1895 年中日甲午海战清朝北洋舰队覆灭后,面对风起云涌的强国思潮,清朝政府不得不推行"百日维新",但遭到保守派的残酷镇压,清朝的统治更加动荡不安。资产阶级革命派发动武装起义的革命浪潮,迫使清朝廷调整统治策略,开始拉拢立宪派,摆出"预备立宪"的姿态,借以继续维护其统治苟延残喘。1905 年 7 月,清政府派载泽等五大臣赴欧美、日本考察宪政。1906 年 9 月 1 日发布"预备仿行宪政"的谕旨,1908 年 8 月颁布《钦定宪法大纲》,准备以 9 年为期,逐步筹备宪政。1909 年 10 月各省咨议局相继成立。接着,在筹备变法律过程中也提出改良旧狱制,清末监狱改良的氛围逐渐形成。以上是清朝统治者改良监狱的内因。此外,面对腐朽的清朝,西方强国为了寻找自己的代理人便于维护在华利益,以归还领事裁判权为诱饵引诱清朝政府改良监狱。

清朝被迫打开国门以后,一直因刑罚过于严酷、监狱黑暗而受到国际社会的普遍抨击,中国司法尤其是监狱在国际上处于落后地位。正是以中国法律不完善、刑罚过于残酷和监狱黑暗为借口,各国开了领事裁判权的恶例。长久以来,西方列强指责:"中国刑罚不脱体刑方式,过于严酷不合人道。此种制度目的纯为威吓,缺少感化之意。屈打成招,尤属不当。"[1]在西方列强的眼里,中国县官和法官是出了名的腐败。"他们嘴里讲理,而心里要钱,他们的裁判是望着荷包任意处理。"[2]清朝法部认为:"东西各国的囹圄之良窳、觇政治之隆污。日本能撤去领事裁判权,首以改良监狱为张本……一切规模自宜参酌东西洋办法,以示文明于诸国,为后日撤去领事裁判权及抵制

---

[1] 参见孙晓楼、赵颐年编著:《领事裁判权问题》,商务印书馆 1940 年版,第 161 页。
[2] 参见[美]马士:《中华帝国对外关系史》(第 1 卷),上海书店出版社 2006 年版,第 129 页。

租界监狱地步。"[1]因此,清末改良监狱,也是迫于帝国主义侵略要求而不得不为。

(二) 国外因素

1. 西方领事裁判权的影响

19世纪中叶以后,随着帝国主义列强的侵略,清朝民间及官方接触西方列强,西方资产阶级的狱政改良的思想和制度经验相继被介绍到中国。其中,代表着当时监狱改良主流思想的英国人约翰·霍华德(John Howard,1726-1790年)的改良监狱理论,杰雷姆·边沁(Jeremy Bentham,1748-1832年)的辐射式监狱的研究和规划,一些较为典型的监狱制度也被介绍到国内,对中国监狱改良理论的形成有着重要的影响。其中,对清末监狱改良影响最大的,是日本明治维新后的日本狱制。日本效仿德国对狱制进行改良后,迅速改变了监狱制度的落后局面。日本改良狱制后迅速强大起来的事实,促使清朝统治者下定决心进行监狱改良。极力主张改良监狱的大臣徐谦等认为,日本在明治维新后能撤去帝国主义列强强加的领事裁判权,"首以改良监狱为张本"[2],那么中国监狱改良理应是"一切规模自宜参酌东西洋办法,以示文明于诸国"。可见,国际上监狱改良的压力,促使清末统治集团意识到,要想让西方列强撤出领事裁判权,就必须自己改良监狱,原有的狱制在世界革新潮流面前已万难守旧。

2. 西方国家狱制改良的影响

英国人约翰·霍华德于18世纪在英国掀起监狱改良不久,监狱改良很快就席卷欧洲各国,发展成世界性的监狱改良运动。在国际监狱改良的交流活动日益频繁之时,清朝政府屡次因狱制黑暗而被拒之门外。从1846年德国法兰克福召开国际监狱改良会议到1945年第十二次国际监狱改良会议,清政府仅于1910年在华盛顿召开的第八次国际监狱会议受邀与会。清朝政府派出京师高等检察厅检察长徐谦、法部参议上行走兼奉天高等审判厅厅丞许世英参加,这是清朝政府首次参与国际监狱会议,也是清政府有资格参加监狱问题国际会议的仅有的一次活动。徐谦回国后,在给清朝廷的报告中指出,自第

---

[1] 参见沈家本:"法部奏议复实行改良监狱折",载《东方杂志》1907年第12期。
[2] 参见《法部奏派五国监狱改良会徐谦等回国报告书》。

一次国际监狱会议以后,"各国莫不从事改良监狱,并设立万国监狱协会,分年于各都府召开,派遣委员会各将其国改良监狱事件,提出相互讨论,几视为国际竞争之事业"。特别是在这一年召开的"海牙和平会"上,中国又因法律不良被降至三等国,更使清朝统治者强烈地意识到,中国的法律和狱制如果继续保持现状,自己将"难以自立图存"。清末法律的国际形象、监狱制度的落后,成为清朝政府不得不考虑的现实,清末的监狱改良是大势所趋。

二、清末监狱改良的开展

（一）监狱改良的指导思想

在外国资本主义侵略的情势下,清末社会的思想领域受到西方近代科学技术、政治法律、文化教育的影响,清朝统治集团提出了不触动封建旧制度的"中学为体,西学为用"的变通思想,简称"中体西用"。在监狱改良方面,清朝仍然以"中学为体,西学为用"作为监狱改良的指导思想。"中学为体,西学为用",就是以维护清朝封建皇位、君权以及封建纲常伦理为根本,同时采用西方科学技术和制度经验为其所用。1861年,清人冯桂芬在其《校邠庐抗议》中提出："中国之伦常名教为原本,辅以诸国富强之术。"这是"中学为体,西学为用"思想的最早渊源。1898年张之洞在其《劝学篇》中说："夫不可变者,纪伦也,非法制也；圣道也,非器械也；心术也,非工艺也。""所谓道本者,三纲四维是也,若并此弃之,法未行而大乱作矣。"意思是,法制、器械、工艺等具体的规章制度,科学技术是可以变通的,而中国固有的三纲五常伦理道德,封建专制制度是"本"是"道",也就是主体,是万万不可改变的,"天不变,道亦不变"。

沈家本在《奏请改良监狱折》中指出："夫吾国旧学,自成法系,精微之处,仁至义尽。"意思是,西学要旨已为旧学所包括,学习西学应"仍不戾乎我国历世相沿之礼教民情"。沈家本还强调指出,当今世界正处于"革新时代",朝着"大国"方向发展,"举凡政令、学术、兵制、商务,几有日趋于同一之势"。他认为,"方今力行新政,而监狱尤为内政外交之最要之举,若不改良旧监狱,纵兴新政,行新律,也无异于南辕北辙",[1]"若墨守己见,

---

[1] 参见《前备律大臣大理院正卿沈奏请改良监狱折》。

不思改图，恐无以关国人之口，遑论远人哉"。这些主张都坚持在不改变封建专制制度的前提下，就某些方法进行适当变通，以继续维持原有的统治秩序。1901年1月29日，清朝政府发布变法"上谕"提出："盖不易者，三纲五常，昭然如日星之照世也；而可变者，令甲令乙，不妨如琴瑟之改弦。"因此，"中体西用"成了清朝监狱改良的指导思想。

1. 沈家本的监狱改良理论

沈家本（1840-1913年），中国近代法学的创始人，是主持清末监狱改良的重要人物。沈家本曾任清政府大理寺正卿、刑部右侍郎，有深厚的法学知识和理论，熟谙司法实务。长期在刑部供职，他"专心于法律之学""无日不以条述为事"，著《读律校勘记》5卷、《刑案汇览》10卷、《刺字集》2卷、《狱考》《丁年考》等，主持翻译了大量资本主义国家的法典。沈家本参与修订《大清律例》，主持草拟《大清民律》《刑律》《商律》《诉讼律》《监狱律》等重要法规。沈家本为清末新政和法律改良、监狱改良的全面推进作出了不可磨灭的贡献。1907年沈家本上奏《实行改良监狱注意四事折》具体陈述了自己的改良主张，即建造新式监狱、监狱的宗旨在于感化人、监狱应当重视对少年犯的教育惩治、注重监狱官吏培养、重视监狱理论研究、主张制定监狱规则、主张编辑监狱统计。

一个国家监狱运作的好坏，可以用于验证一个国家的文明、进步程度。通过分析欧美及日本等国的监狱建筑，他提出改良中国的监狱首先要学习西方监狱的构造之法，在全国范围内兴建新式监狱，以示狱制文明，这也是适应刑罚改革的需要。监狱的宗旨在于感化人，沈家本以西方近代刑罚感化主义学说作为监狱的宗旨，归纳出设置监狱"非以苦人辱人，将以感化人也"的结论。监狱必须始终以"感化"罪犯为归宿，只有对罪犯实施感化，才能收到"无妄费、无怨囚、无旷职、事半功倍之效"。监狱应当重视对少年犯的教育惩治，沈家本强调"刑罚与教育互为消长"，提倡对少年犯以教育为主、刑罚为辅。

沈家本认为治狱是一种专门之学，不是人人皆能为之，治狱官要专门培养，个别任用。鉴于行刑和矫治的复杂要求，"典狱一官统辖全监，非兼有法律道德及军人之资格者，不能胜任"。监狱官员不能兼任其他职务，因为"长于政教者，未必能深通法律，长于治狱者，未必为政事之才，一心兼营转致两无成就"。沈家本指出："欧洲各国监狱为专门之学，设立万国协会，穷年研究，精益求精，方进未已"，而"中国从未有人讲求此学，则际此更张之始，自应周咨博考其善者而从之"。沈家本认为监狱规则对于改良和治理监狱至关重要，"纲纪一国必以法律组织，监狱亦然"。他主张编辑监狱统计，"藉以知其人入监前之经历也"和"藉以知监狱内事务之详简也"。

沈家本作为资产阶级改良主义者，因其所处的历史时代、阶级立场以及思想意识，决定了他的监狱改良理论不可能超脱其阶级的和时代的局限性。沈家本的改良主张恪守封建伦常不变，表现了传统的封建性。他的改良主张只是幻想通过监狱改良使侵略者放弃在华领事裁判权，由此而达到中国的自立、自强，表现了一定的半殖民地性。沈家本的"感化主义"把资本主义国家的监狱大加美化，掩盖了监狱阶级专政的实质，表现了超阶级的局限性。尽管如此，沈家本监狱改良理论中所表现出来的爱国主义思想是应充分肯定的。

2. 张之洞的监狱改良主张

1904年，任湖广总督的张之洞会同两江总督刘坤一联名上奏《江楚会奏》，力陈自己的变法主张。张之洞的监狱改良主张有六个方面：轻刑罚、恤刑狱、修监羁、教工艺、派专官、重治吏。张之洞认为："夫中外情形不同，外国案以证定，中国案以供定……故外国听讼，从不用刑求。"而以刑苛求，则"罕有不翻控者"，因而建议"禁讼累，省文法，省刑责，重众证"，"不准轻加刑责"。他明确提出，监狱不能无，但酷虐不可有，应该"全天下各州县有狱地方，均于内监外监中必备一宽大空院，修工艺房一区，令其学习"，主要目的是"将来释放者，可以谋生改行，禁系者亦可自给衣履"。张之洞指出，"监羁一事，固须屋宇广洁，尤随时体恤……必有专官事之，方有实济"，应制定措施，培养官吏。张之洞不仅有监狱改良的理论观念，更值得一提的是，张之洞在监狱改良过程中将自己的理论付诸实践，先后用三年时间，创办了湖北省城模范监狱。

（二）清末监狱改良的内容及评价

1. 清末监狱改良的主要内容

列宁指出："改良主义就在于人们只限于提倡一种不必消除旧有统治阶级的主要基础的变更，即是同保存这些基础相容的变更。"[1]监狱改良是清朝政

---

[1] 参见［俄］列宁："几个争论问题"（1913年），载《列宁选集》（第2卷），人民出版社1972年版，第479页。

府推行"新政"和"预备立宪"的产物和装饰,是清末半殖民地半封建性狱政思想的主要内容。清末监狱改良是在保存清朝旧有统治基础之上,进行一些变相的改革,这就是监狱改良的本质特征和阶级实质。清末监狱改良主要是从监狱立法和设置新式监狱两个方面着手进行的,由于监狱与刑罚相表里,监狱改良必须以刑罚改革为先导。

第一,改革刑罚。刑罚改革在监狱改良之前就已开始。笞杖改为罚金或折作工,即"笞杖等罪仿照外国罚金之法,改为罚金","无力定纳,折为作工",罚一两折作工四天;拟判笞刑的犯人改科作工一月;杖六十的改科作工两月,每等递加两月,直到杖一百改作工二十个月为止。1905年,清朝政府颁布法令,宣布废除凌迟、枭首、戮尸等苛刑,将凌迟、枭首等死刑改为斩立决;斩、绞立决改为监候,等待秋审;原来规定的斩、绞监候也分别减为徒、流,无须发配,一律入习艺所习艺。1906年,署理山西巡抚赵尔巽上奏《关于将发遣、充军、流刑、徒刑罪犯收所习艺的建议》,清政府核准废除充军刑名和合并刑罚的建议,法部据此颁布《处置配犯新章》把应判处充军、发遣的罪犯送到习艺所习艺。

1910年颁布的《大清新刑律》把"更改刑名"作为重要内容。中国自隋唐以来,封建制旧律一直以笞、杖、徒、流、死为五刑,《大清新刑律》仿效外国刑法,把刑罚更定为"死刑、无期徒刑、有期徒刑、拘役、罚金"五种主刑,把褫夺公权和没收定为从刑。《大清新刑律》确立了中国最早的自由刑——徒刑和拘役,同时明确规定凡是徒刑和拘役全课以强制劳役,即"徒刑之囚,于监狱监禁之,令服法定劳役,其监禁方法及劳役种类依监狱法之规定","拘役之囚于监狱监禁之,令服劳役,但因其情节得免劳役"。

第二,规划监狱改良事宜。1906年,清政府将刑部更名为法部,1907年清政府核准了沈家本等人的《法部奏议实行改良监狱折》。根据沈家本的建议,法部规定以下几条内容:各省会及通商口岸先建模范监狱一所,然后再逐渐推广;监狱改良宗旨是惩戒与感化并重,"以分房制、阶级制为最善";习艺所分两种,一是拘禁犯人的罪犯习艺所,归法部管辖;另一种是拘禁"浮浪贫乏者"的民人习艺所,归民政部管辖;京师法律学堂和各地法政学堂一律设监狱学专科,已设立的新监要附设监狱学堂;监狱经费由该地方自行筹措,而且根据不同情形"量为变通"。

1907年,法部在《奏变通提牢章程酌加奖叙折》中,提出完善监狱提牢官制,增加提牢官人数、改善提牢官待遇。1908年,法部还在《奏议复御史王履康请禁官媒改设妇女待质所折》规定,永远革除官媒制度,"嗣后各直省州县凡妇女涉讼,除实犯奸盗人命及死罪例应收禁者即仿照臣部并大理院及各审判厅办法设立看守所,另行羁禁外,其非以上情罪及因案牵连备质,承审官拘提录供后即交亲属保领,听候发落,不得概行羁禁"[1],为"妇女待质所"的建立奠定了法律基础。此外,法部还多次奏定若干筹建监狱的规则,发布有关行文,进一步促使监狱改良方案的细目化、具体化。

第三,制定《大清监狱律草案》。清末监狱改良以前,各朝从未制定过专门的监狱法典,在清末监狱改良过程中,被议准的奏折虽满足了一时执行刑罚的需要,但各种奏折涉及的内容彼此缺乏呼应和衔接,内容尚不系统、不统一,因此有必要制订一部正式的监狱法典。鉴于中国与日本毗邻,两国在风土人情、文化传统等方面甚为相近,因此,清政府选择日本模式作为改良范本。1908年,清政府聘请日本监狱学家小河滋次郎为顾问,由他主持起草监狱法典,1910年,《大清监狱律草案》成稿,递交法律馆审查,但未及颁行,清朝政府被辛亥革命推翻。《大清监狱律草案》是中国历史上第一部监狱立法,虽没有被清朝政府颁布实施,但却被以后的北洋政府、国民党政府所沿用。《大清监狱律草案》共14章241条,分总则、分则两个部分,第一章是总则,其余是分则。

其一,《大清监狱律草案》总则部分。《大清监狱律草案》总则具体规定了监狱的种类、管理体制和基本原则。监狱的种类以职能为标准,清末监狱分为徒刑监狱、拘留监狱、留置监狱。徒刑监狱拘禁处徒刑者;拘留监狱关押拘役者;留置监狱拘禁刑事被告人。除了男犯监狱之外,以关押对象的性别年龄为标准,监狱分为女犯监狱、未成年犯监狱,女犯监狱关押女犯,未成年犯监狱关押不满18岁的犯罪服刑人。关于监狱的管辖,监狱归法部管辖,法部至少每两年巡视监狱一次,推事检察官必须巡视监狱,对其实行监督。关于监狱的基本原则,实行区别对待的原则,对于未满18岁的徒刑犯特设监狱或划区拘禁,并实行男女分监,分类关押与管理;未满18岁之处徒刑者,待遇拘禁因应较宽于徒刑因。对于有悔罪表现的囚犯,生活处遇也有别于普通犯人。感化主义原则,监狱的构造和卫生设施应以无害于在监犯人的

---

[1] 参见(清)民政部:《大清法规大全·法律部》卷十,政学社1909年版。

健康为原则,监狱管理以不伤害在押罪犯的身体为限。不仅如此,监狱行刑必须贯彻对罪犯"迁善感化"原则。

其二,《大清监狱律草案》分则部分。《大清监狱律草案》分则具体规定了监狱的行刑与管理制度。关于分类拘禁制度,对监狱关押者一切概以独居拘禁为原则,尤其应当对刑事被告人、刑期不满3个月者、30岁以下之受刑者、初犯之受刑者等,实行"独居拘禁,亦即分房监禁"。限于清朝政府的财力在短期内无法完全做到这一点,规定以杂居拘禁制为补充,即监狱在管理中可以根据在监者的犯罪性质、性格、犯罪次数、年龄等因素,分类管理。关于作业制度,作业收入均归国库,监狱作业既可以教育罪犯,还可以为国家财政创造收入,解决监狱经费的来源。作业项目的安排应当考虑"在监人……将来生计的实际需要"。通过劳动,可以培养罪犯对劳动的正确态度,养成良好的劳动习惯,让他们学习一定的生产技能,以熟练劳动者的身份重新回归社会,自谋生路。作业赏与金的利息、没收的作业赏与金以及不应交付的作业报酬,都应用以扶助罪犯的祖父母、父母、妻儿的生活费用,或者作为对被害人及其近亲属的物质和精神赔偿。

关于教诲教育制度。除休息日之外,在监者至少每十日接受教诲一次,教诲的内容包括宗教教诲和德育教诲。只有18岁以上或者刑期不满3个月的罪犯,不在受教育之列。教育的内容,针对在押罪犯的具体情况,要求监狱教育以文化教育为主,主要以小学教育为标准,学科有读书、习字、数学、作文等实用课程。每星期至少应保证24小时对罪犯施予教育,以促使罪犯的思想、心理、行为逐渐向良性方向转化。关于卫生医疗制度。监狱应常保洁净,在监犯人必须经常洗浴,保持身体的清洁,犯人的衣物应予消毒等。监狱要有浴室、运动场、医务所、病监等设施,要求医士做到预防、治疗、善后处理,达到"保刑期、重人道、启在监人之改悔"。

《大清监狱律草案》是我国第一部独立的监狱法典,它打破了中国几千年来诸法合体、以刑为主的立法传统,采用了资产阶级法典结构模式,至此相沿几千年的封建狱制解体。《大清监狱律草案》虽然只是一部"草案"并且也未来得及颁行,但毕竟有了专门的监狱法典,并对民国时期的监狱立法产生了重大影响。但是,《大清监狱律草案》的内容基本照搬了日本监狱法,而且仓促草成,导致与当时的社会现实不相符合,因而被后人批评为"法理与事实不符"。作为中国半封建半殖民地社会的产物,《大清监狱律草案》难脱传统封建狱制的影响，具有殖民地性、封建性的烙印。

第四，设置新监狱。在新政推行时期，清朝政府多次组团、派员出国，对欧美监狱的分房制、杂居制、阶级制及日本监狱制度进行系统考察，认为"分房制、阶级制为最善"，并以此为据，筹建新式监狱。清末新监狱的筹建，最早是由地方实力派推动的。湖北、盛京等地率先试办新式监狱成功，然后法部才统一规划、指导，由各省筹资，在全国范围强行推广。整个活动以改造旧监为基础，各省分别设立一至两所新监为示范。对于监狱建筑要求，监狱改良时期，法部要求监狱建造应满足以下基本需要，一是监房、工场、教室、病房等监狱建筑必须有利于在监犯人的健康，符合卫生标准；二是必须有利于对在监犯人进行教育感化；三是专门设置工场和生活区，便于组织罪犯劳动；四是有利于监管防范。对于新监狱设置情况，法部提出的具体筹办计划要求，各省在近期兴造一至两所模范监狱，带动所辖区域内的行刑变革；先行在通商港口城市及重要城市修建新式监狱，京师建造模范监狱一座示范全国。

其一，关于罪犯习艺所。最先，顺天府在1902年设立了习艺所，同年山西巡抚赵尔巽向清政府首上《各省通设罪犯习艺所折》。1903年，清朝政府议复《各省通设罪犯习艺所奏折》后，各省相继设立罪犯习艺所。罪犯习艺主要是针对原有的军、流、徒及发遣各犯既无差役工艺可供，又无看管之地，工食之资往往"不思守法，纷纷脱逃"〔1〕的弊端而设立，归属法部管辖。清末狱制改良中，先后成立了保定习艺所（1904年）、天津罪犯习艺所（1904年）、奉天习艺所（1905年）、山西习艺所（1905年）。此外，在安徽怀宁、浙江杭县、山东诸城等地都设有习艺所，有的地方还设有游民习艺所、女犯习艺所。

其二，关于湖北省城模范监狱。湖北省城模范监狱兴建于1905年阴历十月，于1907年阴历五月竣工，狱址选在江夏县署之东，与县署毗邻，占地面积30市亩。该监狱仿照日本东京及巢鸭两处监狱规模和样式，由时任湖北试用道的邹履和在日本学习监狱学后回鄂的补用知县延启负责营造。监狱附设工厂，工种多为"成本轻而工程易者"。〔2〕参加劳役的罪犯多为"质地诚实，

---

〔1〕 参见《刑部议复护理晋抚赵奏请各官设罪犯习艺所》。
〔2〕 参见《湖广总督张之洞奏陈省城模范监狱开办情形折》。

青年可造者"。同时，重视监狱制度建设，实行狱官改革，明确职责，加大奖惩力度，注重培养训练。湖北省城模范监狱是中国近代由省政府建成的第一座改良彻底的新型监狱。

湖北省城模范监狱共分内监、外监、女监、病监四区。内监呈扇面形，南设三人监2所，监房20间，北设一人监2所，监房20间，内监可容已定罪人约百人。外监房呈扇面式，东西各一，中为十字巷道，共计监房10所，112间，南有罪人接见室、独居暗室等，北有工厂等，外监可居未定罪人约300人。女监可容40人，病监可容50人。四所监区四间夹道设有玻璃窗、汽屋，中央有望楼，守卫军住房、炊室、浴室，西设严禁监所，共10间，内有工厂、守卫房等，监房北有独居暗室8间。

其三，关于奉天模范监狱。奉天模范监狱创办于1908年，狱址选在沈阳天佑门外。全监共分官舍、杂居监、分监房、工厂、其他监房五部；此外，还有运动场、浴室、教诲室、自来水等近代化设施。杂居监呈十字形，分监房呈扇面形，其他监房有男囚病监、女监及病室等，全监共有230多间房，可容纳囚犯400人左右。官舍分前、中、后三段，有事务室、会议室、看守长室等行政机构办公场所，中段设有望亭。奉天模范监狱罪犯劳役已成规模，试办了女监工厂及投资合伙的织布工厂，作业项目主要是成本较低的简单手工劳动，如缝纫、文具制作等。

其四，关于京师模范监狱。1909年，法部划拨专款，征购土地，选址在右安门内镶蓝旗操场兴建京师模范监狱。京师模范监狱是"为各方荟精萃之所，万国观瞻所系"，为"模范中之模范者"，以示改良之决心。1910年，京师模范监狱开工兴建，共耗银231 200余两，构造图式由日本监狱学家小河滋次郎设计。报据图纸规划，监狱分为前、中、后三区，前区包括大门、看守教诲所、病监、幼年监、运动场所等；中区包括中央事务所、典狱室、会议室、课员室、戒具室、书籍室、阅览室、囚人接见室、仓库等；后区是正式监房分布区。

监房采双扇面形，南北列各有五翼，容纳犯人300至500，扇柄处有圆式看守大楼，楼顶上设有望楼，楼内有教诲堂，楼下有惩罚室和检查书信处，监狱内设有囚犯作业的工厂、附设伙房、浴室、尸室、仓库等。京师模范监狱共有监房、办公用房700余间，监房实行独居和杂居并行制，有独居监房和杂居监房，独居监房有夜间分房和昼夜分房。杂居监房有8人杂居房，有

15人杂居房。此外，前区之北有病监，前区之南有幼年监，病监与幼年监南北对峙，各自为墙，实行严格隔离。京师模范监狱未及竣工，清朝就垮台了。

第五，培训和储备监狱管理人才。1907年，法部根据沈家本提出的治狱的关键"在于管理得人"的奏疏、议定，清朝正式责成学部发布通令"京师和各省法政学堂增设监狱学专科，编定监狱学专科课程，聘请小河滋次郎主讲监狱学，以正规的学校教育和系统的法律、会计课程、监狱学理训练在职监管人员，储备高级监狱管理人才"。这是中国监狱史上第一次以法令形式把监狱官吏的培养纳入正规的教育体制。

清朝一方面要求对典狱长、司狱官的任用从严从高，管理培训和实地练习并重，合格以后获得文凭、在工作期间获得"精勤证书"的才允许依级提升；另一方面又委派大臣出国考察监狱司法方面的先进制度，派遣留学生东渡日本学习，这些也算是为监狱改良大业首次作出的人才投资。事实上，清末新监狱长的选任和民国狱制改良的主力都是从此而奠定的。清末这种"养成监狱官吏"的措施虽然没能完全实施，但是对于中国系统培养、储备监狱管理高级人才的启动和影响却是重要的、深远的。

2. 关于清末监狱改良的评价

清朝末期的监狱由于顽固地因袭封建专制下的腐旧狱制，难以适应形势的发展。外国侵略者强设监狱、错杂中国境内，清政府又不得已故作姿态，进行监狱改良以修补旧制，因而形成了清末新旧监狱并存，封建性、买办性兼备的复杂特征。这种监狱制度的特色一直延续到北洋军阀政府和国民党政府统治时期。清末监狱改良在客观上推动了中国狱制的近代化，但终因清朝政府腐败落后、财政困窘，使监狱改良举步维艰，难奏实效。但必须认识到，清末的监狱改良开创了中国监狱近代历史的新篇章，留给后人以深刻的启示，即监狱改良不是一个简单的法律活动，如果没有相应的政治、经济、社会的保障和支持，包括监狱改良在内的任何改良都会以失败而告终。

第一，清末监狱改良苦心营索而瓶颈未决。就监狱制度而言，清末监狱改良是改革者给清政府开出的一剂良药。对倡导、推行清末监狱改良起了积极作用的，既有一大批近代监狱改良主义者呕心沥血的力行，也有许多爱国志士舍己奉献的支持。例如，最早投入使用的湖北省城模范监狱的建筑费用近一半来自商人捐献，还有大批学成毅然回国留学生的倾力所为。监狱改良是一项系统工程，除了有多种制约因素之外，首要的是需要充足的经费作基础，因而清末监狱改良的奏折中申请经费之折层出不穷。从另一角度说明，摇摇欲坠的清朝政府已没有多大财力来支持这个系统工程了，资金不足的瓶颈成了清末监狱改良难以为继的首重因素。

第二，清末监狱改良布新有余而除旧不足。从清末监狱改良的彻底性来看，清末监狱改良最能体现布新除旧力度的当属清末监狱立法活动，《大清监狱律草案》在中国监狱立法的历史上实属开先河之举，意义重大彪炳千古。《大清监狱律草案》冲破了几千年奴隶制、封建制旧刑狱法规窠臼的束缚，拟订近代文明监狱制度，从立法体例的先进、立法内容的完备、立法过程的舒畅迅速等方面，都加速了清朝监狱近代化的进程。但是由于改革的不彻底性，除新式监狱立法、新式监狱尚称文明外，旧监狱的改造基本上是纸上谈兵，监房仍旧狭小、潮湿，囚人衣食依旧终年无给，至于官员贪墨、狱吏克扣、法外操纵、索贿之事更是屡禁不绝，旧酷法仍大肆实行，草菅人命之事仍时有发生。此外，清朝政府还公开实行同罪异罚、贵贱异狱等旧俗陈规。

第三，清末监狱改良不成功属意料之中。清朝末期，虽然对监狱进行了改良，制定了《大清监狱律草案》，建造了一些新式监狱，培养了一批监狱官员。但是，由于改良的不彻底性，经过改良的清末狱制，既包括有新型的监狱制度成分，也包含有封建监狱的陋弊，可谓是鱼龙杂混，这应该说是不可避免的必然。因为，任何事物的嬗递都不是一蹴而就的，需要一个过程。在当时几千年封建狱制根深蒂固的清朝，能够对封建狱制进行改良已属难能可贵。况且，在整个清朝处于每况愈下、日落西山的颓废形势下，其政权尚难以巩固维持，何况是不登大雅之堂的监狱呢！覆巢无完卵，清朝政权都不保，监狱改良不会圆满成功也就不足为怪了。

第八章 中国监狱的现代转型接续

1911年10月10日，辛亥革命在武昌爆发，仅一个多月的时间内全国各地纷纷响应，宣告独立的军政府或都督府纷纷派出代表在武昌召开联席会议，推举孙中山为中华民国临时大总统。1912年1月1日，孙中山在南京宣誓就职，建立了中华民国南京临时政府；1912年12月25日，清朝宣统帝溥仪宣布退位，宣告中国历史延绵两千多年的封建君主制度终结，从此进入中华民国时期，民国时期经历了北京政府和南京政府两个时期。民国时期，接续了清朝政府开启的监狱现代转型工程。抗日战争期间，日本在中国设置的监狱、汪伪政府的监狱、伪满洲国的监狱，不能代表中国监狱，更不能反映中国监狱的发展方向，故不在这里介绍。

第一节 武昌军政府、南京临时政府的监狱

一、武昌军政府的监狱改良

（一）武昌军政府的建立

从武昌起义、各省政权更迭和整个辛亥革命过程来看，资产阶级革命派一方面表现出了革命性和勇敢精神，另一方面暴露出了软弱性和妥协态度。如在一些地方，虽然革命派发动新军或会党举行武装起义、宣布"独立"，但当反动势力反扑时，却不敢发动群众来保卫已经夺取的政权，致使政权落到了立宪派或旧官僚、旧军官的手里。最为典型的是，湖北武昌革命党人起义后，认为非找一个有地位的人物出来主持政务不可，于是把原清军协统（旅长）黎元洪硬拉出来当了都督。结果，黎元洪与立宪派结合起来把持了湖北

军政府的大权。在一些省份，旧官僚和立宪派改头换面后，仍旧维持着旧政权。有的地方虽是革命党人掌权，但这些人很快蜕变为新军阀、新官僚。这就意味着，革命虽然发展很快，但它的基础不牢固，在它的内部和外部都潜伏着深刻的危机。

（二）武昌军政府改良监狱

1911年9月19日，武昌军政府司法部长张知本发布《中华民国司法部第一号布告》，倡行司法改良。该布告指出了司法改良的原因，即满廷之罪擢发难数，举其大者厥有数端。罪过一是制定刑名不平等，就地正法定为常经；汉人处死，满官可赎。罪过二是随意处死，疑狱而处极刑，大兴文字狱，灭绝人道。罪过三是官吏严苛刑讯逼供，奸猾得计，良善含冤。立法既不明不备，用法复任重任轻，外人乃借为口实，领事亦施其裁判。罪过四是华洋共处人我异刑，丧失法权，污蔑国体。这四个方面，显而易见，人所共知。天天把我同胞置于刀锯鼎镬之中，使我同胞至死不悟。视我人民之生命财产，远不及若辈宴乐优游之重且大也。而且，修订法律，民刑上显判低昂。视法学为肤谈，等审判于儿戏。以行政长官干涉司法事务，判断悉失其公平；法官非人，法庭虚设。监狱残毒，可想而知。现在，谨率员司先行设立临时上诉审判所及临时江夏审判所，受理民刑案件，为我人民生命财产，排除急迫危害，保障固有权利，以为现时之救济方法。设立法院，以为现时之救济方法，这其中当然包括监狱改良，因为在革命时期监狱附属于法院才能便于及时随时审理案件。

二、南京临时政府的监狱改良

（一）南京临时政府的建立

20世纪初期，孙中山领导的同盟会不仅提出了推翻满清政府统治的革命纲领，而且积极从事实际的革命活动，他们先后发动了多次武装起义，极大地冲击了清朝政府的统治基础。虽然这些起义相继失败了，但是在全国范围内产生了广泛的影响。1911年10月10日，武昌爆发新军起义取得胜利，成立了湖北军政府，掀起了辛亥革命的高潮，打开了清朝统治的缺口。仅一个多月的时间，全国各地便纷纷响应，18个行省中有13个省以及上海和许多州县宣布起义,脱离清政府的统治,腐朽的清王朝已呈土崩瓦解之势。宣告独立的军政府或都督府纷纷派出代表在武昌召开联席会议,推举孙中山为中华民国临时大总统。1912年1月1日,孙中山在南京宣誓就职,改国号为中华民国,定1912年为民国元年,建立了中华民国南京临时政府。

南京临时政府是一个资产阶级共和国性质的革命政权。资产阶级革命派在这个政权中占有领导和主体地位,除孙中山作为临时大总统拥有统治全国和统率海、陆军之权外,陆军、外交等重要部的总长和所有各部的次长全由革命党人担任;在作为国家立法机关的临时参议院中,同盟会会员也占多数。南京临时政府制定的各项政策措施,集中代表和反映了中国民族资产阶级的愿望和利益,在相当程度上也符合广大中国人民的利益。1912年3月,临时参议院颁布《中华民国临时约法》,这是中国历史上第一部具有资产阶级共和国宪法性质的法典。《临时约法》以根本大法的形式废除了中国两千年来的封建君主专制制度,确认了资产阶级共和国的政治制度。在这种情况下,就全国的局面来看,形成了与北方清朝政府的对峙局面。

(二) 南京临时政府改良监狱

1. 南京临时政府的性质

以孙中山为首的南京临时政府,是中国历史上仅有的资产阶级共和国性质的革命政府,它的出现是符合历史发展潮流的。但由于资产阶级的软弱性,在帝国主义和封建主义的压迫下,资产阶级向袁世凯妥协并交出了政权。作为资产阶级革命政府的南京临时政府仅仅存在了3个月,犹如昙花一现。在这短短的3个月中,无论是从时间上还是从实质上来说,资产阶级都没有来得及也不可能对半殖民地半封建的经济基础予以改造,没有能彻底粉碎旧的国家机器,新的监狱制度当然也不可能得以建立。

但是,就在这短短的3个多月里,南京临时政府在建立参议院和颁布《中华民国临时约法》的同时,自1912年1月至3月间,仍然先后制定并颁行了一系列政治法令、军事法规、财政金融政策及文化教育措施等方面的法规,体现了"三民主义"的立法指导思想,开创了资产阶级民主法制建设的先河,同时进行了以司法独立、文明为改革目标的司法制度改革。在南京临时政府的特殊时代背景下,尽管财政经费极缺、行政钳制司法、军事干预司法,国民法律观念淡薄,但也承接了清末遗留下的监狱改良事业。

2. 南京临时政府的监狱改革

伍廷芳出任临时政府的司法部总长，具体负责民国初年的司法建设，积极支持筹建新式模范监狱的工作，1912年2月4日发布《令各省司法筹备处、地方检察厅速遵监狱改良办法筹划推行文》。该行文明确指出："监狱改良急于救焚拯溺，本部前经拟定监狱图式公布施行，顾以经费浩繁，不得不分年筹备。当此新旧嬗迁之际，回顾昔日狴犴情形，莫不地狭人稠，空气不足，积污丛垢，疫病繁兴，使不亟图改革，是凡收入新监狱者，或得收感化之效，而收入旧监狱者，则仍是颠连无告，日转辗秽污黯默之区，何以示公平而遵人道，兹特拟定旧监狱改良办法八条，通令各该厅处长参照本部第一百二十二号及一百六十七号指令，务须详切筹划，克日推行，并将整理改良情形绘具图说报本部备核。此令。"为便于落实，该行文规定了具体原则。第一，已决犯与未决犯隔离原则，各旧监专收已定罪之人犯，但未设看守所地方，所有刑事被告人亦得羁禁于此，唯须另行划分一部严行隔离。第二，分房关押原则，各旧监狱除杂居房外，应酌设分房。第三，监狱区之间隔离原则，各旧监狱之杂居房如系漫无区划者，即须酌量情势实行隔离。第四，劳动原则，各旧监狱须视收入之多少，设相当之工场。第五，医病原则，各旧监狱应划设病室。第六，通风光照原则，各旧监狱大都空气缺乏，光线不足，地势卑湿，即须设法整理。第七，直接管理原则，管狱各职员应在监狱同值宿办事。

1912年3月2日，南京临时政府颁布了《禁止刑讯令》。《禁止刑讯令》指出："刑罚之目的在维持国权，保护公安"，"属家之所以惩创罪人者，非快私人报复之私，亦非以示惩创，使后来相戒，盖非此不足以保持国家之生存，而成人道之均平也"。因此，规定"不论行政司法官署及何种案件，一概不准刑讯。鞫狱当视证据之充实与否，不当偏重口供。其从前不法刑具，悉令焚毁"。[1]

1912年3月16日，司法部又以《促进监狱改良办法》训令形式将《令各省司法筹备处、地方检察厅速遵监狱改良办法筹划推行文》再次下发。临时政府对改良旧式监狱的工作非常重视，在存在的短暂时间里已着手继续清末启动的新监狱建设工作。在南京，清末仿照日本监狱及天津习艺所而动工建造的江宁模范监狱，共有监房200余间，可羁押500多人，工场规模亦颇

---

[1]《临时政府公报》（1912年3月2日）第27号。

大，建筑预算经费约10万两银，由原前清江安粮道拨银，已用资1万余两，尚未完工。于是，南京临时政府司法部于3月20日发布的《司法部咨江苏都督提江宁模范监狱旧存款项文》指出，监狱关系人民生命至为重要，南京为临时政府所在地，全国具瞻，请江苏都督协助查明所存银两用于继续修建该模范监狱。

1912年3月20日，司法部发布《司法部批筹办南京监狱改良进行总会发起人孔繁藻等请立案呈》指出，改良监狱最为文明各国所注意，现当民国初建，尊重人道主义尤应实行；该员等研究有年，热心组织，所拟该会简章亦属可行，殊堪嘉许，应准认案；同时，对组建该会提出了具体意见和建议，如名称宜称"学会"或"协会"，不宜称"总会"等。根据这个批示，孔繁藻等人重新修订章程，改名为"中华监狱改良协会"，就此司法部正式批示"准于立案"。1912年3月31日，中华监狱改良协会召开成立大会，推举王宠惠为中华监狱改良协会会长，吕志伊、陈英士为副会长。由于南京临时政府存在时间十分短暂，监狱改良方面的其他工作未及进行，就被民国北京政府取代了。

第二节 民国北京政府的监狱

一、民国北京政府的监狱立法

（一）北洋军阀政府的建立

1. 南京临时政府的困境

1912年1月1日，孙中山在南京宣誓就职，建立了中华民国南京临时政府。但是，由于资产阶级的幼稚、妥协，1912年4月1日，孙中山交出临时大总统之职，南京临时政府仅仅存在了3个多月。在短短的3个多月里，南京临时政府颁布了一系列重要法令，体现了"三民主义"的立法指导思想，开创了资产阶级民主法制建设的先河。同时，进行了司法制度的改革，改革以司法独立、文明为改革目标。于1912年3月，颁布了《大总统令内务司法两部通饬所属禁止刑讯文》《大总统令内务司法两部通饬所属禁止体罚文》。其指出："国家之所以惩创罪人者，非快私人报复之私，亦非以示惩创，使后来相戒，盖非此不足以保持国家之生存，而成人道之均平也。"[1]但是，在南京临时政府的特殊时代背景下，由于财政经费的极缺，行政对司法的钳制，军事对司法的干预，尤其是国民法律观念的淡薄，司法独立仅仅是制度层面上的意义。

2. 民国北京政府的建立

当时，南京临时政府与清朝北京政府相对峙，时任清朝重臣的袁世凯玩弄两面手法，一方面对南京临时政府以重兵压境进行军事威胁，另一方面对清朝皇帝以劝皇帝禅让退位为砝码，换取了中华民国临时大总统职务。1912年2月12日（宣统三年十二月二十五日），清朝宣统帝溥仪宣布退位，宣告中国历史延绵两千多年的封建君主制度终结。第二天，袁世凯致电临时政府，宣布"共和为最良国体"；同日，孙中山向参议院提出辞职咨文。3月10日，袁世凯在北京就任临时大总统；4月1日，孙中山正式辞去临时大总统职务。随后，临时参议院议决将临时政府迁往北京。以后，北洋军阀将领袁世凯、段祺瑞、曹锟和张作霖先后把持政权，史称"中华民国北京政府"，或称"北洋军阀政府"。

取代南京临时政府的以袁世凯为代表的北洋军阀政府，打的是孙中山创立的"中华民国"的旗号，建立的却是与南京临时政府性质截然不同的封建地主买办阶级专政的政权。这个政权代表的是帝国主义和国内封建地主买办阶级的利益，在"民主""共和"的幌子下实行军阀独裁统治，在各帝国主义支持下各派军阀进行割据和混战，是北洋军阀统治时期（1912年4月～1928年6月）的主要特点。北洋军阀政府建立后，不仅把清末的政府制度改头换面后保留下来，而且大批留用清末政府部门的原有人员。北洋军阀政府原封不动地接管了清末的监狱，这如同监狱只是变更了主人登记一样，从而为承接清末监狱改良事业奠定了基础。

（二）民国北京政府监狱立法的内容及特点

1. 民国北京政府接续清末的监狱改革事业

接替孙中山当上中华民国临时大总统的袁世凯，企图通过实行个人独裁制度，在清末改良的基础上建立起稳定的政府和强有力的制度，从而在清末

---

[1] 参见中国第二历史档案馆编：《中华民国档案资料汇编》（第2辑），江苏人民出版社1981年版，第30页。

的政治制度层面与民国政治制度层面之间保持了明显的连续性。[1]民国北京政府原封不动地接管了清末的监狱，同时，为了废除治外法权即领事裁判权，民国北京政府极其重视司法工作，不仅最高法院通过了一系列新法律，而且民国北京政府根据《临时约法》把法部改名为司法部、下辖的典狱司改名为监狱司，任命许世英为司法部长，田荆华为监狱司长，掌管全国狱政，继续进行清末开始的监狱改良活动。在以后的民国北京政府统治时期，继任者即使没有在实际行动上进行监狱改良工作，那么至少也在理论倡导上仍然在坚持监狱改良的原则。

1912年8月，曾在清朝末年就任奉天高等审判厅厅长的许世英担任北京政府袁世凯时期的司法总长，他通电全国各省派员调查各县监狱的实际情况，发布《司法计划书》具体规划监狱的建设方案。1915年7月8日，北京政府发布《改良监狱切实推行令》规定了新监狱、旧监狱的不同工作内容。1916年12月27日，北京政府发布《实行司法会议议决改良监狱事项令》明确提出了监狱改良应遵循的事项。1916年12月29日，北京政府发布《实行司法会议议决改良监狱办法》，提出了"整顿旧监推广新监，新监应择适宜地点，以名称区别新旧监狱，监狱容量"四个方面的内容。民国北京政府正式接续清末监狱改良工作，采取了种种措施。

2. 民国北京政府的监狱规范体系

北洋军阀政府统治时期，监狱的法制建设进入了新的阶段。北洋军阀政府，为表明其政权的合法性、进步性，在以孙中山为首的革命派不断革命的浪潮冲击下，不得不在立法时表现出某些资产阶级的倾向，不得已确立了以资产阶级行刑制度为监狱立法的目的，因而北洋军阀政府时期的监狱立法在某些方面体现出近代资本主义的色彩。根据统治需要，袁世凯下令在"民国法律未认定和颁布时，前清朝的法律除与民国国体抵触各条应失效外，均暂予以援用"，参议院也通过决议明确议定"可以酌情"采用清末的监狱立法内容。从1912年至1919年，北洋军阀政府有关部门，一方面对清末未及颁行的狱法进行整理、删改增补，另一方面制定颁布了诸多监狱法规，建立起了民国北京政府的监狱法律体系。在民国北京政府的监狱法律体系中，对于监

---

[1] [荷] 冯客：《近代中国的犯罪、惩罚与监狱》，徐有威等译，江苏人民出版社2008年版，第60页。

狱法规，一方面大量抄袭西方资本主义国家的刑罚原则和监狱制度的某些内容，另一方面仍然保留着封建旧狱制的基本内容，有关改良监狱的条款大都只是将一些改良监狱的计划、设想法律化，仅仅停留在规范的层面上。

第一，《中华民国监狱规则》。1913年12月1日，民国北京政府在清末《大清监狱律草案》的基础上，删减、修改、制定并颁布了《中华民国监狱规则》（下称《监狱规则》）。《监狱规则》是规范监狱活动的基本法规，共有15章103条，分为总则、分则两部分。总则共14条，是关于监狱的一般规则；分则共88条，对收监、监禁、戒护、劳役、教诲及教育、给养、卫生及医治、接见及书信、保管、赏罚、赦免及假释、死亡等项作了具体规定。尽管上述内容大都是抄袭当时西方资产阶级国家的监狱原则和监狱法律条文，但《监狱规则》仍然是中国正式颁行的第一部比较完备的监狱法规，具有一定历史意义，这个规则后来又被国民党政府所承袭一直沿用到新中国成立之前。

第二，有关狱制的单行规定。除《监狱规则》外，北洋政府还先后制定颁布施行了有关狱制的其他规定。1912年12月7日，公布《监狱看守教练规则》和《监狱看守考试规则》。1913年1月13日，公布《监狱处务规则》和《监狱教诲教师医士药剂士处务规则》。1913年2月13日，公布《视察监狱规则》。1917年1月23日，公布《县知事疏脱人犯扣俸修监章程》。1919年4月2日，公布《监所职员任用暂行章程》和《监所职员奖励暂行章程》。1919年5月11日，公布《各县监狱看守所规则》。1919年6月20日，公布《监狱官考试暂行章程》。1919年9月4日，公布《监所职员官等法》和《监所职员官俸法》。1920年2月7日，公布《监犯保释暂行条例》。1923年2月15日，公布《假释管理规则》《监狱看守服务规则》《监狱作业规则》《监狱参观规则》《看守所暂行规则》《监狱看守使用公物规则》等法规。这些规定可分为两类，一类是关于对犯人的管理制度，另一类是关于监狱官吏的选拔、任用、考核、奖惩制度，它们从不同角度补充了《监狱规则》的内容。

第三，制颁《监狱图式》。理论与实践表明，监狱与刑法的关系极为密切，狱制不良则不达刑期无刑之目的。况且我国监狱黑暗，长期以来被各国所訾讥，前清末年也想努力消除积弊，新监狱的建设当时只在十几个省内开展，每个省亦不过一二座。然而，监狱的建筑与组织，也大多没有完备起来，或者因为工程花费太多，而监狱又没有什么收入，或者因为监狱收容犯人过多，致使空气污浊，监狱建筑不求统一。这种局面下，怎样改良监狱？必须认真客观地考虑。民国北京政府司法部从国家的宏图大业着想，决心吸取以前的经验教训，立足于现有财力，故而不能全面展开各项工作，但也量财适用以锦上添花，查考各国监狱规模也没有因陋就简的现象，就此专门博采各国狱制，制成图样并附监狱图目录及图式说明书、作法说明书各一件。虽然不能马上提升到完善的程度，但是只要依照图式进行建筑，或许可以收到改良的效果，在当时的情况下，这也算是量力而行了。

1913年1月16日，民国北京政府以第一三号训令的形式发布《拟定监狱图式通令》。《拟定监狱图式通令》规划了监狱的建筑图式，例如，监狱地盘图、监狱大门图、办公楼正面图、监房横断图、夜分房外面图、昼夜分房外面图、杂居房外面图、工场正面图、病监图、炊场洗衣室及浴室图、梁架图、监房铁门图、监房窗外铁槛图、大门图、窗户图。要求以后新建监狱必须按照司法部颁布的《监狱建筑图式》切实办理，以便能与世界各国同立于平等地位，而为拒绝并收回领事裁判权做好文件规范和舆论宣传工作。

从图式上看，新监狱的地理环境、建筑构造、设施设备和组织比旧监狱更加合理、坚固、优越，在一定程度上考虑了改善犯人的居住、活动、卫生及作业等各方面的合理要求，体现了人道主义精神。监房建筑平面图多呈扇面形、放射形、十字形，狱内还建有理发室、浴室、工场、教诲室、运动场，以及惩罚犯人的暗室、行刑室等设施。监狱建筑图规划有办公楼作为监狱管理人员办公地，中央看守楼作为瞭望全监动态加强警戒的处所。有的新监狱还附设少年监狱或游民习艺所，收容、监禁少年犯或无业游民。但是，建筑监狱的实践表明，这种监狱改良的监狱规划，从图式到实施还有很大的距离，事实上除了京师第一监狱、奉天第一监狱等监狱外，有的新监狱并没有完全按照拟定的"监狱图式"建造或设置。

二、民国北京政府的狱制

（一）民国北京政府的监狱改良

1. 规划筹设新监狱的计划

1912年8月，刚上任北洋袁世凯政府的司法总长的许世英，通电全国各省派员调查各县监狱实况，并在当年提出了《司法计划书》，全面规划了筹设新监狱的计划。《司法计划书》提出:"二十二行省次第举行,亦当分为五年,本年则先开办北京监狱,树全国之先声。二年以后,筹办各省会及各商埠监狱,除已设者益求完善外,须设已决监六十余所……四年以后,则筹办各县之未建设者,然一县一监,势难办到,拟选各县交通适中之地,合数县设监狱一所,较易集事。计全国一千七百余县,以六七县共设一监狱核算,当有四百二十余所。"民国北京政府欲从三个方面入手筹建"新式监狱"。

在当时军阀混战的动乱年代里,这个颇为周密的《司法计划书》是根本无法落实的。从筹建"新式监狱"的实践来看,京师(北京)、直隶(河北)、奉天(辽宁)、吉林、山东、江苏、安徽、江西、浙江、湖北等地约13所新监狱,大都是在清末习艺所、模范监狱基础上改建而成的。因此,该计划书出台不久,1913年6月27日,北京政府司法部就训令各省司法筹备处处长和高等审判厅厅长、高等审判厅首席检察官,"财政艰窘,法院、监狱之设从权展缓"。之所以如此,是由当时的局势所决定的。民国成立以来,由于内战不断、军费浩大,致使库款空虚,一切经费日趋拮据,甚至人犯囚粮、看守工资经常拖欠,现状已难维持,建设当更困难,狱政建设不免大受影响。到1917年,革命军兴,两年之间,各省皆忙于军事,难以顾及狱政。总计在北京政府时期,除交通便利之处的旧监狱逐渐得以整顿取得相当成绩外,全国新监狱有80处。由于当时不具备贯彻实施这些法规的客观条件,因而即使改良之后的"新式监狱"也难尽如人意,依然充斥着种种弊端。

2. 筹设新监狱的具体措施

筹设新监狱的具体措施有三项,其一是继续建筑清末未竣工的新式监狱,其二是直接建造新式监狱,其三是把旧监狱改建成新式监狱。关于继续建筑清末未竣工的新式监狱。选择右安门内南下洼姚家井镶蓝旗操场为狱址的京师模范监狱,于1910年(宣统二年)四月动工兴建,工程尚未告竣的时候辛亥革命爆发,清朝廷被推翻,由北洋政府继续建造,于1912年8月落成。民国北京政府司法部,以新式监狱的建设将不断发展变化为由,取消了京师监狱为全国唯一模范的命名,而将其命名为北京监狱,隶属于北洋政府司法部管辖,任命监狱学家王元增为首任典狱长。1914年10月,北京监狱更名为京师第一监狱,京师第一监狱落成后扩建过两次。

关于直接建造新式监狱。1914年10月4日,民国北京政府把顺天府改为京兆地方,1917年7月,在彰仪门外(现广安门西)建京兆第一狱,收押大兴、宛平等县的有期徒刑犯人。中华民国元年即1912年时，全国共有监狱1700百余所，大多数设于省会及县治。除清朝末年北京所建京师模范监狱及奉天、湖北等省所建模范监狱外，绝大多数是封建旧式监狱。截至民国北京政府统治末期的民国十五年即1926年时，据统计全国新式监狱共建63所。[1]

把旧监狱改建成新式监狱。北洋军阀政府接管了清末的1700余所监狱，其中绝大部分是旧式监狱。面对新监狱与旧监狱并存的局面，民国北京政府急需处理的监狱事项非常繁重，除了要规划新监狱的建设之外，还要迫切整改遍布全国的旧监狱。这些旧监狱"莫不地狭人稠，空气不足，积污丛垢，疫病繁兴"。因此，北洋政府又不得不进行旧监狱的整顿工作，以标榜"民主""尊重人道"。

1913年3月3日，民国北京政府制定了《旧监狱改良办法》，提出了一系列改良措施。其中包括，将已定罪人犯与刑事被告人划分区域严行隔离；各旧监狱的杂居房如系漫无区划者，即须酌量形势实行离隔，并应酌设分房；须视收入之多少设相当之工场；须设法整理监舍，以解决空气缺乏、光线不足，地势卑湿，等等。这些措施只是一些皮毛的改良，并未有涉及旧监狱制的根本改革，然而，即使这样也未有贯彻执行。因此，在北洋军阀统治的十五六年中间，其监狱的黑暗落后状况一如既往，甚至较过去还要严重。这是因为，监狱的本质是统治阶级维持其统治的重要工具，是国家强制的具体体现，民国北京政府的监狱首先是北洋军阀压制人民群众的强制工具。1927年4月，李大钊这位中国共产党的创始人之一，被奉系军阀张作霖逮捕，被关押在北京监狱受尽折磨，"敌人用种种残酷的刑罚拷打、折磨他，用竹签钉进他的指甲缝里，最后竟拔去了他双手的指甲"。4月28日，李大钊与其他19名共产党人、国民党左派及其他革命志士在监狱中被残酷杀害。

1913年12月，民国北京政府把位于北京德胜门外功德林一号的清末顺天府习艺所改建为宛平监狱，1914年10月进行改建，1919年8月改建完成。改建后的这座监狱有楼房17栋，监房358间，容纳1000多人。监房呈双扇面或十字、丁字排列，除病监外，其余16栋监舍依次以天、地、玄、黄、宇、宙、洪、荒、日、月、盈、昃、辰、宿、列、张取名。1913年11月，民国北

---

[1] 薛梅卿主编：《中国监狱史》，群众出版社1986年版，第225页。

京政府司法部决定,在合并河南旧有按察司狱与全省新羁所的基础上进行改建,更名为"开封监狱"。

(二) 民国北京政府的监狱管理体制

1. 架构监狱管理体制

民国北京政府把监狱与看守所分开设置,看守所附设于各级审判机关,专门用以羁押尚未判决的刑事被告人;仿照资产阶级国家构建起了监狱体制,监狱专门关押被判处刑罚的已决罪犯,而且也引进了西方国家监狱的具体制度。总体上看,民国北京政府的监狱体系,是由中央、省、县三级监狱构成的。根据《监狱规则》,民国北京政府的监狱直接由司法部管辖,司法部下设监狱司专门负责掌理全国狱政。司法部属于全国监狱的领导机关,司法部下设的监狱司属于全国监狱的管理机关,中央没有设置直接具体负责行刑的监狱,省、县的监狱在归属上由所在省县管辖,在业务上归司法部监狱司管理。民国北京政府时期,监狱管理体制有两个特点,其一是名与实相脱节,法律制度与实际情况存在较大差距;其二是变动频繁。

2. 统一监狱规制

在统一监狱规制方面,民国北京政府作了两方面的工作,一则统一监狱与看守所的名称,二则统一监狱的押犯规模。1912年的《司法计划书》对监狱性质作了明确表述:"查各国监狱通例分已决未决两种,未决监用以拘禁刑事被告人,命意所在,不过预防逃走与湮灭证据二点,此系为辅助裁判进行之机关,而非监狱之一种,乃各国学者所主张也。吾国旧制,如待质看守等所,皆系拘禁刑事被告人,本与教养局习艺所性质绝不相同,窃谓此种制度,适合法理,拟将未决拘禁之所与已决监狱截然分立,另订为待质所名称,不在监狱范围之内,其筹办方法,即就初级地方各法院所在地之旧监狱或看守所,推广改良,以谋裁判之便利,而期名实之相符,此已决未决监之设备也。"[1]为监狱与看守所的分离、规制监狱押犯规模奠定了理论基础。

1913年7月7日,民国北京政府司法部颁布《划一监狱看守所名称办法令》,以便推行监狱改良、强化管理,解决清末监狱"名目纷歧事权混淆"的问题。《划一监狱看守所名称办法令》规定了划一监狱看守所名称的八项办

---

[1] 薛梅卿等编:《清末民初监狱改良专辑》,中国监狱学会1997年版,第59页。

第八章 中国监狱的现代转型接续

法,其中,第一将清末设立的罪犯习艺所一律改称为监狱,第二把清末设立的模范监狱一律以该监狱所在地的县名命名,第三把清末各地方旧监狱一律取名为某县旧监狱,第四把同一县城内模范监狱和罪犯习艺所或旧监狱一律作为该监狱之分监狱,取名为某县分监狱,第五把看守所附设于审判厅、审检所,取名为某某厅看守所或某某审检所看守所。〔1〕从此,开了把看守所与监狱管辖分开、定性定职分离的先河。

1916年12月29日,司法部发布《司法会议议决改良监狱办法》。鉴于整顿旧监狱、推广新监狱这两项任务不可偏废,但是权衡缓急尤以合数县或十数县而建一座新监狱为宜,应先侧重推广新监狱,以希望实现完全改良的目的。推广新监狱应选择适宜地点,此次议决在各县适中之处,不必拘定旧时府治或现时道尹暨审检厅所在地方,那么自由选择阻力无自发生,道里平均递解亦尤不便应,准作为定例。现在,京外新监狱有以县名命名的,有以府名命名的,也有以第一、第二序号命名的,名称极为不统一、不一致。《司法会议议决改良监狱办法》明确提出了新监狱的取名办法,将省会的新监狱改名为某省第一监狱,其他推广之新监狱按照成立之次序名为某省第二、第三、第四监狱。

关于新监狱的押犯规模。司法部要求,筹建新监狱至少须容300人犯,庶几费省事举至各省会之新监仍照旧以500人以上为合格。《司法计划书》还提出了建筑监狱的容量规模及建筑模式,"容留二百五十人以下者,采用单十字形;容留五百人者,采用双十字形,经费固可节省,管理尤属便利"。针对犯人的拘禁制度问题,"纯取杂居,既生罪恶传播之弊害;纯取分房,又起需费浩穰及易罹精神病之问题",《司法计划书》折中二者的长处推行阶级制度,即以分房、杂居、假出狱三级来执行刑罚。例如,犯人被判处有期徒刑3年,刚进入监狱安置在分房监为期6个月或1年,这是第一级;期满则转入杂居监,这是第二级;在第二级期内如确实能迁善改过,则使之假出狱,这是第三级,也就是终极。

1912年全国共有监狱1700余所,大多数设于省会及县治,除清末所建的京师模范监狱及奉天、湖北等省所建的模范监狱外,绝大多数是旧式监狱。根据1913年7月7日《划一监狱看守所名称办法令》、1916年12月29日

---

〔1〕 参见余绍宋编:《改订司法例规》(上册),司法部参事厅1922年版,第184页。

《司法会议议决改良监狱办法》，1914年北京监狱改为京师第一监狱，宛平监狱改为京师第二监狱，以后，又将保定清苑监狱改为京师第三监狱。各省习艺所也相继改为监狱，各省省会之新监狱改为某省第一监狱，其他后建立的监狱依其建立的次序称之为某省第一、第二、第三监狱等，有的在本监狱之外又设分监狱。根据1919年3月《京外改良各监狱报告录要》，截至1918年"综计监狱之已经改革者共十三处"，分别是京师第一监狱、京师第二监狱、京师第三监狱、直隶第一监狱、奉天第一监狱、吉林第一监狱、山东第一监狱、山西第一监狱、江苏第一监狱、安徽第一监狱、江西第一监狱、浙江第一监狱、湖北第一监狱等。根据1926年统计，全国新式监狱共建成63所，不论是与1912年《司法计划书》提出的筹建新监狱规划相比，还是与1916年《实行司法会议议决改良监狱事项令》提出的建设新监狱计划相比，都没有达到建设新监狱的数量要求。

3. 新监狱的内部机构构成

根据北洋政府1913年公布的《监狱处务规则》的规定和新监狱的设置，监狱内部机构一般分设第一科、第二科、第三科和教务所、医务所，即三科二所制。第一科主管的主要事务有，各种文件规则的起草及审查，职员的任免、试验和赏罚，印信的典守及盖用，文书的收发处理，在监人书信及领状等一切文书的收发，在监人领置物品的受付及保管，在监人刑期的计算及刑罚的执行处分，赦免、假释、减刑的申请及执行事务，等等。第二科主管的主要事务包括，监狱警备及在监人之戒护检束，看守的勤务配置及教习训练，监房及诸门的启闭及其锁匙的管理，在监人的押送，在监人的粮食、衣类、卧具、杂物之分给及保管，作业的督饬、检查，在监人之行状视察及接见、书信的监视检阅，在监人教诲教育的管理及赏罚的施行，监房及工场之检查及卫生消毒清洁法的施行，以及在监人疾病死亡之处理，等等。第三科主管的主要事务有，物品的购入、收支及保管，建筑及修缮工事的施行，制作品的定作、保管、变卖，佣役的雇入，工业种类选择，作业者的配置及转役，等等。

4. 新监狱的官吏配置

与监狱内部机构相适应，设置典狱长、看守长、候补看守长、教诲师、教师、医士、药剂师、技师、看守等监狱官吏。有关监狱官吏的任免、升转、惩奖、叙进等级的事项归司法部总务厅掌管，监狱司无权过问，从而形成了监狱司与总务厅共同管理监狱人事的局面,以致两个机构为互争权力而矛盾日益激化。典狱长,为监狱内最高长官,受司法部或各省高等检察官之命,对所管理的监狱负有全责。为了统一狱务,监狱还设有监狱官会议制度,监狱官会议由看守长、医士、教诲师组成,典狱长为会议长,但会议不过是备典狱长咨询而已,会议上的各种意见无拘束典狱长的效力。

看守长,在典狱长领导下,分掌警备、教育、作业、卫生、用度及其他事务,根据《监狱处务规则》监狱各科科长以看守长兼任。教诲师在典狱长指挥下,负责对犯人进行思想道德教育工作,并充任教务所所长。教师,承典狱长之命令从事对犯人的文化知识教育事务。监狱如果未有设置专职教师,有关教育事务由教诲师兼理。医士,承典狱长的命令,负责犯人的医疗及监狱的卫生工作,并充任医务所所长。药剂师,掌握调和药剂事务,并协助医士管理监狱的卫生事务。看守,在看守长的直接指挥下监督、管理犯人,并处理监狱各项庶务。其中最主要的职责是加强对犯人的戒护,是强迫犯人进行改造的主要武装力量。技师,负责监狱中技术事务,一般监狱中只设技师一人,但监狱中技术事务种类甚多,且各有专门,非一人所能胜任,故各监狱又雇用工师,指导犯人的生产作业。

(三) 民国北京政府的监狱管理制度

民国北京政府时期,全国范围内的大部分旧监仍沿用旧的封建式的管理制度,只是或多或少地采取了一些改良措施。《监狱规则》中所规定的较为先进的管理制度一般只适用于少数新式监狱,新监的管理制度主要有以下几方面。

1. 收监制度

收监是指把已决犯收入监狱进行监禁的制度。按照规定,新监狱在收监时,应遵守特定的程序制度。一是必须有合法的公文才能接收,即"判决送监之犯于执行指挥书外,并须附送该犯判决副本,以供参考"。二是沐浴、剃发,并由医务所检查身体,若发现有传染病、精神病犯人,已怀孕满7个月或分娩未满1个月的女犯,不得收监,但如认为有必要时亦可暂行收监关押。三是检查犯人所携带衣物,违禁物品严禁带入监狱,其他可带之金钱物品由监狱负责办理保管手续,待犯人释放出狱时再发还。四是调查犯人的身份,其内容主要有犯人入监前的职业、行为表现、嗜好、疾病状况,等等。在进行身体检查时,并为犯人照相,采取指纹记录相貌特征存档,以便以后监督识别。

2. 监禁和戒护制度

北洋政府效法资产阶级的狱制，规定对在监者一律实行分房监禁原则，但是实际实行的仍然是一种杂居制，只是在极少数有条件的新监对部分犯人实行宽和分房制（亦称有限制杂居制），即昼间共同作业，夜间分房监禁。分房监禁是对犯人采用独居监禁的方法，是当时资本主义各国普遍实行的一种监禁制度。例如京师第一监狱设有夜间分房353间，其余是区划寝室（即分类杂居）。这是由于北洋政府监狱经费枯竭，监舍简陋拥挤，缺乏普遍实行分房制的基本条件所致。

监狱周密规定了戒护制度，使犯人处于监狱官吏的监视之下。新监狱的构造多呈扇形、放射形，便于看守居中监视，即使犯人在监外活动的瞬间，也在监狱官吏视线所及范围之内。在工场时每20~30名犯人须配置看守一人，即使上厕所亦不得使二三名犯人同时入内。监外服劳役，每名看守只管理10名犯人，至多亦不得超过12名。犯人劳役所用的各种工具器械，必须按指定地点位置存放，劳役结束时必须一一清点，如有缺少立即搜索追回，犯人自工场或监外回监房时还须检查其身体衣服，免有夹带之物，监房每日也须检查一次或多次，尤其注意有无藏匿器物及破坏监房情形，各种检查有无事故发生均要填写检查报告簿，以便记录在案。

为防止犯人相互策划举行暴动，监狱禁止犯人间谈话，若有必要讲话时，亦须高声明言，不得低声耳语。监狱大门各出入口及监狱房工场门户均需严加守卫，并设非常事件报警器，监狱围墙下不可堆积薪炭木石器具以及梯子、竹竿之类可供攀越用具，各种房门钥匙尤应由专职官吏收藏，不可滥传，以防丢失或仿造。有逃跑、暴力、自杀之虞及在监外者得加以戒具，戒具有窄衣、手镣、捕绳、联锁四种，除紧急情况可先使用后报告监狱长官外，均应得到监狱长官同意的命令方可使用。

监狱官吏携带武器（枪或刀）在发生下列情况下准予使用。在监者对于人之身体为危险暴力或加将为暴力胁迫时，在监者持有足供危险暴力所用之物不肯放弃时，在监者聚众骚扰时；劫监者及帮助在监者为危险之暴行胁迫或逃走时，图谋逃走者以暴行拒捕或制止不从仍行逃走时。事后应将使用武器情形从速报告司法部，并致函地方警察官署通报情形。此外，北洋军阀政府还借助于军队的力量镇压监狱犯人的反抗。民国三年（1915年）司法部曾因省犯人越狱事件层出不穷，监狱武装力量有限，不得不咨请陆军部转饬各省师旅长官，分拨军队驻扎监狱附近，协力镇压。不论新式监狱管理制度如何改良，其本质毕竟是阶级专政的工具。

3. 劳役与教诲、教育制度

北洋政府的新监狱把劳役、教诲和教育视为对犯人行刑感化的三大要素，并在《监狱规则》中详细作了规定。各地新监设置了工种繁多的作业项目，服劳役者须斟酌其年龄、罪质、刑期、身份、技能、职业及将来之生计体力之强弱科之。除了监内作业以外，还组织犯人从事监外劳役，如建筑、修路、开垦、伐木、耕耘、开矿、搬运等。犯人每天劳动时间为7~10小时，由监狱长官依时令、地方情形、监狱构造、劳役种类斟酌掌握。教育、接见、询问、诊疗及运动时间也可酌情计入劳役时间内，新监还给犯人规定了每天应完成的工作量，一般以普通劳动力平均工作量为准。公共节假日、纪念日或祖父母、父母丧事期间可免服劳役。犯人劳动收入应上交国库，但可根据犯人劳动状况给予赏与金。徒刑因赏与金额不得超过当地普通雇佣工工资的3/10，拘役因赏与金不得超过上述标准的5/10。但若故意损害器具及生产原材料或产品，应从其应得赏与金中扣除赔偿费，犯人逃走，赏与金全部或部分没收。北洋政府的新监狱与旧监狱一样，都是把劳役作为惩治和榨取犯人血汗的一种手段。

新监狱对犯人实行教诲和教育，作为监狱改良的一项重要内容。在监者一律接受教诲，教诲是指培养犯人的道德，对犯人进行改恶从善的教育。实际上，北洋政府的新监狱不仅不可能实施真正的感化教育，而且教诲的要旨和方向必然是奴化犯人思想，令其绝对服从，这只能激起广大人民群众更强烈的仇恨。因此，为了驯服犯人、毒化犯人意识，监狱管理者只能依靠宗教的力量。北洋政府于1915年召开的监狱会议曾经通过决议："教诲应以因果报应感化有效方法为主，以他教辅之。" 1917年6月16日，司法部曾指令京师第一监狱，准许教会在监狱作德育演说。未满18岁者一律实行教育，但满18岁者自请教育或监狱官认为必要时，也要接受教育。教育是指对犯人进行智育培养，即授以文化知识，由专职教师来进行，每周学习不超过24小时，以小学程度为限。

4. 给养与卫生制度

新监狱对于在监者须斟酌其体质、年龄、劳役及地方气候等项给予必要之饮食、衣类及其他用具，禁止在监者食用烟酒。新监狱给囚犯的待遇似乎较为"优厚"，京师第一监狱的犯人伙食为每日开饭两餐，早餐吃白米饭，晚餐是蒸制的窝头。按劳役轻重，每日食量分为一等十四两到五等六两，除节假日不供给肉类。在监者给予灰色狱衣，除一定之狱衣外所有衣被苟无碍于纪律及卫生者得许在监者自备。因衣改为灰色，既便于管理，也有利于减少其对抗心理。

新监一般都设有医务所，由医士负责全监卫生及医疗事务。监狱须洒扫洁净房间及衣类杂具厕所便器等类，须定次数清洁之。在监者须令其沐浴，沐浴次数由监狱长官斟酌劳役种类、时令及其他情形规定，剃发则至少每月一次。在监者罹疾病时速加治疗，病重者收入病室，罹急性传染病时须与其他在监者严行隔离。病监多设有分房制监房，病重者经监狱长官许可得自招请医生治疗。

犯人死亡后，监狱长官须会同检察官检验尸体，若因疾病死亡应速通知死者家属或亲故限24小时内来监承领尸体，同时填写死亡簿。若犯人系非正常死亡，不论是自杀还是他杀或意外事故死亡，除通知检察官参加验尸外，应通知监狱所在地的警察官署会同验尸。若涉及刑事诉讼应由监狱作刑事事件之告发。犯人死亡情况须呈报司法部，病死每月呈报一次。

5. 释放制度

释放是监狱监禁犯人的终结，在监者因刑期服满、假释、赦免、减刑等而出监都属于释放，新监狱的释放分几种情况。

大赦由国家元首决定，并须经国会的同意，大赦对于某种犯罪不论其判决确定与否均生效，基于大赦的释放无须行刑官署决定。

因特赦或减刑而释放则是对于特定犯人免去其一部分或全部刑罚，执行权必须经主管行刑长官（司法总长）的批准，是否批准又须以直接行刑官署（各省检察官或各监狱典狱长）的申请为据。这种特赦或减刑主要适用于监狱中服刑良好的犯人，亦是对犯人的一种最大奖励，所以多由最了解犯人在狱中表现的典狱长掌握。因此，申请特赦或减刑的权力归典狱长，而决定权归司法总长。

假释是对服刑期间表现良好的犯人放其出狱以观后效的一种手段，假释释放时须在狱中执行仪式，由典狱长、教诲师训导，发给假释证书，发还代为保管的物品。

凡犯人被释放出狱前,要使其独居 3 日以上,由典狱长、教诲师做最后的训导与教诲。释放犯人须依照准予赦免、假释的命令中所规定日期或犯人刑期期满的次日中午以前执行。

民国北京政府设立各省新监狱分监一览表
(1925 年调查法权委员会报告书第二编附表)

监狱名称	地　址	人　数	监狱名称	地　址	人　数
京师第一监狱	北平南下洼	1000 名	天南分监	天津	700 名
京师第二监狱	北平功德林	700 名	保定分监	保定	200 名
京师第一分监	北平彰仪门	250 名	奉天第一监狱	沈阳	1000 名
京师第二分监	涿州	150 名	奉天第二监狱	辽阳	500 名
直隶第一监狱	天津	500 名	奉天第三监狱	铁岭	400 名
直隶第二监狱	万全县	300 名	奉天第四监狱	营口	400 名
山东第一监狱	济南普利门	500 名	奉天第五监狱	昌县	300 名
山东第二监狱	烟台	500 名	奉天第六监狱	锦县	100 名
山东第三监狱	济宁	300 名	奉天第七监狱	安东	200 名
山东第四监狱	益部	300 名	奉天第八监狱	海龙	100 名
山东第五监狱	济南	不详	奉天第九监狱	洮南	100 名
山东第六监狱	青岛李村	100 名	奉天第十监狱	辽源	300 名
山西第一监狱	太原	1000 名	奉天第十一监狱	西安	100 名
山西第二监狱	河东运城	300 名	奉天第十二监狱	复县	300 名
山西第三监狱	大同	300 名	奉天第十三监狱	新民	300 名
山西第四监狱	太谷	300 名	奉天第十四监狱	兴京	300 名
山西第五监狱	汾阳	500 名	吉林第一监狱	吉林	500 名
江苏第一监狱	南京大石桥	800 名	吉林第二监狱	长春	500 名
江苏第二监狱	上海漕河泾	800 名	吉林第三监狱	哈尔滨	500 名
江苏第三监狱	苏州小刘贞巷	500 名	陕西第一监狱	西安	300 名
江苏第三分监	苏州司前街	300 名	陕西第二监狱	南郑	200 名
江苏第四分监	南通县	300 名	陕西第三监狱	榆林	200 名

续表

监狱名称	地址	人数	监狱名称	地址	人数
安徽第一监狱	安庆	300名	陕西第四监狱	安康	200名
安徽第一分监	安庆	300名	陕西第五监狱	凤翔	200名
安徽第二监狱	芜湖	300名	陕西第六监狱	乾县	200名
安徽第三监狱	阜阳	300名	黑龙江第一监狱	龙门	300名
江西第一监狱	南昌	500名	甘肃第一监狱	兰州	300名
江西第一分监	南昌	200名	甘肃第二监狱	武威	300名
江西第二监狱	九江	300名	云南第一监狱	昆明	300名
浙江第一监狱	杭州	500名	贵州第一监狱	贵阳	300名
浙江第二监狱	宁波	500名	贵州第二监狱	镇远	300名
浙江第三监狱	嘉兴	300名	广西第一监狱	桂林	500名
浙江第四监狱	永嘉	300名	广西第二监狱	南宁	300名
福建第一监狱	福州	300名	察哈尔第一监狱	张家口	300名
福建第一分监	福州	200名	绥远第一监狱	绥远	300名
福建第二监狱	漳州	300名	哈尔滨监狱	哈尔滨	300名
湖北第一监狱	武昌	500名	哈尔滨分监	满洲里	200名
湖北第一分监	武昌	300名	河南第一监狱	开封	300名
湖北第二监狱	宜昌	200名	河南第一分监	开封	100名
四川第一监狱	成都	500名	洛阳监狱	洛阳	不详

第三节　南京国民政府的监狱

一、南京国民政府的监狱立法

（一）南京国民政府的建立

1. 广州军政府的革命

封建军阀袁世凯窃夺辛亥革命的果实之后，把中华民国的首都迁到北京，

第八章　中国监狱的现代转型接续

建立了民国北京政府，这是代表大地主和买办资产阶级利益的北洋军阀反动政权。以袁世凯为首的北洋军阀大力扩充军队，建立特务、警察系统，制定《暂行新刑律》《戒严法》等一系列法令，剥夺《临时约法》规定给予人民的言论、出版、集会、结社等各种政治权利，任意逮捕、杀害革命党人和无辜民众。据此来看，民国初年表面上有了约法、有了国会、有了公开活动的众多政党，当时的中国似乎有点像民主共和国的样子了。但实际上，全部政权都操纵在以袁世凯为首的北洋军阀手里，他们不能容忍资产阶级民主制度。1913年3月，袁世凯指使心腹收买刺客暗杀了在第一届国会选举中获得了多数席位的国民党领袖宋教仁。7月至9月，又以武力镇压了南方七省国民党人的"二次革命"。同年10月，在总统选举中，袁世凯指使军警、流氓包围国会，强迫议员投票选举他为正式大总统。接着，他又撕下"拥护共和"的假面目，攻击国会是"暴民专制"，妨碍国家统一，于1913年11月下令解散国民党，收缴国民党议员的国会证书、徽章，使国会不足法定人数，无法开会。1914年1月，袁世凯又停止参议院、众议院两院议员的职务，遣散议员。5月，袁世凯公然撕毁《临时约法》，炮制了一个《中华民国约法》，用总统制取代内阁制。不久，他又通过修改《总统选举法》，使大总统不仅可以无限期连任，而且可以推荐继承人。这样，袁世凯不仅可以终身独揽政权，而且还可以将其传子传孙。至此，中华民国被袁世凯践踏得只剩下一块空招牌了。

　　为了达到专制独裁的目的，袁世凯等军阀公然进行复辟帝制的活动。1915年12月12日，袁世凯发表接受帝位申令；13日，在中南海居仁堂接受百官朝贺。31日，下令以1916年为"中华帝国洪宪元年"，准备在元旦举行登基大典。复辟帝制遭到举国反对，袁世凯从1月1日到3月23日只当了83天皇帝就被迫取消帝制和洪宪年号。1917年6月，前清官僚张勋率"辫子军"北上拥废帝溥仪复辟，在全国人民的声讨中，仅12天就破产了。孙中山起初也一度受到袁世凯的欺骗，曾表示"十年不预政治"，以修铁路、发展实业为己任。1913年宋教仁被刺后，他终于看清了袁世凯的真面目，毅然发动武装反袁的"二次革命"。虽然"二次革命"失败了，但孙中山始终坚持反对北洋军阀的武装斗争。皖系军阀头子段祺瑞掌握北洋政府后，变本加厉地推行独裁卖国的反动统治，拒绝恢复《临时约法》和国会。在这种局面下，孙中山发动了"护法"斗争。由于孙中山既没有足够的实力，也不掌握军队，"护法"运动在群众中缺少号召力，遂不得不依靠与皖系军阀有矛盾的西南军

— 285 —

阀。而西南军阀则企图利用孙中山的声望对抗北洋军阀,扩大自己的实力。就是在这种"同床异梦"的情况下,1917年9月,在广州成立了以孙中山为大元帅的护法军政府并出师北伐,最后也以失败告终。

1921年4月,国会非常会议在广州召开参众两院联合会议,讨论通过了《中华民国政府组织大纲》,成立了广州军政政府,选举孙中山为大总统。当时,广州军政政府不仅与北京的北洋军阀政府相对峙,而且也没有得到西南各省的承认,其号令仅限于广东省。1924年1月,孙中山在广州主持召开中国国民党第一次全国代表大会,确定了联俄、联共、扶助农工的三大革命政策,标志着第一次国共合作的正式形成。1925年,孙中山应冯玉祥之请,北上商讨国事,不料肝炎复发于北京病逝。为了统一全国,中国国民党政治委员会决议筹组国民政府,决定将大元帅府改组为委员制政府,定名为国民政府,1925年7月1日国民政府在广州正式成立,俗称广州国民政府。广州国民政府取消各地方部队名称,统一称作国民革命军,计划北伐。

2. 南京国民政府的成立

1926年7月9日,国民革命军在广州誓师,广州国民政府发动了以推翻北洋军阀统治为目标的北伐战争。随着北伐军的节节胜利,国民革命军攻克了湖南、湖北、江西和福建的主要城市,1926年10月国民革命军占领武汉三镇。11月8日,国民党中央政治会议决定迁中央党部和国民政府到武汉。12月5日,国民党中央正式宣布中央党部和政府停止在广州办公,各机关工作人员分批前往武汉,1927年2月21日,武汉国民政府正式办公,史称武汉国民政府。随着北伐的胜利进军,武汉国民政府进行了收回汉口、九江英国租界的斗争,革命势力发展到长江流域和黄河流域的大部分地区。西南各省地方军阀也转向国民政府。通过北伐战争,国民革命军内部以蒋介石为代表的势力逐渐扩大自己的军事力量。

1927年初,北伐军攻克上海和南京,时任北伐军总司令的蒋介石于3月抵达上海后,决定实行"清党"。4月12日,蒋介石在上海发动反共政变,在东南各省大规模捕杀共产党员和革命群众,并于4月18日成立南京国民政府,史称"国民党政府",直到1949年10月新中国的诞生,南京国民政府在大陆维持了22年的统治。成立大会发布了《中国国民党中央政治会议关于定都南京的宣言》及《国民政府宣言》,南京国民政府采取委员制。同年7月15日,当时任武汉国民政府主席的汪精卫在武汉召开"分共"会议,并在其辖区内对共产党员和革命群众实行搜捕和屠杀。经过蒋介石发动的"4·12"政变和汪精卫发动的"7·15"政变,国共合作全面破裂。1928年2月,国民党召开二届四中全会,在蒋介石、冯玉祥、阎锡山、李宗仁等之间取得暂时的妥协,并决定再度北伐。自1928年4月5日蒋介石在徐州誓师北伐,蒋、冯、阎、李各部联合行动,先后攻占济南、邯郸、保定、石家庄、张家口、德州、北京等地,新疆及热河宣布"易帜"。1928年12月29日,张学良宣布东北"易帜",服从南京国民政府。至此,南京政府在名义上统一了全国。历时十几年的军阀混战阶段暂告结束。

国民政府在南京建立后,以孙中山提出的"权能分治""五权宪法"和"建国三时期"等思想为理论基础,致力于全国范围的政权建设和法制建设。孙中山提出,权力分作"政权"与"治权"两种。政权是管理政府的权力,由人民行使;政府只能在人民的控制之下,依民意而行使其职能,人民拥有选举权、罢免权、创制权、复决权。人民通过这四项权力,实现对政权的掌握,对政府的控制。治权是政府自身的权力,包括行政、立法、司法、考试、监察五项权力。政府在人民的控制之下,通过五个各自独立的机构分别行使各项权力,相互制约,相互配合。对于人民权力的保护及对政府权力的限制,最终都依赖于宪法的力量,以"五权宪法"保障"五权体制"的确立和运作。根据孙中山的设计,出于对民众智力和素质水平的考虑,宪政体制的最终确立需经历一个渐进的过程,这个过程也就是宪政国家的建立过程。该过程分作三个阶段:军政时期、训政时期、宪政时期。三个阶段内分别实行军法之治、约法之治、宪法之治三种不同的统治方式。

(二)南京国民政府的监狱立法

1. 监狱立法指导思想

南京国民政府即国民党政府,是中国历史上最后一个大地主、大买办阶级专政政权,它虽然是北洋军阀政府的继续,但其执政环境已有了明显的变化,国民党执政的22年中,正处于中国共产党领导的新民主主义革命运动蓬勃发展,半殖民地半封建制度即将全面崩溃的历史大潮中。为挽救颓势,国民党政府只有更进一步投靠帝国主义、更残酷剥削和镇压广大人民,才能苟延统治,在中国实行最野蛮、最恐怖的法西斯统治成了反动政权的唯一选择。监狱作为保护地主与买办官僚资产阶级的工具,镇压和束缚广大人民的武器,必然成了反动政权达到目的的着力点。

这样，维护大地主、大买办资产阶级利益，推行法西斯独裁统治成了国民党政府监狱立法的指导思想。在法律风格方面，蒋介石的国民党政府继承了清末法制改革所确立的引进大陆法系的原则，吸取了从清末法制改革以来到南京临时政府及历届北洋政府法制建设的成果和经验。在法律体系方面，以制定各项法典为主要任务，逐步形成以宪法、民法、刑法、民事诉讼法、刑事诉讼法、行政法六大类法律为主体的六法体系，同时也非常重视监狱立法。

2. 监狱立法

南京国民政府是国民党内部以蒋介石为首的军派势力以自己的军事优势，对外通过征伐其他割据的地方军阀，对内对抗国民党内其他势力集团而确立的新的党、政、军中心。南京国民政府从建立之时起，就具有极为浓厚的"党治""军治"色彩。在整个南京国民政府统治时期，其立法、司法等活动，也同样具有这种"党治"和"军治"的特征。

第一，普通监狱法律体系。普通监狱法律体系，是指规定中央政府所辖的监狱和地方政府所辖的监狱的行刑规范的法律体系。1946年以前，国民党政府的普通监狱法律体系是以《中华民国监狱规则》为主干法规，以国民党政府司法行政部和其他中央政府机关颁布的有关单行法规、法令、指示等作为补充，辅之以地方性法规共同组成的。1928年，国民党政府司法部公布了《中华民国监狱规则》。该监狱规则基本上是1913年《中华民国监狱规则》的翻版，只是个别条文有所增减。国民党政府根据《监狱规则》的基本精神，陆续颁布了大量的附属性法规，其中包括关于监狱管理体制和工作人员配置、督导方面的法规，如监狱官员考试、训练、任用和审查方面的章程、条例、规则等。1935年国民党政府公布了属于国民党"六法全书"之一、几经修改的《刑事诉讼法》。在国民党政府执政期间，司法行政部有关监狱立法方面的训令、指示数量较大，作为一种极为灵活的立法形式对国民党监狱立法起到了补充作用。抗日战争时期，为了更好地在"抗战"期间达到消灭共产党的目的，国民党政府还颁布了许多战时临时监狱法规，有《非常时期监所人犯临时处置办法》《非常时期监犯调服军役条例》《移垦人犯减缩刑期办法》《看守所附设监狱作业暂行办法》等。

1946年1月19日，国民党政府颁布了以《刑事诉讼法》为基础拟订的

《监狱行刑法》。《监狱行刑法》共 16 章 98 条;第一章为通则,规定了监狱行刑的目的,对少年犯、女犯的分别拘禁,对监狱的考察监督、参观等;第二章至第十五章分别为收监、监禁、戒护、作业、教化、给养、卫生及医治、接见及书信、保管、赏罚及赔偿、假释、释放及保护、死亡、死刑之执行;第十六章为附则。在颁布《监狱行刑法》后,国民党政府又颁布了《监狱组织条例》《行刑累进处遇条例》《看守所组织条例》等法规,作为监狱法律的有机组成部分。

第二,特殊监狱法律体系。特殊监狱法律主要是指军人监狱、反省院等特殊监狱的立法。国民党政府执政时期,特殊监狱法规、条例、规则、指令、训令等内容繁多,并自成体系,主要可归纳为"军人监狱法律体系"和"反省院法律体系"两类。

其一,军人监狱法律体系。1928 年 8 月,国民党政府军政部颁发了《军人监狱规则》《军人监狱组织大纲》和《军人监狱处务规则》等特殊法规。此外,国民党政府军政部还根据军事形势需要,制定了相关法规,如"抗战"时期颁发的《战时监犯调服军役办法》《非常时期监所人犯临时处置办法》等法规。

其二,反省院法律体系。反省院是国民党中央和省党部管辖的监狱,有专门的法规,如 1934 年司法行政部颁发的《反省院条例》。抗日战争爆发以前,为配合《危害民国紧急治罪法》和《暂行反革命治罪法》两个刑事法规,颁布了《反省院条例》,这是特殊监狱立法。《反省院条例》明确规定了反省院的收押对象、行刑期限、管理体制与制度。此后,根据《反省院条例》,又制定了《反省院训育工作大纲》等法规。为适应政治需要,1934 年前后,司法行政部还制颁了相关指令,核准安徽、南京等地有关地方法规,规范反省院的行为。

二、南京国民政府的狱制

(一)南京国民政府的监狱改革

1. 政府部门关注监狱改革

从北洋军阀政府到南京国民政府这一期间,虽然存在着北方北洋军阀政府与南方广州政府的对峙、武汉政府与南京政府的抗衡,但是司法制度基本上保持了统一的局面。这主要归因于北洋军阀政府采取了相应措施,1917年1月司法部呈文中央政府,要求确认南方独立各省司法机关及其所作各项判决的合法性和有效性。袁世凯帝制失败后,中央政府为重新确立全国统一的司法体制,确认南方诸省在独立期间建立的司法机关的合法性,从而保持了司法体制的形式统一。因而,广州国民政府的司法机构与北京政府的司法机构大体相同,武汉国民政府也曾进行司法制度改革,这些措施对南京国民政府的司法制度、监狱改良产生了直接影响。

南京国民政府建立后,司法院下辖的司法行政部设置的监狱司掌理监狱事务。1928年7月,原北洋政府机构撤销,南京政府将北京改为北平市,京师第一监狱更名为河北第一监狱,由中央直辖监狱改为河北高等法院管辖的地方监狱。到20世纪30年代,从监狱行为规范的层面上,南京国民政府确立了管理监狱的国家统一标准。1935年9月16日至9月21日,南京国民政府召开全国司法会议,除新疆、青海之外,各省都派代表参加了会议。会议审议的议案中,关于监所法规方面的议案有6项,关于监所职员方面的议案有15项,关于监所经费及建筑方面的议案有10项,关于整顿监所积弊方面的议案有12项,关于监犯教育教诲方面的议案有16项,关于监犯作业外役及移垦方面的议案有20项,这79项提案的内容都属于监狱改良的范围之内。

2. 监狱改良内容

监狱是执行刑罚的场所,如果监狱不良,那么感化主义难以实施,纵使法院审判公平也难以获得司法改良的效果。因此,1933年《司法部改良监所方案》提出,监狱改良分为疏通、整顿、建设三步进行。以后又发布《训政时期改进监狱制度工作大纲》,全面规划了筹设新监狱的计划,新监狱分为少年监狱、普通监狱、外役监狱、累犯监狱、肺病及精神病监狱等,但终因时局未定、经费困难,各项计划未能如期实现。

第一,疏通。由于各省区监狱大多因犯人满为患,极其拥挤,难以依法管理,应即设法疏通以便整顿。《刑法》规定有缓刑、假释,这样监狱囚犯保释也就有了相关条例来规范,《刑事诉讼法》的规定尤为详细。对于各法院监狱每多不能切实奉行,司法院当即通令各省高等法院转饬所属法院对于已决犯符合缓刑、假释或保释条件及交保责付之规定的务须切实奉行以期疏通而资救济。此外,又制定《监犯保外服役暂行办法》,并且指定苏浙赣陇四省为施行区域,疏通的期间定为6个月,即从1921年4月1日起至同年9月30日止,业经分令遵照。而且,由于监所拥挤情况是因吸毒犯最多而造成的,因此又制定《疏通吸毒犯办法》,规定"未决犯如被诊断确有毒瘾可先依法具保勒限戒毒,如其遵限戒绝并取有医院证明书,经法院复验属实,则斟酌案情依法宣告缓刑予以自新之路。至于已决吸毒犯应迅设罪犯戒烟所强制戒毒,在该所未成立前准送当地医院戒除"。

第二,整顿。整顿的对象涵盖了新旧监狱。整顿旧监狱,打算先从铁路沿线或江河沿岸及汽车可通各县的监狱办起,然后推及其余各县。开始时,先由司法行政部按照前项区域在每省指定一县,派员会同该地高等法院设计改革方案作为榜样,其余即照第三步进行。整顿新监狱,以给养、卫生、教育、教诲、作业及出狱人保护为最重要的内容。关于给养,囚粮关系到犯人的生活和性命。各省新监狱囚犯伙食标准不尽相同,即使一省之中各个新监狱的定量也参差不齐,不仅稽查核实起来困难很多,而且由于粮食蔬菜市价涨落不定,监狱囚犯伙食费不足,致使犯人出现了青腿牙疳等病症。为杜绝流弊,司法行政部拟定了《囚犯伙食定量统一标准及购买办法》通令施行。关于卫生,监狱的根本宗旨在于改善犯人使之回归社会。锻炼身体也是监狱教养的重要任务,因而酌定运动方法通令实施以强健犯人身体。

其一,关于教育。《监狱规则》第48条明确规定,除18岁以上而刑期不满3个月及监狱长官认为无教育必要的之外,对在监狱服刑的囚犯应一律施以教育。1924年6月,司法部又公布《实施监犯教育计划十条》通令切实办理,另定办法严饬遵行并定期由视察员考验成绩报部查核。关于教诲,《处务规则》对监狱教诲师的职责规定极为繁密。近年来,各个新监狱的教诲师都没有切实奉行,加上典狱长也大多不加督促,每月仅作讲稿数件呈部塞责,对犯人没有丝毫实益,以致监狱中有人认为教诲师为闲散之职应即严加整顿。对此,司法部训令各省高等法院转令各个新监狱的典狱长督饬教诲,务必遵照《处务规则》切实施行,严禁浮夸及捏造。

其二,关于作业。各国办理监狱多有侧重自给自足的趋势,因而极其重视作业。一则通过作业训练监狱犯人使之自食其力,在出狱后不至再犯,二则作业收入上缴国库,一举两得。而各省新监狱的囚犯作业没有发挥应有作用,一切开支均依赖国库,照此下去,将来地方多设一座新监狱国家就得增加一项新支出,这种局面持续下去势必不能达到改良监狱的目的。为此,通令各省新监狱推广工场及农场作业并扩充为外劳役,务必向自给自足方向努力,但又担心监狱产品不能畅销、作业也难期望发展,因而必须先请各机关将公用物品尽可能地先交给监狱承办以资协助。

其三,关于出狱人保护。出狱人保护事业与预防再犯关系极为密切。司法行政部曾将前北京司法部公布的《出狱人保护奖励规则》加以修改施行,只是由于当时的社会事业尚处在萌芽时期,出狱人保护事业难以发展。因此,通令各省典狱长劝令当地工商各界及慈善团体组织出狱人保护会,并斟酌情形随时提供会员面见监狱囚犯的机会,以便深入了解其性情而方便开展保护工作。

第三,建设。每省根据地方交通情况分为若干区,每区设新监狱一所,所有该区内各县监所均由该新监狱的典狱长按照高等法院院长规划改良。此项办法先于已设新监狱的区域实行,各该区新监狱的典狱长奉令后,应按照司法行政部的划定县区前往调查,切实规划并估计经费,随时呈由高等法院审核后加具意见呈部核办。每个县的监狱改革任务完成后即改作该新监狱的分监狱,负责对判处轻刑的罪犯执行刑罚(刑期在 3 年以上的拨送该新监狱执行),管狱员即改称为某某监狱某某分监长兼某某县看守所所长。监狱建设最重要的在于经费,除了新设省份之外,每省应设置的新监狱多则十余处少则也有七八处,每座新监狱的建设经费多则数十万少则也十余万,而各县监狱的改革经费(包括看守所在内,每县约 35 000 元)尚不在内,如果没有指定专款分期拨付则全国监狱永无革新之望。鉴于建设经费不足的严峻形势,呈请行政院转饬财政部每年每省指拨监狱建筑经费 20 万至 60 万或指定司法收入若干成以 10 年为限依期实行。

(二) 南京国民政府的监狱建制

由于蒋介石国民党政府代表的是大地主、大资产阶级利益,作为封建地主阶级和官僚买办阶级联合专政的政权,它对外投靠帝国主义,对内以新军阀代替旧军阀,在 22 年执政时间里,建立了一个强大的法西斯国家机器,其监狱机构也得到空前强化。蒋介石国民党政府建立后,接收了北洋军阀政府的全部监狱和看守所,并且不断扩充,监狱的种类和数量都大大超过了北洋军阀政府。除了司法行政部门所管辖的普通监狱、看守所以外,军队、警察、特务机关都自有监狱或看守所。国民党政府的监狱以反革命性、恐怖性、虚伪性为本质特征。

1. 普通监狱体系

国民党政府在接管北洋军阀政府监狱的基础上，不断扩充监狱类型，建立起普通监狱体系。普通监狱体系是由相应的国家机关系统设置的监狱所构成，包括司法行政部门的普通监狱、法院系统的看守所和管收所、警察部门的拘留所。

第一，司法行政部门的普通监狱。国民党政府的普通监狱统一由司法行政部管辖，但是，司法行政部得委任各高等法院院长为各该省监狱之监督长官。司法行政部设监狱司，统一管理全国监狱一切事务，废除领事裁判权后，原上海公共租界监狱、上海法国租界监狱改称为中央直属监狱。一省的有关监狱管理的具体事务由该省高等法院院长负责。各县监狱之管理事务，由各该县县长负责。国民党政府的普通监狱管理体制分为三级。在中央级管理体系中，司法行政部是全国监狱工作的领导机关，司法行政部下设的监狱司是全国监狱工作的管理机关。在省级管理体系中，监狱工作的管理机关是省高等法院。在县级管理体系中，监狱工作的管理机关是县长。

国民党的普通监狱监禁被法院判处徒刑和拘役的犯人，是执行自由刑的场所。国民党的普通监狱，既有新式监狱，又有旧式监狱。新式监狱多设在首都、各省省会、重要城市，每省有一座、二座或三座、四座不等，最多的有九座。截至1947年6月底，国民党统治区新式监狱已增至120余所，各县监狱基本沿用清朝旧监。

普通监狱分为徒刑监狱与拘役监狱二种，徒刑监狱是监禁被判处徒刑者的行刑场所，拘役监狱是监禁被判处拘役者的场所。按照规定，成年犯与幼年犯、男犯与女犯实行分别监禁，"未满十八岁者监禁于幼年监，但满十八岁后，三个月内，刑期即告终结者，仍得于幼年监监禁之"。"各种监狱须严别男监与女监。"如果徒刑监与拘役监，成年监与幼年监，男监与女监设在同一区域内者，须严格加以分界，以不使接近为原则。实际上，分监制度并未真正执行。在国民党监狱里，徒刑犯与拘役犯，成年犯与幼年犯（包括刚出生的婴儿）大都是混杂羁押的。

第二，法院系统的看守所和管收所。根据《看守所暂行规则》的规定，各省高等法院及其以下各级法院均设看守所，用以羁押刑事被告人，即未决犯。但是，《监狱规则》第2条规定："在不得已时，被判处徒刑及拘役者，得暂禁于看守所。"看守所与监狱的性质是不同的，即看守所也可以监禁已决犯。其实,国民党监狱人满为患,监狱和看守所的界限不可能严格区分。尚未判刑的未决犯,甚至被株连的无辜群众被非法关进监狱,乃是常事。反之,许多已决犯则长期羁押在看守所。尤其是县看守所一般都附设监狱,专门监禁判处短期徒刑和拘役的犯人。因此,国民党各级法院的看守所实际上就是监狱。

管收所是羁押无力偿还债务的民事被告人的场所。法律规定,民事被告人无相当之保证人或保证金,而有下列情形之一者,得管收之。有逃匿之虞者;有犯刑事之嫌疑者;具有前二款原因之一者,而原保证人死亡或声明退保,不能另有其他保证者;判决确定显然有履行义务之可能,而不遵判履行者。管收所一般都设在看守所的内部,其所长及办事人员等,皆由看守所长及看守所职员兼任。被管收所"管收之民事被告人,至有相当保证人或交纳相当保证金时,或已遵判履行及本案完结时,应释放之"。

第三,警察部门的拘留所。拘留所是国民党警察机关直接管辖的监狱机构。根据《拘留所规则》的规定,各级警察机关设置拘留所拘留违警及依其他法令应行拘留之人犯。拘留所是国民党警察机构的一个重要组成部分。拘留所设所长一人,由该警察机关委派,并设医士、书记和男女看守若干人,在所长的督率之下,分工管理有关事宜。在国民党统治区,从中央到地方,凡是有警察机关之地方,皆有拘留所之设置。设置拘留所,不仅便于警察任意搜查和捕人,而且还便于直接羁押人。拘留所成为蒋介石反动集团为全国强化警察统治而采取的一项重要措施。

2. 特殊监狱体系

蒋介石国民党政府出于镇压人民革命、维护独裁专政的需要,不仅在普通的国家机关体系内自上而下地建立起庞大的公开的普通监狱体系,而且还在普通国家机关体制之外设立了特殊监狱体系。特殊监狱体系包括军事监狱和反省院两个系统,矛头直指共产党人和革命人民的法西斯监狱组织。这些特殊监狱,遍布全国,管理无常法、无制度。

第一,反省院。反省院是国民党中央党部和各省党部直接操纵的特殊监狱,主要任务是监禁和迫害共产党员和其他革命者。国民党政府为了镇压人民革命、消灭共产党,于1928年8月9日颁布《暂行反革命治罪法》,1931年1月31日颁布《危害民国紧急治罪法》,规定一切危害国民党统治秩序的言论和行动都要受到严厉惩办。国民党政府的反省院有中央反省院和地方反省院。除南京反省院外，在江苏、浙江、江西、安徽、山东、河北、广东等省都设有省反省院。此外，国民党的军事系统还设有军人反省院，并制定了专门的《军人反省院条例》。

反省院的监禁对象是违反了《暂行反革命治罪法》《危害民国紧急治罪法》的"犯罪人"，绝大多数是以推翻国民党法西斯统治为目的而从事革命活动的共产党员和爱国民主人士。他们中有的是被判刑后，直接送到这里执行刑罚的；有的是刑罚执行完毕，但被认为"仍有再犯之虞"，而移送这里加以长期监禁的；有的是经国民党中央执行委员会议决送入的所谓"共党"嫌疑分子，等等。总之，被囚禁者都是直接威胁着蒋介石法西斯独裁统治的政治犯。抗日战争爆发后，反省院停办。

反省院与普通监狱的区别之处主要在于它注重对反省人进行反革命思想灌输，目的是培养三民主义的忠实信徒。在反省院，最重要的工作就是训育工作，通过课堂讲授、集体演讲等形式，动摇和瓦解反省人的革命意志。出于政治欺骗的需要，在反省院反省人可以有一定的自由，生活条件也比普通监狱要好些，除规定的劳役外，还可以有一定的运动和休息时间。对不接受洗脑的反省人，仍是给以残酷的身心摧残，而且又借口种种理由，任意延长关押时间，即使是有幸出院，也要受国民党党部的长期监视。

第二，军人监狱。从一定角度讲，蒋介石国民党政府属于新军阀上台，为了强化反动统治，从中央到地方建立了军人监狱。军人监狱属军政部管辖，中央军人监狱直接隶属于军政部，受陆军署军法司之监督指挥，各省军人监狱，由所在地最高军事机关管辖。国民党军人监狱不同于一般的军人监狱，主要监禁被判处徒刑、拘役的军人以及受到军事裁判的普通人犯，受军事裁判的普通人犯主要是指共产党人和其他革命者。国民党军人监狱实际上是国民党实行法西斯镇压的场所，我党早期领导人恽代英就在国民党中央军人监狱英勇就义，陶铸、章汉夫等也曾囚禁于国民党军人监狱。

中央军人监狱设在南京市，规模巨大，占地92亩，分为南北两个部分，北监东面是天、地、人三个监筒，中间是智、仁、勇三个监筒，西边是日、月、星三个监筒，南监是改、过、自、新四个监筒，共有监房272间，能容纳1200多人。该监内还设有8个工场，从事的作业种类有印刷、染织、木工、缝纫等。省军人监狱设在浙江、江西、湖北、江苏、山西等省，除关押军事犯外，还监禁大批政治犯。军人监狱内设有看守所，用以关押刑事被告人及受禁闭处分者。

第三，南京宪兵司令部看守所。为了强化法西斯专政，国民党政府还仿效德、意、日等国军事政治警察之制，建立了庞大的宪兵组织，属国民党政治军事警察。1932年蒋介石批准设立南京宪兵司令部，作为全国宪兵最高统治和指挥机关，并设看守所。南京宪兵司令部看守所是一座阴森恐怖的法西斯监狱，原先只能关押数十人，后来不断扩充，能容500人之多，除了普通军房之外，还设立了囚禁重要政治犯的"优待室"。在这里关押和杀害的共产党人和爱国志士不计其数。罗登贤、邓中夏、黄励、郭纲琳、顾衡等烈士就是在这里惨遭杀害的，陶铸、陈赓、何宝珍、田汉等同志曾经在这里被囚禁过。宪兵司令部看守所对内部人员也实施严密的特务监视。凡是通共（即同情共产党）者，发现后一律杀头，绝不饶恕。

第四，集中营。蒋介石反动集团为了加紧镇压革命运动，维护封建买办法西斯独裁政治，在国家机构中设立特务组织，实行特务恐怖统治。国民党的特务组织，名目繁多，形形色色，其中最大的有两个系统，一个是中统，一个是军统。中统即"国民党中央执行委员会调查统计局"，军统即"国民政府军事委员会调查统计室"，简称为"军统"。为了囚禁和残害共产党人、爱国民主人士和革命群众，国民党特务组织在全国各地设立了许多集中营，主要有重庆"中美合作所"、上饶集中营、息烽集中营、西北劳动营等。这些法西斯集中营是国民党整个监狱机构的一个重要组成部分。

重庆"中美合作所"。该所成立于1943年，设于重庆西北郊歌乐山下，四周实行严密封锁，所内设有白公馆、渣滓洞两大集中营，另设红炉厂、杨家山、黄家院等秘密囚室，关押各地移送的重要政治犯，在西南地区被捕的革命志士以及"军统"违纪分子。新四军军长叶挺、东北军爱国将领黄显声、中共川东特委宣传部长许晓轩等都曾囚禁在白公馆集中营。关押在这里的革命志士和青年学生受尽了折磨，许多人惨死于酷刑之下，许多人被集中营当局秘密处死。

上饶集中营。国民党发动"皖南事变"后为关押被俘新四军官兵在江西上饶设置集中营。由七峰岩、周田村、茅家岭、李村和石塘五处组成。该集中营对外称"中央青年训导团东南分团"，以"精神洗脑""残酷刑罚"而著称。

息烽集中营。该集中营位于贵州息烽县东南的阳郎坝，其前身是"军统"

特务机关的一个看守所，1946年被撤销。其囚禁四五百人，多为共产党员、革命志士，还有一些日本人、俄国人及违反纪律的特务。设有"忠斋""孝斋""仁斋""爱斋""信斋""义斋""和斋""平斋"8个牢房。其中，"义斋"单独关押女犯。息烽集中营专有一禁闭室，称"猫洞"，用以临时囚禁重要政治犯。著名经济学家马寅初、爱国将领黄显声、共产党人罗世文、杨虎城将军等都曾囚禁于此。

西北劳动营。"抗战"时期国民党胡宗南部，为断绝陕北根据地与外界联系，扣留去延安途中的革命知识分子、进步学生以及我党政军过境人员而设的特殊监狱。该监狱采用沉重的军役和严苛的军训，消磨受训人的斗志，被喻为人间地狱。

第五，"保安处分"执行场所。国民党政府为了加强法西斯专政，还直接照搬了德、意、日等刑法中的"保安处分"措施，在1935年的新刑法典中增设"保安处分"一章。规定对少年犯（"未满14岁而不罚者"或"未满18岁而减其刑者"），"令入感化教育处所，施以感化教育"；对精神病人"令入相当处所，施以监护"；对吸食毒品犯和酗酒犯"令入相当处所，施以禁戒"；对"累犯""习惯犯""常业犯"（主要是指专门从事革命活动的共产党人），"得于刑之执行完毕或赦免后，令入劳动场所，强制工作"。所谓"感化教育""监护""禁戒""强制工作"等，实质上是变相的监禁和刑罚，是对监禁、刑罚的补充。

国民党政府正是常以"危险状态"或预防"再犯罪"为借口，对于广大人民不论其是否触犯国民党的刑律，都随意加以逮捕拘禁、长期关押，施以种种迫害。为推行并落实"保安处分"措施，国民党政府在全国各地设置了名目繁多的"保安处分"执行场所，如感化院、医院精神病院、救济院、戒烟所、教养局或习艺所之类。被囚禁者不仅被剥夺了人身自由，而且精神上和肉体上遭受到野蛮摧残。国民党政府还根据新刑法典的规定，制造种种借口，无限期地适用或延长"保安处分"。

（三）普通监狱管理制度

随着国民党政权的日益法西斯化，其监狱管理制度也随之变化，突出的表现就是，在资产阶级虚伪性的掩盖下，实行法西斯狱治。国民党监狱从犯人收监执行到释放出狱，各项管理制度都有具体的法律规定，而且法律条文大都是抄自欧美资本主义各国的监狱法律，但是实际操作却大相径庭。因此，对待国民党政府的监狱管理制度，不能停留于有关的法律规定上，更为重要的是必须考察其在实际上的执行情况，才能深入了解其狱政管理的真实面目。国民党政府的监狱种类繁杂，管理制度也极不统一，下面仅介绍普通监狱的管理制度。

1. 行刑管理制度

行刑管理制度是监狱为执行刑罚而规定的具体落实和兑现刑罚内容的制度，包括收监、监禁、戒护、赏罚、假释和释放等制度。行刑管理制度直接关系到监狱对刑罚的执行，这是一项专门的行业管理制度。

第一，收监制度。收监是刑罚执行的开始。国民党政府为了标榜"民主"和"法制"，规定监狱收押犯人必须具有法律根据，"入监者监狱官非认定具备适法之公文，不得收之"。适法公文指法院判决书及执行书，执行书的主要内容涉及犯人姓名、年龄、身份、照片、应当执行的刑罚种类、刑期起止日期、有无前科记录等。精神丧失或因监禁有不能保其生命之虞者，怀孕7个月以下及分娩未满1个月者，罹急性传染病者，监狱拒绝收监。监狱允许携带子女入监，以满1岁为限，在监内分娩之于亦同。

第二，监禁制度。监禁就是囚禁犯人，以单纯拘禁为内容，实质上属于自由刑。国民党政府的普通监狱监禁犯人以分房制为原则，采用分类杂居制。1913年，《中华民国监狱规则》规定："在监者概须分房监禁，但因精神身体认为不适当者不在此限"，"杂居者无论在监房、工厂，均须斟酌其罪质、年龄、犯数、性格等隔别之"。但限于条件限制，分房制难以实现。1946年的《监狱行刑法》明确规定："独居房如不敷用，又因困难情形不能设置时，得暂监禁于区划寝室。"国民党的普通监狱实行混合杂居制，这是一项很落后的监禁管理制度，不重视罪犯犯罪恶习的传染。

第三，戒护制度。普通监狱有严密的戒护措施。首先，明确限制犯人活动区间，在监狱大门、高墙四周角落、监区大门等处，设有固定警戒线，严禁犯人靠近。其次，安装监控设施，监狱四周筑有高墙，高墙上装有电网，围墙上设有岗楼、瞭望台。再次，配备充足的警力，由宪兵、内看守、外看守等武装人员组成，在要害部位、主要通道设立岗哨，通过设岗、内守外巡，进行严密戒护。

在监狱内配备并使用戒具，戒具的使用有严格的规定。1913年《中华民国监狱规则》规定："在监者有逃走自杀之虞及在监外者得加以戒具，戒具设窄衣、手铐、捕绳、联锁四种。"1928年《监狱规则》规定："戒具设窄衣、脚镣、手铐、捕绳、联锁五种"，"戒具非有监狱长官命令不得使用，紧急时得先行使用，再请监狱长官指挥"。并规定了使用戒具的五种情形，即在监者将施行暴行或正在施行暴行时、在监者有行凶之具而不肯放弃时、在监者聚众骚扰生事时、有劫狱或帮助逃跑时、拒捕时。

第四，赏罚制度。为了维护监狱的秩序，强化监狱纪律对犯人的管束，蒋介石国民党政府的《监狱规则》专门规定了对犯人的赏罚制度。对于奖赏制度，蒋介石国民党政府的《监狱规则》同北洋政府《监狱规则》的规定基本一致，只是增加了"许其阅读私有书籍"一项，把每月劳役赏与金的数额由过去的一元以内改为二元以内，把接见和发收书信的次数由一次改为一至三次。

关于惩罚的规定，由过去的六种惩罚方法改为九种，即面责、三月以内停止赏与、撤销赏与、三次以内停止发收书信及接见、三月以内停止阅读书籍、七日以内停止运动、减削赏与金之一部或全部、二月以内之慎独、五日以内之暗室监禁。废除了减食的规定，其他照抄北洋政府的《监狱规则》。其实，国民党监狱用来惩罚犯人的手段远远不止上述九种。

第五，假释和释放制度。假释又称假出狱，即对被判处徒刑的犯人执行一定时间后，附条件地提前释放。国民党政府颁布的《中华民国刑法》第77条明确规定："受徒刑之执行而有悛悔实据者，无期徒刑逾十年后，有期徒刑逾二分之一后，由监狱长官呈司法行政最高官署，得许假释出狱，但有期徒刑之执行未满一年者，不在此限。"这条规定表明，适用假释得具备两个条件，一是有期徒刑的服刑期满1/2、无期徒刑的服刑期满10年，二是须有悛悔的实据。

对于符合假释条件之犯人，经过监狱官会议多数同意后，由典狱长出具申请书，并填写该犯人的身份簿，呈由高等法院转呈司法行政部核准。1934年1月24日，司法行政部调令各省高等法院首席检察官。"案查办理假释，除法定二条件外，尚有一实质上之条件，即证明本人出狱后之生计，或在足以信任之境遇，而能确保其为良民生活者也。若缺少此条件，虽具备法定条件，亦不得为假释之申请。嗣后办理假释，务须将本人出狱后环境如何，生计如何，并从事何业等项，切实调查明白，详细开列清册，连同身份簿等件，一并呈送核办。"这说明，在监人要想获得假释，不仅要具备刑法所规定的条件，还要求本人出狱后生计确有保证。该规定实际上为富人打开了逃避刑法惩罚之门，他们有钱，无须为出狱后的生计问题而担忧，他们还可用金钱买通监狱和司法官吏，为之申请假释；而被囚禁的劳苦大众即使具备了假释条件，监狱当局也可以其出狱后生计无保证而拒绝为其申请假释。

根据法律规定，在监人依据赦免、假释或期满可以获得释放。释放由监狱长官进行之。对因赦免、假释而释放者，须举行释放仪式，由典狱长集合全体犯人，加以训诲，并向释放者当面交付证票以为凭证。对因期满而释放者，于其期满前至少3日以上，停止其劳役，使之独居，以收最后感化治疗之功效，并为释放做准备，通知其家属接领。根据《监狱规则》的规定，被释放者没有回乡旅费及衣类时得酌给之；若罹重病请求在监医疗时，依其情状得许之。但实际上，国民党监狱当局对于获得释放的犯人历来是推出监狱大门了事，不考虑他们的死活。因此，许多被折磨得奄奄一息的犯人，释放出了监狱之后很快被冻死或饿死。

2. 教诲、教育制度

国民党政府仿效资本主义国家的监狱管理制度，在《监狱规则》中设有教诲及教育专章。资本主义国家的监狱，从刑罚教育感化主义思想出发，把教诲和教育作为监狱行刑管理的又一项重要内容，这是资产阶级监狱区别于封建制监狱的重要标志之一。按照资产阶级监狱学者的说法，教诲"即专注重于德育之谓也"，教育"即专注重于智育之谓也"。国民党政府的《监狱规则》明确规定，在监者一律施以教诲及教育，具体来说，教诲的重点在于道德的训导和人格的陶冶，教育的重点则在于智育的培养和训练。

第一，教诲。国民党政府的新监狱一般都设有专职的教诲师，负责对犯人的教诲事务。旧式监狱，即县监狱，教诲事务由管狱员兼理。教诲的方法通常分为集合教诲、类别教诲和个人教诲三种。集合教诲，就是集合全体犯人于教诲堂，施以一般教诲。时间大都在星期日、国庆日或纪念日，每当有假释或赦免人犯时，典狱长（或管狱员）也要集合全体犯人举行假释或赦免仪式，施行教诲。类别教诲，就是区分人犯之罪质、犯数、职业、性情等不同情况，把类型相同的犯人集中起来，在工厂或监房施以教诲。个人教诲，是在犯人入监、出监、转监、疾病、惩罚、亲丧、接见和书信之际，随时随地加以适当的教诲。

教诲的基本内容就是蒋介石的反革命谬论和封建的伦理道德等教义,甚至不惜灌输各种宗教经典。资产阶级的监狱学者认为:"监狱中人,既已犯罪,缺乏道德,已无待言,今使其改过向善,非提倡特别信念不足以促使其悛改。""宗教乃藉神之力,志在劝善,最易动人,尤易动社会中下等无知识之平民。犯罪人中,以此种下等人为多数,故宗教之力,功效无穷。"[1]基于这样的理由,国民党政府的监狱都把佛教经典和基督教圣经作为基本教材,一些模范监狱除了让犯人成天诵经理佛之外,还聘请高僧和牧师到监狱为犯人谈佛法、讲圣经。

第二,教育。在国民党政府时期,监狱对犯人的教育事务由专职教师负责。《监狱规则》规定:"在监者一律施以教育,但十八岁以上,刑期不满三月者及监狱长官认为无教育之必要者,不在此限。"这项规定表明,监狱教育以强制教育为原则,但是,对于刑期不满3个月而年龄在18岁以上者,以及认为无教育之必要者例外。无教育之必要者,是指18岁以上之已有教育者,或者虽无教育而年龄已在40岁以上者。根据《监狱规则》的规定,监狱对犯人的教育课程,小学程度必修公民、国语、算术、珠算及习字、作文等;其他有同等学历者,依其程度设相当补习科。教育时间,每星期24小时以内。

实际上,除了极少数模范监狱外,绝大多数监狱都未遵照执行。国民党监狱连犯人的基本生存权利都难以保证,哪里还谈得上对犯人进行文化教育。国民党监狱实际执行的是愚民政策,犯人所带书籍在入监时全部被扣留,甚至一张纸片、一个铅笔头也不准带进牢房。监狱供犯人阅读的书籍往往只是圣经或各种反共小册子,绝对禁止犯人阅读报纸,不许犯人了解国内外形势。因此,国民党政府所鼓吹的监狱对犯人实施"智育的培养和训练"是纸上谈兵。

3. 基本生活制度

监狱对犯人的基本生活制度,是指监狱为保障服刑犯人在服刑期间的基本生活需要而规定的制度,主要包括给养、卫生及医疗、接见与书信等方面的制度,为满足服刑犯人的最基本生活需求提供了物质和制度上的保障。随着社会文明的发展,国民党政府的监狱也不得不满足服刑犯人的最基本生活需求。

---

[1] 参见芮佳瑞:《监狱法论》,商务印书馆1933年版,第140页。

第一，给养。在监狱方面，给养是指犯人的衣、食、住三个方面的供给和待遇，起着维持犯人生命的必要条件的作用。《监狱规则》规定："对于在监者，须斟酌其体质、年龄、劳役及地方气候等项，给予必要之饮食、衣类及其他用具。""在监者给予灰色狱衣。""除一定狱衣外，所有衣被苟无碍于监狱纪律及卫生者，得许在监人自备。""监房、工厂、病室等处天寒时，须使有相当温度。""在监者禁用烟酒。"实际上由于国民党政权的法西斯化和整个国民经济的全面崩溃，监狱对犯人的生活待遇十分恶劣、惨无人道。

其一，在囚粮方面。原规定每囚每天发给干粮20两，伙食费每月4元5角。但是，随着犯罪急剧增加，"各监囚犯，已有人满之患，而经费预算，反较从前减少，间或有不减少的，也要七折八扣或积欠数月。而物价飞涨、形势日新月异，从前米贱人少钱多，现在米贵人多钱少，此则救死犹恐不遑，那里还谈得到改进"[1]。就是这点已经少得可怜的囚粮，还要经过监狱官吏的层层克扣，犯人实际吃到的已是微乎其微了。方志敏同志在《狱中纪实》一书中揭露："国民党政府，原规定囚粮每月四元五角，虽不能吃什么好菜，饭总该吃比较好一点的米。但在军法处长直接管辖之下的囚粮委员会，是不会将囚粮之款，全部用之于囚粮，而是要用各种方法去剥取'囚余'的。"

其二，在囚衣方面。法律规定，已决犯的衣服被褥概由监狱发给，如果犯人请求个人自备者，在不妨害监狱纪律及卫生的情况下，可以准许。狱衣是灰色的，外襟上须缝一白布条，写明本人的号数。抗日战争开始后，国民党司法行政部借口物价暴涨、普遍购置人犯衣被需费过巨，决定在抗战期间不论已决、未决人犯，狱衣一律自备，不能自备者由监所贷与。实际上，除了少数新式监狱以外，监狱普遍取消了给予犯人衣类的制度。监狱供给的囚衣极其差劣，很多犯人长年累月只有一套衣服，有的在严冬时节仍穿着单衣，更谈不上有被褥了。1934年12月11日，《申报》登载上海江苏第二监狱署致佛教居士林函中写道："查敝监监禁人犯数近三千，超过定额两倍有余……其中衣被不完者，十有八九。现在天气渐寒，转瞬即届隆冬，众因冻罹实堪悯侧。敝监囚人衣被预算，规定甚微，且国库竭蹶，经费极感困难，以杯水而救车薪，何济于事。"这座监狱是上海曹河泾第二监狱，属于国民党政府专供中外观瞻"改良监狱"的橱窗，囚衣情况尚且如此，内地各监狱的惨状更可想而

---

[1] 参见赵琛：《监狱学》，法学编译社1935年版，第134页。

第八章　中国监狱的现代转型接续

知了。

其三，在居住方面。国民党监狱犯人居住条件之恶劣也是中国历史上所罕见，尤其是，清朝遗留下来的旧式监狱，更为简陋破烂。这些旧监所，监房矮下，地方狭窄，设备简陋；一般都不留窗户，室内黑暗、潮湿，通风极差，且年久失修，破烂不堪。国民党新军阀上台后，来不及维修，即用来关押超过数倍的犯人，其恶劣状况可想而知。方志敏同志在《狱中纪实》一书中写道："在中国百业凋零，经济破产的当中，而能'孤岛独荣'向前发展的，大概要算是监狱这一部门了吧！各地监狱，都有人满为患之苦！全国监狱，计有囚犯再少也在一百万人以上，在黑暗、污秽、潮湿、熏臭、冬天冻冷、夏天闷热的笼子里，爬着、动着、挣扎着、生活着！饥渴、寒冷、鞭挞、屈辱、疾病、死亡，永远像影子一般，伴随着他们，他们心中的烦恼、悲痛、愤恨、恐怖，可以说是无穷无尽的，只有海洋的深广，才能与之比拟吧！"[1]国民党政府也不得不承认这种状况，1930年7月21日司法行政部第1416号训令称："近查各县监所多属建筑窳败，地狭人稠，甚或席地而卧。纵使衣食无亏已不胜其苦，况且此亦感不足，其何以堪。"

第二，卫生及医疗制度。蒋介石国民党政府效仿当时资本主义各国的"先进性"，所制颁的《监狱规则》对监狱卫生及医疗制度作了详尽规定。但是，这些规定，国民党政府未曾实施也并不准备贯彻执行，只是装点门面罢了。国民党监狱卫生情况之恶劣骇人听闻，大批犯人拥挤在狭窄、污秽、腥臭、潮湿的黑牢之中，吃的是腐烂发霉的食物，衣服被褥常年不洗，犯人蓬发垢面、脸无血色、体无完肤，发病率、死亡率极高。

国民党的监狱不仅缺乏最基本的医疗设备，甚至找不到一名较为合格的医生，当然更谈不上对患者进行及时有效的治疗。由于监狱没有建隔离室，大批患肺病、伤寒、霍乱、痢疾等传染病者无法隔离，只能任瘟疫在犯人中自由传染、蔓延，死神随时都在威胁着每一个被监禁的人。1930年11月，上海地方法院首席检察官在《关于改良上海漕河泾监狱意见书》中写道："查该监狱羁禁囚犯达一千五百余人，本年度死亡之数至一百五十人，虽或缘囚犯体质羸弱，有以致之，然卫生医药，亦须改善。该监旧有中西医二名，今西医已裁，仅留中医一名。以一人诊治全监，草率不免，以后宜添聘医生，以

---

[1] 参见方志敏：《狱中纪实》，工人出版社1957年版，第35~36页。

资应付。此外，囚犯之饮食沐浴，监舍之空气洒扫，须异常注意，庶几囚犯死亡率可减少矣。"[1]司法行政部直接管辖的设备最好的上海监狱犯人的死亡率竟达10%，其他一般监狱肯定高于此数。

第三，接见与书信制度。根据国民党《监狱规则》的规定，犯人接见与发收书信仅以其家属为限，但是有特别理由时，得与其家属以外人接见或发收书信。接见与通信次数，《监狱规则》规定，拘役囚每10日1次，徒刑囚每月1次。但是，在监者品行善良，经核准奖励或有特别正当理由时，得增加1次或2次。

接见须在接见室进行，每次不得超过30分钟。一般的做法是，在接见室设一时钟，谈话之前，监狱官吏事先指示起止的时间，然后命令开始谈话。凡接见者都要用普通话，若不能说普通话者，亦得用适当方言。接见室须与监狱内部隔离，其构造方法，一般是设一障隔，中间有相当距离，以使接见者与被接见者身体不相接触，不能私相接受物品为限，在监人接见时，须经监狱官吏在旁监视。如认为有通谋作弊或妨碍监狱纪律时，得停止接见。

根据《监狱规则》的规定，犯人如欲发信时，应先填一书信请求书，写明与受信人之关系及事由，经查明核准后，使其赴通信室书写，大约每人一案，不准互相接谈。犯人所用的信封、信纸，由监狱方面制备发给。发信所需费用概由犯人自理，但对于监督官署、法院及其他官公署之书信，无力自备者，其费用由监狱支给。来往书信须经监狱官吏的检阅，如认为有通谋作弊或妨碍监狱纪律时，不许其发收书信。

4. 作业制度

监狱作业就是劳役，国民党监狱为了惩罚犯人和无偿榨取犯人的血汗，把作业作为监狱管理的重要内容之一。国民党监狱作业的科目和从事劳役的人数比北洋政府时期有了显著增加，开办作业的单位不仅限于少数新式监狱，而且普及一部分旧式县监狱和看守所。民国政府非常重视监狱作业，为指导监狱作业，扩大监狱作业方式，颁布了一系列专门法规，如1920年《监狱作业规则》、1928年《旧监狱作业办法》、1930年《监犯外役施行细则》、1934年《监犯外役规则》、1934年《徒刑人犯移垦暂行条例》、1934年《监狱工厂管理法》、1943年《监所扩充工场注意事项》。1941年还同时公布了三个监

---

[1] 参见赵琛：《监狱学》，法学编译社1935年版，第137页。

外作业的法令,即《徒刑人犯移垦实施办法》《移垦人犯累进办法》《移垦人犯减缩刑期办法》等。

1946年,国民党政府设立了监狱作业课经营与管理作业的机构,进一步明确了其职责。监狱作业管理机构负责,选择监狱作业的种类,制定生产计划,采购生产资料,预算收支情况,安排罪犯劳动力以及监狱生产的转产经营,对外签订经济合同,维修、保障监狱作业所需器械,增置所用设备,对监狱作业的成品进行核算定价,疏通销售成品环节等。监狱作业管理制度相当完善。

第一,不同劳役的分类与参加。服劳役者须根据其罪质、刑期、身份、技能、职业及将来生计、体力之强弱分类,参加不同劳役。除刑期不满一年者外,监狱官认为有必要可使参加监外劳役;没有监狱长命令,不能中止、废止或变更。

第二,严格规定劳役时间、所得和奖惩。在监者每日劳役时间在7小时以上、10小时以下,具体时间可按季节、所在区域、劳役种类具体规定,并且确定了七类免服劳役日,劳役收入所得概归国库。同时,制定了严格的奖惩制度。服劳役者按其罪质等分别给予赏与金,徒刑囚赏与金不得高于当地普通佣工的3%,拘役囚不高于5%;在监者重大过失或故意损坏器皿、材料等以赏与金作赔偿,规定十种惩罚措施。

第三,确定劳役种类。监狱作业科目繁多,大致分为监内作业和监外作业。监内主要以简单手工业为主,有织布、制造、嗣鞋、缝纫、搓绳、织带、印刷、织毛巾、纺线、造纸、织袜、染布、木工、编造柳竹、磨制晶、皮革、金工等,达数十种。监外以承揽为主,有筑路、建筑、垦荒、开矿、搬运,等等。

5. 司法统计制度

国民党政府沿用肇始于清末的监狱司法统计做法,并且制定了一系列有关司法统计的法规,详细规定了统计人员的配备、统计的种类、统计的内容等。监狱司法统计制度,主要包括监狱司法统计职官配备、监狱司法统计种类、监狱司法统计内容。

第一,监狱司法统计职官配备。民国时期,根据《法院监狱看守所办理司法统计考核规则》的规定,监狱专门设置统计室负责统计工作,统计室配置有统计主任、统计员。统计人员的选任由各监狱典狱长从所属人员中指定算术精明或具有统计学识的人充任,统计人员均须附具姓名、详细履历,呈司法行政部备案。而且,担任监狱司法统计的人员,没有重大事由,不得更换调动,监狱根据他们的工作优劣对其实施奖惩。

第二,监狱司法统计种类。监狱司法统计的作用在于通过数据资料,全面掌握执法实况,并为有关决策部门提供重要依据。民国初年,京师第一监狱典狱长王元增明确解释说,监狱司法统计犹如"战争之有侦察,欲征服犯罪军,非用统计之侦察不可",它"犹如航海之有海图及指南针,不可须臾离也"。民国时期,监狱司法统计的种类分为行政执行册报、经费册报两种。

其一,行政执行册报。行政执行册报包括的主要内容有,监狱总体情况,犯人入监出监人数,犯人犯罪次数,监狱作业综合情况,监狱教诲、教育调查,以及犯人假释及撤销假释等近20种统计表格。其中,监狱报告分为临时报、年报和月报三种。年报、月报的统计格式、纸幅及营造尺寸大小等,均须依统一规定制作,凡监狱所填造的统计表,须由该监狱官署盖印,监狱长官、统计主任和统计员均须签名盖章。

临时报,包括监狱官吏变动及惩戒事项,监狱灾变事项,犯人逃跑事项,犯人逃走捕获事项等各个方面。此外,犯人死亡以及监狱发生其他非常事件时,监狱还须向该监督厅报告,监督部门查核后,转报司法部。年报,是指由各监狱在第二年一月之前,填造完毕的监狱综合报告。该报告由该监狱长官呈报司法部。月报,按季节分为四期。每期月报于后期第一个月份二十日前,由各该监狱填造完毕后呈报司法部。京师各监狱呈报的月报,为每月一期,于翌月十日前呈报司法部。

其二,经费册报。经费册报在于加强对监狱经费的管理。根据民国时期《造办经费册报总说明》,监所系国家直辖机关,经费册报造报办法要严格按照国家机关的会计制度办理。整个经费管理必须分门别类制定财产目录、物品登记、现金支票出纳等明细账目。根据该项说明,各机关所用物品采用国内生产产品,而改用外国货时"以不经济支出论",并追究有关人员的责任。如果各个机关以私人的名义,行捐款、庆贺、凭吊之事,"往返费用不准作正当开支论"。

第三,监狱司法统计内容。蒋介石国民党政府时期,监狱司法统计的内容相当细密繁杂,归纳起来有四个方面,即基本情况统计、监狱羁押情况统计、监狱行刑情况统计、监狱行政管理统计。

其一，基本情况统计。犯人基本情况统计包括罪名、刑名、婚姻状况、财产状况等。

其二，监狱羁押情况统计。监狱羁押情况统计包括，监狱额定容纳人数、实际容纳人数统计，普通监狱、女监、少年监独居杂居情况、病监房屋数量和使用情况统计，对每日犯人平均囚粮和病犯所得囚粮统计，对罪犯书信的收发与检查情况以及罪犯接见次数与停止接见次数统计，对监狱内已经脱逃的、未遂脱逃的人数与件数、脱逃手段的类别的统计，捕回的时间与人数的统计，未捕回的人数的统计，脱逃期间是否重新犯罪、重新犯罪的罪名与件数的统计，脱逃犯人所受刑罚种类及人数统计。

其三，监狱行刑情况统计。监狱行刑情况统计包括，入监统计，出监统计，教诲统计，教育统计，作业统计，假释统计等项内容。入监统计的对象包括，经生效判决直接移交的犯人人数，经转监接受的人数，经取消假释收容的人数，经罚金易科为监禁刑的人数，脱逃捕获入监的人数等。出监统计的对象包括，因刑期届满出监的人数，因特赦出监的人数，因再审转监出监的人数，因再审无罪出监的人数，因保外就医出监的人数，因假释出监的人数，因脱逃出监的人数，以及因特赦出监的人数等。教诲统计的对象包括，监狱教诲师设置，被教诲人数，每周教诲时间，个别教诲，类别教诲，集合教诲，特别教诲的人次，教诲用书种类，成绩比较等。教育统计的事项包括，教师人数，被教育人数，教育的科目，每周教育的时间，用书种类及数量，成绩比较等。作业统计的事项包括，监狱工场设置，作业种类，犯人作业人数，每日作业时间，成品总值，成本与利润等。假释统计的事项包括，监狱呈请假释犯人的数量，批准假释的人数，撤销假释的人数等。

其四，监狱行政管理统计。监狱行政管理统计涉及管理人员统计、管理设施统计、管理日常文件、档案统计等。

第九章
中国监狱的现代转型发展

1949年10月1日，中华人民共和国成立。由于中国共产党忠实地代表了全中国最广大人民群众的根本利益，在为中国革命胜利并打碎旧的国家机器，建立独立、统一的人民共和国过程中，成了领导全中国各族人民的执政党。新中国成立后，在中国共产党的领导下，开始创建新中国的监狱工作。其实，中国共产党在进行革命斗争的过程中就相应地开始了监狱工作，这可以说是新中国监狱工作的孕育。新中国的监狱翻开了中国监狱发展史上的崭新一页，中国监狱进入了现代转型发展时期。

第一节 新中国监狱的孕育

一、土地革命时期革命根据地的监狱

（一）革命根据地的建立

1. 中国共产党领导建立革命根据地

1927年大革命失败后，中国共产党立即领导革命人民开展了为推翻帝国主义、封建主义和国民党政府反动统治的斗争，直至1937年抗日战争爆发。中国共产党把武装斗争、土地革命和建立农村根据地相结合，先后在南方和西北地区建立起了十几块革命根据地，其中比较大的有湘赣根据地（井冈山根据地），由闽西与赣南根据地组成的中央根据地，闽浙赣、湘鄂赣、鄂豫皖、洪湖与湘鄂西、左右江、川陕、湘鄂川黔、陕北等根据地。

2. 中华苏维埃共和国的成立

1931年11月7日，中华苏维埃工农兵第一次全国代表大会在瑞金召开，

宣告中华苏维埃共和国成立。中华苏维埃共和国成立后，即建立起中央临时政府的组织机构，后来在实践中又经过调整，到1934年2月17日正式公布《中华苏维埃共和国中央苏维埃组织法》，规定中央政权的组织机构及其职权。

第一，全国苏维埃代表大会。全国苏维埃代表大会，是中华苏维埃共和国的最高政权机关，由各省、中央直属市、县苏维埃代表大会及红军所选举的代表组成。全国苏维埃代表大会听取和讨论中央执行委员会的报告，制定和修改宪法及其他法律，决定全国的大政方针，改选中央执行委员会。大会每两年一次，由中央执行委员会召集。如遇特别情形不能按期召集时，须延期召集。遇必要时亦可召集临时代表大会，由执行委员会自动召集或应代表全国人口1/3的地方苏维埃的要求，由执行委员会召集。

第二，中央执行委员会。中央执行委员会由全国苏维埃代表大会选出，是代表大会闭幕期间的最高政权机关，对代表大会负责并报告工作。中央执行委员会可颁布各种法律和法令，审核和批准一切关于全国政治上经济上的政策，改变国家机关的设置，停止和变更执委会主席团、人民委员会及其他机关的法令和决议，选举执委会主席团、主席和副主席，选任人民委员会及其主席。

第三，中央执行委员会主席团。中央执行委员会主席团，是由中央执行委员会选出的，作为执委会闭幕期间的最高政权机关，对执委会负责并报告工作。中央执行委员会主席团监督宪法、法律和执委会的各种命令及决议的实施，停止或变更人民委员会和各人民委员部的决议和法令，停止或变更各省苏维埃代表大会及其执行委员会的决议或命令，颁布各种法律和命令，审查和批准人民委员会和各人民委员部及其他所属机关所指出的法令、条例和命令，解决人民委员会与各人民委员部之间的关系问题及各省苏维埃之间的关系问题。

第四，人民委员会。人民委员会是中央执行委员会的行政机关，负有指挥全国政务的责任。人民委员会及其主席由中央执行委员会选任，被选任为人民委员的，应为中央执行委员会的委员。人民委员会由人民委员会主席，各人民委员及工农检察委员会主席组成。人民委员会对中央执行委员会及其主席团负责并报告工作。人民委员会有权力在中央执行委员会所指定的范围内得颁布各种法令和条例，并得采取适当的行政方针，以维持行政上的效率和秩序。

第五，中央司法人民委员部。在人民委员会之下，设外交、劳动、土地、军事、财政、国民经济、粮食、教育、内务、司法等各人民委员部，以及革命军事委员会、工农检察委员会和国家政治保卫局。其中，中央司法人民委员部（即中央司法部），部址在瑞金叶坪的谢氏祠堂。司法人民委员部设刑事处、民事处、劳动感化处、总务处等机构。司法人民委员部的职责是督促建立健全各级审判机构，并对之实行司法行政领导，委任和撤销裁判部和工作人员，培训各级司法干部和工作人员。中央执行委员会任命张国焘、梁柏台为中央司法人民委员部部长，由于张国焘在鄂豫皖根据地工作，中央司法人民委员部的日常工作由梁柏台负责，梁柏台为新型监所的创建及法规建设做出了重要贡献。

（二）革命根据地的监所

1. 监所种类

第二次国内革命战争时期，工农民主政权关于革命监所的创建，是革命根据地的新民主主义监狱制度的初创阶段。这一时期，工农民主政权在极端艰苦和动荡不定的战争环境下，不仅创建了自己的监所，作为工农阶级镇压豪绅地主军阀官僚反革命分子的武器，而且在马克思主义关于国家学说的理论指导下，把监所变为教育改造犯罪分子的机关，提出了用共产主义思想和生产劳动对罪犯进行教育、感化和改造的无产阶级狱政思想，从而确定了革命根据地新型监狱制度建设的方向。中央司法人民委员部的建立，有力地指导了根据地的监所工作，并形成了统一的苏维埃监所法规。在中华苏维埃共和国统一领导下，通过制定《中华苏维埃共和国裁判部暂行组织及裁判条例》《中华苏维埃共和国劳动感化院暂行章程》等有关法规，工农民主政权统一了各地监所的设置，明确了对犯人进行感化教育的基本工作任务。当时，工农民主政权设置的监所主要有看守所、劳动感化院、监狱、苦工队。

第一，看守所。看守所主要羁押涉嫌反革命罪或其他刑事犯罪的待审人，既关押已决犯，又关押未决犯。看守所可分为裁判部看守所、国家政治保卫局看守所、肃反委员会看守所、待审处（室）四种类型。

其一，裁判部看守所。裁判部看守所，是指根据《中华苏维埃共和国裁判部暂行组织及裁判条例》的规定，由各级裁判部设立的看守所。裁判部看守所的主要关押对象是，未审判的未决犯，或判处短期监禁的已决犯人。

其二，国家政治保卫局看守所。国家政治保卫局看守所是指根据《中华苏维埃共和国家政治保卫局组织纲要》的规定，由省、县、区各级政治保卫机关设立的看守所。国家政治保卫局看守所主要负责逮捕、预审、拘押反革命案犯。

其三，肃反委员会看守所。肃反委员会看守所是指根据《肃反委员会决议》的规定，由肃反委员会设立的看守所。肃反委员会看守所羁押看守未决的反革命犯，也关押一般刑事案犯，同时还拘禁短期徒刑犯。

其四，待审处（室）。中央工农政府转移到陕北后，1936年制定《革命法庭条例（草案）》《革命法庭的工作大纲》，确定在省革命法庭下设立待审处，在县革命法庭下设立待审室。

第二，劳动感化院。工农民主政权时期，劳动感化院是对判处长期监禁的犯人实行监禁、教育、劳动和改造的执行机关。根据《中华苏维埃共和国裁判部暂行组织及裁判条例》的规定，省、县两级裁判部须设立劳动感化院。在中央革命根据地，瑞金、兴国、博生、长汀、于都等地先后建立了劳动感化院。中华苏维埃共和国第一个劳动感化院建立在瑞金壬田村。

第三，监狱。工农民主政权时期，在鄂豫皖和川陕根据地设置的监狱，隶属于省、县两级革命法庭，关押、教育已决犯和未决犯。例如，《川陕省革命法庭条例（草案）》规定："省级到县级的革命法庭，按照需要组织执法机关（如监狱），反对旧式监牢虐待犯人的办法，特别是对于犯罪的劳动者，要有系统地进行教育。"

第四，苦工队。工农民主政权时期，为了适应革命战争的需要，设立了苦工队，这是一种特殊的刑罚执行形式。1931年9月5日，中华苏维埃共和国人民委员部发布命令，决定将判处短期监禁的犯人组成"苦工队"，并派得力的干部进行领导、组织和监管，担负前线的运输任务。编入苦工队的对象包括不是重要的反革命犯，贫苦群众出身判处监禁两年以下者，豪绅地主等阶级异己分子无特别反动事实而被判处监禁一年半以上者，判处强迫劳动者。

2. 监所管理制度

为了在监所工作中严格实行工农民主政权的法制，保证教育改造方针的实现，工农民主政府颁布了《中华苏维埃共和国劳动感化院暂行章程》等专门的监所管理法规和有关指示，初步确立了监所管理制度，主要有收押与看守、犯人的生活管理、政治思想与文化教育以及生产劳动的制度。

工农民主政府的监所管理法规,首先强调建立严格的收押、开释手续,防止非法关押或非法开释。建立严格的看守制度,以防串供、逃跑、暴动、自杀等意外事件发生。对犯人财物,只能依法处理,不许非法侵占。1933年4月16日,司法人民委员部发布了《关于没收犯人的财产和物件的手续》的命令强调了两个原则,一定收押犯人时必须严格搜身检查,防止把违禁品、危险品及其他不许带入的物品带入监内,以免发生意外及非法活动;二是对于犯人的财物,必须详细登记,妥善保管。

初步建立了犯人的生活管理、政治思想与文化教育以及生产劳动制度。实行八小时劳动制,广泛开展工余文化活动,利用读报、上政治课的形式坚持时事政治学习制度等。根据地的看守所一般在可能的条件下组织犯人生产,但组织监所生产主要还是在劳动感化院进行。虽然处在残酷而动荡的战争环境里,但各地感化院的工作仍然取得了重大成果,各地的劳动感化院都设立了各种手工工场,为根据地生产了不少急需产品。对于改善根据地的某些物资供应和补充市场的需要,起了很好的作用。劳动感化院生产的发展,不仅减轻了政府的财政负担,而且还增加了政府收入,更重要的是通过生产劳动改变了犯人长期蹲监的状况,既有利于犯人的身心健康,又能培养犯人的劳动习惯和劳动技能。

二、抗日战争时期革命边区的监狱

(一) 抗日战争时期革命边区的建立

1. 抗日民主政权的建立

从1931年"九一八"事变爆发后,到1945年8月,中国人民经历了14年抗日战争。这个时期,中国革命的形势、任务和革命根据地的状况都发生了巨大变化。在中国共产党和爱国民主力量的坚持斗争和积极推动下,建立了中国共产党领导的,团结各抗日阶级阶层党派团体的抗日民族统一战线的政府。除了土地革命时期创建的陕甘宁边区外,还创立了范围更广大的抗日解放区,主要有晋察冀边区、晋冀鲁豫边区、晋绥边区、山东解放区,以及华中、华南各抗日根据地。

在根据地发展的最高峰时期,其拥有的人口将近一亿,其拥有的抗日武装力量90余万,占有的领土亦相当辽阔。抗日根据地的政权是在无产阶级领导下,团结工人、农民、小资产阶级、民族资产阶级,除了汉奸反共分子以外的地主买办阶级,以及一切赞成抗日与民主的党派、团体、爱国民主人士与海外侨胞的抗日民主政权,它只对汉奸分子及反共破坏分子实行专政。

2. 抗日民主政权的构成

抗日民主政权的性质既不同于苏维埃工农民主政权,又不同于以后的人民民主专政政权,而"是一切赞成抗日又赞成民主的人们的政权,是几个革命阶级联合起来对付汉奸和反动派的民主专政"[1],是"共产党人和各抗日民主党派及无党派的代表合作的政府,即地方性的联合政府"[2]。这个政权从根本上看,一是反帝国主义,在当时主要是抗击日本帝国主义的侵略;二是统一战线的,联合各抗日力量的革命的阶级,帮助各抗日力量的革命的阶级;三是民主的、革命的,在这个政权下人民享有最广泛的民主和自由,各抗日阶级的利益受到法律的严格保护。抗日战争时期各根据地均制定了大量的政权组织法,根据调整对象的不同,可分为两大类,即参议会组织法、政府组织法,规定了参议会、政府组织的权力。

第一,边区参议会。抗日战争时期,各根据地先后都建立了参议会或临时参议会组织。一般以边区或省为单位,在边区内、省内建立三级或四级参议会组织。如陕甘宁边区为边区、县、乡(市)三级;山东为省、行政区、县、村四级;晋察冀边区先为边区、县、区、村四级,1943年后,取消区代表会改为三级。边区及县参议会在议员中通过选举产生议长、副议长各1人,主持全会工作。

根据地的参议会组织法结合当地实际均对边区(或省)参议会的职权作了详细的规定,边区(或省或区)参议会作为抗日战争时期各根据地最高一级权力机关,有权"创制与复决边区之单行法规","制定本省施政纲领"[3]。参议会享有选举罢免权、监察弹劾权、监督促进权、已决权、审批权、追认权。

第二,边区政府。与各级参议会组织相适应,抗日战争时期各根据地政府组织机构的设置也有三级、四级不等。如陕甘宁边区为边区政府、县政府、

---

[1] 参见毛泽东:《抗日根据地的政权问题》。
[2] 参见毛泽东:《论联合政府》。
[3] 参见1941年11月《陕甘宁边区各级参议会组织条例》。

乡（市）政府三级，山东解放区则为省战时行政委员会（原战时工作推行委员会）、行政区公署、县政府、村公所四级。此外，各根据地均设行政督察专员公署和区公署（所）分别作为边区政府和县政府的派出辅佐机构。

边区政府或边区行政委员会是抗日战争时期各根据地管理各边区政务的最高行政机关，其机构设置、人员编制由专门组织法规作了详细规定。如《陕甘宁边区政府组织条例》规定："陕甘宁边区政府由陕甘宁边区参议会选举委员13人，组织边区政府委员会，呈请国民政府加以委任。陕甘宁边区设主席1人，副主席1人，由陕甘宁边区参议会在边区政府委员中选举之。"其他根据地的规定大体相同，只是政府或行政委员的人数不一。边区政府内设各种职能部门，主持全边区各种行政工作。

第三，边区政府的司法机关。抗日根据地的司法机关虽然在法律上规定隶属于中华民国国民政府，受中央最高法院管辖，属于地方司法机关，但与一般地方司法机关不同，是属于"地方自治的政府"所领导的司法机关。抗日根据地从敌后抗战的实际需要出发，实行政府领导司法的体制，各级司法机关都隶属于政府，受同级参议会监督，由同级政府直接领导，独立行使司法职权。在边区一级设立高等法院，如陕甘宁、晋察冀、晋冀鲁豫等边区及其他大多根据地，高等法院院长和边区政府主席都由参议会选举产生，但高等法院并不向边区参议会负责并报告工作，而只接受参议会的监督，由边区政府直接领导。

抗日根据地司法机关拥有审判、检察和司法行政三种职权，检察机关设在法院内，未置独立的司法行政机关。在陕甘宁、晋察冀等边区，检察机关也都设置在司法机关内，作为法院的构成部分。从总体上说，司法机关除拥有审判权力外，还行使司法行政和检察两种权力。具体来讲，边区政府的高等法院实行院长负责制，在院长之下分设有司法行政处（科）、检察机关、民事法庭、刑事法庭、书记室、看守所和监狱（劳动感化院或自新习艺所等）以及其他机构，在陕甘宁边区高等法院还设有总务科，晋冀鲁豫边区高等法院则还设有巡回法庭。

（二）抗日民主政权的监所

1. 监所种类

抗日战争时期抗日民主政权的狱政建设，是革命根据地按照新民主主义的政治方向，转为系统地进行狱政建设的时期。在这个时期，抗日民主政府阐明了"教育改造主义"的新民主主义狱治思想，监所建立了管理、教育、生产劳动等制度，总结了革命监所关于管理、教育、改造犯人的基本经验，形成了人民民主政权监狱工作的优良传统，并在教育改造犯罪分子的工作中取得了巨大成功。抗日民主政权监所的主要专政对象就是汉奸和其他破坏抗日根据地秩序的分子。抗日民主政权的监所，主要有看守所、监狱、自新学艺所三种类型。

第一，看守所。看守所在抗日战争时期根据地的监所设置中仍然占有重要地位，是监所设置中的主要类型，看守所既关押未决犯又监禁已决犯。就隶属关系而言，看守所可分为两类：一类是公安机关看守所，另一类是司法机关看守所。公安机关看守所主要是羁押未决的汉奸、敌探以及从事破坏抗日政权活动的特种刑事犯，司法机关看守所主要是羁押由司法机关直接侦查、预审的普通刑事案犯。

第二，监狱。1940年以前，抗日根据地没有设置监狱。1941年以后，在环境比较稳定的情况下，边区高等法院和某些独立性较大的行署法院开始设置监狱。例如，1941年4月，晋绥边区高等法院在陕甘宁边区境内设置监狱，称为"后方监狱"。1943年陕甘宁边区各分区高等法院成立，各分庭又各设一所分监，主要关押判处3年及3年以上徒刑的犯人。

第三，自新学艺所。自新学艺所设在晋察冀边区，是晋察冀边区教育改造徒刑犯的专门机关。其前身是1940年成立的"感化院"，1941年7月改为"自新学艺所"。最初作为收容审查和感化教育的机关，主要收容受日伪训练派遣的少年犯和由沦陷区"逃来"边区的政治嫌疑分子。1942年1月，边区政府对"自新学艺所"进行了整顿，把它作为对犯人进行教育改造的机关，收押边区各县判处较长徒刑期的犯人。

2. 监所工作

抗日民主政府以马列主义和党的新民主主义共和国理论为指导，在总结根据地监所工作经验的基础上，逐步形成了人民民主政权的狱治思想和狱政方针。人民民主政权的狱治思想和狱政方针，成了抗日解放区监狱工作的理论依据和总的指导思想。在实践中，贯彻监所管理原则，形成了具体的监所管理制度。

第一，狱治思想和狱政方针。关于根据地监所的作用，根据地的监所在性质和任务上不同于旧监狱，它不再是单纯的惩罚罪犯的场所，而是教育改造犯人的特殊学校。1942年《陕甘宁边区司法纪要》明确指出："边区的监狱，固然是惩罚犯人的场所，同时，也是犯人的教育机关。"1944年7月15日，晋绥边区高等法院的工作总结也指出："我们今天的监狱，是一所带强制性的生产教育学校，是感化教育积极改造犯人的场所。"[1]太行区司法处在总结抗日时期的司法工作时也指出："看守所不仅是看管自新人的所在，而且主要是个非常尖锐复杂的思想斗争场所，是个治病（思想病）救人的地方。"[2]关于感化教育的思想，抗日民主政府一贯倡导实行感化教育的狱政指导思想。各边区政府及各边区高等法院反复强调，边区的监所对犯人实行"感化主义"。在1939年、1941年、1944年和1946年陕甘宁边区的历次参议会上，边区政府主席林伯渠同志都阐述了这一思想，"对犯人采取教育感化的方针"，"不采取'报复'与'惩办'主义，而注重政治教育与感化"。[3]1946年，陕甘宁边区第三届参议会通过的《陕甘宁边区宪法原则》规定："对犯法人采用感化主义。"[4]以宪法形式把对犯人的"感化主义"确定为解放区的基本狱政方针。

抗日根据地的监所对犯人执行刑罚之目的不是单纯的惩罚，更不是报复，而主要是教育改造，使其认识自己的罪行，改造成为对社会有用的人，反对旧监狱的"惩办主义"和"报复主义"。抗日民主政府的感化教育思想，反对蔑视人权和践踏犯人人格，要求把犯人当人看待，清除一切虐待、凌辱、奴役犯人的野蛮粗暴的管理方法。抗日民主政府所主张的感化教育的内容，与资产阶级国家的监狱对犯人施以思想奴化、宗教麻痹的"感化"根本不同。首先，通过抗日民主教育和阶级教育，启发犯人的爱国热情、阶级觉悟，并提高其做人的自尊心，使其成为支持抗日战争、拥护边区新民主主义制度与政策、遵守边区政府法令的好公民。其次，通过劳动观点的教育和生产劳动的锻炼，培养犯人的劳动习惯和劳动技能，使其将来能够成为一个热爱劳动、

---

[1] 参见《晋绥边区司法工作概况》（1944年7月15日）。

[2] 参见太行区司法处徐处长在太行区司法工作会议上的报告《太行司法工作情况——太行山区八年司法工作总结》（1946年5月）。

[3] 参见《陕甘宁边区政府工作报告》（1941年11月18日）。

[4] 参见韩延龙、常兆儒编：《中国新民主主义革命时期根据地法制文献选编》（第1卷），中国社会科学出版社1981年版，第61页。

自食其力的好公民。

关于教育为主,管理、教育、生产三结合的思想,抗日民主政府提出,监所的主要任务有三项,即犯人的管理、教育、生产。管理是运用警戒、看守、管束等手段,限制犯人的自由,强制犯人生活于监所并遵守监所各项制度,接受政府的强制教育和强迫劳动。教育是通过上课、谈话、组织自学讨论等方法,对犯人灌输爱国守法思想、公共道德观念和劳动观点,促使其认罪悔改,确立爱国守法的信念。生产是组织犯人从事劳动,既为社会创造物质财富,减轻人民负担,又对犯人进行劳动改造、培养劳动习惯、学习生产技能。

以上三项工作,都是围绕着一个基本任务、基本目的,就是教育改造犯罪分子,使其成为爱国守法的好公民。抗日民主政府明确提出了把管理、教育、生产三者结合起来,而以教育为主的思想,主要有三层含义:一是在管理、教育、生产三项工作中,教育工作居于主要地位;二是思想教育是完成监所各项工作的精神保证;三是监所的一切工作都以对犯人进行思想改造为根本目的。

第二,监所管理原则。抗日民主政府从加强边区新民主主义的民主与法制建设这一总目标出发,在各边区政府制定的施政纲领和保障人权条例等根本法中,以及各种诉讼法规与监所管理规则中,确定了边区监所管理必须遵循的主要原则。

其一,严格依法办事。对犯人的拘押、管理、处分及开释,都必须严格依法进行。既不准非法拘押,也不准非法剥夺在押犯人依法享有的人权、财权,不得擅行开释或非法减轻其处罚,以防非法侵犯人身权和贪赃枉法。抗日民主政府规定了对犯人的处刑、执行及开释的权限所属,严禁非法判处或开释。司法机关是边区唯一行使审判权的机关,只有依据各级司法机关的判决,并经过上级审判机关复核批准,犯人不上诉,才能对犯人执行刑罚或刑满开释。

其二,加强对犯人的看守管束。监所是拘禁和执行刑罚的场所,一切任务的完成,都以强制犯人守法,不发生逃跑、自杀、破坏、捣乱为前提。看守包含着一系列的复杂工作,每个环节都充满着与犯罪分子的尖锐斗争。敌对分子时时处处都在寻找可乘之机,以求达到逃避法律制裁或破坏捣乱之目的。因此,应加强对犯人的看守管束,严密各项管理规则,提高看守技术,堵塞一切可使敌人利用的漏洞，严防不法行为发生。抗日民主政府总结了看守经验，制定了监狱管理与看守所管理规则，如犯人入所登记、检查及接见规则、犯人守法规则等，其目的在于明确工作人员的职责和犯罪人的守法纪律，以防犯罪分子任何不轨行为的发生。一些边区高等法院在监狱和看守所管理规则中，还明确规定了监所工作人员的具体职责与纪律，不允许玩忽职守。

其三，严禁使用肉刑及侮辱虐待犯人。各边区政府十分重视在监所工作中肃清封建主义余毒，废除腐朽的监管作风和制度。在监所管理规则中，规定了禁止使用肉刑及侮辱、虐待犯人的条款。如《陕甘宁边区施政纲领》规定："改进司法制度，坚决废除肉刑。"[1]《苏中区第二行政区诉讼暂行条例》规定："看守所对犯人应施以感化教育，不得有索诈陋规及侮辱、打骂等事情。"[2]《陕甘宁边区高等法院监狱管理规则》规定："对守法人不得有随意招绑打骂及凌辱的行为。"

其四，教育为主、惩罚为辅。抗日民主政府强调，监所管束犯人，使其遵守监规，主要依靠思想教育的各种方式，明之以理、晓以利害。对违反监规者的惩罚，只是辅助的手段。根据地的监所创造了各种教育犯人的形式，积累了教育犯人的丰富经验。边区提倡说服教育，并非不要惩罚，而是把鼓励和惩罚结合起来。对于不接受教育改造、不服从监所管理，甚至进行破坏捣乱者，根据情节轻重要给予警告、记过等处分，严重者则要加刑。而对于认罪态度好，积极改造者，则给予表扬、奖励，以至减刑提前释放。

其五，实行革命人道主义。在生活待遇和生活管理上，实行革命人道主义。抗日根据地的监所，反对在生活上折磨、苛待犯人或有意制造犯人痛苦，给其"罪受"。伙食供给要求使犯人吃饱，并在发展生产的基础上，适当改善犯人生活。在居住和卫生条件上，保持监房和犯人的清洁卫生，预防疾病，有病及时治疗。作息时间的安排，实行劳逸结合，反对苦役折磨。在犯人的活动内容方面，反对单纯"坐监"，既要生产劳动，又要进行学习，还要开展文化体育活动，以丰富其精神生活。

---

[1] 参见韩延龙、常兆儒编：《中国新民主主义革命时期根据地法制文献选编》（第1卷），中国社会科学出版社1981年版，第131页。

[2] 参见韩延龙、常兆儒编：《中国新民主主义革命时期根据地法制文献选编》（第1卷），中国社会科学出版社1981年版，第93页。

第三，监所管理制度。在抗日民主政府关于监所管理的基本原则指导下，根据地监所主要制定并实行看守管理制度、生活管理制度、教育及思想工作制度、生产劳动的组织管理制度、监外执行办法等制度。看守管理制度方面主要有，犯人出、入所登记规则，检查与接见规则，犯人守法规则，犯人财物保管规则。生活管理制度方面，确立了囚粮及被服供给标准与办法，规定了卫生医疗制度，制定了犯人作息制度。教育及思想工作制度方面，实行政治教育、劳动教育、文化教育"三大教育"，开展个别思想教育，组织犯人自己教育自己。生产劳动的组织管理制度方面，建立和发展监所生产事业，如开荒种地、从事简单的手工业、搞短途运输、组织农忙包工队，确立以教育为主、教育与生产劳动相结合的方针，实行监所生产的收益分配与奖励制度。在监外执行办法方面，抗日民主政府从革命根据地所处的游击战争环境的实际情况出发，为尽量减少在监所服刑的人犯，以应付敌人的袭击，并节省政府的人力和开支，创造了回村执行、保外服役、战时分遣等多种监外执行的方式，依靠各方面的力量对服刑罪犯进行管理教育改造。同时，为了组织一切力量进行生产自救，并减少因犯人正常活动而带来的某些社会问题，还对某些犯人实行了"取保假释"、放"春耕假""秋收假"等特殊措施。

三、解放战争时期人民解放区的监狱

（一）解放战争时期人民解放区的建立

从1945年8月15日日本投降，到1949年10月1日中华人民共和国中央人民政府成立，为解放战争时期。该时期解放区各级人民民主政权的发展变化，经历了两个阶段。第一阶段，从抗战胜利到1946年6月内战全面爆发之前，解放区人民民主政权的性质及其组织形式与抗战时期基本相同。在新解放地区制定的政权组织法规，有1946年1月《辽西各市县临时参议会暂行组织条例》和同年3月《张家口市参议会组织暂行条例》。第二阶段，从1946年7月至1949年10月，随着解放战争的胜利发展，解放区不断扩大、逐步连成一片，为了适应新形势的发展，成立了大区人民政府。在新解放区的大中城市成立了军事管制委员会。此外，还在内蒙古成立了第一个少数民族的自治政府。在大区人民政府之下，建立了省（市）、县、乡甚至村的政权，大区人民政府内的各行政机构、司法机构及其他有关的机构也得到了进一步的健

全和发展。

随着解放战争的胜利发展，全国解放区除华东解放区外，其他如东北、西北、华北、中原解放区都先后成立了大区人民政府，统一领导各该地区的政务工作。解放战争后期，根据中共中央于1948年11月15日发布的《关于军事管制问题的指示》的精神，解放军在占领大中城市时，建立军事管制委员会，对该城市实行军事管制。军事管制的目的是迅速肃清反动派残余势力，建立革命新秩序，以保障国家和人民生命财产的安全。1949年2月，北平市率先成立军事管制委员会；4月23日南京解放，成立南京市军事管制委员会；稍后，武汉、西安、上海相继解放，也都成立了军事管制委员会。军事管制委员会在人民解放军总部、军区及前线司令部的领导下，为该城市军事管制期间统一的军政机关。根据《北平市军事管制委员会组织条例》等规定，军管会承担着肃清反动派残余势力、建立革命新秩序、保障国家和人民生命财产的安全的任务，其中包括建立系统的革命机关、革命的警察、法庭和监狱。

（二）解放战争时期人民解放区的监所

1. 解放区监所工作的方针政策

抗日战争胜利后，解放区人民民主政权的狱政建设面临新的形势。随着人民抗日武装对大片国土的收复和解放区的迅速扩大，清理、惩治汉奸和教育改造各种刑事犯罪分子的任务也随之而来，形势要求加强解放区的狱政建设。大批县城和部分中等城市获得解放，建立起比较稳定的根据地，为监所建设提供了有利条件。为巩固解放的革命政权、加强解放区的民主与法制建设，需要把解放区的监狱建设成为我国历史上最文明进步的监狱，这是解放区司法战线的一项重要任务。在这种形势下，各解放区政府一方面健全了监所设置，充实了监所机构；另一方面，全面总结革命根据地监所工作经验，从理论上、政策上，丰富和完善了新民主主义的狱政思想和监狱制度。1945年12月的陕甘宁边区推事、审判员联席会议，1946年的太行区司法工作会议等，进一步明确了解放区监所工作方针政策。

第一，"把犯人当人看待"。陕甘宁边区高等法院在边区司法会议的总结报告中指出："犯人也是人"，是"犯了法的普通人"，"不能把犯人不当人看"。这是解放区监所工作的一个根本观点。从这个观点出发，对犯人要实行革命人道主义，禁止侮辱、虐待、打骂等一切非人道待遇，改良监所的卫生环境和犯人的生活待遇，建设文明监狱。采取"治病救人"的态度，对犯人的教育改造，要从尊重其人格开始，关怀其前途，关心其生活，以说服教育的方式，帮助其认识犯罪的根源和获得新生的道路。

第二，实行"教育改造主义"。太行区司法会议指出："看守所不仅是看管自新人的所在，而且主要是一个非常尖锐复杂的思想斗争场所，是个治病（思想病）救人的地方。"监所的三大任务是管理、生产、教育，三者之间有着有机统一的关系。"生产是为了教育，管理也是为了教育，进行思想的感化教育，是监狱看守所工作的中心一环。"陕甘宁边区司法会也指出："对犯人的教育是监所工作的中心，而教育是以实际改造其思想为主。"与此相适应，各边区都批判了单纯看守的思想为"报复主义"与"惩办主义"。强调对犯人进行三大教育即政治教育、劳动教育和文化教育。

第三，监所领导下的"犯人自治"。解放区的监所，继承了抗日时期实行"犯人自治"的经验，并进行了总结和推广。1946年太行区司法会在总结"犯人自治"的经验时指出，集中犯人中的积极力量，在监所干部领导帮助下，于一定范围内实行"民主管理"，是个成功的经验。建立"自新人生活管理委员会"或"俱乐部"，其内部管理人员由犯人推选，由监所批准；他们组织犯人的学习、劳动及文化体育活动，并可对监所工作提出建议与批评。实践证明，"犯人自治"可激发犯人工作及自我改造的积极性，培养其适应群体生活的民主习惯，可监督监所干部，有利于改进工作。

2. 解放区监所工作的开展

抗日战争胜利后，人民抗日武装迅速收复了大片国土，并解放了大批县城；大多数边区政权也开始走出游击战环境，获得了较大范围的、稳定的根据地，为监所建设提供了有利条件。随之，解放区的监所设置有了新的发展，惩治汉奸的任务紧迫繁重起来。蒋介石国民党发动内战后，随着解放战争的胜利进展，解放区迅速向全国扩展，大批县城和中小城市相继获得解放。在解放战争时期，解放区监所建设进入了重大发展的时期。一方面，摧毁国民党反革命势力后，人民政权监所面临着惩治大批反革命分子和各种刑事罪犯的艰巨任务；另一方面，随着大、中城市的解放和国民党政府各级监狱被接收，又有大批青年知识分子（包括法律方面的学者和大学生）加入革命队伍，促使解放区的监所建设得以向系统化、正规化发展。为了适应这种形势，人民革命政府进行了接管、改造旧监狱，创建"劳改队"等系统的狱政建设工作,并取得了显著的成绩。在党和人民政府的正确领导下,解放区广大狱政干部依靠根据地形成的先进的狱政思想及工作经验,发扬革命作风,在短时期内迅速建立起了以城市大监狱为主体的新的监狱体系,为新中国的狱政事业奠定了良好的基础。

第一,监所对汉奸、战犯及反革命分子的教育改造。解放战争时期,解放区人民政府创建了"联合看守所""联合监狱""俘虏军官教导队""管训队"等新监所,看守、审查和教育改造汉奸、战犯及国民党政权中的反革命骨干分子。解放区人民政府对汉奸、战犯及国民党党政军骨干分子的教育改造,取得了巨大的成功,大批反动营垒的成员经过教育,放弃了反动立场,站到人民大众一边。绝大多数人坦白交代了他们的罪行,表现了悔改的愿望,得到了从宽处理。这一成功表现了中国共产党和人民政府政策的正确性和巨大威力,也是人民政府监所工作的伟大成就。

其一,联合看守所。日本投降后,在收复中小城市的过程中,由地方公安机关、军队政工、保卫部门采取联合行动,对日伪汉奸分子进行清理。为处理日伪汉奸分子,适应形势需要,一些县、市政府建立了联合看守所。联合看守所收押各有关部门逮捕的日伪汉奸分子,对他们进行集中关押和审查。

其二,联合监狱。根据联合看守所的经验,有些地区则建立了联合监狱。联合监狱设立于行署一级,由行署司法处、公安处、军分区保卫部等单位的负责人组成领导小组,对联合监狱的重大事项作出决定、指导全面工作。联合监狱主要收监已判决徒刑的汉奸犯和其他刑事犯,同时兼收所在地的未决犯。

其三,俘虏军官教导队。俘虏军官教导队是人民解放军系统建立的,对战争中被俘虏的国民党军队中的战争罪犯及一定级别的军官,进行集中教育审查的机关。俘虏军官教导队不同于一般看守所、监狱。首先,根据优待俘虏的政策,给他们较好的生活待遇,在管理上除严格警戒防止逃跑、暴动外,在内部给予较多的活动自由。其次,以政治思想教育转变其政治立场为主,除对其中的战争罪犯、特务分子和其他反革命罪犯移送公安、司法机关处理外,绝大部分皆予以开释。

其四,管训队。管训队是地方公安机关领导的,对国民党反革命骨干分子进行集中管教和审查的机构。一般设于边区政府、行署和新解放的大中城市,由公安局预审处(科)直接管理。管训队收押看管在日伪及国民党反动机构中担负一定领导职务的汉奸及反革命骨干分子，防止其破坏与捣乱。对其进行政治教育，促使其转变反共反人民的立场。审查他们的历史罪行，根据其罪行大小与悔罪程度等情况分别处理，或遣返回国民党统治区，或安置使用，或移送司法机关审判，其中大部分留待全国解放后处理。收集整理国民党党政警宪特务系统的组织及人员资料，以便彻底清理国民党反革命势力。

第二，接管改造旧监狱。解放战争后期，随着大城市陆续解放和党与人民政府工作重点转向城市，解放区的狱政也进入了以城市大监狱为中心的系统化正规化建设的新阶段。从前国民党政府在各省建立了陆军监狱、各种特务机关的看守所、"训导队""集中营"等监所，用以镇压迫害革命人士和劳动群众。人民政府进入大城市后，对特务机关的监所一概查封废除，对于普通监狱则进行改造，把它变成人民民主专政的工具，用以镇压反动势力的颠覆破坏活动，教育改造反革命罪犯及其他多种危害人民民主专政秩序的犯罪分子。

解放区人民政府在接管旧监狱后，一方面对在押犯进行清理。对凡因从事革命活动而被关押者，立即迎接出狱；凡属被迫害的人民及一般刑事犯罪，一律释放；对于惯匪及因国民党内部斗争而被关押的反革命骨干分子，则暂不释放，留待以后审查处理。另一方面废除旧的监狱管理机构，清理、区别对待旧的管理人员，将其中罪恶严重的反革命分子、特务分子，交由公安机关管训审查；对那些恶习较深，不堪留用者，或遣返，或另外安置就业；对少数经过审查教育，尚可使用者，特别是有一定专长者（如生产管理人员、财务、医务等技术人员），则酌情安排使用。在上述工作的基础上，建立新的监狱管理机构，投入到保卫新生革命政权的事业中。

第三，建设正规化的新型监所。随着大城市的陆续解放和接管，迅速建起了人民民主政权新的监狱体系。解放区的监狱建设，走出了以农村为基地的状态，形成了以城市大监狱为主体的新体制。为适应新型监所体系的要求，就需要把解放区长期以来形成的监所工作的优良传统和教育改造工作的成功经验落实成适应城市环境的完整、系统、规范化的管理制度。同时，也需要彻底废除旧监狱管理制度，建设具有革命人道主义精神、体现感化教育和劳动改造相结合方针的新型监狱管理制度。

其一，完善监所干部队伍建设。解放区的革命队伍由农村进入大城市，管理大监狱，老干部要提高政策管理水平，新吸收的大批青年知识分子需要革命理论和政策的武装。搞好监所干部队伍建设，是管好监狱工作的关键。因此，各监所普遍建立了正规的干部学习制度，学习马列主义毛泽东思想和党的新民主主义革命理论与政策，学习解放区的新型狱政思想、方针、政策，批判剥削阶级的狱政思想和管理作风，引导干部树立新民主主义的法制观点，教育改造主义的狱政观点，执行人民政府的刑事政策和监狱法规，从而培养出一支具有高度政治觉悟、良好的狱政业务水平和优良工作作风的新型监所干部队伍。

其二，建立正规的犯人教育制度。不同于旧监狱的"惩办主义""奴役主义"，人民政府的监所对犯人实行感化教育的方针，建立系统的教育制度和思想工作。监狱不仅设有管教干事，负责犯人的思想工作，而且设立了专职教员，建立经常的上课制度，负责犯人的学习。组织犯人学习党的新民主主义理论和政策，学习人民政府的法令，还请有关领导和社会人士作报告，有的还组织犯人参观，进行社会教育。

新监狱对犯人的思想工作制度深入细致。对犯人在监狱中各个阶段、各个环节上的思想活动规律要进行深入了解，进行有针对性的教育，克服其恐惧、苦闷、抵触等不正常情绪。针对各个犯人的不同思想问题，进行个别教育；针对不同类型犯人的特点，进行分类教育。例如，哈尔滨市监狱按犯罪性质特点，把犯人分为反革命、贪污、窃盗、强盗、贩毒、通奸等14种类型，分析其犯罪原因、危害后果和错误思想，进行分别教育，起到了很好的教育作用。

其三，监所积极组织犯人劳动生产。人民政权接管旧监狱后，为开展监狱生产、建立劳动改造制度，做了极大努力并取得了重大成果。例如，哈尔滨市监狱在1947年7月就提出了"组织生产、自给自足"，"通过劳动、改造犯人"的方针，建立了织布厂、印刷厂、被服厂和铁工厂；到1948年，仅用生产收入的27%，就实现了监狱全部经费自给，还用35%的生产收入搞扩大生产，20%的收入搞基建，使监狱条件有了重大改变。许多犯人通过生产劳动，养成了劳动习惯，学会了生产技能，并在获释后谋得了正当职业。

其四，改良监狱环境和犯人待遇。人民政权从革命人道主义出发，大力改造了旧监狱的恶劣环境，修缮监房、清理环境卫生，增加卫生医疗设备、严格卫生制度，把监狱建成通风、明亮、清洁、文明的处所。在监狱管理上，坚决改变旧监狱任意摧残、折磨、盘剥犯人的恶习和单纯囚禁的管理方法，实行感化教育、劳动改造和革命人道主义。

严格禁止肉刑和侮辱、虐待犯人，除个别有发生意外事故危险的重犯外，一般不得使用手铐、脚镣等戒具。销毁旧监狱的刑具，改变犯人的生活待遇和生活制度。使犯人吃饱饭，在发展监狱生产的基础上，改善犯人生活，丰富犯人生活内容。实行新的作息制度，一般安排有早操、整理内务、读报、上课、劳动、学习讨论与生活检讨会、文化娱乐等，利用各种方式对犯人进行教育，并促进其身体健康，活跃其情绪。建立犯人"俱乐部"或"自治会"，开展犯人自我教育活动，并协助监狱进行行政管理。

第二节　新中国监狱的创建

一、新中国监狱的创建基础

（一）新中国监狱的创建背景

1949年10月1日，中华人民共和国成立。中国共产党成为领导全中国各族人民的执政党。新中国成立后，在中国共产党的领导下，开始创建监狱工作。新中国监狱工作的创建，是在特定的历史条件下进行的，具有鲜明的时代特征。当时，新中国面临着严峻的国际、国内形势，这是创建监狱工作不能回避的大背景，也是创建新中国监狱工作必须考虑的因素。

1. 新中国成立之初的国际形势

中华人民共和国的成立，是20世纪世界上最重大的事件之一，标志着占全人类近1/4的人口大国摆脱了100年来帝国主义的欺压和侵略，从此登上了国际舞台，进而影响了世界政治格局。以美国为代表的帝国主义国家，继续坚持与中国人民为敌的立场，在政治上采取不承认的态度，企图孤立之；在经济上实行封锁，妄图困住之；在军事上进行包围，尤其是美国在1950年公然大举入侵朝鲜，并操纵联合国安理会通过决议，纠集其他国家共同组成所谓的"联合国军"，把战火烧到中国的边境地区。

面对帝国主义国家对新中国在政治上的孤立、经济上的封锁、军事上的包围和直接发动侵略战争，我国各族人民没有被吓倒，而是在中国共产党的领导下针锋相对地采取了相应的必要措施进行坚决反击，粉碎了美帝国主义妄图封锁新中国的梦想。

2. 新中国成立之初的国内形势

中华人民共和国成立后，面临的国内形势非常严峻。在政治上被推翻的敌对阶级和敌对势力不甘心自己的失败，时刻梦想复辟自己失去的"天堂"，进行反攻倒算。国民党反动派败逃到台湾，在大陆上残留下来的反革命势力非常大，其中包括武装土匪、反动党团骨干分子、特务、反动会道门的骨干人员等。例如，仅在西南地区就有土匪百万、特务八万。[1]在经济上落后、不发达，属于穷国，而且百废待兴急需重建。例如，新中国成立时的"1949年在工农业总产值中，现代工业产值只占17%，根据联合国亚洲及太平洋社会委员会统计，1949年中国人均国民收入27美元，不及整个亚洲平均的2/3，不足印度51美元的一半"。[2]

当时，新中国的生产力发展水平极其低下，而且国家财政极其困难。就是在这样困难的情况下，在军事上不仅要剿灭解放区的国民党反动派残余武装力量、土匪，而且要打击国民党军队的反攻和侵扰，进行抗美援朝反击美帝国主义对新中国的战争威胁。同时，新中国建立初期，被推翻的反动阶级并不甘心灭亡，革命与反革命的斗争十分尖锐。为巩固新生的人民民主专政的国家政权，从1951年开始，在全国范围内进行了大张旗鼓的镇压反革命运动，依法惩办了大批犯罪分子。

(二) 新中国监狱工作创建的深厚基础

从新生政权的角度讲，毫无疑问，监狱工作的创建依托于政权。新中国监狱工作的创建，不仅有新政权的依托，而且有深厚的基础，下面简要阐述其实践基础、理论基础、法律基础。

1. 实践基础

早在新中国成立之前的新民主主义革命时期，中国共产党领导的民主政权就开始了监所工作，民主政权的监所工作经历了土地革命战争时期、抗日战争时期、解放战争时期，一直不间断地延续到新中国的成立并且已经积累了一定的实践经验。根据地民主政权的监所工作，正确地运用马克思列宁主义关于罪犯改造的基本理论，成功地将犯罪分子改造成为自食其力的守法者。

---

[1] 参见王福金：《中国劳改工作简史》，警官教育出版社1993年版，第44页。
[2] 参见胡绳主编：《中国共产党的七十年》，中共党史出版社1991年版，第289页。

在民主政权的监所工作中逐渐形成一套较完整的监所工作法规、制度，以及一些经过实践检验被证明是成功的工作经验，尤其是对罪犯的监管、教育、劳动等法规、制度、工作经验成了创建新中国监狱工作的实践基础。

2. 理论基础

新中国监狱工作创建的理论基础是马克思列宁主义、毛泽东思想。马克思列宁主义作为中国革命的指导思想，提出了改造罪犯的理论。马克思主义认为，无产阶级只有解放全人类，才能最后解放自己，罪犯作为社会人口构成中的一个组成部分，对其改造是无产阶级历史使命中的应有内容。马克思主义经典著作指出："在一个一般的工人纲领里面……无论如何应该说明，工人们完全不愿意由于担心竞争而让一般犯人受到牺畜一样的待遇，特别是不愿意使他们失掉改过自新的唯一手段即生产劳动。"〔1〕

1917年俄国十月革命成功后，以列宁为首领导的俄国苏维埃国家，把马克思主义改造罪犯的思想作为劳动改造罪犯工作的指导思想，把罪犯改造的思想落实在实际工作中，建立了劳动改造罪犯制度。把劳动改造罪犯制度纳入到法规建设上，1918年6月颁布了《关于监狱制度的暂行细则》，1920年11月公布了《俄罗斯苏维埃社会主义共和国监狱条例》，1924年10月制定了苏俄第一部《劳动改造法典》，1933年8月通过了第二部《劳动改造法典》。苏联劳动改造罪犯的理论制度和法律实践，逐渐形成劳动改造法学这门科学，对其他社会主义国家，其中也包括对新中国监狱工作的创建以及新中国监狱工作的实践，产生了重要作用。

在新中国成立前，中国共产党领导的民主政权的监所工作，贯彻执行对罪犯改造的思想，对罪犯的改造已经成为中国共产党改造世界伟大历史使命的一个组成部分。毛泽东思想作为马克思列宁主义与中国革命实践相结合的理论结晶，包括了改造罪犯的理论。毛泽东同志在1937年所著的《实践论》中对此作过以下表述："社会的发展到了今天的时代，正确地认识世界和改造世界的责任，已经历史地落在无产阶级及其政党的肩上……所谓被改造的客观世界，其中包括了一切反对改造的人们，他们的被改造，须要通过强迫的阶段，然后才能进入自觉的阶段。世界到了全人类都自觉地改造自己和改造

---

〔1〕 参见《马克思恩格斯选集》（第3卷），人民出版社1972年版，第25页。

世界的时候，那就是世界的共产主义时代。"[1]马克思列宁主义、毛泽东思想理论体系中，关于对罪犯改造的思想是创建新中国监狱工作的理论基础。

3. 法律基础

新中国成立前夕，在1949年2月，中共中央发布《关于废除国民党的六法全书与确定解放区的司法原则的指示》。该指示庄严宣布："在无产阶级领导的工农联盟为主体的人民民主专政政权下，国民党的六法全书应该废除。人民的司法工作，不能再以国民党的六法全书为依据，而应该以人民的新的法律为依据。在人民的新的法律还没有系统地发布以前，应该以共产党政策以及人民政府与人民解放军所已发布的各种纲领、法律、条例、决议为依据。目前，在人民的法律还不完备的情况下，司法机关的办事原则应该是：有纲领、法律、命令、条例、决议规定者，从纲领、法律、命令、条例、决议之规定；无纲领、法律、命令、条例、决议规定者，从新民主主义政策。"这个《指示》为新中国监狱工作的创建奠定了法律基础。

1949年9月29日，中国人民政治协商会议第一届全体会议通过《中国人民政治协商会议共同纲领》（以下简称《共同纲领》）。《共同纲领》第7条规定："中华人民共和国必须镇压一切反革命活动，严厉惩罚一切勾结帝国主义、背叛祖国、反对人民民主事业的国民党反革命战争罪犯和其他怙恶不悛的反革命首要分子。对于一般的反动分子、封建地主、官僚资本家，在解除其武装、消灭其特殊势力后，仍须依法在必要时期内剥夺他们的政治权利，但同时给以生活出路，并强迫他们在劳动中改造自己，成为新人。假如他们继续进行反革命活动，必须予以严厉的制裁。"从1949年9月29日通过后一直到1954年9月20日为止，《共同纲领》起着临时宪法的作用，为创建新中国监狱工作提供了依据。

（三）新中国监狱工作的全面创建

1. 犯罪人数剧增

新中国成立后，为了巩固新生的人民共和国，镇压敌对阶级和敌对分子的反抗，一大批危害国家安全犯罪分子和其他刑事犯罪分子被依法判处死刑缓期二年执行、无期徒刑、有期徒刑。依据《共同纲领》第7条规定："强迫

---

[1] 参见《毛泽东选集》（第1卷），人民出版社1991年版，第296页。

他们在劳动中改造自己，成为新人。"这些被依法判处死刑缓期二年执行、无期徒刑、有期徒刑的犯罪分子依法被送交劳动改造机关[1]执行刑罚。据统计数据表明，1950年劳动改造机关在押罪犯人数为151 441人，其中反革命犯人数为11 511人，占在押罪犯人数的7.64%；1951年劳动改造机关在押罪犯人数为872 951人，其中反革命犯人数为326 497人，占在押罪犯人数的37.40%。在收监人数上，1950年劳动改造机关收监罪犯人数为125 189人，占在押罪犯人数的83.06%；1951年劳动改造机关收监罪犯人数为606 142人，占在押罪犯人数的69.44%。[2]从1949年至1950年，我国劳动改造机关收押罪犯人数逐年增多。这是因为新生的人民民主专政政权为维护社会的稳定，一方面开始进行镇压反革命分子，另一方面严厉打击破坏社会秩序的刑事犯罪分子。一大批反革命犯和其他刑事犯罪分子被依法判处死刑缓期二年执行、无期徒刑、有期徒刑的刑罚，收押在劳动改造机关执行刑罚。由此导致劳动改造机关在押罪犯人数剧增，而且反革命犯人数占较大比例。

2. 实施劳动改造

新中国成立初期，被人民民主政权接收的旧监狱破旧不堪，难以解决罪犯人数激增后的收押问题，更难解决罪犯劳动生产问题，大批罪犯由于无劳动项目而坐吃闲饭，监狱对罪犯的教育改造难以开展。如果被依法判处死刑缓期二年执行、无期徒刑、有期徒刑刑罚的反革命罪犯和其他刑事犯罪罪犯在监狱内不能得到有效改造，那么改造罪犯成为新人的目的将难以实现。针对上述问题，1951年5月10日至15日，在北京召开的第三次全国公安会议把组织全国犯人劳动改造问题作为会议的一项重要内容进行了讨论，并通过了《关于组织全国犯人劳动改造问题的决议》。该决议指出："大批应判徒刑的犯人，是一个很大的劳动力，为了改造他们，为了解决监狱的困难，为了不让判处徒刑的反革命分子坐吃闲饭，必须立即着手组织劳动改造的工作。凡已有这一工作的地区，应在原有的基础上加以扩大。主要的办法是由县一级，专署一级，省市一级，大行政区一级和中央一级，共五级，分工负责，划分人数，指拨经费，调配干部和管押的武装部队，组织犯人劳动，从事大

---

[1] 新中国成立后，由于在政治、外交上与苏联等社会主义国家结成了社会主义阵营，在监狱工作方面也采取了苏联式的称谓，故监狱工作称为劳改工作。

[2] 参见司法部监狱管理局编：《当代中国监狱概览（1949—1989）》，法律出版社2000年版，第7~8页。

规模的水利、筑路、垦荒、开矿和造屋等生产建设事业。此事极为艰巨，又极为紧急，必须用全力迅速地获得解决。"

第三次全国公安会议通过的《关于组织全国犯人劳动改造问题的决议》呈报中央后，中共中央于1951年5月22日对该决议作出了重要批示："各中央局、各大军区，并转分局、省市区党委、地委、县委，地方军区、各级公安部门及县以上各级人民政府党组：兹将第三次全国公安会议关于组织全国犯人劳动改造问题的决议发给你们。中央批准这个决议，望你们遵照执行。"按照中央的批示，第三次全国公安会议通过的《关于组织全国犯人劳动改造问题的决议》得到迅速的贯彻执行，大规模的组织罪犯劳动改造工作在全国范围内开展起来。随即，一大批罪犯被调到东北、华北、西北地区参加水利、筑路、垦荒、开矿和造屋等生产建设事业。这些被调到东北、华北、西北地区参加水利、筑路、垦荒、开矿和造屋等生产建设事业的罪犯，不仅在劳动改造过程中被改造成为自食其力的守法公民，而且为东北、华北、西北地区的经济建设做出了一定贡献。

二、新中国监狱的制度建设

（一）监狱体制管理制度建设

1. 劳改工作的机构建设

劳改工作的机构建设是创建新中国监狱工作的重要内容之一。随着新中国的成立，国家机构体制就水到渠成地构建起来了。作为国家机构体制的重要组成部分之一，根据我国的国情，劳改工作机构体制也相应地建立起来了，确立了劳改工作的主管机关和劳改工作的各级管理机构。在监狱体制管理制度建设上，新中国成立之初，经历了两个短暂的阶段。

第一，监狱体制管理制度建设的第一阶段。1949年10月1日，中华人民共和国中央人民政府成立。中央人民政府的许多机构，以原华北人民政府所属有关各机构为基础建立起来。1949年11月1日，中央人民政府司法部成立，《中央人民政府司法部试行组织条例》于1949年12月20日经中央人民政府委员会批准。根据1949年12月20日中央人民政府委员会批准的《中央人民政府司法部试行组织条例》的规定，司法部"主持全国司法行政事宜"。全国司法行政事宜包括"关于犯人改造监管机关之设置、废止、合并、指导、监督事项"。《中央人民政府司法部试行组织条例》以法规的形式明确规定，司法部是全国劳改工作的领导机关。

第二，监狱体制管理制度建设的第二阶段。1950年11月3日，中央人民政府政务院发布《关于加强人民司法工作的指示》。该指示规定："关于监所管理，目前一般宜归公安部门负责，兼受司法部门指导，由省以上人民政府依各地具体情况适当决定之。"对此，1950年11月30日，中央人民政府司法部部长史良和公安部部长罗瑞卿会衔发出《中央司法部、公安部关于监狱、看守所和劳动改造队移转公安部门领导的指示》。据此，司法机关全部交由同级公安部门接收。此后，全国劳改工作由中央人民政府公安部领导。

1953年3月20日，为加强对全国劳动改造工作的管理，中央人民政府公安部增设劳动改造工作管理局，管理全国劳动改造的业务工作。大行政区、省和大市在各级公安部门内设置劳动改造管理处，作为专门管理劳动改造工作的机构，分为教育、管理、生产三科。1954年6月19日，中央人民政府委员会第32次会议通过《撤销大区一级行政机构和合并若干省、市建制的决定》，撤销大行政区一级行政机构。相应地，劳改工作的管理机构就逐渐发展成为中央和省两级管理，以省管为主的劳改工作管理体制。其基本内容为：中央人民政府公安部领导全国劳动改造工作，公安部设置劳改工作管理局管理全国劳动改造工作的业务工作；省（自治区、直辖市）公安厅（局）领导本省（自治区、直辖市）的劳动改造工作，省（自治区、直辖市）公安厅（局）设置劳改工作管理处（局），管理本省（自治区、直辖市）劳动改造工作的业务工作。

2. 监狱工作队伍的制度建设

在创建新中国监狱工作过程中，国家和政府高度重视监狱工作干部队伍的建设。根据第三次全国公安会议通过的《关于组织全国犯人劳动改造问题的决议》，劳动改造罪犯工作大规模地开展起来了。由于监狱在押罪犯人数激增，监狱管理人员不足的问题就凸显出来了。于是，《关于组织全国犯人劳动改造问题的决议》采取了两项措施：一是调配劳改工作管理机构的工作人员；二是调配劳动改造队的干部，其供给应按军队干部待遇。在贯彻执行上述决议过程中，由地方党委调配一批得力干部到各级劳改工作管理机构，一批部队转业干部、青年知识分子和必要的技术干部补充到劳动改造队中，以适应大规模开展劳改工作的需要。

根据《第一次全国劳改工作会议决议》关于设置专职政治工作干部的要求，在农场、劳改工程队、工厂、矿场中，分别按需要设立政治委员、政治教导员、政治指导员及其他必要的政治工作人员。政治工作人员"在党委的领导下，通过组织、宣传教育等工作，实现党的政治思想的领导，发挥工作人员的积极性和创造性，保证政策、方针的贯彻和执行，保证各个时期生产和管教任务的完成"。各级劳改工作机构进行了设置专职政治工作机构和调配劳改政治工作干部的工作，进一步加强了党对劳改工作的政治思想领导，进一步发挥了劳改工作干警的积极性和创造性，保证了劳改工作的政策、方针的贯彻和执行，保证了新中国监狱工作创建过程中管教和生产任务的完成。

（二）监狱执行刑罚制度建设

1. 劳动改造罪犯工作的指导思想

监狱作为国家机器的重要组成部分之一，是人类社会文明发展的必然结果。监狱执行刑罚管理制度，是指为了实现监狱行刑任务和目的而设计的，国家监狱与罪犯之间相互关系，规范监狱与罪犯双方行为的规范制度。根据《共同纲领》第7条规定，新中国的劳动改造机关收押依法被判处死刑缓期二年执行、无期徒刑、有期徒刑刑罚的反革命犯罪分子和其他刑事犯罪分子，执行所判处的刑罚。由于劳动改造机关对罪犯的行刑改造是通过劳动这一基本社会实践形式进行的，所以新中国的监狱行刑制度称为劳动改造罪犯制度。劳动改造罪犯工作的指导思想，包括劳动改造罪犯工作的方针、政策、原则等内容。

第一，劳动改造罪犯工作的方针。在第三次全国公安会议通过的《关于组织全国犯人劳动改造问题的决议》指引下，新中国劳动改造罪犯工作大规模开展起来了。该决议确立了当时劳改工作"三个为了"的方针，即"大批应判徒刑的犯人是一个很大的劳动力，为了改造他们，为了解决监狱的困难，为了不让判处徒刑的反革命分子坐吃闲饭，必须立即着手组织劳动改造的工作"。"三个为了"的方针，指明了当时劳改工作的方向。

第二，劳动改造罪犯工作的政策。根据长期改造罪犯的工作经验，新中国确立了劳动改造罪犯工作的政策。新中国成立之初，劳动改造罪犯工作的政策包括，惩办与宽大相结合政策，分别对待的政策，人道主义的政策。《第一次全国劳改工作会议决议》要求，一方面要"打击和惩治敢于继续从事反革命和其他破坏活动的少数分子",另一方面要"对于有科学技术的犯人,除了大力进行政治思想改造外,可以给予适当的物质照顾,以发挥他们在生产中的作用"。这是新中国成立以来,第一次以会议决议的形式,对惩办与宽大相结合政策做出的简明表述。

《第一次全国劳改工作会议决议》指出:"进行管教工作时,必须按罪犯类别、性质、刑期长短、悔悟程度和劳动表现等,实行分别对待的政策。"同时强调:"对于罪犯的生活条件和劳动条件,应有适当的保证……必须严格禁止克扣囚粮。要适当地规定犯人劳动时间。要建立与健全犯人中的卫生组织,有效地预防犯人的疾病、死亡现象的发生。"该决议阐述了人道主义政策的实质内容。

第三,劳动改造罪犯工作的原则。在新中国劳改工作创建阶段确立的劳动改造罪犯工作的原则主要有,惩办和改造相结合的原则,严格管制和经常教育相结合的原则,生产工作和管教工作相结合的原则。第三次全国公安会议通过的《关于组织全国犯人劳动改造问题的决议》要求:"必须根据惩办与改造相结合的原则,并适应全国各项建设的需要,立即着手通盘计划,组织劳动改造工作。"该决议明确提出了惩办与改造相结合的原则。

《第一次全国劳改工作会议决议》指出:"在强迫罪犯劳动生产中,必须进行严格的管制和经常的教育工作,两者不得脱节。"即提出了严格管制和经常教育相结合的原则。《第二次全国劳改工作会议决议》指出:"生产工作与管教工作必须是相辅为用,相互结合,片面强调生产而忽视管教或片面强调管教而忽视生产的观点,都是错误的,均应予以防止和纠正。"即总结出了生产工作和管教工作相结合的原则。

2. 劳动改造罪犯工作的基本制度

新中国成立后,在党和国家的高度重视下,相关的全国性工作会议作出了诸多决议或指示,为新中国监狱工作的开展做出了重要指导。新中国劳改工作创建过程中逐渐形成了一整套较为完整的具有中国特色的劳改工作基本制度,主要内容包括:劳动分类管理制度、教育制度、考核奖惩制度、劳改生产管理制度等。

第一,劳动分类管理制度。在第三次全国公安会议上通过的《关于组织全国犯人劳动改造同厅的决议》对罪犯劳动作出了分类规定,确定了以刑期长短为标准对罪犯劳动进行分类的方案。《第一次全国劳改工作会议决议》还提出:"进行管教工作时,必须按罪犯类别、性质、刑期长短、悔悟程度和劳动表现等,实行分别对待的政策。"劳动改造队,按其刑期长短,基本上应分为下列四种:

其一,判处五年以上徒刑的犯人,应组成劳动大队。由省以上各级政府负责管理,按照国家建设的需要,随时调动,从事大规模的水利、筑路、垦荒、开矿等生产事业。

其二,判处二年至五年徒刑的犯人,一般由专署管理。但在必要时,亦可以由省以上政府调用。

其三,判处二年以下一年以上徒刑的犯人,原则上应在本市、本县参加各种劳动,不宜调往远地,以致劳民伤财。

其四,判处一年以下徒刑的犯人,在当地群众和原告同意的条件下,可交群众管制,从事公共工程或为军属和孤寡老弱代耕及打零工等。这种犯人,原则上应自食其力,不领囚粮。

第二,教育制度。《第一次全国劳改工作会议决议》要求:"要经常地、系统地在罪犯中进行认罪服法教育,劳动创造世界教育,时事教育,罪犯前途教育和生产知识教育,以启发罪犯劳动改造自己、重新做人的积极性。"为了充分发挥教育的改造作用,该决议提出:"善于在适当时机利用生产空隙,召开有准备的罪犯坦白大会,对罪犯的反革命思想进行系统的揭露、批判、斗争……此外,给予劳改罪犯以适当的文化娱乐生活,认真进行罪犯家属工作等都是必要的……那些忽视教育、打骂体罚甚而不管犯人死活的现象,亦须加以预防和纠正。"

按照第三次全国公安会议通过的《关于组织全国犯人劳动改造问题的决议》和《第一次全国劳改工作会议决议》的要求,全国监狱以启发、引导、灌输、强制等各种方式展开了对罪犯的教育改造。随着政治形势的发展,教育改造的内容也应相随发展,同时罪犯的年龄结构、犯罪性质及心理状态等也是考虑的因素。从1949年1月15日接管的旧监狱到1951年镇压反革命运动以后,全国监狱收押的犯人主要是历史反革命犯和旧社会遗留下来的刑事犯罪分子。新监狱针对这种情况,在人民民主专政理论的指导下,运用共产主义思想和劳动改造的手段对罪犯进行矫正和感化,开展了有针对性的多种教育。

第三,考核奖惩制度。《第一次全国劳改工作会议决议》提出:"要建立罪犯档案、卡片，进行考核，严明奖惩制度，以巩固和发挥犯人的生产积极性，并打击和惩治敢于继续从事反革命和其他破坏活动的少数分子。"监狱、看守所和劳动改造队由司法部移归公安部门领导后，为协调劳改工作中的各种关系，中央人民政府公安部、司法部于1952年10月3日发出《中央公安部、司法部关于各地监所移转后，明确法院、公安部门对监所的职责和工作关系的联合指示》。

《中央公安部、司法部关于各地监所移转后，明确法院、公安部门对监所的职责和工作关系的联合指示》具体规定了对犯人加刑、减刑或改判等奖惩措施的使用。犯人的假释及减刑，监所应依据法令规定，提出意见，报同级法院核转各该上级审核执行。在押犯人如再有违法行为，须加刑者，须报由同级法院审判之。对判处死刑、重刑犯在缓刑期间表现良好，须改判者，监所应写具材料，送原审法院审查再判后，呈省人民法院审核，转报省府主席批准执行之。监所不得擅自对犯人加刑、减刑或改判。

第四，劳动生产管理制度。《第一次全国劳改工作会议决议》指出："劳改生产，从政治上看，是属于改造罪犯成为新人的一项重要政策；但从经济上看，则是属于国营经济性质的特殊企业，应列入国家生产建设总计划内，在各级财委的统一领导下进行。"即明确了劳改生产的性质。在总结经验的基础上，《第一次全国劳改工作会议决议》确定了劳改生产的发展方向："今后的劳改生产，必须在现有的基础上，实行长远打算，重点投资，有计划有步骤地逐步走向集中的方针。逐渐做到中央统一调拨，大行政区通盘筹划，省（市）集中经营。今后发展生产的方向：集中力量建立和发展大规模的农场；扩大水利、建筑、伐木的劳改工程队；进行有发展前途的、可以办好的工业和矿业生产；专县二级，比较集中而又有成效地就地劳改生产……"

为了贯彻第一次全国劳改工作会议确定的劳改生产发展方针，《第一次全国劳改工作会议决议》提出了对劳改生产进行调整的意见："国防要地、大城市、重要工业区，以及人口稠密、耕地不足的地区，不宜发展大规模的劳改生产事业，而应有准备地、稳步地分时分批地向地广人稀的西北新疆、华北绥蒙、东北北满、西南川南、西康、华东苏北滨海等地区转移集中……"

《第一次全国劳改工作会议决议》要求："为了具体地指导和监督劳改生产，及时地解决劳改生产中的困难问题，决定中央、大行政区、省、专区四级成立劳改生产管理委员会。劳改生产管理委员会的任务是要保证劳改生产方针政策和生产财务计划的正确实施，解决生产对象、投资、原料来源、产品推销、生产管理和审核劳改经费收支状况等问题。劳改生产管理委员会以各级财经、公安机关负责人担任正、副主任，以财政、农林、水利、工业、贸易、司法等有关部门负责人为委员。各级公安机关的劳改部门，应在劳改生产管理委员会的领导下进行劳动生产工作。"按照《第一次全国劳改工作会议决议》的要求，1952年12月成立了以薄一波为主任委员、罗瑞卿为副主任委员的中央劳改生产管理委员会，随后，大行政区、省、专区三级也相继建立起劳改生产管理委员会。

第三节 新中国监狱的发展

一、新中国成立初期的监狱工作

（一）劳改工作的立法

1.《劳动改造条例》的主要内容

《共同纲领》第7条的规定，为新中国监狱工作的创建奠定了法律基础。在新中国监狱工作创建、发展过程中，开始着手制定《中华人民共和国劳动改造条例》（以下简称《劳动改造条例》）。在起草《劳动改造条例》过程中，听取了苏联法律专家的意见，《劳动改造条例（草案）》初稿曾经政务院政治法律委员会第22次委员会议审查修改并作原则通过。1953年12月10日至24日公安部在北京召开了第二次全国劳改工作会议，对《劳动改造条例（草案）》进行了讨论并原则上通过。1954年9月7日，政务院公布实施了《劳动改造条例》。至1994年12月29日《中华人民共和国监狱法》颁布实施，《劳动改造条例》共施行40年时间，是新中国成立之初颁布实施的法律、法规中适用时间最长的法律。《劳动改造条例》共9章77条，采用总则、分则、附则的体例结构，规定了我国的劳动改造制度。

第一，关于《劳动改造条例》的制定根据和制定目的。《劳动改造条例》的制定根据是《共同纲领》第7条的规定，制定目的是"为了惩罚一切反革命犯和其他刑事犯，并且强迫他们在劳动中改造自己，成为新人"。

第二，关于劳动改造机关的性质和劳改工作方针。劳动改造机关是人民民主专政工具之一,是对一切反革命犯和其他刑事犯实施刑罚惩罚和改造的机关。惩罚管制与思想改造相结合、劳动生产与政治教育相结合,是劳改工作的方针。

第三,关于劳动改造机关的分类。劳动改造机关分为监狱、劳动改造管教队、少年犯管教所、看守所。其中,监狱监管不适宜在监外劳动的已判决死刑缓期执行、无期徒刑的反革命犯和其他的重要刑事犯,劳动改造管教队监管已判决的适宜在监外劳动的反革命犯和其他刑事犯,少年犯管教所监管未成年罪犯,看守所监管未决犯。

第四,关于对罪犯的劳动改造和教育改造。劳动改造必须与政治思想教育相结合,使强迫劳动逐渐接近于自愿劳动,从而达到改造犯人成为新人的目的。对罪犯进行教育改造,应当经常地、有计划地采用集体上课、个别谈话、指定学习文件、组织讨论等方式,进行认罪守法教育、时事政治教育、劳动生产教育和文化教育,以揭发犯罪本质,消灭犯罪思想,树立新的道德观念。

第五,关于罪犯管理制度。罪犯管理制度包括,收押制度、警诫制度、生活卫生制度、接见和通信制度、保外就医制度、释放制度、奖惩制度等。

第六,关于劳动改造机关的经费。根据《劳动改造条例》的规定,劳改机关的经费来源包括两个部分:一是国家预算内拨款,二是改造机关的生产收入。

2. 《劳动改造条例》的意义

新中国的监狱工作在经历了成立之初的创建过程后,从 1954 年开始进入了稳步发展时期,其标志就是《劳动改造条例》的颁布实施。这个稳步发展时期从 1954 年开始至 1965 年,前后约十年。这十年期间,我国的劳改工作不仅在创建的基础上得到了巩固,而且得到了长足发展,是我国劳改工作取得经验和成就最多的历史时期之一。

新中国成立初期的监狱工作,主要是依靠政策对监狱行刑工作中的各种社会关系进行调整的。《劳动改造条例》的颁布实施,使我国劳动改造工作由主要是依靠政策调整劳动改造工作中的各种社会关系转变为主要是依靠行政法规调整劳动改造工作中的各种社会关系。《劳动改造条例》对行刑改造罪犯的各项工作都加以规范,使我国的劳动改造罪犯工作有法可依,对于推动我国监狱改造罪犯工作的法制进程起到了极为重要的作用。因此,《劳动改造条例》是我国监狱工作法制建设历史上的里程碑之一。

(二) 劳改工作的方针

1. 劳改工作方针的制定

1964年7月6日至7月18日,公安部召开第六次全国劳改工作会议。第六次全国劳改工作会议进一步明确了我国劳动改造罪犯工作的任务、方针、政策、原则等,明确提出了"改造与生产相结合,改造第一、生产第二"的劳改工作方针,在当时劳动改造罪犯工作中起到了极其重要的作用。新中国成立后仅十多年的时间,劳动改造罪犯工作就取得了令世人瞩目的成绩,这些成绩主要表现在两个方面。首先,成功地改造了战争罪犯。日本侵华战犯、伪满洲国战犯、国民党战犯,乃至清朝的末代皇帝,没有一人被判处死刑。经过关押改造,1000多名日本战犯被释放回国后,绝大多数都积极参加反战、和平和促进中日友好的活动;伪满洲国战犯和国民党战犯,其中包括末代皇帝溥仪,经特赦释放后成为守法公民,并且为国家和人民尽力做了一些贡献。[1] 此外,将数以万计的一般犯罪分子改造成为自食其力的守法公民。其次,在改造罪犯的过程中,通过组织罪犯参加生产劳动,为社会创造了一定的财富,适当地减轻了国家和人民的负担。

但是,在取得重大成就的同时也出现了一些问题,其中之一就是颠倒了改造与生产之间的关系。改造与生产之间的关系是目的与手段的关系,我国对罪犯的改造是通过组织罪犯参加生产劳动,在劳动中改造罪犯;劳动是改造罪犯的手段,并且是改造罪犯的基本手段。但是,少数劳改工作干警把组织罪犯参加生产劳动为社会创造一定财富当作劳动改造罪犯工作的目的。改造与生产之间的矛盾在一些劳改单位表现突出,改造与生产之间的目的与手段的关系被颠倒了,例如,在组织罪犯参加鹰厦铁路建设和参加湖北四湖排水工程时出现了问题。对此,中央领导同志作了重要指示,毛泽东同志说:"要阶级斗争和人道主义相结合。"刘少奇同志说:"劳改工作的方针,第一是改造,第二是生产。"

2. 劳改工作方针的意义

为了从根本上解决改造与生产之间的矛盾以及劳改工作中的其他重大问

---

[1] 参见国务院新闻办公室:《中国改造罪犯的状况》,法律出版社1992年版,第2页。

题，1964年7月6日至20日，公安部召开了第六次全国劳改工作会议。会议讨论了当时劳改工作中的若干重大问题，作出了《第六次全国劳改工作会议纪要》会议指出，改造罪犯是一个重要任务，把罪犯改造成为新人是消灭整个反动阶级的一项重要工作。做好劳改工作，把罪犯改造成为新人，在政治上、经济上以及对社会影响方面，有很大意义。要把绝大多数犯人都改造成为自食其力的新人。

"改造第一，生产第二"具有特定的内容和意义。劳动改造机关对罪犯进行改造，是刑罚执行过程中的一项法定活动。《劳动改造条例》是我国劳动改造机关依法执行刑罚的依据，《劳动改造条例》不仅明确规定劳动改造机关是对罪犯实施惩罚和改造的机关，而且对劳动改造罪犯的原则、手段、目的等方面都作出了明确的规定。因此，劳动改造机关首要的、第一位的任务是改造罪犯成为守法公民的政治任务；在完成改造罪犯成为守法公民的政治任务的前提下，通过组织罪犯参加生产劳动，为国家和社会创造一定的物质财富，完成一定的经济任务，是第二位的，是为改造罪犯成为守法公民这一政治任务服务的。

二、"文化大革命"时期的监狱工作

（一）"文化大革命"对劳改工作的破坏

从1966年开始，我国进入了"文化大革命"时期。1966年至1976年的十年期间，新中国的劳动改造工作也遭到了一场浩劫。但是由于毛泽东、周恩来等老一辈无产阶级革命家对劳动改造工作"极左"思潮的纠正，以及广大劳改工作干警对以"四人帮"为代表的反革命集团的破坏进行斗争、抵制，在1966年至1976年的十年内乱期间，新中国的劳动改造工作虽然受到严重破坏，但仍然为国家的社会稳定和建设做出了一定贡献。

"文化大革命"十年内乱时期，在"彻底砸烂公检法"的反动口号影响下，劳改工作作为公安部门管理的一项业务，当然不能幸免，覆巢无完卵，新中国劳动改造工作取得的成就被全盘否定。《劳改工作两条路线斗争大事记》污蔑新中国成立17年来劳动改造工作推行了"阶级斗争熄灭论"，"取消了无产阶级专政，保存了反动的社会基础"，是"养敌"，是"为复辟资本主义积蓄反革命力量"。污蔑劳动改造工作推行了一整套"生产第一""金钱挂帅""物质刺激"的反革命修正主义路线；把实行革命人道主义措施污蔑为是搞"阶级调和论"和"包庇反革命"等。[1]新中国劳动改造工作遭到严重破坏，全国各级劳动改造机关的领导被打倒，大批劳动改造场所被撤销，新中国劳动改造工作所积累的大量资源流失。

（二）劳改工作在"乱"中求稳

对于在"文化大革命"的十年内乱时期，以林彪、江青为代表的反革命集团对新中国劳动改造工作所取得成就的否定及破坏，毛泽东、周恩来等老一辈无产阶级革命家在诸多场合给予纠正，多次在会议上、听取汇报时、批示文件时作出重要指示，肯定新中国劳动改造工作所取得的成就。例如，1970年12月11日至1971年2月12日，第十五次全国公安工作会议在北京举行。会议期间周恩来同志于1971年2月8日接见了出席会议的全体同志，并且强调指出："要恢复、整顿劳改农场、工厂。劳改农场需要好好整顿。过去有八百多个，现在有四百多个；判刑的要劳动改造，监狱里的犯人也要劳动改造。抚顺战犯管理所的改造工作是搞得好的，是为人们称道的。为什么不好好办。"

1972年12月18日，毛泽东同志对一封反映北京某监狱存在问题的来信作出了批示："这种法西斯式的审查方式，是谁人规定的？应一律废除。"同日，周恩来同志指示公安部与北京卫戍区彻底清查北京监狱罪犯待遇问题，并要求他们向在押罪犯公开宣布废除法西斯式的审查方式和虐待、抽打行为，"如有犯者，当依法惩处"，并容许犯人控诉。[2]毛泽东、周恩来等老一辈党和国家领导人对劳动改造工作的关心和正确指引，在"文化大革命"的十年内乱时期，极大地限制了以林彪、江青为代表的反革命集团对我国劳动改造工作的破坏和影响，广大劳改工作干警对林彪、江青反革命集团的破坏进行了坚决的斗争。"文化大革命"时期，仍在各级劳改单位工作的劳改工作干警始终坚守岗位，没有为林彪、江青为代表的反革命集团提出的"彻底砸烂公检法"反动口号所迷惑，他们坚持党的改造罪犯工作的方针政策，坚持在最平凡的工作岗位上为社会主义事业做贡献，为维护社会秩序作出了自己最大的努力。

---

[1] 参见王福金：《中国劳改工作简史》，警官教育出版社1993年版，第80~81页。

[2] 参见王明迪、郭建安主编：《岁月铭记——新中国监狱工作50年》，法津出版社2000年版，第388~339页。

三、改革开放时期的监狱工作

（一）劳改工作拨乱反正

1976年10月6日，党中央代表人民的意志，采取果断措施，粉碎江青反革命集团，果断结束长达十年的"文革"内乱。1978年12月，中共中央召开了十一届三中全会，把全党工作的重点转移到社会主义现代化建设上来。党的十一届三中全会后，我国开始进入一个新的历史发展时期。在这个新的历史发展时期，我国的监狱工作的发展组建走上了正轨。我国的劳动改造工作系统，整顿、恢复了被以林彪、江青为代表的反革命集团破坏和影响的劳动改造工作，从理论上和实践上探索新的历史时期如何发展劳动改造工作。

1981年8月18日至9月9日，公安部召开了第八次全国劳改工作会议（以下简称"八劳"会议）。根据党的十一届三中全会和六中全会精神，"八劳"会议回顾了新中国成立以来的劳动改造工作，肯定了成绩，初步总结了正反两方面的经验，确定了新时期劳动改造工作的任务，提出了加强劳动改造工作的措施。"八劳"会议是新中国成立以来监狱工作历史上极其重要的一次会议。

"八劳"会议在讨论中指出，劳动改造工作在30年的历程中取得了巨大成绩，积累了丰富的经验。劳动改造工作正确贯彻执行"改造第一，生产第二"的方针，采取正确的政策和方法，实行惩罚管制与思想改造相结合，劳动生产与政治文化技术教育相结合，严格管理和教育感化挽救相结合。采取单纯惩罚和不给出路的办法，是改造不好罪犯的。组织好劳改生产，进行科学的生产管理，既不让犯人坐吃闲饭，也不能搞超体力劳动。要通过生产劳动，使犯人养成劳动习惯，学会生产技能。实行革命人道主义，把犯人当人看待。要改善生活卫生条件，让犯人吃饱饭，睡好觉，有病及时治疗。严禁采取打骂、体罚虐待等封建、法西斯式的管理方法。各方面的力量密切配合，加强劳改工作干部队伍的建设。要建设一个革命化的、团结的、年富力强的领导班子。以上就是劳改工作取得重大成就的基本经验。

我国的劳动改造工作在取得了巨大成绩的同时，也发生过一些偏差。这些偏差表现为，在"左"的指导思想影响下，对犯人和刑满留场（厂）就业人员不加区别，都按专政对象看待，混淆了两类不同性质的矛盾。在改造罪犯工作中，有的劳改工作干警违反政策，打骂、体罚犯人，劳改生产指标太高，犯人超体力劳动。

（二）劳改工作全面改革

在1981年8月召开的第八次全国劳改工作会议之后，我国的劳动改造工作进入了一个全面改革的历史新阶段。根据中央的决定，1983年8月15日，我国的劳动改造工作由公安部门移交司法行政部门领导和管理。在司法部的领导和管理下，我国劳动改造工作的改革继续深化进行。1982年1月，中共中央发出的《关于加强政法工作的指示》指出："劳改、劳教场所是教育改造违法犯罪分子的学校。它不是单纯的惩罚机关，也不是专搞生产的一般企业、事业单位。"1982年10月，公安部在山东省潍坊市召开全国重点劳改单位会议，在会议上提出在全国劳动改造场所办特殊学校的工作任务。山东省潍坊市劳改支队在这次会议上被命名为山东省潍坊市育新学校，这是我国劳动改造机关办起的第一所特殊学校。

随着我国劳动改造机关办特殊学校的发展，为了进一步推动这项工作，1985年司法部召开了全国劳改场所办特殊学校经验交流会，会议提出争取5年左右实现把全国大多数劳改场所办成特殊学校的工作目标。1988年12月25日，为了提高劳动改造机关办特殊学校这项工作的质量，司法部下发了《劳改场所特殊学校开展上等级活动的实施意见（试行）》。劳动改造机关办特殊学校的这项改革，从整体上提高了劳动改造机关的教育改造罪犯工作水平，进一步积极促进了罪犯改造质量的提高。"到1998年底，全国办成特殊学校的监狱已达655个，占全国监狱总数的4.8%；全国罪犯中累计有264万人次获得文化结业、毕业证书，255万人次获得技术合格或等级证书。"[1]

1954年《劳动改造条例》第3条规定："犯人的劳动改造，对已判决的犯人应当按照犯罪性质和罪刑轻重，分设监狱、劳动改造管教队给予不同的监管。对于没有判决的犯人应当设置看守所给予监管。对少年犯应当设置少年犯管教所进行教育改造。"第38条规定："收押犯人，应当根据实际情况，设混合监、单人监、女监、病监等分别监管。"1956年12月1日，公安部劳

---

[1] 参见王明迪、郭建安主编：《岁月铭记——新中国监狱工作50年》，法律出版社2000年版，第7页。

改局《关于对犯人实行分关分押制度中几个问题的通知》要求对犯人实行从严、一般、从宽三种不同的管理制度。20世纪80年代初开始，对罪犯进行分押、分管、分教工作的理论研究有所发展，推动了劳动改造工作改革的进程。1991年，全国劳动改造机关开始实施罪犯分押、分管、分教工作。

由于对罪犯实施分押、分管、分教的改革措施进行了比较充分的理论研究，所以在原有的按性别、年龄、刑种、刑期实施分押的基础上，进一步以犯罪性质为主对罪犯予以分类关押，同时还包括分类管理和分类教育，既包括横向分类，以解决不同犯罪性质的罪犯混押期间的交叉感染问题，又包括纵向分级，以解决同一犯罪性质罪犯之间的深度感染问题。在罪犯分类后的处遇上，既包括对罪犯的管理方面，又包括对罪犯的待遇内容方面。可见，从横向与纵向两个方面，充实发展了"分押、分管、分教"制度。

1994年1月召开的全国司法厅（局）校暨监狱、劳教局长会议上，司法部明确提出，要坚定不移、量力而行地逐步将全国监狱建设成为现代化文明监狱。这是我国监狱工作在新的历史条件下确立的改革与发展的基本目标，就是要把全国监狱建设成为具有中国特色的、拥有先进的监管设施设备和科学文明管理制度的社会主义刑罚执行机关。司法部在提出建设现代化文明监狱这一奋斗目标的同时，提出了建设现代化文明监狱的六条建设标准，即改造质量和社会效益好、狱政设施建设好、狱政管理好、生产劳动好、教育效果好、警察队伍建设好。建设现代化文明监狱的基本要求是，以邓小平理论为指导，以中国国情为基础，吸收人类社会文明、进步成果，使我国监狱工作达到法制健全、执法严谨、管理文明、设施完善、装备先进、改造手段科学、物质保障有力，使监狱的整体水平实现法制化、规范化、科学化和现代化。建设现代化文明监狱应当遵循的这样几个原则，即硬件与软件并举、注重软件建设的原则，分层次实施的原则，分类建设、分别指导的原则，统一规划、分步实施的原则，从实际出发、讲求实效的原则。

（三）监狱工作的法制化建设

1.《监狱法》的出台背景

十一届三中全会以后，我国的政治形势、经济体制发生了巨大变化。在政治形势上，剥削阶级作为阶级已经消灭，阶级斗争仅在一定范围内长期存在。党和国家工作重点转移到了以经济建设为中心，大力发展生产力上；在经济体制上,逐步由计划经济体制向市场经济体制转型。1994年12月29日,第八届全国人民代表大会常务委员会第十一次会议通过了《中华人民共和国监狱法》(以下简称《监狱法》)。《监狱法》的颁布实施,是监狱工作存在的社会环境的发展变化的要求,是建设、完善我国刑事法律体系的要求,是监狱工作改革发展的要求,是国际司法交流合作与国际人权斗争的要求。《监狱法》的颁布实施标志着我国的监狱行刑改造罪犯工作主要由监狱行政法规调整转变为主要由监狱行刑法律进行调整,使我国监狱行刑改造罪犯的法制建设进入了一个新的发展阶段。

2.《监狱法》的内容及意义

我国《监狱法》在结构上是由章、节、条、款、项构成的,共有7章,78条,在总体上分为总则、分则、附则三大部分。《监狱法》规定了立法目的和立法依据,监狱的性质,监狱人民警察的职权与义务、纪律,刑罚执行制度,狱政管理制度,教育改造制度等内容。《监狱法》的颁布实施,标志着我国监狱法律体系的确立,完善了我国的刑事法律体系,使监狱工作从整体上做到了有法可依,将监狱工作进一步纳入了法制轨道。1995年国务院发布[1995]4号文件《国务院关于进一步加强监狱管理和劳动教养工作的通知》,明确指出监狱工作要坚持"惩罚与改造相结合,以改造人为宗旨"的方针,强调突出监狱的基本职能与基本任务,有利于提高罪犯改造质量以及监狱工作的整体水平。

"惩罚与改造结合,以改造人为宗旨"的监狱工作方针有特定的基本内容。"以改造人为宗旨"是监狱工作的总体性要求,"惩罚与改造相结合"是我国监狱执行刑罚工作的两项基本内容,监狱的基本职能和任务是执行刑罚惩罚和改造罪犯,惩罚和改造罪犯统一于执行刑罚,执行刑罚的这两个方面直接体现着监狱行刑工作的成效。惩罚罪犯追求的社会价值是公正,社会公正要求有罪必罚、罚当其罪、罪刑相应。改造罪犯追求的社会价值是功利,社会功利要求改造罪犯作为社会的守法公民。监狱执行刑罚,以惩罚为基础,以改造为宗旨,符合维护国家和人民意志和根本利益的要求。我国监狱执行刑罚工作中,惩罚与改造罪犯的措施同时并举不能偏废,使罪犯成为守法公民。

（四）监狱工作的进一步完善

1. 监狱布局调整

根据国务院《关于研究解决监狱困难有关问题的会议纪要》（国阅［2001］73号）精神，我国于2002年10月10日确立了监狱布局调整的主要内容。监狱布局调整要符合五项原则，即要有利于监狱安全防范，有利于监管改造，有利于劳动改造，有利于生活保障，有利于监狱不再办社会。适当控制监狱数量，合理调整监狱结构，做到结构合理，关押规模科学经济。监狱设置要处于或靠近大中城市、城镇，有较好的社会政治经济环境、交通通信条件和干警职工生活设施条件。监狱布局应适度集中，总体分布均衡，严格控制和压缩地市办监狱数量，一般不再新建地市监狱。对规模过小，设施条件差的地市监狱要采取撤并等方式逐步压缩。到2010年经过监狱布局调整，总体上监狱分布不合理的状况得到改善，部分监狱的面貌和环境发生了根本性变化；关押能力不足、设施陈旧简陋等严重影响监狱安全的突出矛盾得到缓解，罪犯脱逃率大幅度下降；监狱生产结构得到调整，为罪犯劳动提供了稳定、有效的场所；监狱警察、职工的工作和生活条件得到了改善。

2. 监狱体制改革

中央政府认为监狱是国家政权组织的重要组成部分，加强监狱体制改革试点工作是惩治与改造犯罪分子、维护国家安全和社会稳定的现实需要。2006年4月14日，根据国务院领导同志的批示精神，国务院副秘书长张平、李适时同志主持召开由国务院有关部门参加的会议，研究监狱布局调整和监狱体制改革试点有关问题。会后，经国务院领导同志批准，形成了《研究监狱布局调整和监狱体制改革试点有关问题的会议纪要》（国阅［2006］40号，以下简称《纪要》）。《纪要》对进一步推进监狱体制改革试点工作提出了总体要求，研究了解决问题的办法和措施，提出了明确的政策性规定，即全额保障、监企分开、收支分开、规范运行的改革目标。实践证明，党中央、国务院关于实行监狱财政体制改革试点的决策是完全正确的，完全符合我国国情，对推进监狱工作改革发展已经且仍然正在产生积极影响。监狱体制改革是一项系统工作，必须准确把握、全面落实、整体推进，要建立和完善监狱经费保障制度、实现全额保障，要建立和规范监狱和监狱企业运行机制、实现监企分开，要建立监狱执法经费支出和监狱企业生产收入分开运行机制、实现收支分开，要分离监狱办社会职能、实现监社分开，要推进新体制机制协调有序运转，规范监狱管理，规范监狱企业运行，规范监企关系，规范收支分开，规范警察管理，规范工人管理，真正做到在新的监狱财政体制下规范运行。

3. 监狱信息化建设

2006年4月14日，国务院召开会议，研究监狱布局调整和监狱体制改革试点有关问题，提出了监狱信息化建设的任务。按照经国务院有关部门批准的全国监狱信息化总体规划和监狱系统的特殊要求，根据统一标准、统一编码、统一平台和整合现有资源、避免重复建设的原则，分步分期组织实施。监狱信息化建设就是要大力加强监管、执法、教育、警务信息化建设应用，全面提高监狱工作信息化水平，为维护监狱持续安全稳定、促进公正严格行刑、提高教育改造质量做出积极贡献。2007年以来，司法部制定《全国监狱信息化建设规划》，全面阐述了监狱信息化建设工作。监狱信息化建设，必须坚持以科学发展观为统领，推动信息化建设与监狱工作良性互动，促进监狱各项工作协调发展；必须坚持从实际出发，科学规划，分步实施，走成本低、实效好的信息化发展路子；必须坚持建用结合、强化应用，不断提高信息技术在监狱工作中的应用水平；必须坚持突出重点、统筹安排，构建结构合理、资源共享的技术平台。

监管安全信息化居于首要位置，大力推进应急指挥信息化、安全防范信息化、狱情分析信息化和生产安全管理信息化，构筑"四防一体化"的安全防范体系。促进公正行刑作为监狱信息化的重要使命，实现刑罚执行、狱政管理、生活卫生、劳动等各项执法工作的网上录入、网上管理、网上监督、网上考核，全面提高公正执法水平。大力推进教育改造资源信息化、模式信息化、机制信息化，建立覆盖面广、信息量大、应用性强的教育改造信息化应用系统，不断提高和改进教育改造罪犯的针对性和实效性。围绕打造实战型狱警队伍，实施科技强警战略，推进警务管理信息化、人事管理信息化、纪检监察信息化，转变狱警思维观念和工作方式。

监狱信息化建设的总体要求是，全面贯彻落实科学发展观，以高效、安全的网络设施为基础，以科学规范的标准体系为前提，以功能完备的应用系统为重点，坚持科学规划、统筹安排，提高监狱执行刑罚的技术保障能力，提高监狱工作应用信息技术的水平，提高广大狱警的综合素质，保持监狱安全稳定，提高罪犯改造质量，促进监狱工作改革发展，更好地发挥监狱在服务构建社会主义和谐社会中的职能作用。监狱信息化建设的总体目标是，构建覆盖全国监狱系统的网络互联互通、信息资源共享、标准规范统一、应用功能完备的信息化体系，明显提高监狱信息资源综合开发利用水平，形成全员应用、资源共享的信息化工作格局，显著提高监狱行刑、安全防范、罪犯改造等工作的信息技术应用能力。

监狱信息化建设的主要任务是"建设一个平台、一个标准体系、三个信息资源库、十个应用系统"。"一个平台"即网络和硬件平台，"一个标准体系"即监狱信息化标准体系，"三个信息资源库"即监狱管理信息库、罪犯信息库、警察信息库，"十个应用系统"即监狱安全防范和应急指挥系统、监管及执法管理系统、教育改造系统、生活保障及医疗卫生系统、警察管理系统、生产管理与劳动改造系统、监狱建设与保障系统、狱务公开系统、办公自动化和决策支持系统。

4. 监狱工作科学化

监狱工作科学化，是要运用科学的教育改造方法，提高监狱工作整体水平和效率。监狱工作科学化的主要任务，是要倡导科学的理念，用科学的理论、思维和方法，研究和把握工作规律；完善和改革创新监狱工作体制和机制，探索罪犯改造工作有效途径和方法，增强教育改造的有效性；合理配置监狱的人力、物力、财力等各种资源，大力提高监狱人民警察的科学文化素养和狱政设施及装备的现代化程度，提高监狱管理的科技含量。探索建立符合监狱工作规律的领导、管理体制。逐步建立完善并确定科学合理的监狱领导体制、内部机构设置、不同戒备等级监狱的警察配备比例和建立健全各级各类责任制，完善警察队伍的激励机制、监督制约机制。对监狱进行科学分类，按照警戒程度，实行高、中、低度不同戒备等级；按照功能划分，建立新收罪犯、即将刑满释放罪犯、老残病罪犯的监狱（监区）。对于不同警戒程度和类型的监狱，配备相应的狱政设施、技术装备和确定监狱警察比例。根据分级处遇制度的需要，逐步建立罪犯在不同戒备等级监狱（监区）动态服刑的制度。健全监狱安全防控体系，在加强人防基础上，建立人防、技防、物防三位一体的，集报警、巡逻、门禁、监控诸功能于一体的智能化、现代化的安全防控体系。探索建立科学的监狱人民警察岗位分类制度，对岗位进行科学分工，实行专业化管理，并探索具有监狱工作特色的警察职称序列。

合理配置警力,充分发挥女性监狱人民警察在罪犯改造中的作用。建立队伍建设的科学评估体系,科学评估监狱人民警察工作质量。开展监区文化建设,营造积极向上的监区文化氛围和良好的改造环境,使罪犯在文明、人道的环境中得到有效改造。

科学整合监管、教育、劳动三大基本改造手段,注重对不同类型罪犯群体、个体在运用三大改造手段上有所区别,强化监狱的改造功能。遵循教育科学规律,探索狱内外互动式、开放式教育新途径;注重发挥劳动的改造功能,选择适宜的劳动项目,逐步退出人身事故发生率高、生产安全难以保障的危险行业,增加劳动技术含量,为罪犯学习生产技术提供条件,严禁超时劳动,继续探索并完善罪犯的劳动报酬制度。在罪犯改造过程中积极探索并强化个体改造措施,从入监开始,就要通过心理测试等手段,综合分析罪犯的犯罪类型、刑种刑期、犯罪原因、恶习程度、人格类型、人身危险性以及性别、年龄、文化、职业等因素,科学制定罪犯的个别改造方案和分阶段实施的具体改造目标,并以此为基础,探索建立健全罪犯改造质量的评估、反馈、控制体系。在改造过程中,要充分发挥罪犯心理咨询和心理治疗的作用,将心理矫治作为改造罪犯的重要内容。探索对罪犯的开放、半开放处遇方法,进一步丰富分级处遇内容,完善分级处遇制度。依法办理假释、暂予监外执行,做好与社区矫正部门的移交,并提出监管、帮教建议。

5. 监狱工作社会化

监狱工作社会化,是指监狱工作在坚持监狱警察为主的基础上,充分利用社会资源和社会力量,做好监狱工作。监狱工作社会化的主要任务是,运用社会资源,逐步建立多层次、全方位的社会帮教体系,营造社会化的改造环境,实现改造力量、改造手段、改造内容的社会化和监狱工作后勤保障的社会化,实现监狱工作与社会大环境的良性互动。推进后勤保障工作社会化,改变监狱办社会的做法,逐步实现后勤工作的社会化管理。新建监狱一律不再办社会,已经建有这些机构的要逐步移交地方管理。建立罪犯生活用品和大宗物资社会招标采购制度,提倡社会超市在狱内开设罪犯日用消费品连锁超市,充分利用社会医疗资源和技术力量,提高监狱医疗水平。

营造有利于罪犯重返社会的改造环境,在监狱创建社会化的氛围,尽可能使罪犯置身于类似社会的生活环境,缩短罪犯服刑生活与社会生活的距离,提高罪犯刑满释放后适应社会的能力。在罪犯服刑过程中引入竞争机制,提高罪犯回归社会后适应社会竞争的能力。定期组织罪犯到社会参观，让罪犯亲身感受社会生活气息和现代化建设成就。发挥现代传媒的信息传播功能，服务于罪犯改造，尽可能让罪犯通过各种媒体获取更多的社会信息，及时了解社会政治、经济及生活的发展变化。强化社会帮教工作，健全帮教网络，拓展帮教形式，丰富帮教内容，逐步建立会见或帮教之前由分管警察介绍罪犯近期改造表现情况的制度。进一步扩大辅助教育力量，广泛吸收党政机关、部队、学校、社会团体、社区组织等参与教育改造工作。聘请法律、教育、医学、社会学、心理学等领域的专业人士，壮大社会志愿者队伍。逐步形成以监狱警察为主体、社会兼职人员、志愿帮教者、刑释人员代表共同参与的教育改造力量。

充分运用社会教育资源，对罪犯进行文化技术和职业技能等方面的教育。充分挖掘和利用社会教育资源，通过开展联合办学、远程教育等形式，开展对罪犯的文化技术和职业技能教育。鼓励罪犯参加函授、电大、成人高考等教育。要积极联系，切实把对罪犯的教育纳入当地国民教育、职业培训规划。配合劳动与社会保障部门在监狱定期对罪犯进行职业等级考核。要与社会图书馆合作，通过建立流动借阅点等形式，更好地满足罪犯读书学习的需要。与律师事务所、法律援助中心联系合作，在狱内设立"法律服务室"，为罪犯提供法律服务，同时对罪犯进行法制宣传教育。加强罪犯刑释就业前指导培训工作，在出监监狱（监区）成立罪犯刑释就业培训指导中心。要协同地方劳动、工商等部门，在罪犯回归社会前共同开展有针对性的就业指导，提供就业信息，畅通咨询渠道；定期邀请社会企业、职业介绍中心等单位到监狱召开罪犯刑释就业推介会。在法律许可范围内，经批准可允许即将刑满释放的罪犯联系回归后的工作岗位。

6. 监狱工作法制化

监狱工作法制化，就是要形成完备的法律、法规、规章体系，把监狱的全部工作都纳入法制化轨道，依法管理，规范运行，切实做到依法治监。监狱工作法制化的主要任务，是使监狱警察牢固树立法律至上的观念、自觉养成良好的执法意识，全面提升法律素养和执法水平，形成严密完备的监狱工作法律法规规章和制度体系，建立公正、规范、高效、有序的监狱法制工作程序和监督工作体系，确保监狱的一切执法行为、执法环节都符合法律的要求。积极配合立法机关推动监狱法律、法规的健全完善工作，制订监狱管理规范、监狱生产管理规范、罪犯权利与义务规范和监狱警察执法规范，以此推动《监狱法》修订、完善。

强化监狱人民警察的法制观念和法律意识，使监狱警察养成严格遵守法律、自觉执行法律的良好作风，特别是各级领导干部要率先垂范。提高规范性文件的质量，建立规范性文件备案制度，对规范性文件要从立项、起草、审核、批准、公布实施等环节严格把关。监狱制定的规范性文件要向省级监狱管理机关备案，省级司法厅（局）、监狱管理机关制定的规范性文件要向司法部备案。要认真做好规章制度的编纂、清理工作，要坚决废止与法律不符的规定，保证监狱法律法规的统一性、权威性和严肃性。

规范监狱执法的运行机制，监狱管理机关和监狱要强化法制工作职能，制订相应的工作规划、工作纪律、工作规范和工作标准，确保监狱执法的统一性，要进一步严密监狱执法工作程序，制订监狱执法工作的流程和规则。强化执法监督机制，进一步完善对检察机关提出的监狱执法工作意见和建议的纠正、整改和反馈制度。要加大执法行政监督力度，完善行政首长执法监督责任制，通过采取委派执法监督员巡查、开展执法检查、重大事项报告、听取罪犯亲属反映、与罪犯出狱前谈话等形式，提高执法行政监督的效能。在监狱系统内部，探索实行执法权与监督权相分离制度，保证执法的科学性、有效性。实行通过多种形式和渠道，主动接受社会与舆论监督。

深化狱务公开，要以社会最关心、与罪犯权益最密切、最容易引发矛盾和滋生腐败的执法环节为重点，进一步深化狱务公开内容，进一步拓展狱务公开的形式，规范狱务公开的程序，全面兑现监狱机关的承诺。健全监狱执法责任制度，建立完善执法责任制、执法公示制、执法工作评议考核制和执法过错责任追究制，强化监狱执法责任。建立执法执纪监督制度和权力制约机制。强化对违法犯罪行为的查处制度。

第十章 中国监狱的现代转型成就

1911年辛亥革命爆发后,在中国的政治舞台上,政府更迭不断。虽然在政治舞台上政府更迭像走马灯似的换个不停,但在改良监狱方面却保持了基本的延续。新中国成立后监狱现代转型取得了重大成就,奉行教育刑理论,独立监狱立法,规范监狱建筑构造,架构监狱管理制度,监狱制度走向国际,中国监狱学有所发展。

第一节 教育刑理论的发展

一、教育刑理论的兴起

实践证明,报复刑、威慑刑都没有妥善地处理犯罪问题,人类在对付源于自身的危害方面仍需艰难地探索尝试。随着社会文明的进步,人类逐渐认识到,在社会里犯罪现象是不可避免的,怎样对待犯罪人是个极其复杂、深奥的问题,不可能仅靠报复、威慑就能解决,人类社会经过长期的磨合最终选择了教育刑。教育刑是指在监狱执行自由刑的过程中对犯人进行教育矫正,使之养成遵纪守法的行为模式,再重返社会过正常的社会生活,从而达到预防犯罪的目的。教育刑从16世纪零星出现,到19世纪20世纪初,在世界范围内普遍采用,是人类对刑罚认识与实践进行深刻革命的结果。

1555年英格兰国王爱德华六世在教会的推动下,在自己的城堡内搞了一所新型监狱或称劳动教养院,简称教养院。行刑过程中对流浪汉、乞丐、妓女、小偷进行劳动技能培训,使他们掌握谋生技能后重返社会,单纯为惩罚而惩罚的思想已退出了主导地位。受其影响，荷兰阿姆斯特丹在 1595 年开办了一所监狱，监狱门口处的铭文写着："不要害怕，我不是因为你的罪恶而报复，而是要强迫你变好，我的手是严厉的，但我的心是仁慈的。"监狱让男犯做苦役劳动，让女犯从事纺织劳动，执行刑罚的目的就是通过强迫劳动和有秩序的生活，培训罪犯适应社会的正常生活，监狱行刑以使犯人养成劳动习惯、行为守法而进行教育感化为指导思想，标志着教育刑实践与思想的萌芽。1808 年美国新泽西州监狱树起了一块牌子，上面写着"执行刑罚固然是惩罚，但目的是矫正罪犯，以便于预防犯罪"。监狱行刑过程中，对罪犯进行劳动训练，传授文化知识，实行宗教教诲，在许多国家以立法的形式体现出来并付诸实践。

二、现代的教育刑理论

20 世纪初以来，中国人对刑罚的认识逐渐由经验过渡到了理性，形成了教育刑理论，对生命刑、肉体刑的负面作用有了较为深刻的认识。把刑罚建立在人性基础之上，倡导刑罚观念的变革，从刑罚的惩罚性过渡到刑罚的矫正性，通过各种矫正措施使罪犯不再犯罪；应用科学研究刑罚，突破了规范的狭窄视角，刑罚不再是对犯罪的机械式的法律规定，而是遏制犯罪，尤其是矫正罪犯的一种手段，以此为指导思想进行刑罚立法，自由刑居于刑罚体系的主导地位，并构成教育刑的基本框架，由监狱付之实践则是必然的。自由刑带来了行刑方式上的革命，由以前生命刑、肉体刑的即时性行刑方式转变为监狱执行自由刑的过程性行刑方式，监狱行刑的过程成为教育矫正犯人的过程有了时空保障。

（一）清末时期

清末监狱改良中，促进中国教育刑理论与实践问世的仁人志士中，沈家本的贡献最大。在行刑思想方面，他力主以立法方式废除凌迟、枭首、戮尸等残酷的行刑方式，改笞、杖、徒、流、死刑为罚金、拘留、有期徒刑、无期徒刑和死刑。他认为刑罚与监狱互为表里、相辅相成，把自由刑定义为"拘置监狱，束缚自由、俾不得与世交际，如惩役、禁锢之类"，积极倡导教育刑思想，认为自由刑的执行是要"借监狱之地，施教诲之方"。他认为监狱的宗旨为"非以苦人辱人，将以感化人也"，从狱理上第一次否定了传统的追求报复、威慑的狱制思想观念,并指出"觇其监狱之实况,可测其国程度之文野",把监狱视为国家文明程度的标识。他以东西方各国改良监狱的成效,阐明监狱与国家强盛之间的密切关系,强调中国要"力行新政""监狱尤为内政外交最重之举",希望中国也能因此而强大起来。1907年(光绪三十三年四月十一日),沈家本作为修律大臣、大理院正卿奏请《实行改良监狱折》,已明确提出"盖犯罪之人歉于教化者为多,严刑厉法可惩肃于既往,难望前找于将来,故藉监狱之地,施教诲之方,亦即明刑弼教之本义也","监狱要务不外纪律、教育、卫生三项"。同年同月同日,清朝政府法部奏议复《实行改良监狱折》指出"监狱改良宗旨,惩戒与感化并重,东西各国以囹圄之良窳觇政治之隆污"[1],在中国监狱史上,第一次正式由中央官方提出了监狱行刑的教育刑思想理论,作为制定监狱法典的理论基础。1910年完稿的《大清监狱律草案》贯彻教育刑论,把监狱作为执行自由刑、限制受刑人自由,使之受教化服刑而后复归社会的场所,在总则中确定了"待遇化导"的宗旨,规定"受刑者须以使其畏服国法威严,衷心自知尊重国法之必要,出狱后能复归于有秩序适法生活",把监狱执行自由刑的过程看成是对罪犯进行认罪服法的感化教育过程。

(二) 民国时期

1913年12月1日,民国北京政府颁布《监狱规则》,继续贯彻教育刑理论。在第六章"教诲及教育"以4个条文规定了对罪犯的教育制度,对在监者一律施行教诲,对未满18岁者一律施行教育,满18岁者自请教育或监狱官认为必要时也应进行教育,教育的时间为每星期24小时以内,教育的内容依小学程度为读书、习字、算学、作文及其他必要学科,对同等学力者依其程度设置相应补习课程,在监者申请阅读书籍以不妨碍监狱纪律及感化宗旨为限。

南京国民政府继续倡行教育刑理论,全盘接纳民国北京政府的《监狱规则》,尤其是第六章"教诲及教育",从4条增加到5条,增加了"年满18岁但刑期不满3个月的罪犯可自由选择教育,私有书籍除本规则有特别规定或经监狱长官许可外不得阅读,斟酌情形许可在监者申请在监房使用纸、笔、

---

[1] 薛梅卿等编:《清末民初改良监狱专辑》,中国监狱学会1997年版,第26~29页。

砚学习用具"三项内容。1935年,南京国民政府通过的《监狱法》设专章第六章以8个条文规定了"教诲及教育"制度,分别是第七十三条"对于受刑者除休业日应施以教诲外于就役前后得随时教诲之",第七十四条"受刑者得请求所信宗教僧侣来监施教但应得监狱长官之许可",第七十五条"受刑者一律施以教育但刑期不满6月者,监狱长官认为无教育之必要者不在此限",第七十六条"教育应依受刑者之程度分级,教授课程由司法行政部定之",第七十七条"受刑者得许其阅读书籍,但非与个人教育程度相当及非经监狱长官认为与监狱纪律无妨者不得许之",第七十八条"受刑者请在监房内使用纸笔时得许之",第七十九条"监狱得设置图书室制备与教诲教育有关制书籍杂志并得发行出版物前项出版物得记载重要新闻",第八十条"刑期较长之受刑者得用讲演、电影、音乐为教育之补助"。

1946年1月19,南京国民政府公布的《监狱行刑法》一改以前"教诲与教育"的标题,专门将第六章冠名为"教化",用8个条文规定了服刑罪犯的教化制度,即第三十八条"对于受刑人应施以教诲及教育",第三十九条"受刑人得依其所属之宗教举行礼拜祈祷或其他适当之仪式但以不妨害纪律者为限",第四十条"教育应注重国民道德及社会生活必须之知识与技能,对于少年受刑人应注意德育陶熔其品性并施以社会生活必需之科学教育及艺术训练",第四十一条"监狱得请有学识德望之人演讲",第四十二条"教育每日2小时至4小时,不满25岁受刑人应施以国民基本教育,但有高等小学毕业程度以上之学历者不在此限",第四十三条"监狱应置备有益图书并得发行出版物选载时事使受刑人阅读,阅读自备之书籍应经监狱长官之许可",第四十四条"对受刑人得许其自备纸墨笔砚",第四十五条"监狱得用电影音乐为教育之辅助"。为了给贯彻落实罪犯感化教育制度提供组织保障,1946年1月19日,南京国民政府公布了《监狱条例》。从监狱内部行政机构架构及其职责划分的角度,《监狱条例》不仅规定了教化科,而且还规定了教化科掌理的事项,即关于教诲教育、关于受刑人人格调查、关于受刑人之责任观念及其意志之一考察、关于锻炼身体及军事训练之设施、关于集会及演讲、关于收音器留音器及电影之演放、关于新闻杂志及书籍阅读共七类事项,具体细化了对罪犯的感化教育制度。

1946年3月3日,南京国民政府公布了《行刑累进处遇条例》。《行刑累进处遇条例》专列第六章"教化",用7个条文规定了教化方面的处遇内容,

第四十七条:"对于第一级及第四级之受刑人应施以个别教诲",第四十八条:"第三级以上之受刑人得听收音机及留声机",第四十九条:"第二级以上之受刑人得为集会但第二级每月以一次,第一级每月以二次为限,少年受刑人得不受前项之限制,集会时典狱长及教化课职员均应莅场",第五十条:"第一级之受刑人许其在图书室阅览图书,图书室得备置适当之报纸及杂志",第五十一条:"第二级以上之受刑人于不违反监狱纪律范围内许其阅读自备之书籍,对于第三级以下之受刑人于教化上有必要时亦同",第五十二条:"第二级以上之受刑人得使其竞技游戏或开运动会,但第二级每月以一次、第一级每月以二次为限,少年受刑人得不受前项之限制",第五十三条:"第二级以上受刑人之独居房内得许其置家属照片,如教化认为有必要时得许其置家属以外之照片"。《行刑累进处遇条例》从规范的层面上,不仅细化了感化教育的纵向内容,也细化了感化教育的纵向待遇,使得感化教育制度更具有操作性。

(三) 新中国时期

"一切事情是要人做的……做就必须先有人根据客观事实,引出思想、道理、意见,提出计划、方针、政策、战略、战术,方能做得好。"[1]新中国监狱行刑工作的成功为世人所瞩目,其奥秘在于有监狱行刑改造罪犯思想的正确指导。监狱行刑改造罪犯思想是以毛泽东同志为主要代表的中国共产党人,根据马列主义基本原理,结合中国的具体实际,在总结新中国成立前和成立以来改造罪犯经验的基础上形成的,构成了教育刑的行刑基调。行刑基调是执行刑罚的基本观念,是教育刑行刑思想的基本着眼点和理论基石,包括改造罪犯的可能性、改造罪犯的必然性两个方面的内容,从刑罚的角度回答了应不应、能不能、可不可改造罪犯的问题。其实,应不应、能不能、可不可改造罪犯的问题,是一个教育刑行刑工作的两个正反方面。从制度层面上,教育刑的行刑工作,萌芽于荷兰阿姆斯特丹监狱,推行于英国监狱,到20世纪时遍及于全世界,尤以美国监狱、我国监狱为代表。美国监狱制度堪称世界一流,我国监狱改造日本战犯、伪满战犯、国民党战犯的效果令世界瞩目。

1. 改造罪犯的可能性

改造罪犯的可能性,是指行刑惩罚改造罪犯,使罪犯由违法犯罪转向遵

---

[1] 参见《毛泽东选集》(第2卷),人民出版社1991年版,第445页。

纪守法的发展趋势。"犯了罪的人也要教育,可以帮助他有所进步",教育刑行刑思想对改造犯人可能性的高度概括蕴涵着深刻而科学的内容。马克思主义哲学认为,物质世界的一切都处于永不停息的运动过程之中,就像普通的守法公民一样,犯人的思想、行为、生活方式在社会实践中也处于变化发展过程之中,除了少数难以改造的以外,绝大多数罪犯经过惩罚改造是可以转变好的。从人类学角度看,人没有天生就犯罪的,人之初无所谓善恶,恶是在后天的社会环境里形成的。从心理学角度看,犯罪行为受犯罪人主观罪过心理支配,而犯罪人的主观罪过心理不是固定不变的,而是能够随着客观条件的变化而改变的。

监狱行刑不仅提供了引发这种变化的客观环境,而且使这种变化朝着社会能够接受的好的方向发展,并且发挥着特殊的教育作用。监狱行刑过程,就是教化改造犯人的过程,监管、教育、劳动等结合成为有机整体发挥着决定性作用。监狱的各种监管制度规范着服刑罪犯的行为,并使罪犯将其内化为遵纪守法的观念,表明罪犯具有可控性。教育通过知识技能的传授和思想心理品质的培养,开发罪犯的认识分辨力,提高其思想行为的合法性有效性,使之能够吸取积极影响、抵御不良影响、发展完善自身。劳动作为人的最基本的实践、生活方式同样适合于犯人,尤为重要的是,劳动给犯人不良意识行为的变化提供了客观的需要及可能。

2. 改造罪犯的必然性

改造罪犯的必然性,是指监狱行刑惩罚改造罪犯,使之成为遵纪守法公民具有不可避免和必须追求的趋势。"我们相信人是可以改造过来的,在一定的条件下,在无产阶级专政的条件下,一般来说是可以把犯人改造过来的。"这是毛泽东同志对教育刑行刑思想关于罪犯改造必然性作出的透彻揭示与高度概括。对于现代国家、现代刑罚理念而言,国家对社会的管理制度奠定了改造罪犯的物质基础,法律对人类行为的调整和规范,以协调人们之间行为、处理人们之间的冲突为己任。人的犯罪行为,侵害了国家、社会、集体、公民的利益,也危害了其自身的利益。对犯罪人施以刑罚惩罚改造,既可保护国家、社会、集体、公民的利益,也符合犯人自身的利益,为了自身的利益,犯人在服刑中必须接受惩罚改造、洗刷罪过、通过劳动获得生活所需。

法律面前人人平等,国家保护合法权益、打击违法犯罪,通过刑罚强制犯人遵守社会的各种规章制度。在国家法律制度的强制力作用下,形形色色的犯人不得不面对现实低头认罪，出于自身地位的考虑，必须接受改造以获得新生。刑罚执行机关，尤其是监狱行刑制度组织了惩罚改造罪犯的物质力量。从法律角度讲，刑罚执行机关属于国家的专职管理机关，强制犯罪人服从社会秩序的制约，对各种犯罪分子执行刑罚，使之面对严肃的法律制裁，从自身的出路着想接受改造以求得悔罪自新。社会管理综合治理创造了宏大的法制系统工程，执行刑罚惩罚改造罪犯工作得到社会的广泛支持，迫使犯人认识到遵纪守法，做合格公民才是回归社会的唯一正途。释放回归接荐帮教，极大地消除了回归人员的后顾之忧，为他们顺利适应社会生活提供了一定的保障。

坚信改造犯人的可能性与必然性，是教育刑行刑思想基调的两个不可分离的组成部分，反映了我国教育刑行刑思想从实际出发帮助犯人转变的科学态度，决定了教育刑行刑思想具有极大的生命力，对惩罚改造罪犯实践有着指导作用，揭示了罪犯改造过程启动、运转的可能性和必然性，惩罚改造罪犯的理论与实践无不以此为基础。监狱行刑过程中，应注意发挥行刑惩罚矫正对每个犯罪人的实际效果，对不同的犯罪人施以不同的刑罚处遇，实行矫正个体化规则，使矫正方式、内容、对象具有针对性。矫正的个体化规则表现为：第一，根据犯罪人主观犯罪原因，进行个体化矫正；第二，根据犯罪人的主观罪过心理，进行个体化矫正；第三，根据犯罪人的服刑表现，进行个体化矫正；第四，根据犯罪人的再犯可能性，进行个体化矫正。必须强调指出的是，改造犯人的可能性与必然性是指监狱执行刑罚必须端正态度，改造罪犯的工作必须做，但是，这并不意味着所有罪犯都能改造好，只要不是所有的释放人员都重新犯罪，就不能否认监狱改造工作的成效。

第二节 独立综合监狱立法

一、传统的监狱立法

奴隶制社会里，作为制裁措施的刑包括"大辟——剥夺生命、宫——阉割、劓——割鼻子、墨——脸上刺字、刖——剁脚或去髌骨"，即奴隶制五刑是由生命刑、肉体刑和耻辱刑组成的，由于基本上没有自由刑，监狱仅仅是关押未决犯和待刑犯的羁押场所。调整行刑活动的行刑立法，以"诸法合体"

中有关制裁条款的形式而存在，制裁条款多附在有关法律条文规定之后，或者位于有关法律条文规定之前，名曰"以刑统罪"。这里"刑"就是制裁，没有形成相应的体系，也无所谓民事、刑事的性质区分，夏朝的《禹刑》、商朝的《汤刑》、周朝的《吕刑》就是这样规定的。

封建制取代奴隶制之后，通过对奴隶制五刑的改造，逐渐形成了"笞——用荆条或竹板抽打、杖——用木板或棍捶打、徒——由官府看管并奴役、流——放逐到边远地区服苦役、死——剥夺生命"的封建五刑，一直沿用到清朝。调整行刑活动的行刑立法，以"诸法合体"中有关刑罚条款的形式而存在，刑罚条款仍然是法律条文的组成部分，没有以独立的条文形式出现。在唐代，监狱法规形成了较为统一的整体，《唐律》十二篇中的《断狱律》和《捕亡律》是相对自成体系的监狱规范。清末监狱改良前，监狱立法处于传统的"制裁条款""刑罚法规"阶段。

二、现代的监狱立法

（一）清末的监狱立法

清末监狱改良以前，各朝从未制定过专门的监狱法典，在清末监狱改良过程中，被议准的奏折虽满足了一时执行刑罚的需要，但各种奏折涉及的内容彼此缺乏呼应和衔接，内容尚不系统、不统一，因此有必要制定一部正规的具有独立部门法地位的监狱法典。1910年《大清监狱律草案》成稿，递交法律馆审查，但未及颁行，清朝政府被辛亥革命推翻。《大清监狱律草案》分总则、分则两个部分，共14章241条；第一章总则，其余为分则，第二章收监，第三章拘禁，第四章管束，第五章作业，第六章教诲及教育，第七章给养，第八章卫生与医疗，第九章出生及死亡，第十章接见及书信，第十一章赏罚，第十二章保管，第十三章特赦减刑及假释，第十四章释放。这是中国历史上第一部监狱立法，虽没有被清朝政府颁布实施，但却被以后的北洋政府、国民党政府所沿用。

在监狱规范的整体形式方面，清末民初监狱改良中的监狱立法，不仅突破了中国传统立法"诸法合体、民刑不分"的框架，而且突破了"民刑不分，实体程序不分"的藩篱，形成了独立行刑部门法地位的监狱法。这标志着我国的监狱立法，从传统的"制裁条款""刑罚法规"阶段，跨越发展到了"监狱法典"阶段，符合立法发展的历史规律，即从综合性法典到部门性法典，就行刑立法而言，则为监狱法典。近现代刑法理论及监狱学理论认为刑事法律是"全体刑法"，"全体刑法"包括三个组成部分，其一为规定犯罪、刑罚及两者关系的实体法——刑法，其二为实现刑法任务依照的程序或审判程序法——刑事诉讼法，其三为达到刑罚惩罚改造目的并保证刑罚执行的行刑法——监狱法或行刑法。刑法、刑事诉讼法、监狱法三者相互联系、相互制约，形成了有机的刑事法律规范整体，有关机构协调一致、互相制约，发挥作用，组成系统的执法整体。执行刑罚、改造罪犯使之复归社会是一项复杂的系统工程，只有把审判、执行等刑事法律规范的总任务统一付诸实施，才能达到"刑期于无期"维护社会安定的目的。这些理论与实践已成为近现代社会衡量一国法律制度文明进步程度的标志之一，德国率先于1870年公布实施了独立的《监狱法》，比利时在1877年颁布施行了《监狱法》，芬兰于1889年颁布实施了《芬兰刑事执行法》，无疑，这些国家的监狱立法或行刑立法对清末民初的监狱立法起了示范作用。

(二) 北洋政府的监狱立法

北洋政府对清末未及颁行的《监狱律草案》进行删改增补整理后，架构了民国北京政府的监狱法律体系。袁世凯下令在"民国法律未认定和颁布时，前清朝的法律除与民国国体抵触各条应失效外，均暂予以援用"，参议院也通过决议明确议定"可以酌情"采用清末的监狱立法内容。1913年12月，北洋政府在清末《大清监狱律草案》的基础上，删减修改制定颁布《中华民国监狱规则》。《中华民国监狱规则》是规范监狱行刑活动的基本法规，分为总则、分则、附则三部分，共有15章103条；第一章总则，其余为分则，第二章收监，第三章监禁，第四章戒护，第五章劳役，第六章教诲及教育，第七章给养，第八章卫生及医治，第九章接见及书信，第十章保管，第十一章赏罚，第十二章赦免及假释，第十三章释放，十四章死亡，第十五章附则。从1912年至1919年，北洋政府制定颁布了诸多监狱法规，监狱工作人员招聘方面主要有《监狱看守教练规则》《监狱看守考试规则》《监所职员任用暂行章程》和《监所职员奖励暂行章程》《监狱官考试暂行章程》，监狱工作方面主要有《监狱处务规则》《监狱教诲教师医士药剂士处务规则》《视察监狱规则》《监犯保释暂行条例》《假释管理规则》《监狱作业规则》《监狱参观规则》。这些法规可分为两类，一类是关于对犯人的管理制度，另一类是关于监狱官吏的选拔、任用、考核、奖惩制度，从不同角度补充了《监狱规则》的内容。《监狱规则》是中国正式颁行的第一部比较完备的监狱法规，具有一定历史意义，这个规则后来又被南京国民政府所承袭一直沿用到败逃台湾之前。

(三) 南京国民政府的监狱立法

南京国民政府继承了清末法制改革所确立的引进大陆法系的原则，吸取了从清末法制改革以来到南京临时政府及历届国民北京政府法制建设的成果和经验，不仅构建了以宪法、民法、刑法、民事诉讼法、刑事诉讼法、行政法六大类法律为主体的六法体系，也非常重视监狱法律体系的建设。1928 年国民党政府司法部公布了《中华民国监狱规则》，这基本上是 1913 年《中华民国监狱规则》的翻版，只是修改为 101 条、压缩为 13 章，第一章总则，其余为分则，第二章收监，第三章监禁，第四章戒护，第五章劳役，第六章教诲及教育，第七章给养，第八章卫生及医治，第九章接见及书信，第十章保管，第十一章赏罚，第十二章赦免及假释，第十三章释放。1936 年国民党政府通过了《监狱法》，《监狱法》采取总则、分则、附则的架构体例，共有 195 条，第一章总则，第二章收监，第三章监禁，第四章戒护，第五章作业，第六章教诲与教育，第七章寄养，第八章卫生医治，第九章接见与书信，第十章保管，第十一章赏罚，第十二章累进处遇，第十三章假释，第十四章释放，第十五章出生与死亡，第十六章附则。

1946 年 1 月 19 日，国民党政府颁布了《监狱条例》，《监狱条例》以 22 条的篇幅，规定了监狱内部行政划分及其权限，规定了监狱内部行政岗位设置及其权限，同时规定了监狱建制及规模标准，监狱的非行刑事务及工作人员配置。1946 年 1 月 19 日，国民政府公布了《监狱组织条例》，用总共 21 条规定了监狱的隶属关系、监狱的内部科室设置及其职责。同时，国民党政府又颁布了《监狱行刑法》。《监狱行刑法》共 16 章 98 条，第一章为通则，第二章收监，第三章监禁，第四章戒护，第五章作业，第六章教化，第七章给养，第八章卫生及医治，第九章接见及书信，第十章保管，第十一章赏罚及赔偿，第十二章假释，第十三章释放及保护，第十四章死亡，第十五章死刑之执行，第十六章附则。1946 年 3 月 6 日，国民党政府颁布《行刑累进处遇条例》等法规，作为监狱法律体系的有机组成部分。这些监狱法律，规定了从监狱一般原则到收监、监禁、戒护、作业、教化、给养、卫生、医疗、接见、通信、赏罚、释放以及释放后的保护等各项管理制度，而且增加了维护犯人权益、改善犯人生活待遇的条款。在法规层面上，不仅内容更加完备，而且符合当时的国际水准要求，表现了监狱管理制度的进步性、人道性。

（四）新中国成立后的监狱立法

我国在1994年公布实施《监狱法》，这是规定监狱执行一定刑罚惩罚改造罪犯、确保罪犯合法权益的行为规范的总称，具有实体性、程序性、组织性、行政性、行为性的特点。《监狱法》是独立的部门法，这是因为《监狱法》有独立的调整对象及相应的调整方法。立法历史发展过程表明，法典在法律制度文明中具有重要地位，其价值是巨大的，其功用是广泛的。比之于法的其他形式和制度形式，法典具有明显的优势，是记载并固化一定的统治秩序、社会秩序和社会改革成果的最有效形式。

法典是制度文明的显豁篇章。[1]世界范围内，人类社会的文明，除了物质文明和精神文明之外，还存在着制度文明。物质文明是制度文明赖以存在的基础，精神文明是制度文明赖以延续的动力，反过来，制度文明反映物质文明、精神文明的要求，深刻而广泛地影响着物质文明、精神文明。在制度文明中，法律制度文明占据首要地位，承载着为人类社会服务的基本责任。在法律制度文明中，居于核心地位的是法典文明，法典是国家、社会、公民个人行为规范的集大成者。法典架构了人类社会几千年法律制度文明的基本框架，汇成了法律制度文明的主流。

法典是治国之法的重要途径。[2]法典历来是固化和记录统治秩序、社会秩序和社会改革成果的最有效形式，因而成为国家为治之要具和要途。编纂法典是实现国家大治的重要途径，历来是国家振兴的一个重要途径，因为法典可以使统治秩序得以明确化和系统化。在法律制度领域里，法典是治乱和统一的有效手段，具有整肃立法、维护法制统一的重要功能，使"愚民知所避，奸吏无所弄矣"。

法典是法的形式的最高阶段。[3]人类社会的法律制度依托于法的多种多

---

[1] 参见封丽霞：《法典编纂论》，清华大学出版社2002年版，第9页。
[2] 参见封丽霞：《法典编纂论》，清华大学出版社2002年版，第15页。
[3] 参见封丽霞：《法典编纂论》，清华大学出版社2002年版，第25页。

样形式的存在，在所有法的形式中，对国家生活和社会生活的影响作用，法典最为突出。法典往往是制度文明的里程碑，法典对制度的规制具有更为集中、系统的优势，更有利于形成和维护法制统一，有更大的引导作用，更具有普遍性、主动性和超前性。在相当程度上，法典产生的过程必然要对诸多因素进行选择、借鉴、移植、吸纳，因而法典具有极强的会通性能和沟通性能，蕴涵的理性、正义等法的价值，更具有穿越时空并跨越地区、国界的潜力。

监狱立法的法典化，有积极的价值蕴意。第一，确定性，这是指监狱法提供行为的可预见性后果的特性，监狱法规定一定行为与一定后果之间稳定的对应关系，为罪犯提供固定化、法律化的行为模式。第二，制度性，这是指监狱法以固定的逻辑结构调整某一种类的法律关系，法律规范使监狱行刑模式法律化，预先规定并引以为准则就是制度。总之，监狱立法的法典化，不仅是行刑机关的行为规范的集大成者，也是服刑罪犯服刑生活的行为规范的集大成者，还是司法机关的行为规范的集大成者。

第三节 规范监狱建筑构造

一、传统的监狱建筑构造

清朝监狱建筑沿袭明代传统，监狱建筑只是作为衙门官府建筑整体的一个组成部分而存在。衙门官府成定制地设置在城市中，城市历来是人口集中、工商业发达、居民以非农业人口为主的地区，通常是周围地区的政治、经济、文化中心。中国古代的城市建设，大多数根据《周礼·考工记》的设计理念思想进行规范布局，也受风水理论的渗透影响。作为官员办公的机关，衙门是一个地方或一座城市的核心和主宰。按照风水观念，衙署通常位于城市的中央，居中为尊，取"居中而治"之意；南为正，故有"衙门口朝南开"之说。衙门建筑奉行"坐北朝南、居中而治"的设计思想，要体现"文左武右""前衙后邸"等设计理念，要求由大堂、二堂、三堂等构成的主体建筑必须集中在一条南北中轴线上，主体建筑是长官及其所属人员办公的地方。清代规定："各省文武官皆设衙署，其制，治事之所为大堂、二堂，外为大门、仪门，宴息之所为内室、为群室，吏攒办事之所为科房。官大者规制具备，官小者依次而减。"建制完整的衙署建筑同时要满足各种办公、居住需要,大堂、二堂等作为主建筑必须位于中轴线上,衙署内还有架阁库用来保存文牍、档案,而监狱是必不可少的建筑成分。[1]在具体位置上,监狱一般设在衙门大堂西南仪门之外,按照《易经》及八卦学说,这个位置属于"坤位",即所谓"阴之极",故有"南监"之称。在具体建筑形态上,监狱建筑普遍采取四合院式,有相对独立的围墙和门户,设有牢房、狱卒住房、内处更铺和狱神庙等建筑物,相比之下监狱建筑低矮简陋。可见,清末监狱改良前,构造监狱,不需要专门的技术讲求,也没有专门的构造规范,监狱建筑只是作为衙门官府建筑整体的一个组成部分而存在。

二、现代的监狱建筑构造

(一)晚清民初的监狱建筑构造

清末民初改良监狱,必然要关注监狱建筑。这是因为监狱是罪犯服刑、生活、劳动的基本场所,是工作人员工作的场所,是执行刑罚惩罚改造罪犯的场所。清末监狱改良中,把日本监狱建筑模式作为蓝本,开始研究并贯彻监狱构造方法,才诞生了一大批模范监狱,并且一直延续到民国时期。1913年,民国北京政府颁布《监狱图式通令》,对监狱建筑设计做了较为详细的规定和说明。南京国民政府时期,监狱事务工作者、监狱学家孙雄(1895—1939)在1936年出版的《监狱学》中,以第五编"监狱构造"专编阐述了监狱建筑通论、光线式监狱构造法、监狱建筑构造之经济研究的内容。于是,监狱建筑构造成为理论与实践不可或缺的一项重要内容而备受关注,并上升为监狱学理论的一项重要内容。

关于监狱建筑位置,监狱不能筑建在市街繁盛的地方,将来市街扩充可能涉及的区域或工业繁盛的地方也不适宜。这些地方不仅没有巨资不能购得,而且监狱竣工后势必造成附近地价骤跌,将来必为工场及贫民住屋所包围的局面,而监狱的卫生及纪律必然受到不良影响,所以监狱的建筑位置以铁路旁的小城市附近且离车站不远的地方较为适当,如不得已必须在大城市建筑监狱也应当选择市外交通最为便利的地方。建造监狱,如果位置选择不当,

---

[1] 王晓山:《图说中国监狱建筑》,法律出版社2008年版,第52~53页。

那么监狱行刑宗旨和服刑罪犯的一切保障都会浸润在外界的不利影响之下，行刑的威信、纪律的严明、德性的涵养、作业的督励与其他卫生清洁等事项均会失去本意，虽然竭尽全力运行耗费巨大资金而结果却如同打水漂一样毫无收益，所以监狱建筑位置需要特别审慎地选择。

监狱地势宜平坦且稍高，力求空气流通，因而狱内不应有死水停滞，即使附近也不应有深沼池、树林、土山及可以俯视监狱内的高楼，而且建筑基础或沟渠工程需要耗费巨款的地势也不适宜用来建造监狱。建造监狱要求地质宜干燥坚硬，务求水气易于渗泄而湿气不致上壅，并且必须查明有无足以供监狱消耗的必要用水量，工场作业所需要的水量也应预计。建造监狱，地形以正方形或长方形为宜，决不能采用屈曲偏斜的地形，如果采用长方形那么东西宜长、南北宜短，监房及其他房舍均宜坐北朝南。建造监狱，地域的大小以收容人数之多寡为标准，不论是建筑平房、建筑楼房还是分配杂居房，都应符合相应监房在监人平均用地面积标准的要求。

监狱必须讲求建筑原则。在以教育原理与医疗设施为现代监狱先导的理念下，监狱建筑除了安全性、实用性、合理性、便捷性之外，更加注重庄严、宁静，适应个体化处遇的要求。监狱建筑以质朴坚固为宗旨，不流于外观的虚饰美感，不用戒具或其他器械的拘束，就可以确实监禁在监者，不至于有逃走的可能。为防止囚人脱逃，监狱周围的围墙与内部房舍之间必须留出足够的间隔，至墙内的空地不能有树木等妨害视线；监狱围墙外面，沿墙应留出巡逻道，巡逻道外面也须留出空地禁止建造房舍。房舍建造，务求便于管理以及节约经费。必须有确保卫生的必要设施，便于对在监者进行个体或群体性区别。工厂、病监、炊所、教诲室、教堂等建筑，必须选在监狱内的适当位置上。监房、工场等在监人所居之处，当以外来人不能窥见内容为宜。

监狱建筑物的种类大体分为二种，一种称为本然建筑物，专备在监者使用，如监房、工场等，另一种称为附属建筑物，为教育室、教诲堂、病监、浴室、炊所、洗涤室、仓库、墙垣、门卫室、水道、沟渠、暖室、接见室、官舍、运动场、刑场等其他事务场所。监狱建筑规模，男监狱以收容300人以上500人以下为标准，过小则不仅建筑费用太多，平常经费也不能节省，过大则不能适应个人处遇的要旨，只有分房监狱可收容550人；基于女性官吏的管理职责要求不宜太大的理由，女监狱以拘禁百人以上200人以下为限。

监狱内部的房舍布局应合适，围墙自可短缩，围墙具有高度标准要求。

从监狱管理周密的角度而言，围墙基部的厚薄本来没有特别关系，只是在技术上必须注意无害于坚固而又能节省材料的方法要求。围墙的内外不得有联接墙壁的建筑物，出入口不可太少，除正门外还必须多设非常门，正门内方便之处宜设门卫室、待见室、看守宿室。围墙之外，必须有附属监狱的空地，以备紧急状态时在监者避难，平时令少数在监者耕作及建筑官舍之用。建筑官舍必须考虑官吏的社会地位，以备有相应的规模及样式，不管房舍大小都必须分别建设，决不能使邻里日常生活有相互接触的机会，监狱与官舍之间应当设置紧急报警器。

监狱的房舍最忌分列，分列不能一眼周视全监，管理上容易出现种种难题，故监狱构造形态有采用十字式的，有采用扇面式的，有采用光线式的，无非是以从各个监舍集合的中央点得以通视内部一切建筑物为原则。十字式监舍是以直角形把四翼房舍联结在中央点——中央看守所，通例以四翼为监房，另建事务室。十字式有诸多优点，不仅有利于空气流通、日光射入，而且由于集中处是直角形可杜绝各翼牢房之间利用窗户互相通谋的弊端。扇面式监舍是将四翼牢房与一翼事务室联结在中央点的建筑模式，如果收容因犯人数较多而又不能建筑楼房，那么就采用扇面模式。光线式监舍是把五个或六个监房翼集中联结在一起的建筑模式，如果要在狭小区域收容众多在监者，那么应当采用光线模式。清末监狱改良期间建造的新监狱多采用扇面式，如北京、奉天、武昌、南京等地的模范监狱都属于扇面式。民国时期，规模较大的监狱，囚犯众多，都在1000人左右，因而采用光线式，如江苏第二监狱、上海特区监狱。从图式上看，新监狱的构造、设备和组织比旧监狱更加优越，在一定程度上考虑了改善犯人的居住、活动、卫生及作业等各方面的条件，体现了人道主义精神。监房建筑平面图多呈扇面形、放射形、十字形，狱内还建有理发室、浴室、工场、教诲室、运动场，以及惩罚犯人的暗室、行刑室等设施；还建有事务楼作为监狱管理人员办公地，中央看守楼作为瞭望全监动态加强警戒的处所。有的新监狱还附设少年监狱或游民习艺所，收容、监禁少年犯或无业游民。但是这种监狱改良从图式到实施还有很大的距离，事实上除了京师第一监狱、奉天第一监狱等监狱外，有的新监狱并没有完全按照拟定的"监狱图式"建造或设置。

清末民初的监狱改良，经过会通中西监狱理论，深刻地认识到了监狱建筑在行刑过程中的功能作用。监狱建筑发挥着四种功能，第一为报应，满足报应情感，主张生命型、肉体性、拘禁刑的正当性；第二为威慑，满足对普通公民、特定罪犯的预防效果的追求，主张轻罪重罚发挥监狱存在物的警示正当性；第三为隔离，通过使罪犯的无力化，满足社会防卫效果实现的方法要求，主张监禁罪犯与社会相隔离的正当性；第四为改善，追求实现矫正教育的效果，让服刑者回归社会，不仅发挥行刑功能，维护社会正义，更主张维护罪犯的福祉。随着行刑理念思想和社会文明的发展进步，监狱建筑的这四种功能的先后次序、分量比重必然发生微妙的变化。在我国清末监狱改良前，传统监狱建筑的功能以报复、威慑为核心，即对于犯罪人造成的危害必以报复的方式给予相当的痛苦，对其他人则要昭示严刑峻罚的警戒作用。清末民初监狱改良后，监狱奉行教育刑思想，摒弃报复、威慑的目的追求，把教育和改善任务置于首位，不论实践中做得如何，最起码在理论层面上旗帜鲜明地提出了教育刑思想指导下监狱建筑应侧重教育和改善功能。

(二) 新中国的监狱建筑构造

我国监狱场所的建筑，经过 70 年的建设和发展，已初具规模。从现有监狱的建筑年代来看，既有清末、国民党时期留下来的少量的旧监狱，如上海提篮桥监狱、河南的开封监狱等；还有新中国成立初期以及在十一届三中全会以后建的一大批监狱；特别是根据司法部《环境规范》设计和建设的监狱以及现代化文明监狱创建活动中新建的监狱，例如上海青浦监狱、云南第四监狱、北京监狱、东莞监狱、南京监狱等，反映了我国监狱建筑现代化的发展趋势，也为今后监狱建筑现代化奠定了良好的基础。

监狱建筑，是国家对罪犯执行刑罚，提供罪犯在服刑期间生活教育、劳动生产、学习等活动的场所和对罪犯进行监管、制止继续犯罪的建筑。监狱建筑，是执行刑罚惩罚改造罪犯的物质空间环境。按照使用性质划分，监狱建筑包括：警戒设施建筑、罪犯生活区建筑（含教学和接见用房）、监狱人民警察行政办公区建筑。监狱建筑，总体上要符合安全、坚固、庄重、文明、适用的基本要求，警戒设施要坚固、可靠，防逃措施要适用、有效；罪犯生活、生产建筑和监狱人民警察行政办公建筑要分区明确，布局合理，并能适应使用现代化监控和管理手段。

监狱建筑总体设计要求做到有利于监管改造，方便生产和生活，为有效地执行刑罚，为建设现代化监狱打下物质基础。警戒设施建筑，一般由大门、门卫值班室、围墙、电网、岗楼、隔离带及监控报警系统组成。警戒设施建筑的作用是把在押罪犯控制、约束在一定范围内生活、学习、娱乐和劳动生产，罪犯的行动不准超越规定的范围。在装有监控报警设施的监狱，罪犯一旦超越规定范围，监控系统就应发出报警讯号，有关部门就可以立即作出反应，采取措施，制止违反监规的行为。我国监狱的建筑设计，现已逐步走上规范化、法制化的轨道，就发展趋势来讲，要跟得上监狱管理现代化的进程。新建监狱的建筑设计，要考虑到电子监控、自动报警、计算机管理等先进的现代化管理手段的发展趋势，为建设现代化监狱打下物质基础。

第四节 架构监狱管理体制

一、传统的监狱管理体制

从秦始皇建立统一的封建国家后，君主专制的中央集权政治制度得到高度发展，明清时期这一制度走向极端，更加强化了行政、审判、狱政合一的监狱管理体制。虽然监狱直接由行政机关管辖，是行政机关的附属物，但同时审判与治狱行刑混合，监察与司法、狱政相参杂。清朝时期监狱改良前，刑部提牢厅只掌刑部监狱，地方监狱由当地行政官员管理。地方行政长官既负责行政事务又兼理司法、刑狱，集侦、控、审、狱四项职能于一身。而作为最高统治者，封建皇帝集行政、审判、狱政大权于一身，也是最高司法典狱官，不仅有权决定国家监狱的增设或存废，而且可以随时插手京师和地方狱事，干预具体狱政事务，以确保皇权对监狱的实际控制。

虽然西汉以来，封建统治者将"德主刑辅"的主张确定为国家的政治法律思想，主张治理国家要以礼义教化为主，刑罚惩罚为辅，德与刑兼施，具体到治狱上，也规定了恤刑、颂系、悯囚、录囚、赦宥要等较为开明的监狱制度，但司法实践历来以威慑主义的重刑思想为指导，实行立法威慑、审判威慑、行刑威慑，因而治狱实践残酷野蛮。其一，任意虐杀狱囚，不论有罪无罪、罪轻罪重，人犯一旦入狱，就失去了生命保障，因受酷刑、冻饿和疾病折磨，人犯死于狱中的情况极其普遍。其二，非法用刑，封建社会里刑讯逼供是合法的，法律对刑讯的工具、程序、方法等作了具体规定，而且司法官吏和监狱吏卒更加无视法律，常常自制刑具，对狱囚滥施刑罚、肆意凌虐，大批狱囚惨死在苦刑之下。其三，狱吏贪赃枉法，监狱吏卒贪赃枉法是一种极其普遍的现象，而且世代相承，经久不衰，清朝著名文学家方苞在《狱中杂记》中，真实记述了康熙年间刑部狱的黑暗状况。其四，淹滞狱囚、滥系无辜，中国历史上称无限期地拘押未决犯及干连佐证为淹滞，称逾期不决断、不起发囚犯为淹囚，封建社会法律曾有禁止淹禁的规定，但实践中监狱淹滞狱囚、滥押无辜的现象十分普遍。

二、监狱管理体制的转型

（一）清末的监狱管理体制

清末监狱改良，把行政、审判、司法行刑分离开，重构监狱管理体制。1906年，清朝政府改革官制，下令改刑部为法部，"统一司法行政"；并且改大理寺为大理院，配置总检察厅，专门负责审判事务。改制之后，法部下设八司，其中典狱司掌管各省监狱、警察、习艺所、罪犯名册、衣粮费用、编纂牢狱之规则、统计书表事项。以后，政府进一步明确了相应行业机构的隶属关系，监狱由法部典狱司管理，习艺所则归属民政部警政司管理，看守所由大理院各级审判厅管辖。1907年，庆亲王奕劻奏请将按察司改为提法司，各州厅县设典狱员，原有佐贰杂职一律裁撤酌量改用。同年，公布的《提法司办事划一章程》规定，提法司下设总务、刑民、典狱三科。按照外国监狱管理体制并结合本国情况，清末架构了二级监狱管理体制的基本框架，在中央级下，法部是最高司法行政机关，掌管全国司法行政事务，属于全国监狱工作的领导机关，下设的典狱司专管全国监狱工作，属于全国监狱工作的管理机关，并且直接管辖京师监狱；在省级下，省提法使司属于地方高级司法行政机构，是省级监狱工作的领导机关，下设的典狱科是省级监狱工作的管理机关、直接掌管地方监狱事宜；在管理体制下，各个具体执行刑罚的监狱属于职能机关，典狱长统管全监狱事务，下设三课二所：文牍课——管理文书往来、保管在监人金钱物品等，守卫课——管理检察囚犯和戒护惩罚等，庶务课——管理土地建筑和会计、作业等，教务所——管理教诲教育，医务所——管理卫生医疗，各省模范新监狱的行政组织机构基本相同。由于清朝政府的寿终正寝，清末监狱管理体制还没有来得及全面运行。但是，清末监狱管理体制的重新架构具有深远的历史意义，奠定了监狱改良的行政组织基础，敲定了监狱管理体制的发展基调，开拓了监狱行业相对独立发展的道路，为民国北京政府所继承。

（二）民国北京政府的监狱管理体制

1912年即民国元年，民国北京政府改法部为司法部。司法部属于全国监狱的领导机关，司法部下设的监狱司属于全国监狱的管理机关，直接管辖京师监狱，省、县的监狱在归属上由所在省县管辖，在业务上归司法部监狱司管理。但是，由于各地军阀自成一统，司法部对全国监狱的统一领导作用极其有限。新监狱的内部机构组成仍沿袭民国北京政府的做法，分设第一科、第二科、第三科和教务所、医务所，即三科二所制。

（三）南京国民政府的监狱管理体制

1928年4月南京国民政府成立后，致力于全国范围的政权建设和法制建设。根据《中华民国国民政府组织法》，国民政府采取委员制与五院制相结合的组织原则，国民政府下设五院：行政院、立法院、司法院、考试院、监察院。行政院是国民政府的最高行政机关，立法院是国民政府的最高立法机关，司法院是国民政府的最高司法机关，考试院是国民政府的最高考试机关，监察院是国民政府的最高监察机关。其中，司法院下设司法行政部、最高法院、行政法院、官吏惩戒委员会；司法行政部管理全国的司法行政事务，设总务、民事、刑事、监狱四司。南京国民政府时期，国民党在接管民国北京政府监狱的基础上，不断扩充监狱类型，建立起了由司法行政部门的监狱构成的普通监狱体系。普通监狱管理体制分为三级，在中央层级中，司法行政部是全国监狱工作的领导机关，司法行政部下设的监狱司是全国监狱工作的管理机关，下辖直属监狱有首都监狱、上海特区监狱；在省层级中，监狱工作的管理机关是省高等法院，职能机关是具体执行刑罚的省监狱；在县层级中，监狱工作的管理机关是县长，职能机关是具体执行刑罚的县监狱。从中央到地方，形成了七元制监狱管理体制，中央领导机关一元，中央管理机关、省管理机关、县管理机关三元，中央职能机关、省职能机关、县职能机关三元。

（四）新中国成立后的监狱管理体制

党和国家为了加强对监狱工作的领导，合理处理公、检、法、司四机关之间的关系，从1983年8月15日起监狱工作正式划分归司法行政部门领导管理,从而形成了现行的监狱管理体制。1994年12月全国人民代表大会常委会公布实施的《监狱法》,以法律的形式规定了现行监狱管理体制。在监狱建制体系方面,根据监狱实践及《监狱法》的规定,我国基本上实行的是二级监狱建制体系,一级为中央政府监狱建制体系,隶属中央政府——国务院统辖,中央政府监狱体系结构是由中央政府的司法部及其下辖的监狱管理局和司法部直属监狱所组成;二级为省、自治区、直辖市政府监狱建制体系,隶属于省、自治区、直辖市一级地方政府统辖,省、自治区、直辖市政府监狱体系结构则由一级地方政府的司法厅(局)及其下辖的监狱管理局及其所管辖的具体各种监狱所组成。此外,全国许多城市的市政府也设置了监狱,可称为三级监狱建制体系。随着香港和澳门的回归,统一的国家监狱管理体制包括中央政府的监狱机构体系、一级地方政府的监狱机构体系和特别行政区政府的监狱机构体系等三大系列。

随着社会的发展、科学文明程度的提高,国家机构体系日臻健全,涉及的领域越来越广泛,日常事务日益复杂,统一指挥、统一管理、统一落实的必要性和重要性早已为人们所认识,因而有了政策领导、行政管理、业务落实等机关的划分。不论是中央政府监狱机构体系、地方政府监狱机构体系,还是香港特区政府监狱机构体系等,都是由具体任务不同的实体机关所构成,这些实体机关可分为领导机关、管理机关、职能机关。领导机关是在一定的环境下为实现既定工作目标对下属单位进行统御和指引的机关,在国家各类机构体系中处于关键的决策地位。管理机关是为实现系统的既定目标,积极协调系统内部诸因素之间以及不同系统之间的联系和行为,进行有计划地组织、指挥和控制的机关。监狱管理机关在整个监狱机构体系中处于中间地位和过渡环节,向上为领导机关的决策提供真实可靠的信息及方案,向下为职能机关的行刑提供科学可靠的实施方案。根据工作需要,设置狱政、教育、生产、财务、政治工作等职能处室。职能机关是指按照领导机关的方针政策在管理机关的统辖下具体完成一定工作任务的业务机关。监狱机构体系中,职能机关一般是指具体执行刑罚的各类监狱,包括(男犯)监狱、女犯监狱、未成年管教所,有些省份还设置有新收犯监狱、老病残犯监狱。

为使监狱警戒分级具有可操作性,监狱警戒级别分为高度、中度、低度三个档次,以对应地关押人身危险性不同的犯人。犯人的人身危险性可根据犯罪性质及危害、主观罪过恶性程度、犯罪原因及目的、行为习惯、逃跑可能性、刑种刑期等因素作出综合判断，分为较大、一般、较小三个级别。

第五节　中国监狱走向国际

一、国际监狱会议

自从人类社会出现犯罪现象以来，便一直遭受着犯罪的困扰。犯罪现象早已成为国际社会的公敌，为了解决这个给全球造成严重危害的问题，国际社会普遍要求采取全球性的战略措施。从16世纪现代意义的监狱出现以来，欧洲各国包括后来的美国就一直很重视彼此之间的监狱行刑问题，在众多监狱理论家、实践家的积极倡导下，19世纪在欧美国家兴起了轰轰烈烈的监狱改良运动。国际社会公认"了解各国的刑罚执行制度是非常有益的、必要的"，监狱的理论与实践已越出了国界，具有国际性趋势，主要方面有：刑罚执行的法律与道德、犯罪的一般原因，所有的国家都需相互沟通、合作，借鉴成功的经验以完善自己的监狱制度。监狱改良运动兴起以来，各国深刻认识到"严酷的刑罚不足以制止犯罪，监狱应该首先注重对囚犯的感化"。然而，由于各国之间的监狱制度差别很大，而且各行其是，哪些具体制度值得推行没有一致的看法。于是，一些有志于监狱改良的人士，其中包括德国的密忒尔迈耶尔、荷兰的斯林格、比利时的丁克别其阿、法国的孟罗斯托夫、英国的何威德斯勒密尔等人，为谋求统一认识，以私人组织的形式成立了国际监狱协会，研究如何防止犯罪、如何执行刑罚的国际监狱组织就是在这种有利的国际形势下应运而生的。

私人性的国际监狱协会共召开了三届会议，1846年在德国的佛兰克孚尔特召开了第一届会议，通过了《采取附条件的分房行刑制决议》；1847年在比利时的布鲁塞尔召开了第二届会议，通过了《少年犯罪问题》和《分房建筑问题》两项决议；1858年在德国的佛兰克孚尔特召开了第三届会议，讨论的问题不但有行刑、防止犯罪方面的，还有贫民的救济与教化方面的，故该会又称为救济会议。由于私人性的国际监狱协会讨论的问题范围太广且有成效的极少，所作的决议没有权威性，因而会议的威望、影响逐渐消弱，最后也就停止召集了。但是，其历史意义深远，为国际社会在监狱领域的合作开创了先河。

随着人类社会文明的进步,国际政治文化经济交流日益频繁,加之各国的犯罪现象具有许多相同之处,因此,有必要召集经常性的政府级的国际监狱会议,以便共同研讨防止犯罪、执行刑罚的问题。为此,美国国会专门通过了一项决议,要求由美国总统发起国际监狱会议。早在1840年,美国人瓦因斯博士鉴于本国各州的刑法及监狱制度相差太大,于是就组织了美国监狱协会以谋求改革,统一各州的监狱制度。根据国会作出的决议,1871年美国第18任总统尤里塞斯·S.格兰特遂派瓦因斯博士为特使出访欧洲各国商讨重新召开国际监狱会议事宜,从而翻开了国际监狱会议的崭新一页。

欧洲各国政府响应美国政府倡议,共同组织了政府级国际监狱大会。[1] 1872年在英国伦敦召开了第一届会议,作出了《设立培训看守人员的学校的决议》。1878年在瑞典斯德哥尔摩召开了第二届会议,1885年在意大利罗马召开了第三届会议,1895年在俄国圣彼得堡召开了第四届会议,1895年在法国巴黎召开了第五届会议,1900年在比利时布鲁塞尔召开了第六届会议,1905年在匈牙利布达佩斯召开了第七届会议,1910年在美国华盛顿召开了第八届会议,1925年在英国伦敦召开了第九届会议,1935年在德国柏林召开了第十一届会议,1950年在荷兰海牙召开了第十二届会议。政府级的国际监狱大会,先后讨论了不定期刑制度、少年犯及少年司法、习惯犯、假释、刑罚个别化、短期自由刑的废除,更生保护、受刑人的法律地位、开放式犯人处遇制度等问题,并作出了有关决议。这些决议具有国际性和权威性,其中《受刑人处遇最低标准》对世界各国的监狱制度发挥了示范引领作用。

二、中国参加国际监狱会议

(一) 清末民初参加国际会议

早在1893年,晚晴外交官吴宗濂就出席了在比利时的国际罪犯会议。郭

---

[1] 1945年联合国成立后,对预防犯罪问题十分关注,在1946年强调指出"联合国应在国际经济范围内协调预防犯罪活动"。1948年联合国经济及社会理事会通过VII决议,建议联合国对国际预防犯罪问题担负领导责任。于是,在1950年8月召开的第十二届荷兰海牙会议上,国际监狱大会作出了决议:"国际刑法及监狱大会合并到联合国组织中,改名为联合国预防犯罪及罪犯处遇大会,每五年召开一次。"

嵩焘最先把国际监狱大会的有关情况介绍到中国,从而使清朝政府有幸接触到了监狱制度的国际发展情况及其趋势,清朝政府称之为万国监狱会议或列国监狱会议,清朝政府首开中国监狱制度走向国际社会的先河。清朝政府派员参加了 1895 年在俄国圣彼得堡召开的第四届会议,派徐谦(1871—1940 年,曾任翰林院编修、法部参事、京师审判厅长、京师高等检查长)、许世英(1873—1964 年,曾任刑部主事)参加了 1910 年在美国华盛顿召开的第八届会议。

民国北京政府派何基鸿(1892—卒年不详,曾获日本东京帝国大学法学学士学位,后留学德国,曾任司法部参事)参加了 1925 年在英国伦敦召开的第九届会议,南京国民政府派刘克俊(1893—卒年不详,留学德国慕尼黑大学,获法学博士学位,曾任国民政府立法院委员)参加了 1930 年在捷克斯洛伐克布拉格召开的第十届会议。参加国家监狱会议,表明中国监狱在现代转型过程中就在努力融入现代国际监狱组织的大家庭中并走向现代国际社会。

(二) 南京国民政府采纳国际标准

现代监狱行刑,一方面应该根据深奥的学理,一方面又包含复杂的技术,牵涉的问题纷繁复杂,最基本的是受刑人的法律地位问题。受刑人的法律地位是被监禁于监狱的受刑人,在法律上应受何种待遇的问题,包括受刑人和国家的关系、受刑人自由受限制的程度、受刑人在法律上享有何种权利等决定行刑方针、处遇方法的基本问题。关注受刑人的法律地位,主要出于三个考虑:其一,刑事政策的考虑,刑事政策认为刑罚目的是对受刑人施以教育使之能够改过迁善,既然受刑人是教育对象,那就必须承认其人格,允许他享受人的生活,这是促其改过迁善所必须的。其二,生存权观念的考虑,生存权是公民请求国家保障其生存的权利,受刑人虽因犯罪而系身囹圄,但仍然是公民的实体存在,也应该有享受健康的、文化的最低生活之权利,这一权利不仅仅在于消极地不受侵害,而且可以积极请求国家予以保障。其三,实质罪刑法定思想的考虑,实质罪刑法定思想尤为关注行刑的法定,认为剥夺自由是有限度的,受刑人入狱之后,应受何种待遇、具有什么权利,有必要用法律明确规定下来,在这种思想影响下,受刑人的法律地位备受学界和政府当局的关注。

出于尊重受刑人法律地位的考虑,1929 年国际刑法及监狱委员会拟定了

《受刑人待遇最低标准规则》草案分送各国委员，征求其意见。草案经过1933年再修，国际联盟于1934年决议通过《受刑人待遇最低标准规则》[1]，重要内容有五个方面：其一，监禁机关必须给受刑人提供充足的饮食，以维持其健康和体力。其二，拘禁受刑人的各种建筑必须确保不危害受刑人的健康。其三，监狱受刑人的住室必须符合气候和健康要求，房内必须永远维持相当的温度，房屋的建筑必须通风并保留相当的空地。其四，受刑人的监房必须有足量的窗户，满足受刑人对阳光的需要，阅读或工作如用人造光则必须保证不致损坏视力。其五，监狱应供给受刑人充分的水量和其他维持清洁所需要的物品。《受刑人待遇最低标准规则》只是待遇"最低"标准的规则，着重于保护受刑人的健康，但求不降至这个水准以下；又因为它是各国共守的规则，不能不考虑到各国的不同情形，所以要求很低。

　　《受刑人待遇最低标准规则》对南京国民政府的监狱工作产生了重大影响。南京国民政府，不仅热衷于参加国际刑罚会议，并且将国际标准运用到中国的监狱系统中。中国采用了1934年8月国际联盟刑罚委员会制定的《受刑人待遇最低标准规则》，"对这些标准的全面接受使中国在刑罚事务上稳固地处于进步国家之列"。[2] 1935年南京国民政府制定了《监狱待遇犯人最低限度标准规则》，经国际刑法委员会修正，国联秘书长函送各会员国外交部，同年6月南京国民政府司法行政部训令各监狱遵守执行。《监狱待遇犯人最低限度标准规则》，仿照《受刑人待遇最低标准规则》的相关条款，以五章的篇幅、共计55条，规定了"分配与隔离""待遇""纪律""监狱官吏""出狱人之辅助"方面的内容，反映了监狱关注罪犯法律地位的行刑思潮，以表明中国监狱努力融入现代国际社会的决心和努力。《监狱待遇犯人最低限度标准规则》的绪言指出，本文所计之标准规则是指实际目标，各监狱制度应遵守的普通要旨，无论在何种法律、社会及经济情况下都有施行的可能。该规则并非包罗一切待遇犯人之规模，而是根据人道及社会观点指出，监狱待遇犯人所应注意的最低限度条件如因特殊情形未能实行本文所定的规则，此种小监狱在可能范围内应尽量废除之。虽然在人口稀疏的国家，距离遥远而又交

---

〔1〕联合国成立后，基于刑事制度的诸多发展，进行修改后于1955年在瑞士日内瓦举行的联合国第一届预防犯罪及罪犯处遇大会上通过《罪犯处遇最低标准规则》。

〔2〕[荷]冯客：《近代中国的犯罪、惩罚与监狱》，徐有威等译，江苏人民出版社2008年版，第223页。

通不便，则上述之小监狱当有继续存在的必要。在这种情形下，监狱待遇犯人的根本精神仍要坚持贯彻，本文所定规则也应尽量施行。在施行本规则时，尤其是犯人的个别待遇如逢犯人众多的监狱必然会出现一定困难，因此对于本文所订规则的施行应使监狱内的犯人不至于过多。

（三）南京国民政府收回领事裁判权

从清末到民国为使监狱制度赶上国际潮流，做出了诸多努力，考察外国的监狱制度，参加国际监狱会议，制定监狱法规，改良监狱，所有这一切都为收回领事裁判权奠定了事实基础。第一次世界大战结束后，在巴黎和会上我国代表提出了取消领事裁判权的提案。帝国主义国家不愿意放弃这个特权，借口我国司法不完备，要组织一个司法调查团，到我国调查后再作决定。1926年1月，由13个国家的代表组成的中国治外法权委员会在北京北海公园的居仁堂开会，会议由中国代表当时任司法总长的王宠惠主持，各国代表对中国提出结束治外法权的要求作出了回应，他们把司法体系达到法律科学的水平作为放弃治外法权的先决条件，到9月份这次会议结束了全部21项议程。从1926年5月10日到6月16日，巡回委员会负责检查省属法院、监狱以及司法系统的日常工作，但实际上也出现诸多意外情况，当时的南方广州政府正式拒绝接受委员会立即废除治外法权的要求，中国的部分城市尤其是太原、包头、银川等由于战乱及交通不便无法到达，原计划的巡查内容和时间就相对减少了。巡回委员会只参观了14座新式监狱，经过深入检查后发现，虽然监狱的建筑形式和一般设施有所变化，但是牢房、医院、供暖、厨房、浴室、对犯人的行刑、犯人的伙食、犯人的服装、犯人的习艺、犯人的教诲相当充分、统一。对于新式监狱、聘任监狱工作人员的方式、处遇犯人的制度，巡回委员会大体上是满意的。"总之，废除治外法权，是基于逐步改善的进步构想，应该是可以认可的。"[1]直到抗日战争时期，约在1943年，我国才陆续将各国的领事裁判权收回。十月革命胜利后的苏联最先放弃了在中国的领事裁判权，接着在第一次世界大战中战败的德国、奥地利、匈牙利放弃了在华领事裁判权，1928年比利时放弃在华领事裁判权，1929年墨西哥放弃在华领事裁判权。1929年中国政府宣布，从1930年起废除所有国家在中

---

[1]［荷］冯客：《近代中国的犯罪、惩罚与监狱》，徐有威等译，江苏人民出版社2008年版，第129页。《中国额外领土权委员会报告》，第79页、第92~93页、第94页。

国的领事裁判权，但由于这一决定遭到帝国主义国家的抵制，中国未能完全收回领事裁判权。第二次世界大战期间及战后，通过一系列条约，中国先后收回外国在华领事裁判权，1943年收回美国、英国、挪威、巴西的在华领事裁判权，1944年收回加拿大的在华领事裁判权，1945年收回瑞典、荷兰的在华领事裁判权，1946年收回瑞士、法国、丹麦的在华领事裁判权，1947年收回意大利、葡萄牙等国在华领事裁判权。至此可以说，中国开始以一个独立主权国家的地位走进了国际社会的监狱领域。

（四）我国加入国际预防犯罪及罪犯处遇大会

中华人民共和国政府是代表中国的唯一合法政府，但是，我国在联合国应享有的权利却被非法剥夺了20多年。在1972年第二十六届联合国大会上，通过了"恢复中华人民共和国在联合国组织中的一切权利"的决议，从此我国恢复了在联合国的会员国资格及其权利。联合国每5年举行一届预防犯罪及罪犯处遇大会，迄今为止共召开了十三届大会，大会的宗旨是为各国政府、有关机构、有关政府间组织和非政府组织以及专家、学者提供论坛，探讨预防犯罪和刑事司法领域内大家所共同关心的问题，交流经验信息，寻求预防犯罪和改造罪犯的可行办法，推动国际合作。预防犯罪及罪犯处遇大会提出的各项建议，提交联合国大会、经济及社会理事会、各国政府。从我国政府首次派遣以司法部副部长谢邦治为首的代表团出席了第六届联合国预防犯罪及罪犯处遇大会以来，我国政府派遣代表参加了以后历届大会。

第一届联合国预防犯罪及罪犯处遇大会于1955年8月22日至9月3日在瑞士日内瓦举行，联合国的各成员国都派代表参加了大会，讨论了"监狱囚犯处遇最低标准规则、刑罚及保安处分执行机构工作人员的考核与选拔及培训、开放式监狱的设置、监狱劳动、少年犯罪预防"5项议题，通过了《囚犯处遇最低限度标准规则》《开放式监所》《狱政人员的招收、培训的建议》《监狱劳动》《防止青少年犯罪》等决议。

第二届联合国预防犯罪及罪犯处遇大会于1960年8月8日至19日在英国首都伦敦召开，讨论了"少年犯罪的新形式及其原因以及防止与处遇，预防少年犯罪的特别警察业务，对落后国家社会的变化以及经济的发展所发生的各种犯罪行为的预防，短期自由刑问题，监狱劳动与国民经济的相互配合，受刑人释放前的处遇及其更生保护"6项议题，通过了《关于联合国把制定和实施预防青少年犯罪的政策列入工作计划的建议》等决议。

第三届联合国预防犯罪及罪犯处遇大会于1965年8月9日至18日在瑞典首都斯德哥尔摩召开，讨论了"社会变迁与犯罪、社会力量参与犯罪预防、社会的预防犯罪行动、惩罚累犯的措施、关于观护制度、青年犯的特别预防及处遇方法"6项议题。

第四届联合国预防犯罪及罪犯处遇大会于1970年8月17日至26日在日本京都举行，讨论了"社会的防卫政策与国家的开发计划、公众参与预防犯罪及不法行为、矫正领域的最新发展以及在监人处遇最低标准规则、建立有关社会防卫政策的研究机构"4项议题，在公众参与预防和控制犯罪及青少年犯罪问题上得出了一致的有益结论。

第五届联合国预防犯罪及罪犯处遇大会于1975年9月1日至12日在瑞士日内瓦举行，讨论了"犯罪形态及其程度的变化，刑事立法与刑事司法程序以及在犯罪预防体系中的其他社会控制形态，警察以及其他执法公务人员在预防犯罪中的地位和作用，在监禁机构中或社会中的罪犯处遇以及各国对于联合国所推荐的在监人员处遇最低标准规则的执行情况，犯罪对于经济以及社会发展的影响"5项议题，作出了《保护人人不受酷刑和其他残忍、不人道或有辱人格待遇或处罚宣言》，通过了《侵犯人身的暴力行为》的建议，对"具有跨国的和对国际影响的暴力行为"形成了一致的认识，在"与迁移和逃避自然灾害及敌对行动有关的犯罪"及"与交通事故有关的犯罪"上得出了相应的结论。

第六届联合国预防犯罪及罪犯处遇大会于1980年8月25日至9月5日在委内瑞拉首都加拉加斯举行，与会者共有101个国家的政府代表、50多个国际组织派出的观察员，加上以个人身份出席的犯罪学家和学者，共1200多人，我国政府首次派遣以司法部副部长谢邦治为首的代表团出席了大会。大会由联合国秘书长特别代表让·里佩特宣布开幕，他说"人类要解决两个问题，一是福利问题，二是犯罪问题。要增加人们的福利，同时要解决犯罪问题"，认为预防犯罪不能只从法律上考虑，而要考虑与经济增长和社会改革的关系。委内瑞拉总统路易斯·埃雷拉·坎平斯讲话指出，犯罪问题是世界上最为关心、忧虑的问题，犯罪还会发展，一方面要做好预防犯罪的工作，另一方面也要解决罪犯的待遇问题。大会讨论了"犯罪趋势及犯罪防制对策，少年司法，犯罪与权限的滥用，矫治的非机构化及其对其余受刑人的影响，有关刑事司法的联合国规范及准则"5项议题,通过了《制定青少年罪犯审判和司法最低限度标准》《预防滥用权力》《制订囚犯社会改造措施》《执法人员行为守则》《法律资料和法律知识的传播》等19项决议和《加拉加斯宣言》。

第七届联合国预防犯罪及罪犯处遇大会于1985年8月26日至9月6日在意大利米兰召开,与会者有121个国家的政府代表,我国派遣以司法部部长邹瑜为首的代表团参加了大会。大会秘书长及联合国社会发展与人道主义事务助理秘书长莱蒂西亚·沙哈尼夫人,以联合国秘书长的名义主持了开幕式,意大利总理伯蒂诺·马蒂纳索利当选为大会主席。大会讨论了"从发展的角度来看犯罪行为和预防犯罪的新领域,变动中世界的刑事司法程序和展望,罪行受害者,青少年犯罪与司法,联合国刑事标准和规范的拟订和适用"6项议题,通过了《米兰行动计划》《从发展的角度和新的国际经济秩序的角度来看预防犯罪和刑事司法的指导原则》《联合国少年司法最低限度标准规则》《为罪行和滥用权利行为受害者取得公理的基本原则宣言》《关于移交外国囚犯的模式协定及有关外国囚犯待遇的建议》《关于司法机关独立的基本原则》六份文件,作出了《有组织的犯罪》《反对非法贩运毒品的斗争》《管制药品滥用方面的国际合作》《设立非洲区域预防犯罪和罪犯处遇研究所》《犯罪预防和刑事司法领域的技术合作》《刑事司法制度公平对待妇女》《检控》《刑事司法制度——制订培训刑事司法人员的标准》《发展犯罪和刑事司法资料和统计系统》《囚犯的状况》《法外、任意和既将处决》《刑事诉讼的转移》《有条件判刑或假释的外国囚犯的转移监督》《执法人员行为守则》《关于保护死刑犯罪人的权利的保障措施》《减少监禁人数、监外教养办法和罪犯的社会改造》《囚犯的权利》《律师的作用》《青少年犯罪与司法》《对青少年罪犯与少年司法的研究》《制订保护被剥夺自由的少年最低限度标准规则》《从发展的角度来看预防犯罪》《恐怖主义性质的犯罪行为》《向意大利人民和政府表示感谢》等24项决议。

第八届联合国预防犯罪及罪犯处遇大会于1990年8月27日至9月7日在古巴首都哈瓦那举行,127个国家的政府代表以及联合国有关机构、专门机构、政府间组织和非政府组织派遣的代表共10 000多人出席了大会,会议以"促进犯罪预防和控制方面的国际合作"为目标,讨论了"从发展的角度看预防犯罪和刑事司法,有关监禁、其他刑事制裁及其他措施的刑事司法政策,各国和国际对付有组织的犯罪及恐怖主义犯罪活动的有效行动，预防少年犯罪及少年司法和青少年的保护，联合国在预防犯罪和刑事司法方面的规范和指导方针"5项实质性议题，通过了11项法律文书和40项决议，否决了《死刑问题》的议案。

第九届联合国预防犯罪及罪犯处遇大会于1995年5月10日至17日在埃及首都开罗举行，130多个国家的代表参加了会议，会议以"减少犯罪，增加公正，人人平安"为主题，讨论了"加强法治的国际合作与实际技术援助、采取行动打击国内与跨国犯罪及有组织犯罪和刑法在保护环境方面的作用、刑事司法和警察系统、预防犯罪战略"4项实质性议题，首次在会上举办了课题分别为"引渡与国际合作、大众传播与预防犯罪、城市政策与预防犯罪、暴力犯罪、国家一级与国际一级的环境保护、刑事司法系统管理的国际合作与援助"的6个示范讲习班，通过了《打击有组织犯罪的国际文书，例如公约》《切实执行〈囚犯待遇最低限度标准规则〉》《加强法治的国际合作与实际技术援助》《消除对女性的暴力犯罪》《为预防犯罪和公众安全目的而实行枪支管理》《在公共行政负责和可持续性发展情况下的刑事司法管理》《恐怖主义与有组织犯罪之间的联系》《联合国刑事司法方案中作为受害者和犯罪者的儿童》《第九届联合国预防犯罪及罪犯处遇大会的建议》9项实质性决议。

第十届联合国预防犯罪及罪犯处遇大会于2000年4月7日至17日在奥地利首都维也纳举行，以"21世纪的犯罪与司法"为主题，讨论了"促进法治与加强刑事司法系统、开展国际合作打击跨国犯罪、有效的犯罪预防、犯罪者与受害"4项实质性议题，会议期间举办了课题分别为"打击腐败现象、与计算机网络有关的犯罪、社区参与预防犯罪、刑事司法系统中的妇女"的4个讲习班，没有通过实质性的决议，只通过了《关于犯罪与司法：迎接21世纪的挑战的维也纳宣言》。

第十一届联合国预防犯罪及罪犯处遇大会于2005年4月18日至4月25日在泰国首都曼谷召开，本次大会的主题为"建立预防犯罪和刑事司法战略联盟"，来自世界180个国家的近3500名代表出席了会议。大会的5项实质性议程包括，讨论制定打击跨国有组织犯罪的措施，在联合国负责毒品和犯罪问题办事处的工作框架内开展国际合作，打击恐怖主义及其他犯罪活动，采取措施遏制腐败行为，设法应对经济和金融犯罪对可持续发展构成的挑战等。大会还将围绕加强国际执法合作、增进刑事司法改革、建立预防犯罪战略、打击恐怖主义、经济犯罪和计算机犯罪等主题开办技术讲习班，大会通过的《曼谷宣言》为今后五年各国在预防犯罪和刑事司法领域的合作规划了行动的框架与指南。《宣言》指出，加强各种文明之间的对话，促进宽容，防止不加区分地将不同宗教和文化视为目标，解决各种发展问题和未决冲突，将有助于国际合作；坚持法治和善政、对公共事务和公共财产进行妥善管理，是创造和维持一个成功预防与打击犯罪的环境的先决条件。

第十二届联合国预防犯罪和刑事司法大会于 2010 年 4 月 12 日至 19 日在巴西的萨尔瓦多召开，本次大会的主题是"应对全球挑战的综合战略：预防犯罪和刑事司法系统及其在不断变化的世界中的发展"。议程上共有八个实质性项目，涵盖以下问题：儿童、青少年和犯罪；恐怖主义；预防犯罪；偷运移民和贩运人口；洗钱；网络犯罪；国际合作打击犯罪；以及暴力侵害移徙者及其家庭成员。大会期间就以下主题举办五个讲习班：为促进法治而进行国际刑事司法教育；刑事司法系统内罪犯待遇方面联合国和其他机构最佳做法调查；预防城市犯罪的实用办法；贩毒与其他形式有组织犯罪之间的联系；协调的国际对策；防止惩教设施过度拥挤的战略和最佳做法。预防犯罪大会是一个全球论坛，汇集了数目最庞大、最广泛的预防犯罪和刑事司法领域的决策者和从业人员、学术界专家个人、政府间组织和非政府组织、专门机构、其他联合国实体以及媒体的代表。

第十三届联合国预防犯罪和刑事司法大会于 2015 年 4 月 12 日至 19 日在卡塔尔首都多哈召开，来自 142 个国家和地区的 5000 名代表参加了会议。本届会议主席、卡塔尔首相兼内政大臣阿卜杜拉在会上呼吁成立中东地区难民青少年教育基金会，以提供基础教育和职业培训相结合的方式救助本地区因战乱失学的青少年。联合国秘书长潘基文在会上强调，国际合作和协调是反对有组织跨界犯罪和恐怖行为的关键因素，他呼吁全球就反贩毒、预防犯罪、反腐败达成协议，并遵照执行。

总之，我国自 1971 年恢复了在联合国的合法席位后非常注重履行国际职责、参与国际事务并发挥了良好的作用，我国的国际地位声望日益提高。联合国预防犯罪及罪犯处遇大会 1980 年在委内瑞拉的加拉加斯召开第六届会议，1985 年在意大利的米兰召开第七届会议，1990 年在古巴的哈瓦那召开第八届会议，1995 年在开罗召开第九届大会，2000 年在奥地利的维也纳召开第十届大会，2005 年在泰国的曼谷召开第十一届大会，2010 年在巴西得萨尔瓦多召开第十二届大会,2015年在卡塔尔首都多哈召开第十三届大会,我国政府均派司法部组团参加了会议,宣传了我国监狱改造罪犯的伟大成就,获得了国际社会的普遍赞誉,使中国监狱工作走向了国际社会。

第六节　监狱学理论发展繁荣

在中国,监狱由来已久,而关注研究监狱现象则是20世纪的事情。中国传统文化注重伦常纲纪研究,形而上者谓之道、形而下者谓之器[1]的思想普遍存在,反视科学知识为末流,更视监狱为工具、不作崇高追求,因而对监狱的研究无人问津,更不可能登学术之堂。时至19世纪中叶之后,中国传统文化受到了西方文化的猛烈冲击,开始融入了西方文化的合理成分。到20世纪初期,中华大地社会变革频繁而深刻,国人开始关注监狱、研究监狱,在西学东进、变法维新、改良狱制的社会背景之下,中国监狱学才得以问世。

一、监狱学的诞生

1907年,沈家本奏议《实行改良监狱折》,法部奏议复《实行改良监狱折》从改建新式监狱、养成监狱官吏、制定监狱法规、编辑监狱统计四个方面实行监狱改良。因而,监狱改良被提到"为司法所特重"的当务之急日程上,催化了中国监狱学的产生。中国监狱学的诞生是与清末接触考察效仿西方国家的监狱制度、改革传统的监狱制度、对中外狱制狱理的悉心研究分不开的,如其他新生事物一样,由于时代的局限,刚问世的中国监狱学带有天然的缺陷,如体系不科学、理论层次不高等,而且,在法律强国效仿西方狱制的心理作用下,介绍外国监狱理论与实践的笔墨太重且多有赞美之意,带有半殖民地化的色彩,这是由清末改良狱制的政治动机目的所决定的,其实质是在不触及封建王朝国体和政体的前提下通过改良的方式使监狱制度近代化。

从1912年辛亥革命成功起,中华民国经历了南京临时政府、北洋政府和国民党政府时期,这是中国百年监狱立法最为集中的时段,中国监狱学的体系得到了初步创立。1913年北洋政府在清末《大清监狱律草案》的基础上,

---

[1]　导师出版社编辑委员会编:《中国语文及文化》(第1册),香港导师出版社1993年版。

颁布实施了《中华民国监狱规则》和其他有关狱制法规。1928年国民党政府颁布《监狱条例》，1946年公布《监狱行刑法》《监狱条例》《行刑累进处遇条例》等，大量抄袭了当时盛行于西方国家的刑罚原则和监狱制度方面的条款，增加了维护犯人权益、改善犯人生活待遇的条款，当然，这只是装潢门面而已。但也表明中西狱制狱理进一步融合。大量的监狱立法为学术研究奠定了资料基础，为监狱学的初创夯实了法规基础，中国监狱学初创时期对监狱法规的释义研究也就成了一大特点。释义研究的著述较多，如王元增的《监狱规则讲义》，以直录法规原文或节取大意加以说明的方法，叙述了1908年京师法律学堂设监狱专修科、1912年开办京师模范监狱、1913年民国政府颁布的监狱图式和监狱规则等内容。相类似的还有，芮佳瑞编写的《监狱工厂管理法》于1934年6月由商务印书馆出版，周子益编著的《监狱法讲义》于民国时期30年代由重庆中央警官学校出版，徐正逵著的《监狱法》等。1934年出版的芮佳瑞所著《监狱法论》，属当时"新时代法学丛书"之一，是中国第一部以"监狱法"冠名的监狱方面的著作，在当时最有代表性。这部《监狱法论》分为绪论、总论、各论、结论、附录5编，绪论阐述了监狱与监狱法的定义、监狱法的要素，总论阐述了监狱管辖、监狱种类、监狱会议、监狱参观、监狱视察、人犯申诉，各论阐述了收监、监禁、戒护、劳役、教诲及教育、给养、卫生及医治、接见及书信、保管、赏罚、赦免与假释、释放、死亡，结论阐述了出狱人保护、县监所协进，附录编载了当时中国的监狱法规，在有关监狱法规注释类著述中芮佳瑞的《监狱法论》是最为出色的一部著作。毫无疑问，相对而言，释义研究的著述，对监狱及监狱法只是表象解释，没有什么理论深度。

达到一定理论深度、对监狱和监狱法有一定理性认识的，主要是一些监狱学方面的讲义教程和监狱学著述，前者如重庆宪兵学校和中央训练团编印出版的《监狱学教程》等。不过，学术品位较高的还要说是一些监狱学著述，大体列举如下：王元增的《监狱学》1924年北京初版、1927年北京朝阳大学再版，赵琛的《监狱学》1931年上海法学编译社初版、1932年再版，到1948年已出多版，孙雄的《监狱学》1936年12月上海商务印书馆出版。其中，王元增的《监狱学》是中国最早取名"监狱学"的著作之一，全书共13章，阐述了监狱历史、国际监狱会议，论述了犯罪、刑罚、执行自由刑的方法、犯罪预防、监狱管理、感化教育等方面的内容，在中国监狱学初创时期占有重要地位，以后许多监狱学研究内容都是在此基础上发展丰富起来的。赵琛的《监狱学》由绪论、监狱与监狱学、监狱史及监狱学史、犯罪与刑罚、监狱之主体与客体、监狱之制度、犯罪之预防、监狱构造法共8编组成，在内容上比其他监狱学著作有所发展，如不仅论述了监狱学与哲学、行政学、心理学、医药卫生学、经济学、建筑学的关系，更重要的是着重阐述了监狱学本身的一般原理和原则，在民国时期监狱学理论性著作中很有代表性，反映了初创时期中国监狱学的理论研究水平。实事求是地讲，上述论著"基本上系经日本传来的西方狱理的翻版，同时比附中国传统的狱制观念，其幼稚、牵强，甚或常识性的错误，自不可免。但客观上起到了传播西方狱制学说，整合中、西狱理的作用，创业之功不可没"[1]。

二、监狱学的教学工作

（一）中国监狱现代转型肇始时期的监狱学教学

作为研究监狱、监狱立法、监狱行刑活动的一门科学，中国监狱学在孕育肇始之时就正式投入到了培养人才的教学实用之中。1907年沈家本奏议的《实行改良监狱折》提出了"养成监狱官吏"的理念与做法，认为监狱要务不外纪律、教育、卫生三项，而典狱一官统辖全监，非兼有法律、道德及军人之资格者不能胜任。各国登用监狱官吏，必须熟习特别技能者，俱用特别任用令，先入监狱学校习刑法、刑事诉讼法及关于监狱诸规则并会计大要，试验及格充看守，奉职年限内获有精勤证书，依级历升，可荐至典狱，为高等高官也。半课之于专科学理半试之于实地练习，其法至为美善。今议改良监狱，亟应预储管理之材，宜于各省法律学堂，或已成之新监狱内，附设监狱学堂，采用特别任用法，以资造就……1907年法部奏议复《实行改良监狱折》指出，"中国亦宜于各省法律学堂或已成之新监狱内，附设监狱学堂，采特别任用法，并改定狱官品级等语。臣等查治狱之要端，在管理得人。中国狱吏本乏专家，佐贰杂流滥竽充数，狱事不治百弊丛生。应如该大臣所奏实行储才之法，京师法律学堂，应设有监狱学一科，请责成该学堂监督，认真办理，并饬下学部，于京外法政学堂，一律增设监狱学专科，选法政高等学生，派

---

[1] 邵名正主编：《中国劳改法学理论研究综述》，中国政法大学出版社1992年版，第649页。

人专门研究，年半毕业，考给文凭，专备臣部及各省提法使咨议改良及调查管守之需，以收速成之效。其已设新监狱等处，并应附设监狱学堂，由该督抚酌量妥办"。

在西学东渐、洋务运动、变法维新的社会背景之下，中国近现代法学教育诞生了，监狱学的教育是中国近现代法学教育的一个具体门类。1905 年 8 月 28 日，清朝政府谕令在京师设立法律学堂，培养法律人才，以为佐理新政、分治地方之用。京师法律学堂于 1906 年 9 月正式开学，沈家本受命担任管理京师法律学堂事务大臣。这是中国第一所由中央政府主办的法律教育高校，学校采用近代新式教育方法，培养了一批法律和法学人才。自京师法律学堂设立后，全国各省纷纷兴办法律学堂，如江西法政学堂、湖南速成法政学堂、湖北法政学堂、奉天法政学堂、吉林法政学堂等。在培养大量法律人才的同时，也促进了现代法律知识的传播及先进法律思想的变革，引领中国法学教育步入了急速发展的全新阶段。为了培养监狱管理官吏、监狱立法人才，修订法律馆所属的三年制，京师法律学堂从 1906 年起把监狱法列为第二学年的课程，学制一年半的速成科中把监狱学列为第二学年的课程，从 1908 年起专门设置监狱班，编定监狱学专科课程。此外，1907 年清朝政府正式责成学部发布通令：京师和各省法政学堂增设监狱学专科，编订监狱学专科课程，选拔高等法政学生，专门研究学理和管理技能。1907 年 2 月 2 日学部奏定《京师法政学堂章程》把监狱学列为正科的法律课程之一并设定监狱实习，1906 年创议、1907 年招生的"以造就完全法政通才为宗旨"直属学部管辖的京师法政学堂开设监狱学课程，聘请日本监狱学者小河滋次郎主讲监狱学，其著作《监狱学讲义》《狱事谈摘》《狱务揽要》《独逸监狱法》等被译成中文充作监狱学课程的教材讲义，标志着中国高校讲授监狱学的开端。这是中国法政高校讲授、研究监狱学的开端，是中国通过正规教育系统培养监狱管理人才的开始。监狱学的教育以培养实用人才为急用，重实用轻理论，忽视研究的重要性，因而缺乏研究成果的支撑，由于监狱学人才缺乏，不得不依靠日本教员、日本教材。沈家本解释道，日本与中国相邻、著作易得，文字相近、易于翻译；西方国家的强盛与法学的发达密切相关，东邻日本采用西法后几十年便成为世界强国。

在清朝政府的大力推动下，据清朝政府学部总务司编制的第三次教育统计图表明，到 1909 年全国有法政学堂 47 所，到 1910 年时学部又批准私立学堂可以教习政治法律，此后公立和私立规模大小不同的法政学堂逐渐遍布全国，促进了监狱学的教育发展，如吉林在法部的议覆经奏准后于 1907 年设立了监狱学堂。当时正值司法改良、监狱改良之际，由于各级审判厅的筹备，司法审判人才和监狱管理人才不敷使用，法部于 1911 年上奏的《临时法官养成所及监狱专修科的章程》[1]规定，监狱专修科附设于法官养成所内，监狱学课程安排二个学期每周 6 小时，监狱法课程安排二个学期每周 6 小时，监狱管理法课程安排二个学期每周 6 小时，事务施行法课程安排二个学期每周 6 小时，监狱官吏法课程安排一个学期每周 1 小时。据此来看，监狱学的教育有了一定发展，不仅监狱专修科的课程设置有所增加，监狱官员养成和法官养成都需要学习，而且监狱学的相关课程与刑法、民法、国际法、刑事诉讼法等课程相并列，且学习时间都很多，表明了监狱学的重要性。鉴于全国地广人多，仅靠官办学校难以满足需要，清朝政府批准了法部 1911 年上奏的《考核私立法官养成所暨监狱专修科的章程》，规定在京师省会及交通便利繁盛商埠之地设立私立法官养成所暨监狱专修科以养成专门人才。各省私立申请者纷纷呈报，积极性空前高涨，法部对这些私立学校作了一些严格规定与要求。这样就形成了法官养成所暨监狱专修科学校官办与私办并举的局面，全国有相当部分省份设立了法官养成所及监狱专修科，分期分批招收一定数量的学员；然而，全国各地的情况较不平衡，其中广东省的规模较大，江西省的规模较小。

中国监狱学初创时期，1914 年教育部经过对各地政法学校调查发现，有的学校校风不良，有的滥收学生，有的教员缺席，有的管理欠佳。面对专门法政教育的这种混乱局面，教育部下令整顿，取缔不合规格的私立学校，仅江苏省，就有 13 所法政学校被明令停办。由此推及监狱学的情况也令人堪忧，为此专门颁布了《监狱学校规程》，用 21 个条文规定了监狱学校的办学条件。根据《监狱学校规程》的规定，监狱学校以养成监狱人才为宗旨，修业年限二年。在程序方面，凡公立私立监狱学校呈请设立均须呈报司法总长得其认可，呈请可时须开具下列各项：学校位置、学生定额、地基房舍之所有者及其平面图、经费及维持方法、开校年月、校长教职员之姓名履历。在

---

[1] "法部奏酌拟临时法官养成所暨监狱专修科各项章程折"，载《政治官报》1911 年 4 月 15 日。

课程设置方面，监狱学校之学科如下：法学通论、宪法、刑法、刑事诉讼法、法院编制制度、出狱人保证制度、民法大意、警察学、卫生学、心理学、统计学、建筑学、指纹学、体操，监狱学校各科目授课时间由校长定订呈报司法总长，凡公立私立监狱学校学生肄业期满毕业得请司法总长指定监狱练习实务。在学生入学资格方面，监狱学校学生入学资格如下：其一，年龄25岁以上中学毕业及有与中学毕业相当之程度者；其二，法律政治学校修业二学期以上者。

南京国民政府把监狱学定为大学法科的必修课、法官的必考科目和警察学校的必设课程。1933年《司法部改良监所方案》指出，监狱改良对于培养人才尤为注意，担忧司法人员对行刑方面不关注、不了解，于是咨请教育部通令各省国立及公立私立大学独立学院或法政专科学校内的法律学系增设监狱学科目。监狱学的教学积极地推动了监狱学的研究，涌现出了一批从事监狱学研究的专家学者，出版了一批监狱学方面的学术著作。如果说，芮佳瑞的《监狱法论》为中国监狱学的初创注入了监狱实务内容，那么，王元增的《监狱学》则为中国监狱学的初创奠定了基本性内容，赵琛的《监狱学》则确立了中国监狱学初创时在社会科学中的学科地位，这三本著作结合成一体反映了中国监狱学初创时的学科体系内容和研究水平。需要强调指出的是，囿于阶级本质，初创的中国监狱学，不仅没有阐明监狱的阶级本性，而且与监狱实践风牛马不相及，国民党政府以至北洋政府的监狱以镇压人民反帝、反封建争取民族独立自由的解放斗争为能事。概而言之，监狱理论倡导与监狱实际运作是背道而驰的。

（二）中国监狱现代转型发展时期的监狱学教学

中国监狱现代转型发展时期，监狱学的教学呈现规模之势。早在新中国成立之初的50年代，就举办了司法干部培训班、公安部劳改工作干部培训班培养劳改工作干部。1979年公安部复办承担培训劳改劳教干部的公安干校，现改名、升格为中央司法警官教育学院，招收监狱和劳教系统成人大专生并试招本科四年制学生等，绝大多数省、自治区、直辖市建立了监狱警察学校，招收中专学生。80年代初期普通政法高等学校开讲"劳动改造学"或称"劳动改造法学"课程，如中国政法大学开设"劳动改造学"选修课并于1983年首次招收劳动改造专业硕士研究生，西南政法学院、西北政法学院相继招收了劳改学专业本科生和硕士研究生（可惜的是，在20世纪90年代中期，由于毕业分配的因素西南政法学院、西北政法学院撤销了本科劳改学专业）；以后，北京大学、中国人民大学也招收了劳动改造专业硕士研究生，从1994年起北京大学开始招收刑法学专业监狱学研究方向的博士研究生。这样就形成了由监狱警察学校、中央司法警官教育学院、普通高等学校组合而成的监狱学教学网，开展中专、大专、本科、硕士研究生、博士研究生几个层次的教学工作，规模之大前所未有，给监狱培养了大批基层工作人员、中层工作人员及领导干部，给监狱学造就了一批高层次研究人员。教学活动的普及提高了监狱学的学科地位，1984年国家教委把劳动改造学（监狱学）作为法律专业课程列入《综合大学法律系法律专业四年制教学计划》，1993年国家教委《普通高等学校本科专业目录》把劳动改造学确定为法学学科门类五个专业名称之一，列为全国高等院校学习的专业课程，1998年国务院学位委员会与教育部《授予博士、硕士学位和培养研究生的学科、专业简介》把监狱学列为刑法学专业的一个研究方向。2001年监狱学被司法部作为重点建设学科，由2002年成立的中央司法警官学院具体承担监狱学的司法部部级重点学科的建设任务。[1]

2003年国家教育部在高校招生目录上醒目地列上了"监狱学"[2]这个几乎一个世纪前就已诞生了的学科，这标志着官方对监狱学的承认，促进了监狱学的教学发展。现在，形成了监狱学的专科、本科、研究生三个层面的教学框架结构，省、自治区、直辖市的司法警官职业学院从事监狱学的专科教学，主要有19所院校：黑龙江司法警官职业学院、吉林司法警官职业学院、河北司法警官职业学院、山东司法警官职业学院、河南司法警官职业学院、湖南司法警官职业学院、云南司法警官职业学院、江西司法警官职业学院、广东司法警官职业学院、四川司法警官职业学院、宁夏司法警官职业学院、青海警官职业学院、山西警官职业学院、陕西警官职业学院、安徽警官职业学院、浙江警官职业学院、武汉警官职业学院、新疆生产建设兵团司法警官高等专科学校、江苏省司法警官高等学校。中央司法警官学院、上海政法学院、山东政法学院、辽宁警察学院、甘肃政法学院（现已改称甘肃政法大

---

[1] 参见司法部《关于重点建设中央司法警官学院监狱学学科的通知》司法函[2001]165号。
[2] 参见"2003年高校增设新专业——监狱学"，载《中国教育报》2003年4月20日。

学)、福建警察学院、广西警察学院从事监狱学的本科教学,限于有师资的几所普通高校从事硕士、博士研究生监狱学方向的专题教学。这些院校为监狱事业培养了一大批监狱学专业人才。

三、监狱学论坛

(一) 中国监狱现代转型肇始时期的监狱学论坛

国门大开之后,西风东渐,随着中西方文化交流的加强,经过19世纪中国社会的孕育,经过戊戌维新运动的胎养,在20世纪初期法制改良的背景下中国近代法学诞生了。《湘报》第5号刊出了戊戌维新领袖梁启超的重要论作《论中国宜讲求法律之学》,该文章发出了中国"今日非发明法律之学,不足以自存矣"震耳欲聋的疾呼,呼唤国人重视法学、发明法学、讲求法学。他间接给出的方法之一便是设法学会,"西人之为学也,有一学即有一会","今欲振中国,在广人才;欲广人才,在兴学会"[1]。接着,《湘报》第43号刊登唐才常撰《公法学会叙》,第48号登出毕永年撰《公法学会章程》,第60号载出施文焱撰《法律学会令程》,这一系列文章记录了当年公法学会、法律学会创建的事实。尽管因慈禧太后发动政变,公法学会、法律学会仅存在了极其短暂的几十天,但抹杀不了它们是中国诞生的第一批法学会的事实。

法律的改良转型,必须伴之以法律教育、法律研究和法律知识的传播等,才能使法律的改良转型不会成为空中楼阁。在法律的改良转型、法律教育发展的同时,各类法律或政法、宪政杂志也随之破土而出。最早的法律杂志是1900年日本东京留学生所创办的《译书汇编》,1903年改名《政法学报》继续发行,《政法杂志》《政法浅说报》《法政介闻》《预备立宪公会报》《法学会杂志》等法律报刊也相继创办。与此同时,各类法律学会和法律研究所陆续成立,1910年冬北京法学会成立,沈家本被推选为首任会长,这是中国近代全国性的法学学术团体。诚如沈家本所意识到的那样,光有良法,还不能达成良法之治,立善法而天下之人共守之,法治才能圆满,而法律的遵守需要社会人人都有法律素养,需要以各种法律报刊、各类法律学研究会传播法律思想为前提基础。1911年5月,法学会刊物《法学会杂志》创刊,中外法

---

[1] 李贵连:《近代中国法制与法学》,北京大学出版社2002年版,第182~184页。

学家纷纷为之撰写文章,推动了法律研究的深入发展。各类法律报刊的创办,各种法律学会、法律研究机构组织的建立,促进了法律知识的普及,法律观念的更新和法律研究的深入进一步促进了立法、司法的发展。1912年,清朝退出历史舞台,中华民国诞生,因辛亥革命中断的《法学会杂志》复刊。沈家本为《法学会杂志》续刊作序,"吾国近十年来,亦渐知采用东西法律。余从事斯役,延访名流,分司编辑,聘东方博士相与讨论讲术,复创设法律学堂以造就人材,中国法学于焉萌芽","异日法学昌明,巨子辈出,得与东西各先进国媲美者,斯会实为之先河矣。"[1]表明了学会对法学的促进作用,并对法学会的发展和中国法学的未来寄予殷切希望。

在清末中国法律现代转型肇始、民国继续推进的大气候下,法学研究蔚然成风。《东吴学报》《清华周刊》《北京大学季刊》等高校学报类期刊以及《法政学报》《法学季刊》《法律评论》等专门性法学期刊日益繁荣,刊载了大量的法学论文,也有少数篇目涉及监狱学及犯罪学。法律学术期刊的繁荣发展为监狱期刊的出现创造了学术氛围,提供了经验借鉴,起到了引领作用。在法学研究兴盛之势的浸润下,以监狱改良为实践基础的监狱研究也随之勃然兴起,除了开展监狱学教育之外,不仅出现了监狱学研究的学术机构——监狱学会、狱务研究所,也出现了监狱学研究的学术咽喉——监狱学刊物。这两者形成了监狱学研究的论坛,其中监狱学会、狱务研究所是研究的专业主体,监狱学刊物是研究的专业阵地。"1910年4月,北京法律学堂全体学生在北京自发组织监狱协会,以协助政府改良监狱事宜。1910年5月,监狱协会选定法部侍郎沈家本为该会会长,拟发刊《监狱杂志》以资研究,并将前规定变通为:凡有志赞助改良监狱者均可为该会会员。"[2]

民国初年,北京成立了中华民国监狱协会,山东、湖北、广东等省也设立监狱协会支部,中华民国监狱协会的章程把办理监狱杂志作为协会的事务之一,后因"政局不宁,交通梗塞,会务随之停顿"。1921年4月1日,民国北京政府发布《狱务研究所章程》,用12个条文规定了狱务所的工作事项。关于宗旨与管辖,设立狱务研究所的宗旨是促进狱务,狱务研究所由司法部监狱司司长监督管理。关于研究制度,委任典狱长及分监长、各监看守长等

---

[1] 李贵连:《沈家本传》,法律出版社2000年版,第381页。
[2] "监狱协会选定会长",载《四川官报》1910年5月23日。

应分期入所研究；研究科目分为两种，甲种为普遍科目包括官吏服务令、监狱官特别注意事项、现行监狱法规，乙种为特别科目包括实习指纹、新式簿记、监狱统计；研究期限为三个月，其中两个月为学科研究期，一个月为实务研究期。《狱务研究所章程》规定对监狱行政官员进行狱务研究的培训，积极拉动了狱务研究工作的开展，许多监狱长纷纷撰写监狱情况的研究报告，如民国京师第一监狱典狱长王元增编辑的《京师第一监狱报告》、万家祯编辑的《山西第一监狱报告》等。

南京国民政府统一全国后，沿用民国北京政府狱务研究的做法，在1932年颁布了《狱务研究所章程》。《狱务研究所章程》不仅比北京政府的增加了一个条文，而且内容也更加完善，对狱务研究作了更加详细的规定。关于宗旨与设置，为改良狱务起见设立狱务研究所，狱务研究所附设于法官训练所，研究所设所长一人由法官训练所所长兼任之。关于研究制度，典狱长及分监长、各监看守长、各县管狱员等应分期入所研究，但典狱长在职五年以上著有成绩者不在此限；研究科目分为六种，第一种为基本科目包括监狱学（沿革、作业、监禁教化、戒护卫生）、监狱规则、刑事政策、刑法总论、刑法各论、刑事诉讼法、法学概论（公私法概论）、会计法，第二种为补助科目包括感化法、劳动法及工场管理法、教育学（社会教育、成人教育、低能儿教育）、犯罪心理学、犯罪社会学、伦理学概论、社会政策、保护概论，第三种为监狱实务包括阶级处遇法、被告人处遇法，第四种为教育训练包括修养、训育、操练、国术，第五种为实习包括狱务、统计、簿记、教务、营缮、指纹，第六种为科外包括国民经济、警察行政、监狱建筑、科外讲演、社会事业；研究期限为六个月。在研究结果方面，研究期满举行成绩考验，平均分数满八十分以上为甲等，满七十分以上为乙等，满六十分以上为丙等，不满六十分为丁等，对成绩考验甲等或丁等者另由司法行政部分别奖励或降调。从一定角度看，对于监狱官员，《狱务研究所章程》把狱务研究培训提升为业绩考核的一项内容并给予相应的奖励或降调，无疑发挥了促进狱务研究深入发展的作用。各地监狱纷纷开展监狱方面的研究、发行刊物，根据记载可以查看到的有，1927年江苏第一监狱发行《江苏第一监狱月刊》《囚民》，1932年中央陆海空军监狱发行《监狱杂志》（南京），1936年福建反省院发行《福建反省院期刊》，1936年安徽第一监狱发行《安徽第一监狱月刊》。1948年《少监通讯》问世，1948年广州监狱发行《广州监狱月刊》。

南京国民政府继续推行全国监狱改革，监狱协会亟应恢复以助进行。《浙江监狱杂志》是由浙江监狱协会从民国三年（1914年）十月开始发行的月刊杂志，可以说是我国最早的关于监狱方面的专业期刊。中华民国十七年（1928年）八月二十五日，筹备中华民国监狱协会发起人（许伯华、李竹动、屠濂、王文豹、徐正奎、吴魁、郑燦、万家祯、罗贤宝、王元增、吴棠、王晋庭、梁锦汉、陶礽、严景耀）拟规复中华民国监狱协会，暂设通讯处于江苏第一监狱。中华民国二十三年（1934年）五月十五日，《中华监狱杂志》第一卷第一期问世。在筹备复建全国监狱协会的过程中，河北省监狱协会率先在1928年冬设立。河北省监狱协会将"研究监狱与犯罪学术""刊行监狱杂志"作为重要事务付诸实践，便创办发行了《监狱杂志》。[1]当时，清末民初监狱改良以来，总体情况是实践操作多，理论学术研究少。监狱改良实践需要立足本国实践的理论总结与研究指导，全国监狱改良需要各省之间进行交流与合作，监狱改良的顺利进行需要群众的观念理解和实际支持。监狱改良的客观现实呼唤监狱学术研究的开展与完善，而专门性监狱杂志的创立可以提供监狱学术研究与交流的专门平台，加强各省监狱实务界之间的沟通联系，能够广泛传播监狱改良理念，培育监狱改良的群众基础，因而《监狱杂志》的创刊便成为大势所趋。

《监狱杂志》是1929～1931年间由河北省监狱协会创刊发行的关于监狱方面的专门性杂志，是我国有史以来的第二份监狱学专业期刊。《监狱杂志》一经创刊就确立了推动监狱改良的总宗旨，力求推动监狱学理研究的开展，加强全国监狱界之间的联系，引进外国的先进学说，改变民众落后的监狱观念。在内容体例栏目安排上，《监狱杂志》分论著、报告、翻译、监狱法令、监狱界消息、监狱协会纪事等六个栏目；此外，在正文空白处，插空刊载有关监狱书目的广告及评价，刊载监狱产品的推销广告，添加有关监狱的小论文。作为中国近现代较早的监狱期刊，《监狱杂志》作出了办刊方面的诸多探索创新。其一体例编排合理完备，《监狱杂志》将每期内容分为论著、翻译、报告、监狱法令、监狱界消息、监狱协会消息等6个栏目进行刊载，涵盖了监狱专业期刊所应刊载的各方面内容，以监狱专业为标尺，科学的划分了登

---

[1] 刘馨、林乐鸣："我国监狱期刊的肇端——民国《监狱杂志》"，载《比较法研究》2009年第2期。

载的文章，使得读者一目了然，科学合理。其二编辑刊载内容兼顾理论界与实务界，刊载的文章基本上是理论界与实务界平分秋色，一方面有理论界人员如严景耀等人撰写的论文，另一方面也有实务界人员的投稿，符合监狱刊物的特点，体现了监狱理论与监狱实务相结合的科学要求。其三吸纳在监人员的文章，刊载在监因犯的文章是一大创举，引起了社会的广泛关注和热烈讨论，这种多元互动性、参与式的创新做法，符合监狱改良中"囚犯自治"的理念，对于革新民众观念、促进监狱改良有积极作用，取得了良好的学术研究效果。由于受当时客观条件的限制，《监狱杂志》缺少专门的创刊经费和专业的编辑人员，以致于从第二期开始每期杂志都未能按时出版发行，最终仅办了四期就被迫停刊。尽管如此也抹杀不了《监狱杂志》的历史意义，作为我国监狱期刊的嚆矢，《监狱杂志》开拓了期刊编辑业务的新领域，为研究探讨监狱学术理论与监狱实践操作提供了专业平台。

监狱改良转型，仍然必须伴之以监狱学教育、监狱研究和监狱知识的传播等，才能使监狱的改良转型不会成为空中楼阁。在监狱改良转型、监狱学教育发展的同时，各类法律或政法、宪政杂志尤其是监狱期刊杂志的问世，筑起了监狱研究和监狱知识传播的平台。各类法律学会和法律研究所陆续成立，北京法学会成立，《东方杂志》《东吴学报》《清华周刊》《北京大学季刊》等高校学报类期刊以及《法政学报》《法学季刊》《法律评论》等登载了一定数量的监狱学文章等。出现了监狱学研究的学术机构——监狱学会、狱务研究所，如中华民国监狱协会、山东、湖北、河北等省也设立监狱协会支部，也出现了监狱学研究的学术喉舌——监狱学刊物，如《浙江监狱杂志》《监狱杂志》《中华监狱杂志》。所有这些标志着形成了外围与专业相结合的监狱学的论坛，法律类刊物筑成了监狱学研究的外围平台，法律类学会组成了监狱学研究的外围队伍；监狱学会、狱务研究所组成了监狱学研究的专业队伍，监狱学刊物筑成了监狱学研究的专业平台。据上海图书馆统计，从19世纪末期到20世纪中期，各类报刊杂志登载的有关监狱方面的论文、消息、法规等多达2000余篇。监狱学研究论坛的筑就，促进了中国监狱学的学术发展，反映了全国监狱改良的心声，为监狱改良提供了智力支持，从理论学术的角度推动了监狱改良的进程。

(二) 中国监狱现代转型发展时期的监狱学论坛

1949年10月1日中华人民共和国的诞生标志着中国监狱进入现代转型发

展时期，中国监狱现代转型发展时期的监狱学论坛包括的因素主要有监狱系统的学术研究组织和学术期刊杂志以及参加国际会议三项内容。伴随新中国劳改工作的全面深入开展，到20世纪90年代初期全国劳改系统先后成立了学术研究组织和主办了学术研究期刊杂志。1994年《监狱法》出台，在中国监狱现代转型发展时期，这是一件起到了划时代作用的标志性大事。与《监狱法》的颁布实施相呼应，全国各省份监狱系统的学术研究组织也先后更名为监狱学会。

现在，除中国监狱协会之外，全国以一级地方政府所在行政区命名的监狱学会共有32家，即北京市监狱学会、天津市监狱学会、河北省监狱学会、山西省监狱学会、内蒙古自治区监狱学会、辽宁省监狱学会、吉林省监狱学会、黑龙江省监狱学会、上海市监狱学会、江苏省监狱学会、浙江省监狱学会、安徽省监狱学会、福建省监狱学会、江西省监狱学会、山东省监狱学会、河南省监狱学会、湖北省监狱学会、湖南省监狱学会、广东省监狱学会、广西自治区监狱学会、海南省监狱学会、重庆市监狱学会、四川省监狱学会、贵州省监狱学会、云南省省监狱学会、西藏自治区监狱学会、陕西省监狱学会、甘肃省监狱学会、青海省监狱学会、宁夏自治区监狱学会、新疆自治区监狱学会、新疆生产建设兵团监狱学会。全国监狱系统有以下学术研究专业委员会，即监狱法学专业委员会、刑罚执行专业委员会、教育改造学专业委员会、监狱政治工作学专业委员会、监狱经济管理学专业委员会、监狱史学专业委员会、监管医学专业委员会、回归社会学专业委员会、监狱学基础理论专业委员会、信息与基层建设专业委员会、未成年犯管教专业委员会、女犯改造专业委员会、监狱文化专业委员会、劳动改造专业委员会、生活卫生专业委员会、信息化建设专业委员会。

现在，中央司法部和全国各省市自治区监狱系统主办了各自的期刊杂志，以主办者为标准，主要归纳为两种类型：一类是监狱实务部门主办的期刊杂志，另一类是学校和研究单位主办的期刊杂志。监狱实务部门主办的期刊杂志主要是指由各省市自治区监狱管理部门主办的32种期刊杂志，例如，北京市监狱管理局主管主办内部季刊《首都监狱论坛》，上海市监狱管理局主管主办内部月刊《上海警苑》，天津市监狱管理局主管主办内部双月刊《天津监狱》，重庆市监狱管理局主管主办内部双月刊《重庆监狱》，江苏省监狱管理局主管主办内部月刊《江苏警视》，江苏省监狱管理局主管主办《监狱评论》

每年1~2卷，浙江省监狱管理局主管主办内部月刊《浙江监狱》，安徽省监狱管理局主管主办内部月刊《安徽监狱》，福建省监狱管理局主管主办内部季刊《福建监狱》，湖北省监狱管理局主管主办内部月刊《湖北监狱》，江西监狱管理局主管主办内部双月刊《江西监狱》，河南省监狱管理局主管主办内部双月刊《监狱工作研究》，湖南省监狱管理局主管主办内部双月刊《监所法苑》，四川省监狱管理局主管主办内部双月刊《四川监狱》，广西省监狱管理局主管主办内部双月刊《广西监狱》，贵州省监狱管理局主管主办内部双月《贵州监狱》，云南省监狱管理局主管主办内部双月刊《云南监狱》，广东省监狱管理局主管主办内部季刊《南粤监狱》，海南省司法厅主管主办内部双月刊《海南司法》，黑龙江省监狱管理局主管主办内部双月刊《黑龙江监狱》，陕西省监狱管理局主管主办内部双月刊《长安警苑》，辽宁省监狱管理局主管主办内部双月刊《辽宁监狱》，山西省监狱管理局主管主办内部双月刊《罚与教》，宁夏监狱管理局主管主办内部双月刊《宁夏监狱》，甘肃省监狱管理局主管主办内部双月刊《甘肃监所》，新疆维吾尔自治区监狱管理局主管主办内部双月刊《新疆监狱》，新疆兵团监狱管理局主管主办内部双月刊《兵团监狱研究》，青海省监狱管理局主管主办内部双月刊《青海监狱》。此外，许多监狱业主办了内部期刊杂志，如司法部燕城监狱主管主办内部季刊《燕城之窗》。上述杂志侧重于监狱实务，主要内容包括：监狱工作法规政策、监狱工作实务操作、工作经验总结等。

学校和研究单位主办的期刊杂志主要有：中央司法警官学院主办公开双月刊《中国监狱学刊》，安徽司法厅主管安徽警官职业学院主办公开双月刊《安徽警官职业学院学报》，河南司法厅主管河南警官职业学院主办公开双月刊《河南警官职业学院学报》，江苏省监狱局主管江苏司法警校主办内部双月刊《司法警官学界》，司法部预防犯罪研究所主办的公开月刊《犯罪与改造研究》。学校和研究单位主办的期刊杂志，侧重于监狱学理论研究，主要内容包括监狱学基础理论、监狱行刑监管、监狱行刑劳动、监狱行刑教育改造、监狱行刑心理、监狱警察队伍、中外监狱历史等方面的论文。

（三）中国监狱现代转型发展时期的监狱学繁荣

1949年10月1日中华人民共和国的诞生，标志着社会主义制度在中国的形成确立，国民党政府的旧法统被命令废除，政治、经济、法律、社会等方面发生了根本性转变，其中监狱的现代转型引发了监狱学的转型发展。中华人民共和国的成立，使中国的社会制度和国家性质发生了根本变化，决定了中国监狱学的转型。马列主义毛泽东思想对社会主义事业指导思想地位的确立，为中国监狱学的转型奠定了思想基础；蓬勃开展的劳动改造罪犯工作以至革命战争年代的监所工作，则奠定了实践基础；大批军转干部充实到劳动改造罪犯工作队伍中，奠定了队伍基础。随着中苏关系的全面热化，监狱理论与实践也以苏联为师，引进苏联劳动改造学理论，聘请苏联专家参与我国的监狱立法，1954年我国颁布实施了《劳动改造条例》，这不仅为中国监狱学转型奠定了立法基础，而且本身也是中国监狱学转型期间以马列主义关于监狱的理论统领监狱研究的立法结晶。以马列主义关于监狱的理论统领对监狱的研究，从意识形态上摒弃了以前的半殖民半封建的腐朽理论，实现了中国监狱学的转型。

　　转型发展时期，中国监狱学集中于应用性研究，主要表现为两个方面。其一劳改部门针对实际问题展开研究，几乎涉及劳动改造罪犯工作的方方面面，带有明显的工作指导特色；其二注释《劳动改造条例》、进行宣传教育，一些在职劳改工作干部学校和干部培训班相继成立，如公安部劳改工作[1]干部学校编写了《劳动改造条例》的讲义、教学大纲，1959年9月北京政法学院刑法学教研室编印了《劳动改造讲义》等，展开了对《劳动改造条例》的释义研究。这个时期，监狱学基础理论研究重视不够，受"左"的思想影响，即便是实践中需要解决的理论问题，也不能深入研究探讨。"文化大革命"期间，中国监狱学的研究受到致命摧残，完全处于停滞状态。20世纪80年代以来中国监狱学的研究得以恢复发展。党的十一届三中全会总结了建国以来，特别是10年动乱的历史教训，经过拨乱反正恢复整顿之后，一切工作走上了正轨。监狱工作走上正轨，奠定了中国监狱学转型后发展的实践基础，也给监狱学理论研究提出了新的要求。1981年召开的全国第八次劳改工作会议，总结了建国后30年来劳改工作取得的重大成就和基本经验，并根据新时期改造对象的变化和存在的问题，研究确定了新时期劳改工作的任务。1995年国务院《关于进一步加强监狱管理和劳动教养工作的通知》总结了改革开放以

---

　　[1]　关于劳改工作的管理体制的归属问题经历了以下变迁：1949年新中国成立初期劳改工作归属法院管辖，1950年1月起划归公安部管辖，1983年起划归司法部管辖。

来监狱工作的实际经验,明确指出:"监狱是国家的刑罚执行机关,要坚持惩罚与改造相结合、以改造人为宗旨的方针。"准确定位了监狱的性质和任务,给监狱学研究注入了强大的活力。随着我国法制的逐步健全,尤其是1994年《监狱法》、1996年《刑事诉讼法》、1997年《刑法》的颁布实施及1999年对《宪法》的修改完善,为监狱学研究提供了良好的法制条件,与立法相呼应,1994年后监狱学正式取代了"劳改学或劳改法学"的称谓。全国各省自治区直辖市的监狱学会、各监狱的研究机构和警察院校、普通高校的有关研究所及教研室,形成了监狱学的庞大研究网络和队伍,推动了监狱学研究的发展繁荣。

监狱学理论研究成果丰硕。仅1983年公安部劳改专业教材编辑部成立到1998年撤销为止就先后组织编写了劳改专业教材、专著、工具书19部。据中央司法警官教育学院图书馆不完全统计,中国监狱学转型复苏以来,已有280余部论著教材等出版。监狱学方面的教材由三个层次组成,第一个层次是由司法部监狱局主持编写的各省份监狱警校的教材,第二个层次是由中央司法警官教育学院自行编写的教材,第三个层次是由普通高校自行编写的教材。对外国监狱实践与理论的研究有所进展,不仅翻译、编写了外国及联合国有关方面的书籍,而且有了比较研究的论著。较为有分量的监狱学个人专著主要有,徐觉非等编著《劳动改造学》(1983年群众出版社出版),刘智著《中国劳改学》(1985年未来出版社出版),薛梅卿主编《中国监狱史》(1986年群众出版社出版),邓又天主编《劳动改造罪犯的理论与实践》(1987年法律出版社出版),邵名正主编《中国劳改法学理论研究综述》(1992年中国政法大学出版社出版),许章润著《监狱学》(1991年中国人民公安大学出版社出版),王福金编《中国劳改工作简史》(1993年警官教育出版社出版),孙晓雳著《中国劳改制度的理论与实践》(1994年中国政法大学出版社出版),尤其是许章润的《监狱学》不落窠臼在"劳改学或劳改法学"的绝对优势笔墨中崇论闳议、别出机杼冠之以"监狱学"的书名表明了作者深刻的科学理性。

从1994年《监狱法》公布实施以来,影响较大的监狱学著述如雨后春笋涌现出来,兰洁主编《监狱法学》(1996年中国政法大学出版社出版),吴宗宪主编《中国现代化文明监狱研究》(警官教育出版社出版),邵名正主编《监狱学》(1996年法律出版社出版),金鉴主编《监狱学总论》(1997年法律出版社出版),杨仁忠主编、王志亮副主编《罪犯改造过程方法论》(1998

年中国物价出版社出版),杨殿升主编《中国特色监狱制度研究》(1998年法律出版社出版),夏宗素主编《监狱学基础理论》(1998年法律出版社出版),杨仁忠、王志亮主编《中国监狱新论》(1999年中国人民公安大学出版社出版),潘国河主编《监狱学基础理论》(2000年上海大学出版社出版)。需要指出的是,金鉴主编《监狱学总论》,夏宗素主编《监狱学基础理论》,杨仁忠、王志亮主编《中国监狱新论》,潘国河主编《监狱学基础理论》,这四本论著具有重大意义:在宏观上监狱学的整体框架研究相对滞后、而微观上监狱学的内部分支学科划分越来越细的情况下,在构建中国监狱学的整体结构体系内容上做出了尝试。

从2003年教育部正式确认监狱学本科专业以来,先后共有七所本科高校先后开办了监狱学本科专业,即中央司法警官学院、上海政法学院、山东政法学院、辽宁警察学院、福建警察学院、甘肃政法大学和广西警察学院。伴随监狱学专业的本科教育,监狱学的学术研究也出现了繁荣景象。根据上海政法学院图书馆的统计列举如下,郭明著《中国监狱学史纲》(中国方正出版社2005年),周雨臣著《罪犯劳动专论》(浙江大学出版社2005年),于爱荣主编21世纪监狱人文探索丛书(江苏人民出版社2009年)——《监狱文化论》《监狱形态论》《监狱制度论》《监狱囚犯论》《监狱警察论》,王志亮译《美国监狱百科全书》(中央编译出版社2006年),王志亮著《中国监狱史》(广西师范大学出版社2009年),王志亮著《外国监狱囚犯暴乱及对策研究》(广西师范大学出版社2009年),王志亮著《外国刑罚执行制度研究》(广西师范大学出版社2009年),王志亮主编《狱政管理学》(广西师范大学出版社2009年),贾洛川主编,王志亮、陈丽天副主编《监狱学基础理论》(广西师范大学出版社2009年),贾洛川著《狱苑摭言》(中国法制出版社2010年),贾洛川、王志亮主编《监狱学论坛(第一期)》(中国法制出版社2011年),王志亮著《清末民初:中国监狱现代转型肇始研究》(法制出版社2011年),王志亮主编《监狱工作实务》(法制出版社2011年),曹新强著《清代监狱研究》(湖北人民出版社2011年),贾洛川、王志亮主编《监狱学论坛(第二期)》(中国法制出版社2012年),王志亮著《刑罚执行视野下的社区矫正》(法律出版社2012年),贾洛川著《监狱行刑伦理研究》(中国法制出版社2012年),王志亮著《刑罚学研究》(法制出版社2012年),贾洛川、王志亮主编《监狱学论坛(第三期)》(中国法制出版社2013年),贾洛川著《改造罪犯化丑为美新论——改造罪犯的美学思考》（中国法制出版社 2013 年），范方平主编《监狱法二十年回顾与发展》（中国长安出版社 2014 年），贾洛川、王志亮《监狱学论坛（第四期）》（中国法制出版社 2015 年），贾洛川、王志亮主编《监狱前沿与热点问题研究》（中国法制出版社 2014 年），王志亮著《美国矫正概要》（苏州大学出版社 2014 年月），严励主编《监狱学学科建设与发展》（中国法制出版社 2015 年），王志亮、黄新明著《中国监狱行刑政策原理》（中国法制出版社 2015 年），王志亮、袁远著《监狱学理论与实务》（中国法制出版社 2015 年），武玉红主编《监狱学管理经典案例》（中国法制出版社 2015 年），刘崇亮著《范畴与立场：监狱惩罚的限制》（中国法制出版社 2015 年），贾洛川、王志亮主编《新中国监狱学研究 20 年综述》（中国法制出版社 2016 年），王志亮著《监狱学研究——欧美刑罚观、监狱观的演变》（苏州大学出版社 2016 年），王志亮主编《上海合作组织刑事司法合作研究》（苏州大学出版社 2016 年），贾洛川著《守望与超越变革时代下监狱理论与实践探析》（北京大学出版社 2016 年），王志亮著《中国监狱史》（中国政法大学出版社 2017 年），张东平著《监狱行刑与社区矫正的互动链接研究》（中国法制出版社 2017 年），贾洛川著《监狱民警改造力基因探寻——监狱民警修养的新视角》（中国法制出版社 2017 年），贾洛川、王志亮主编《监狱学论坛（第六期）》（中国法制出版社 2017 年），严励、张晶总主编，乔成杰、宋行主编《监狱法学》（化学工业出版社 2018 年），刘崇亮著《监狱法修改研究制度性需求》（中国法制出版社 2018 年），严励主编《问题导向与监狱创新——第八届监狱学论坛论文集》（中国法制出版社 2018 年）。

  以上众多的论著，从作者来看，既有监狱实务工作人员，又有监狱院校和研究部门的工作人员，这两类作者属于监狱体制内的人员；此外，还有普通高校的人员和警察院校的人员，这两种人员属于监狱体制外的人员。从人员归属单位来看，尤以上海政法学院教师的著述居多，涵盖了监狱工作的各个方面，涉及的内容极其广泛丰富，反映出了中国监狱学专业的理论体系内容。中国监狱学专业的理论体系内容包括八个部分，第一部分中国监狱史，包括旧中国监狱史和新中国监狱史；第二部分监狱学基础理论，包括监狱概念、监狱性质任务、监狱管理体制、监狱人民警察、服刑罪犯等；第三部分监狱法学，包括监狱法律体系、监狱工作方针政策、监狱法律关系等；第四部分监狱行刑教育学，包括监狱行刑教育的概念、监狱行刑教育的对象、监狱行刑教育的内容、监狱行刑教育的种类等；第五部监狱行刑劳动学，包括监狱行刑劳动的组织、监狱行刑劳动的原则、监狱行刑劳动的程序、监狱行刑劳动的制度、监狱行刑劳动的效益等；第六部分监狱行刑监管学，包括监狱行刑监管的概念、监狱行刑监管的内容、监狱行刑监管的原则、监狱行刑监管的制度等；第七部分监狱行刑心理学，包括监狱行刑心理的概念、监狱行刑心理的形成、掌握监狱行刑心理的意义、监狱行刑心理矫治和监狱服刑心理的概念、监狱服刑心理的内容等；第八部分监狱行刑经济学，包括监狱经济的概念、监狱生产经营的原则等。这只是个雏型，当然还有待于更加深入研究，才能发展完善，如再加上监狱建筑学、外国监狱史、外国监狱制度部分就构成了广义监狱学的体系内容了。

参考文献

[1] 启良：《中国文明史》（上、下），花城出版社1999年版。
[2] 李兆祥等主编：《社会发展史》，山东大学出版社2000年版。
[3] ［美］路易斯·亨利·摩尔根：《古代社会》，杨东莼等译，江苏教育出版社2005年版。
[4] ［法］谢和耐：《中国社会史》，耿升译，中国藏学出版社2006年版。
[5] 林耀华主编：《原始社会史》，中华书局1984年版。
[6] 张传玺：《中国古代史纲》，北京大学出版社1985年版。
[7] 张亮采：《中国风俗史》，团结出版社2005年版。
[8] 林明等主编：《中国历史上的法律制度变迁与社会进步》，山东大学出版社2004年版。
[9] ［法］谢和耐：《中国社会史》，耿升译，江苏人民出版社1995年版。
[10] ［日］内藤湖南：《中国史通论》（上、下），夏应元等译，社会科学文献出版社2004年版。
[11] 梁启超：《中国历史研究法》，江苏文艺出版社2008年版。
[12] 柏杨：《中国历史年表》，海南出版社2006年版。
[13] 袁行霈等主编：《中华文明史》（一、二、三、四），北京大学出版社2006年版。
[14] 潘君明编：《中国历代监狱大观》，法律出版社2003年版。
[15] 薛梅卿主编：《中国监狱史》，群众出版社1986年版。
[16] 王利荣：《中国监狱史》，四川大学出版社1996年版。
[17] 薛梅卿主编：《中国监狱史知识》，法律出版社2001年版。
[18] 万安中主编：《中国监狱史》，中国政法大学出版社2003年版。
[19] 张凤仙等编著：《中国监狱史》，群众出版社2004年版。
[20] 张晋藩总主编：《中国法制通史》（十卷），法律出版社1999年版。
[21] 李汝涛等：《中国历代司法史话》，中国盲文出版社2005年版。
[22] 张岱年等主编：《中国文化概论》，北京师范大学出版社2004年版。

［23］［美］霍贝尔：《原始人的法：法律的动态比较研究》，严存生等译，法律出版社2006年版。
［24］李伯钦、李肇翔主编：《中国通史》（全八卷），万卷出版公司2009年版。
［25］武树臣：《中国法律文化大写意》，北京大学出版社2011年版。
［26］张岱年、方克立主编：《中国文化概论》，北京师范大学出版社2011年版。
［27］田昌五撰：《中华文化起源志》，上海人民出版社1998年版。
［28］范忠信：《中华法律文化传统的基本精神》，山东人民出版社2003年版。
［29］马作武主编：《中华传统法律文化研究》，广东人民出版社2004年版。
［30］姜义华主编：《中华文化读本》，上海人民出版社2009年版。
［31］冯天瑜等主编：《中华文化史》，上海人民出版社2011年版。